KB151183

PURPOSE & MEANING
IN THE WORKPLACE

일터에서
의미찾기

Bryan J. Dik, Zinta S. Byrne, and Michael F. Steger 편집
지승희 | 박정민 옮김

나의 할아버님들께 이 책을 바친다.
랄프(Ralph Dik, Howard P. Longstreet)와
로스(Ross W. Winters).
목적과 의미를 가지고 일을 하는 방법과
삶을 살아가는 모습을 실제로 보여주신 분들이셨다.
— 브라이언 딕(Bryan J. Dik)

일을 통해 목적과 의미를 찾아내는 작업이
어떤 것인지를 알려주셨던
나의 아버지께 이 책을 바친다.
— 진타 번(Zinta S. Byrne)

내가 더 일을 잘 할 수 있게 도와주었고,
삶을 살아가는 순간순간마다
유의미함을 찾아야 할 필요성을 일깨워주었던
에이바(Ava)와 로완(Rowan),
그리고 리앤(LeAnn)에게 이 책을 바친다.
— 마이클 스테거(Michael F. Steger)

▓ 차 례

▥ 저자 & 편집자

블레이크 애쉬포드(Blake E. Ashforth) / 박사
애리조나 주립대학교(템페), 캐리 비즈니스 스쿨

저스틴 버그(Justin M. Berg) / 박사 과정
펜실베니아 대학교(필라델피아), 와튼 스쿨

진타 번(Zinta S. Byrne) / 박사
콜로라도 주립 대학교(포트콜린스)

아만다 크리스텐슨(Amanda L. Christensen) / 박사 과정
애리조나 주립 대학교(템페), 캐리 비즈니스 스쿨

브라이언 딕(Bryan J. Dik) / 박사
콜로라도 주립 대학교(포트 콜린스)

제인 더턴(Jane E. Dutton) / 박사
미시간 대학교(앤아버), 로스 비즈니스 스쿨

엘레나 펠드만(Elena Feldman) / 박사 과정
보스턴 대학교(매사추세츠), 경영대학원

스티븐 펠로우(Steven Fellows) / 박사 과정
보스턴 대학교(매사추세츠), 경영대학원

로렌 개리슨(Lauren Garrison) / 경영학 석사
콜로라도 주립 대학교(덴버)

더글라스 홀(Douglas T. Hall) / 박사
보스턴 대학교(매사추세츠), 경영대학원

조-이다 한센(Jo-Ida C. Hansen) / 박사
미네소타 대학교(트윈시티캠퍼스)

폴 하르퉁(Paul J. Hartung) / 박사
노스이스트 오하이오 의학대학교(루츠타운)

윌리엄 칸(William A. Kahn) / 박사
보스턴 대학교(매사추세츠), 경영대학원

김나정(Najung Kim) / 박사 과정
보스턴 칼리지(매사추세츠 체스트넛힐), 캐롤 경영대학원

글렌 크레이너(Glen K. Kreiner) / 박사
펜실베니아 주립 대학교, 스밀 비즈니스 칼리지

로버트 렌트(Rober W. Lent) / 박사
메릴랜드 대학교(칼리지파크 캠퍼스)

더글라스 레피스토(Douglas A. Lepisto) / 박사 과정
보스턴 칼리지(매사추세츠 체스트넛힐), 캐롤 경영대학원

마이클 무키리(Michael K. Muchiri) / 박사
호주 CQ대학교(퀸즈랜드 록햄프턴), 경영 & 정보시스템 대학원

데이비드 마이어스(David G. Myers) / 박사
호프 칼리지(미시간 홀랜드)

카밀 프레디스(Camille Pradies) / 박사 과정
보스턴 칼리지(매사추세츠 체스트넛힐), 캐롤 경영대학원

마이클 프랫(Michael G. Pratt) / 박사
콜로라도 주립 대학교(포트 콜린스) / 노스웨스트 대학교(남아프리카
반더비질파크)

스테파니 퍼터(Stefanie Putter) / 경영학 석사

씨큐브드社(C-Cubed) / 콜로라도 덴버

마이클 스테거(Michael F. Steger) / 박사

콜로라도 주립 대학교(포트 콜린스) / 노스웨스트 대학교(남아프리카 반더비질파크)

다이안 스토버(Dianne R. Stober) / 박사

씨큐브드社(C-Cubed) / 콜로라도 포트 콜린스

브라이언 테이버(Brian J. Taber) / 박사

오클랜드 대학교(미시간 로체스터)

프레드 왈룸브와(Fred O. Walumbwa) / 박사

애리조나 주립 대학교(템페), 캐리 비즈니스 스쿨

에이미 브제스니에프스키(Amy Wrzesniewski) / 박사

예일 대학교(코네티컷 뉴헤이븐), 예일 경영대학원

"일(job)에는 두 가지 종류가 있다. 하나는 그 일을 하는 사람이 이와 같이 진심으로 말할 수 있게 해준다. "나는 가치있는 일을 하고 있다. 혹 돈을 벌지 못한다 하더라도 나의 일의 가치가 없어지진 않는다. 하지만, 나는 다른 개인적인 재산이 없고, 삶을 살아가기 위한 음식과 집과 옷이 필요하기 때문에 이 일을 하는 동안 돈을 벌어야 하는 것이다." 또 다른 일은, 그 일을 하는 사람들의 유일한 목적은 돈을 버는 것 뿐인 경우를 가리킨다. 즉, 보상이 주어지지 않는 이상, 이 세상에서 그 일을 해야 할 필요성은 아무 것도 없는 경우를 의미한다."

　－ C. S 루이스(Lewis), *세상의 마지막 밤(The World's Last Night)*

나는 2010년, 갤럽社가 "미국에서 두 번째로 행복한 도시"라고 명명한 미시간의 홀랜드에서 이 글을 쓰고 있다(갤럽-헬스웨이스 웰빙 인덱스, http://well-beingindex.com). 호프 칼리지에서 43년을 보내는 동안 홀랜드시의 기업 CEO들을 몇 분 알게 되면서 나는 그분들이 일터에서 목적과 의미를 만들어내려는 노력이 결실을 맺는 것을 볼 수 있었다. 종교적인 믿음을 기반으로 인적자원을 소중히 여기는 마음을 가지고 있는 CEO들은 사업을 운영할 때, 성과와 이익을 창출하고자 하는 목적 외에도 근로자들에게 풍요로운 삶을 제공하고자 하는 목적을 염두에 두고 있었다(하워스社는 7,500명의 스탭들을 존중하며, 우리 '소중한 구성원들(members)'이라고 불렀다).

　과거 이 기업들은(일부는 지금까지도) 지역주민의 개인회사로서 고용주와 구성원들이 마트에서, 교회에서, 학교 축구경기에서 쉽게 마주치게 되는 환경이었다. "내가 이 일을 해야 하는 이유는 무엇이냐구요?" 창업주 G. W. 하워스(87세, 네브라스카 농장의 오두막에서 태어남)는 내게 이렇게 말해주었다. "내 사무실의 창문으로 내다보면, 주차장에 서 있는 자동차들이 보입니다. 그 모든 사람들이 자동차 할부금, 주택 할부금, 생활비를 낼 수 있도록 도와줘야 하는 것은 바로 나이니까요." 구성원들의 니즈에 적합하도록 업무환경이 설계된 가구 생산 공장의 내부를 함께 견학할 때, 이 전설적인 창업주를 만났을 때 나타나는 구성원들의 표정에는 언제나 환한 미소와 따뜻한 환영의 의미가 담겨 있었다.

내가 이 도시에서 알게 된 사람들 중 가장 대단한 사람은 미국에서 생산되는 자동차에 사용되는 거울을 가장 많이 납품하고 있는 도넬리社의 대표 존 도넬리(John Donnelly)였다. 그가 노력한 것은 자동차 거울의 안전도를 높이기 위한 것 이외에도 구성원들에게 일을 통해 의미를 찾아주려고 애쓴 것이었다. 구성원들이 사업가적 마음가짐을 가질 수 있도록 하기 위해 도넬리는 스캔런 플랜(scanlon plan)[1]을 수립해서 구성원들이 효과적으로 일을 관리하는 직무 그룹에 참여하도록 했다. 성과가 잘 나왔을 경우(대부분의 경우 그랬지만), 구성원들은 수익분배를 받았다. 반대로 성과가 좋지 않았을 때에는 임원들의 연봉을 삭감했다. 원래 이 회사는 주차장에 임원 전용구역이 없었다. 그런데 어느 날 도넬리 대표가 주차장의 빙판길에서 미끄러지는 것을 보고, 구성원들은 그에게 선물

---

1 (역자주) 스캔런 플랜: 매사추세츠공과대학(MIT) 교수였던 J. S. 스캔런에 의해 고안된 생산성 향상에 따른 성과배분방식 또는 안정상여금방식. 판매금액에 대한 인건비의 비율을 일정하게 정해 놓고, 생산성 향상 등으로 판매금액이 예상보다 증가 또는 인건비가 절약된 경우, 기준인건비와 실제인건비의 차액을 생산장려금 또는 상여금형태로 지불한다. 능률을 자극시키는 집단능률급 방식으로서 주목된다. 미국에서는 중소기업을 중심으로 널리 보급되어 있다.

을 주었다. 대표의 사무실에 가까운 곳에 존 도넬리의 주차구역이라고 적은 표지판을 단 것이다. 도넬리는 이러한 선물을 받고 기뻐하기는 했지만, 즉시 표지판을 떼어 자신의 사무실에 걸어 놓았다. 도넬리에게는 전용 주차구역을 갖거나 추가적으로 백만개의 자동차 거울을 생산하는 것보다는 모든 구성원들이 자기존중감을 가지고 몰입을 하게 하는 아이디어가 더 중요했던 것이다.

74세의 나이로 돌아가시기 전에, 도넬리는 나에게 이런 편지를 보냈다. "내가 일생동안 이룬 일이 자동차 거울을 만든 게 다였다면 얼마나 허무하겠습니까. 인생에서는 그 이상의 것이 꼭 있어야 합니다." 독실한 가톨릭 신자였던 도넬리는 신앙을 통해 자기 자신만을 위한 이익을 거두는 것보다는 더 큰 선(bigger good)을 이루어가고자 하는 마음을 가지게 되었다.

또 다른 지역 기업, 허먼 밀러社(미국에서 두 번째로 큰 사무용 가구제조기업)는 *포춘지*의 고위경영자 대상 조사에서 "가장 존경받는 기업"과 "일하고 싶은 100곳의 기업" 중의 하나로 몇 번이나 뽑힌 곳이었다(Herman Miller, Inc., 2010).[2] 창업주 D. J. 디프리(Depree)와 아들인 휴(Hugh)와 맥스(Max) — 구성원에게 힘을 실어주는 경영에 대한 *리더십은 예술이다(Leadership is an art)*의 저자 — 의 리더십 하에 허먼 밀러는 사람이 중요하다는 철학을 가지고 운영되었다. 허먼 밀러사의 구성원들은 소규모의 팀으로 짜여졌다. 미국인들이 일본기업의 가족 모델을 알기 훨씬 전부터 허먼 밀러의 구성원들은 직무에 대한 의사결정에 참여했었고, 기업의 수익을 배분받았

---

2 허먼 밀러社(2010년 3월 5일). 허먼 밀러는 포춘의 "가장 존경받는" 기업 조사에서 또 다시 상위권으로 뽑혔다(신문기사).
　(출처) http://www.hermanmiller.com/about-us/press/press-releases/all/herman-miller-again-tops-industry-in-fortunes-most-admired-companies-survey.html

으며, 1년만 근무하면 회사 주식을 소유할 수 있었다. 이 회사는 인사담당자를 두는 대신 "구성원을 위한 부사장"을 두어 구성원들의 사기를 진작하고, 구성원들이 제안을 하도록 촉진하며, 커뮤니케이션을 활성화시키는 일을 담당하도록 했다.

구성원이 조직 운영에 참여하도록 하는 접근을 하는 것은 허먼 밀러사의 기업 철학이다. 구성원들은 존중받고, 보살핌을 받으며, 개입할 수 있는 기회를 얻을 때 더 행복해지고, 더 좋은 성과를 내게 된다.

맥스 디프리(1989)는 그의 책에서 이러한 말을 했다. "사랑과 따뜻함, 친밀함은 어느 상황에서나 적절한 태도이다."(p.60)[3] 지역사회에서 들려오는 비공식적인 의견들을 통해 보면, 허먼 밀러의 이와 같은 참여적 기업 운영은 평균보다 높은 사기를 가진 구성원들을 길러냈고, 지금까지도 그러한 조직문화는 살아남아 있다(창업주와 아들들이 경영할 때 있었던 CEO의 연봉은 평균적인 정직원의 연봉 20배가 넘지 않도록 하는 제한선이 지금은 지켜지지 않고 있긴 하지만).

허먼 밀러의 사례를 보면, 높은 사기를 가진 구성원을 보유한 것은 기업이 비즈니스를 하는데 매우 좋은 영향을 미친다. 웰빙 수준이 더 높은 구성원들은 우울한 사람들보다 의료비에 쓰는 돈이 더 적으며, 업무효율성은 더 높고, 무단결근을 하는 경우도 적다는 연구가 있다(Ford, Cerasoli, Higgins, & Deccesare, 2011[4]; Shockley, Ispas, Rossi, & Levine, 2012).[5] 즉, 산전 건강관리와 예방적 태아관리에

---

3 Depree, M.(1989) *Leadership is an art*. New York : NY : Doubleday.
4 Ford, M. T., Cerasoli, C. P., Higgins, J. A., & Deccesare, A. L.(2011). Relationships between psychological, physical, and behavioural health and work performance: A review and meta-analysis. *Work & Stress, 25*, 185-204.
5 Shockley, K. M., Ispas, D., Rossi, M. E., & Levine, E. L.(2012). A meta-analytic investigation of the relationship between state affect, discrete emotions, and organizational performance. *Human Performance, 25*, 377-411.

투자하게 되면, 의료비를 줄일 수 있듯이 구성원의 웰빙에 투자하는 것은 순이익에 긍정적인 영향을 줄 것이라는 의미이다. 허먼 밀러사의 주식은 1990년에는 1달러 가치밖에 없었지만, 2011년에는 거의 9달러까지 상승한 것을 보면, 허먼 밀러사의 구성원을 위한 투자가 성공했음을 알 수 있을 것이다.

또 다른 성공사례는 165명의 구성원이 있는 교육용 가구와 무선 전자 클리커 제조기업인 플리트우드 그룹에서 찾아볼 수 있다. 창업주는 다른 가족들의 주식을 사들여서 구성원들에게 회사 주식의 45%를 주었는데, 이를 기반으로 하여 플리트우드 그룹은 미국의 최초 종업원 지주제(employee stock ownership plan: ESOP)를 가진 기업이 되었다. 현재, 모든 구성원들은 회사 주식을 가지고 있기 때문에 전체적으로 보면 구성원들이 100% 회사의 주인이라고 할 수 있다. 회사에서 더 오랜 기간을 일한 사람들의 주식이 더 많긴 하겠지만, 기본적인 규정상 한 사람당 5% 이상을 가질 수는 없게 되어 있다. 다른 CEO와 마찬가지로, 덕 루크(Doug Ruch)도 주주를 위해 일하지만, 그의 주주는 조직 구성원들인 것이다.

"서번트 리더십"과 "모든 팀 구성원－주주를 존중하고 돌보기"(Fleetwood Group, n.d.)[6]라는 철학을 가지고 있기 때문에 플리트우드 그룹은 수익보다는 사람을 더 중요시한다. 최근의 불경기로 인해 주문량이 감소했을 때, 구성원－주주들은 관리자급에게 직업 안정성이 이익보다 더 중요하다는 의견을 전달했다. 그래서 회사는 할 일이 없어진 구성원들에게 커뮤니티 서비스를 하도록 하고 월급을 주었다. 전화 받기, 해비타트 평화주택 짓기 등 어려운 시절과 좋은 시절들을 거쳐오면서 이 회사는 항상 사업수익의 일부

---

6 Fleetwood Group.(n.d.). *About us: Christ centered... employee owned.* (http://www.fleetwoodgroup.com/about-us.htm)

를 떼어놓아서 개인 구성원당 평균 6,000달러 이상의 연봉을 보장해주려고 노력했다.

플리트우드 그룹의 구성원들은 "자신이 주인인 것처럼 일한다"라고 루크 대표는 이야기했다. 구성원의 주인의식은 역량 있는 인재들을 끌어들이고 회사에 남아있도록 만든다. "조직충성도를 높이고", 플리트우드를 지속가능한 "경쟁력이 있는 회사로 커가게끔" 도와주는 것이다. 매년 주식성장률이 평균 17%가 되면서 플리트우드는 2006년 올해의 ESOP가 되었다. 루크는 이와 같은 "주인의식문화"를 유지하고, 구성원-동료들이 소명에 대한 민감함을 놓치지 않도록 촉진하는데 총력을 기울이고 있다. 신앙을 가지고 있는 사람으로서 루크는 프레드릭 부흐너(Fredrick Buechner, 1993)를 인용했다. "신은 당신의 깊은 기쁨과 세계의 깊은 굶주림이 만나는 그곳으로 당신을 부른다."(p.95)[7]

또 다른 홀랜드시의 기업사례로서 프린스社를 들고 싶다. 이 회사는 조명이 달린 자동차 바이저를 개발하는 것으로 시작해서 자동차 내부 대시보드 부품들을 생산하는 것까지 확장시켜 왔다. 프린스사는 가족기업으로서 창업주는 전통적인 정치적, 종교적 입장을 지지하고, 구성원을 지지하는 조직문화를 구축하며, 시설이 잘 갖추어져 있고 무료로 사용할 수 있는 직원용 피트니스센터도 갖추고 있는 것으로 유명하다. 창업주가 급작스럽게 사망하고 회사가 매각된 후에, 한 구성원이 예전의 조직문화에 대해 다음과 같이 회상하였다. "학력이 그렇게 높은데 왜 그 회사에서 일하느냐는 질문을 몇 백번쯤 받았었습니다. 제 대답은 항상 똑같았어요. '여기 와서 일해보시면 알게 될 겁니다.'" 창업주 가족이 지역에 투

---

7 Buechner, F.(1993). *Wishful thinking : A theological ABC*. New York, NY : HarperOne.

자한 비용에 대해서는 그 일부가 커뮤니티에 대한 선물로 사회환원되었다. 노인을 위한 체육관, 아트센터, 도심개선사업, 온수를 사용해서 거리와 보도를 덥히는 친환경적 제설 시스템 등으로 회사가 매각되었을 때, 창업주의 미망인은 구성원들에게 현금 1억 달러를 지급하였고, 구성원들은 신문의 한 면을 빌려 다음과 같은 광고를 실었다. "엘사, 감사합니다."

이와 같은 기업들은 구성원들이 가족생활과 의미 있는 조직생활 사이에서 균형을 잡을 수 있도록 가족친화적인 탄력근무제나 직무공유 기회들을 활용할 수 있게 해주기도 한다. 내가 거의 30년 동안 저자와 출판사의 관계로 가깝게 지내온 워드 출판사(Worth Publisher)에서도 가족에 대한 지원을 아끼지 않고 있다. 출판사 대표 및 편집인이었던 여성은 스텝들이 개인적인 니즈에 맞게 업무 스케줄과 근무지를 자유롭게 선택할 수 있도록 격려해주었다. 내가 책을 발간할 때에는, 알래스카부터 플로리다까지 펼쳐져 있는 재택근무자들의 편집 전문가다운 리더십, 예술가다운 리더십, 그리고 마케팅전문가로서의 리더십 역량에 큰 도움을 받았다. 나와 일생을 함께 해온 편집자는 뉴욕에 있는 회사에서 일하던 사람이었는데 이제는 앵커리지에 있는 집에서 1주당 30시간을 근무하면서도 출퇴근에 더 이상 시간을 낭비하지 않고, 일과 관련하여 의상, 음식, 교통비를 쓰지 않을 수 있게 되었다. 집에서 그녀는 아이들이 잠을 자고 있는 새벽 6시에 일을 하는 대신, 낮 시간은 가족을 돌보는 일에 쓸 수 있게 된 것이다.

어떤 사람들은 자신의 일을 어쩔 수 없이 해야 하는 *직업(job)*이라고 생각한다. 자신에게 의미를 가져다주지는 않지만, 돈을 벌 수 있게 해주는 방법 말이다. 다른 사람들은, 자신의 일을 *경력(career)*이라고 생각한다. 하나의 직급에서 더 나은 직급으로 승진하게 해주는 기회를 가리킨다. 나머지는 자신이 하는 일을 소명 *(calling)*이라고 생각하는 사람들이다. 소명은 의미 있고, 사회적으로 기여할 수 있는 활동을 말한다. 또는, 자신의 일은 몰입할만하고 가치있는 일이라고 생각한다. 이런 사람들은 자신의 일과 삶에 있어서 가장 높은 만족도를 보고한다. 예를 들어, 우리가 모두 워드 출판사에서 함께 일하면서 교육자료를 만들고 있다면, 의미 있는 일을 하고 있다는 것을 기뻐할 것이다. 즉, 맡은 일을 잘 해내고 있으면서도 좋은 일을 할 수 있다는 느낌을 가지게 될 것이다.

*일터에서 의미찾기(Purpose and Meaning in the Workplace)*는 상담 전문가, 인사팀 관리자, 조직의 리더들에게 일을 통해 의미를 만드는 작업에 대한 통찰력을 제공해줄 것이다. 이 책의 집필에 참여한 스타 전문가들은 구성원의 강점과 직무 과제를 매칭하는 방법, 구성원의 몰입도를 최적화할 수 있는 업무환경을 만드는 방법, 구성원의 재능을 표현하고 강화하기 위해 잡크래프팅을 하는 방법, 경력계획을 하기 위해 스텝진을 코칭하는 방법들에 대해 다양한 아이디어들을 제시하고 있다. 이러한 아이디어 탐색을 통해 조직들은 구성원을 위한 행복한 환경을 만들 수 있는 가능성을 발견할 수 있을 것이다.

조직의 정책기획자, 현장 관리자, 커리어 상담자, 그리고 구성원들 자신이 일을 의미 있는 커리어, 또한 목적 있는 소명(아무도 보상을 해주지 않더라도 그 일을 하면서 내면적으로 가치를 느끼는)이라고 생각하며 몰입할 수 있도록, 일을 어떻게 구성할 것인가에 대해 심도 있는 성찰을 해주신, 브라이언 딕 박사, 진타 번 박사, 마이클 스테거 박사와 저자들에게 찬사를 보낸다.

데이비드 마이어스(David G. Myers)

Purpose and meaning in the workplace

의미 있는 일의 통합적
이론과 실제를 향하여

브라이언 딕(Bryan J. Dik) · 진타 번(Zinta S. Byrne) ·
마이클 스테거(Michael F. Steger)

의미 있는 일의 통합적 이론과 실제를 향하여
Toward an integrative science and practice of meaningful work

당신의 일은 어떤 의미를 가지고 있는가? 이 질문은 너무 뻔한 물음으로 생각할지도 모르지만, 사실 매우 중요한 질문이다. 대부분의 조직구성원들은 깨어 있는 동안에는 항상 일을 하고 있다 (Bureau of Labor Statistics, 2012: Organization for Economic Co-operaion and Development, 2012). 이 한 가지 이유만 가지고 보더라도, 앞에서 한 질문에 대해 관심을 가져볼 필요가 있을 것이다. 이 질문은, 자신이 하고 있는 일을, 대부분의 사람들이 그렇듯이 필수적인 삶의 요소(necessity)라고 생각하고, (항상 그렇진 않지만) 종종 자신의 정체성의 핵심 요소로 생각하게 되는 경우, 점점 더 무겁게 느껴지게 된다. 사람들에게 "현재 어떤 일을 하고 계십니까?"라고 물었을 때, 대답하는 태도를 보면, 이러한 느낌을 더 강하게 받을 수 있다. 아이들에게 앞으로 어른이 되면 무엇이 되고 싶은지를 물어볼 때에나, 오랫동안 성공적인 커리어를 쌓아온 후 은퇴를 맞이한 사람에게 물어볼 때에도 물론 마찬가지이다. 물론, 사람들마다 일에 대해서는 다양한 의미를 가질 수 있다. 어떤 사람들에게 일이란 필요한 것을 살 수 있게 해주는 필요악일 수도 있고, 단순히 시간을 때울 수 있게 해주는 방법일 수도 있다. 그리고 또 다른 사람들에게, 일이란 자신의 가치를 측정해볼 수 있는 척도일 수도 있다. 올라가서 자신의 전문성 발전을 평가해볼 수 있는 지위 사다리(status ladder)를 제공해주는 것이라고도 할 수 있겠다. 그러나, 이 책에서도 언급이 되는 축적이론(accumulating theory) 등의 연구에 따르면, 많은 사람들은 자신의 일이 실존적인 면에서도 중요성을 가지기를 원한다고 한다. 사람들은 일을 통해 개인적인 성장을 하기를 바라며, 내면적인 잠재력을 최적화하고, 인생의 의미를 이해하며, 목적을 추구할 수 있는 길을 찾기를 기대한다. 사람들의 이러한 열망이 이 책의 근간이다. 학자들은 다양한 시각을 통해, 우리에게 다음과 같은 질문과 대답의 중요성을 보여준다. "내가 하고 있는 일을 의미 있게 만드는 것은 무엇인가?", "조직과 구성원들이 일을 *더* 의미 있게 만들려면 무엇을 할 수 있을까?"

개념과 정의

가장 기본적인 수준에서, *의미 있는 일(meaningful work)*이란 주관적으로 중요하고, 가치있으며, 더 큰 선(bigger good)을 추구할 수 있는 가능성을 가지고 있고, 전 생애적으로 의미의 창출을 가능하게 해주는 것이라고 정의된다(Steger, Dik & Duffy, 2012). 또한, 의미 있는 일은 *일에서의 의미(meaning in work)*로 표현되기도 한다(Pratt & Ashforth, 2003). 이렇게 다양한 용어가 혼용되어 사용되고, 일관적이지 않게 사용되기 때문에, 더 이야기를 진행하기 전에 정의를 명료화하는 것이 좋을 것 같다. 스테거와 동료들(2012)의 *의미 있는 일*에 대한 정의를 보면, 사람들이 일에서 지각하거나 찾는 의미의 전체적인 수준이나 양을 가리킨다. 이러한 유의미성은 사람들이 가치있다고 생각하는 일을 통해 얻을 수 있고, 또한 사람들에게 목적성을 부여하는 일을 통해서도 찾을 수 있다. *목적(purpose)*이란, "사람들이 자신의 인생에서 추구하고자 하는 높은 가치와 중요성을 가진 인생의 목표"라고 정의내릴 수 있겠다(Steger & Dik, 2010, p.133). 이와 같은 목적의 정의는 인생에서의 뚜렷한 방향과 열망을 포함함에도 불구하고, 많은 학자들은 오랫동안 해야 하는 일(work duty)에서 목적을 가질 때, 사람들은 자신의 일에 대해 더 많은 의미를 찾는다고 생각해왔다(Hackman & Oldman, 1976, 1980). 유의미한 업무에 대한 열망 연구를 보면, 일에 몰입하는 사람들은 일터에서 찾은 의미를 자신의 전 생애로 확장시킬 가능성이 있는지에 대해 탐색해보았다. 자신이 일을 하는 목적은 더 큰 선(good)을 추구하거나, 다른 사람을 도와주기 위함이라고 생각하는 사람들의 경우에는 그러한 목적을 갖는 자체가 일터에서의 활동에서 얻은 혜택을 업무외의 장으로 확장시킬 수 있는 방법 중의 하나라는 결과가 나왔다(Gran, 2007). 따라서, 자신의 일을 유의미하다고 생각하거나, 일을 통해 충분한 의미를 찾는 사람들은 아마도 자신의 일을 중요하게 지각하고 있을 것이며, 그러한 생각을 기반으로 하여 인생에서의 목적을 찾고, 자신이 중요하다고 생각하는 방법으로 세상에 기여하고 있을 것이라고 보여진다.

*일에서의 의미(meaning in work)*는 *일의 의미(meaning of work)*와는 다른 개념으로 지각되어 왔다(Pratt & Ashforth, 2003). 이 두 용어들은 지금까지 혼용되었었지만(Rosso, Dekas, & Wrzesniewski, 2010), 우리는 다음과 같이 두 용어를 구분하려 한다. 일에서의 의미는 사람들이 경험하는 의미의 정도를 가리키는 반면, 일의 의미란 사람들에게 의미를 제공하는 일의 특정한 내용을 가리킨다. 다시 말해서, 일에서

의 의미란 "당신은 스스로의 일이 어느 정도 의미 있다고 생각하십니까?"라는 질문에 대한 대답이며, 일의 의미는 "당신의 일이 의미 있는 이유는 무엇입니까?"에 대한 대답인 것이다. 사람들은 이 질문들에 대해 매우 다양한 대답을 할 수 있다. 자신의 일을 의미 있다고 생각하는 사람이라면, 우선 의미를 찾을 수 있는 원천은 사람(동료, 고객), 커뮤니티라고 말할 수 있을 것이다(Wrzesniewski, Dutton, & Debebe, 2003). 하지만, 의미 있는 일에 대해 보다 핵심적인 질문을 한다면, 최고의 업무 경험, 일과 개인생활간의 최적 시너지, 자신의 성격과 가치, 열정과 관련이 높은 일은 어떤 것이라고 생각하는가에 대한 질문이 될 거라 생각된다.

다양한 분야에서 관심이 높아졌지만, 아직 통합이 된 상태는 아니다

잘 알려진 프로젝트인 일(working)에서 터켈(Terkel, 1972)은 사람들을 관찰하면서 일이란 종종 음식이나 물과 같이 생명을 유지시켜주는 것을 얻는 것 이상의 것을 의미한다는 것을 발견했다. 일이란 일상생활에서 의미를 찾는 탐색 작업으로 나타낸 것이다. 조직구성원들에게 일이 미치는 영향력의 범위를 연구하면서 터켈은 일이라는 것이 말 그대로의 노동을 어떻게 넘어설 수 있는지를 이해하려고 노력했다. 일심리학(work psychology)과 경영분야에서 이루어진 유의미한 일에 대한 초반 연구들은 조직구성원의 무관심 문제를 해결하기 위한 것이었고, 조직의 경영 효율성을 높이기 위한 목표를 가지고 있었다. 이 2가지 이슈는 1920년대의 인간관계운동(human relations movement)이 일어났을 때, 주목을 받았다. 예를 들어, 어떤 연구자들은 개인적인 일과 직무만족도의 관계를 탐색해보았고(Schaffer, 1953), 노동중심성(work centrality)과 같은 개념을 연구해보기도 했으며(Dubin, 1956), 업무 몰입(Lodahl & Kejner, 1965), 내적인 업무 동기(Herzberg, Mausner, & Snyderman, 1959)나 업무 가치(Super, 1962)를 연구해보기도 했다. 동기와 유의미한 일을 구분하기 위해 해크만과 올드햄(Hackman & Oldham, 1976, 1980)은 직무특성 이론을 제시했다. 직무의 핵심적인 특성은 유의미함을 느낄 수 있는 심리적인 상태를 만들어주어서 동기수준을 높이고, 그 결과로, 직무만족도와 생산성을 높이게 된다는 것이다. 귀옹과 랜디(Guion & Landy, 1972)도 다른 연구자들과 유사하게(Quintanilla, 1991) 사람들은 업무활동의 환경과 잠재적 결과들을 이해하면서 일의 의미와 중요성을 평가한다고 주장했다. 칸(Kahn, 1990)은 의미 있는 일이 동기수준을 높인다는 전제하에 조직구성원의 의미감은 몰입도(자신이 맡은 일에 인지적/신체적/정서적으로 참여하는 동기적인 상태)를 강화시킨다고 주장했는데 그의 주장은 연구자와 현장전문가들의 큰 관심을 얻었다. 직업심리학의 각 접근법(개인-환경간 적합도, 발달적 접근, 사회인지적 진로 이론, 구성주의 등)들도 발달되어감에 따라, (함축적으로 설명하기는 했지만) 개인적인 유의미성과 목적을 고려하게 되었다(Chen, 2001; Dik, Duffy & Eldridge, 2009).

이와 같은 흐름에 힘입어 최근에는 유의미한 일과 관련된 주제에 대한 연구들이 매우 많아지고 있다. 예를 들어, *소명(calling)*으로서의 일(더 큰 선(good)을 위한 목적있는 일에 대한 초월적인 요청, Dik & Duffy, 2009)에 대한 연구는 5년 전과 비교해보았을 때, 4배 이상 늘었다. 일터 영성(workplace spirituality)은 최근 학문적인 탐색에 대한 요구가 가장 많이 일어나고 있는 분야 중의 하나이다(Giacalone, Jurkiewicz, & Fry, 2005). 친사회적 업무 동기에 대한 연구(Grant, 2009) 또한 일이 사람에게 줄 수 있는 긍정적인 영향력에 대한 새로운 이야기를 시작했다. 그리고, 최근 매우 큰 영향력을 가지고 있는 긍정심리학 운동에서도 일터에 대한 연구를 시작해서 *긍정심리학과 일에 대한 옥스퍼드 핸드북*(Linley, Harrington, & Page, 2010)이나 *긍정조직학에 대한 옥스퍼드 핸드북*(Oxford Handbook of Positive Handbook, 2012)과 같은 자료들을 출판하게 되었다.

현재 매우 신속하게 연구영역이 확장되고 있기 때문에 연구자들은 일의 목적과 의미에 대해 다양하게 정의를 내리는 일이 많아졌다. 로소와 동료들은(Rosso et al., 2010) 의미 있는 일에 대한 학문은 아직 통합이 되지 않았다고 주장했다. "매우 다양한 분야들을 다루고 있어서 서로에게 도움이 될 수 있는 기회들을 놓치고 있다. 따라서, 통합적으로 결과를 해석하기가 매우 어렵다."(p.93). 안타까운 것은 이러한 결론을 내는 과정에서도 조직 심리학에 대한 문헌 *(Research in Organizational Behavior)*만을 집중적으로 검토하고, 관련된 분야들에 대한 탐색을 하지 않았기 때문에 일의 목적 및 의미와 관련된 학문분야가 아직 통합되지 않았다는 것을 더욱 드러내고 있다는 사실이다.

요약해보자면, 이 분야에서의 연구가 빠르게 확산되고 있지만, 아직 한 가지로 정리된 결론은 없다는 것이다. 하지만, 최근에는 유명한 도서, 인터넷 자료, 세미나, 웹을 통한 교육, 현장전문가들을 통해 목적과 미션을 달성하는 과정을 조력할 수 있는 일터환경을 구축하려는 시도들이 많아졌다. 따라서, 지금 가장 필요한 것은 다양한 연구분야에서 나온 결과들을 종합하여 일터에서의 목적과 의미에 대해 종합적인 시각을 만드는 일일 것이다. 그래서, 이론과 실제 사이의 차이를 메울 수 있는 통합된 학문과 논쟁들을 강화시킬 필요가 있다.

이 주제에 대한 논의를 한다는 것은 매우 도전적인 과제이지만, 매우 중요한 일이기도 하다. 현재 일에서의 변화는 매우 급격하며 일관적이지도 않기 때문에 예측하기 어려운 상황이다. 또한 시장의 성격은 국내에서 세계로 확장되고 있고, 다양성이 증가하고 있어서 사회적인 기준에 대한 필요성이 제기되고 있다. 미디어를 통해 만나게 되는 새로운 기준들은 너무나 많아 놀라울 정도이다. 하지만, 이와 같은 빠른 변화와 불안정성에 대한 이야기는 1930년대 이후로 계속 나왔다는 점을 우리는 주목할 필요가 있다. 그럼에도 불구하고, 우리가 모호한 상황에 대해 예측할 수 있는 것은 거의 없기 때문에 불안을 피하기가 쉽지 않다. 2010년 노동청 통계보고서를 보면, 1957~1964년에 태어난 사람들은 18~44세 사이에 평균 11개의 직장을 다닌다는 결과가 나왔다. 이는 2.4년마다 직장을 옮긴다는 것이다! 전체적인 직무만족도를 보면 2009년 이후부터 감소하고 있는데(Society for Human Resource Management, 2011), 그 사실은 그다지 놀라운 것이 아니라고 한다. 이러한 환경에서 사람들은 어떻게 일을 통해 목적과 의미를 찾고 있는 것일까?

대부분의 조직구성원들은 그 질문에 대해 대답을 하기 위해 매우 많은 애를 쓰고 있는 것으로 보인다. 북미, 유럽, 아시아태평양 지역에서 100,000명의 조직구성원들을 대상으로 조사를 한 결과를 보면, "자신이나 조직에게 좀 더 중요하고 의미 있는 일을 할 수 있게 된다면, 더 작은 역할을 맡거나 더 적은 연봉을 받게 되는 일을 감수하겠습니까?"라는 질문에 대해 51%가 '예'라고 대답을 하였다(Kelly Services, 2009). 하지만, 2012년판 보고서를 보면, 현재 하고 있는 일에서 의미를 찾고 있다고 대답한 것은 170,000명의 조직구성원들 중에서 50% 미만이었다. 하지만, 점점 더 많은 사람들이 일에는 급여나 승진 이상의 것이 있어야 한다고 느끼는 것 같다. 고용주가 그들이 목적과 의미를 찾는 작업을 도와준다고 생각하는 것과 별개로 말이다. 대부분의 사람들은 다른 사람들에게 베푸는 일을 하고 싶어한다는 연구결과를 볼 때(Hewlett, Sherbin & Sumberg, 2009), 조직과 개인이 목적과 관련된 의미를 추구할 수 있는 일터환경(이익을 올리는 것에 더하여, 개인과 커뮤니티가 스스로를 발전시키고자 하는 미션 추구)을 위해 투자를 시작하기에는 지금이 바로 적기라고 보여진다. 이는, 일과 존엄성이 통합되고, 정체성과 긍정적인 변화가 합쳐져서 이타적인 목표를 추구하기 위해 재능을 개발하고자 하는 태도를 가리킨다. 이것이 바로 일터에서의 목적과 의미가 가지는 모습인 것이다.

이 책의 목적

이 책, *일터에서 의미찾기*가 가지는 전체적인 미션은 일터에서의 목적과 의미에 관련된 다양한 배경을 가진 이론과 연구들의 패러다임을 통합할 수 있는 자료를 제공하는 것이다. 경험적인 연구를 통해 도출된 실용적인 개념들을 명확하게 정리하여 설명하는 것도 포함된다. 우리는 상담심리학, 직업심리학, 산업 및 조직심리학, 조직행동학과 경영학 분야의 학자들, 연구자들, 현장전문가들이 다음의 질문에 답을 찾는 작업을 함께 할 수 있었으면 좋겠다. 우리가 의미 있는 일에 대해 알고 있는 것은 무엇인가? 어려운 상황에서 일하고 있는 사람들 중에서 의미를 찾은 사람을 구별해낼 수 있는 방법은 무엇인가? 관리자, 인사전문가, 컨설턴트, 상담전문가, 조직구성원들이 일터를 더 의미 있게 만들 수 있도록 도와줄 수 있는 전략은 어떤 것이 있는가? 그러한 조력 전략은 구성원의 건강, 행복, 목적감, 생산성에 대해 어떤 영향을 미칠 수 있을까?

우리는 이 책을 쓰면서 현재 이루어지고 있는 유의미한 일에 대한 이론과 연구들을 살펴보았다. 의미 있는 일이 구성원과 조직의 웰빙에 미치는 영향력에 대해 정리하고, 앞으로 필요한 이론, 연구, 실제, 응용에 대해 방향성을 제시하기도 했다. 또한, 각 장마다 '일터의 초점(Focus on the Workplace)'이라는 표를 제공해서 일의 목적과 의미를 강화시키기 위한 5~10개의 실용적인 제안들을 명료하게 정리하였다. 각 제안점들에 대해서는, 3가지의 지지 배경을 표시하였다. (a) 현장에서 검증된 제안점 (b) 이론에서 추출된 제안점 (c) 연구에서 지지된 제안점.

그러한 노력의 결과로, 우리는 매력적이고, 이해하기 쉬우며, 실용성이 매우 높은 10개의 장을 모을 수 있었다. 각 장에서는 일터에서의 목적과 의미에 대한 다양한 사회과학 연구결과들을 제공하고 있으며, 그러한 이론을 현장에 적용하기 위한 제안점들을 제시하고 있다. 1부 "의미 있는 경력 개발하기(Cultivating a Meaningful Career)"에서는 조직구성원들이 목적과 의미를 강화하기 위해 어떻게 경력에서의 선택을 하고, 개발과정을 만들어가는지에 대해 초점을 맞추었다. 1장에서는 하르퉁과 테이버 박사(Paul J. Hartung & Brian J. Taber)가 새롭게 제시되고 있는 진로 구성 이론(career construction theory)을 제시하면서 진로 구성 인터뷰(사람들의 이야기를 통해 일과 삶에서 경험하고 있거나 경험하기를 바라는 목적과 의미를 분석해냄)를 통해 이 원칙들이 어떻게 적용되는지에 대해 설명하고 있다. 2장에서는 한센 박사(Jo-Ida C. Hansen)가 개인-환경 적합도(오랫동안 응용심리학에서 지배적인 위치를 차지해온 패러다임)에 대한 최근 연구들을 정리해주었다. 2장에서는 실제로 일에서의 유의미성을 높이기 위해 적합도를 조율할 수 있는 여러 가지 실용적인 전략들을 소개하고 있다. 3장에서는 홀, 펠드만, 김나정 박사(Douglas, T. Hall, Elana Feldman, Najung Kim)가 프로틴 경력 지향(protean career orientation)이 유의미한 일을 어떻게 만들어내는가에 대해 제시하였다. 프로틴 태도를 가진 구성원이 자기주도적이고 가치지향적인 행동을 통해 자신의 일을 변화시켜서 유의미성을 창출하고 유지하는 방법에 대해 알아볼 수 있다.

2부, "일을 통해 의미 만들기(Meaning Making on the Job)"에서는 조직적 맥락의 일상생활에서 의미와 목적을 어떻게 추구할 것인지에 대한 문제를 풀기 위해 개인적인 발전수준을 넘어서 전체적인 경력과정을 설계하는 내용을 다룬다. 버그, 더턴, 브제스니에프스키 박사는(Justin M. Berg, Jane E. Dutton, Amy Wrzesniewki) 조직구성원들이 *잡크래프팅*이라는 과정에서 유의미성을 높이기 위해 과제와 관계, 인지적인 시각을 어떻게 적극적으로 변화시켜 나가는가를 설명해 준다(4장). 칸과 펠로우 박사는(William A. Kahn & Steven Fellows) 5장에서 구성원의 몰입(일을 통해 제시되는 의미와 목적의 행동적 & 태도적 표현에 대한 동기적 상태)과 몰입도를 높일 수 있는 맥락인 요소를 제시한다. 애쉬포드와 크레이너 박사는(Blake E. Ashforth & Glen E. Kreiner) 6장에서 사람들이 기피하는 *궂은 일(dirty work*: 사람들이 좋아하지 않고, 악명이 높으며, 사회적인 지위가 낮은 일)을 하는 사람들이 긍정적인 의미와 목적을 찾는 방법에 대해 알려진 바를 정리해보았다. 7장에서는 렌트 박사가(Robert W. Rent) 쾌락적 행복과 목적지향적 행복 요소들이 일을 의미 있게 만드는 전략들을 통해 직무만족도에 어떻게 영향을 미치는지를 이해하기 위해 사회-인지 진로 이론(social-cognitive career theory)을 검토하였다. 전체적으로 2부에서는 직무에서 목적과 의미를 더 잘 찾기 위해 필요한 조건을 만들어내고 유지하는데 있어서 실용적이며 직접 행동으로 옮길 수 있는 제안점들을 제시하고 있다.

마지막으로, 3부, "의미 있는 조직 만들기(Leading a Meaningful Organization)"에서는 목적성 있고 의미 있는 일터를 만들기 위해 조직의 리더들이 해야 할 일에 대해 초점을 맞추었다. 8장에서 프랫, 프레디스, 레피스토 박사는(Michael G. Pratt, Camille Pradies, & Douglas A. Lepisto) 조직구성원들이 자신의 일을 가치있고 중요하게 만들기 위해 어떤 방법을 쓰는지를 파악해 보려고 조직의 전략을 5가지 경향성으로 분류하고, 조직이 일터의 목적과 의미에 영향을 미치는 방법을 분석해보았다. 왈룸브와, 크리스텐슨과 무키리 박사는(Fred P. Walumbwa, Amanda L. Christensen, Michael K. Muchiri) 9장에서 변혁적 리더십(리더십 이론들 중에서 가장 이해하기 쉽게 의미 있는 일과의 관계를 보여준 이론, p.198)에 대한 이론과 연구결과들을 제시하고, 실용적인 시사점을 제공하였다. 스토버, 퍼터, 개리슨 박사는(Dianne R. Stober, Stefanie Putter & Lauren Garrison) 10장에서 3부의 전체적인 내용들을 정리하고, 임원이나 조직구성원과 함께 작업하는 코치들이 리더를 도와서 조직 내에서의 목적성과 의미를 효과적으로 제고하기 위해 활용가능한 전략들을 요약해줄 것이다.

일터에서의 목적과 의미에 대한 *우리의 비전*

저자들이 제공해준 멋진 내용들을 읽고 함께 이야기하는 작업을 하면서 우리는 처음에 왜 이와 같은 책이 필요하다고 생각하게 되었는지에 대한 이유를 다시 한 번 성찰해보는 기회를 갖게 되었다. 앞에서 이야기했듯이 일터에서의 목적과 의미를 찾고 싶다는 사람들의 니즈는 매우 강한 것으로 나타나고 있다. 자신의 일을 통해 의미를 경험하고 있는 조직구성원들은 조직의 수익을 높여준다는 연구결과(결근과 퇴사 의지 감소시킴, Steger et al., 2012)가 있지만, 우리는 그것을 넘어서 의미 있는 일은 구성원의 삶에서 중요한 목적으로 삼을 가치가 있다고 생각했고, 우리의 저자들도 동일한 의견을 각 장에서 제시해주었다. 일에서의 목적과 의미는 구성원과 조직이 당연히 가져야 할 기대이며, 달성이 가능한 현실적인 목표이다.

물론, 모든 업무는 의미추구작업이 가능할 수 있도록 환경적인 조력 도구를 갖추고 있어야 한다. 일터에서 목적과 의미를 찾으려면 어떤 것이 필요한 것일까? 우리는 다른 연구들을 통해 조직과 리더들이 의미 있는 일터 환경을 만들기 위해 활용할 수 있는 방법들을 제시했었다(Byrne, Palmer, Smith & Weidert, 2011; Dik, Steger, Fitch-Martin & Onder, 인쇄중; Steger et al., 2012). 이 방법들의 일부는 몇 십년 동안 강조되어 왔지만, 여전히 간과되고 있기도 하고, 또 다른 방법들은 이 책에서 소개한 것보다 최신 내용을 담고 있기도 하다. 어떤 방법들이 있을까? 최소한 리더와 팔로어들은 한 인간으로서 존중받아야 하며, 자신의 업무노력에 대한 가치를 인정받아야 한다(Moorman & Byrne, 2005). 구성원에 대한 존중과 가치를 강조하는 것은 조직의 업무조건과 방향성을 수립하기 위한 의사결정을 할 때, 구성원의 시각에 대해 적절한 우선순위를 두는 것을 의미한다(Byrne, Kiersch, Weidert & Smith, 2011). 즉, 이는 모든 조직구성원들은 일을 하는데 있어서 적절한 자율성을 보장받아야 한다는 것을 가리키는 것이다. 의미 있는 일이란 구성원들이 조직의 기능방법을 파악하고, 업무를 하기 위해 필요한 정보를 제공받아야 할 시기를 명확히 이해할 때, 찾을 수 있게 된다(Dik et al., 2009). 마찬가지로, 리더들은 구성원들이 조직의 미션과 자신의 일의 가치와 방향성을 어떻게 일치시킬 수 있을지에 대해 이해할 수 있도록 도와주어야 한다(이 책의 많은 부분에서 이야기하고 있다). 또한, 리더들은 조직의 미션을 크래프팅해서 더 큰 선(good)에 초점을 맞추고, 조직과 지역사회, 더 넓은 세상을 긍정적으로 바꾸기 위한 노력을 해야 한다. 제안된 방법들을 활용하게 되면, 구성원들이 일에 몰입할 수 있게 지원하여 의미와 목적을 찾을 수 있는 또 다른 길을 발견할 수 있게 도울 수 있을 것이다(Byrne, Palmer, et al., 2011).

이 책의 집필에 참여한 전문가들은 위의 제안점들 이외에도 다양한 학문과 일의 세계를 통해 도출된 진보적인 전략들(조직의 시스템을 통해 개인이 경력을 추구할 수 있는 방법에서 임원이 그러한 시스템을 구축하도록 조력하는 방법까지)을 제공해주었다. 각 장에서 저자들의 독특한 주장들을 제시하고 있기 때문에 여기에서는 이 책을 통해 나타난 주제들을 간단하게 정리해보도록 하겠다. 각 저자들은 다양한 시각을 통해 일터에서의 목적과 의미에 대한 이슈에 접근하고 있지만, 그 주장들은 4개의 큰 주제로 분류해볼 수 있을 것 같다. 첫째, 몇몇 저자들은 사회적인 관계를 통해 의미와 목적이 어떻게 구성되는지에 대해 논의하였다. 특히, 일터에서 사람들은 집단적인 정체성과 문화를 만들어내기 위해 상호작용을 하고, 또 반대로 그 정체성과 문화는 각 개인에 의해 독특하게 해석된다. 둘째, 사람들이 자신의 개인적 가치와 포부(aspiration)를 성공적으로 일치시킬 때, 목적과 의미가 있는 일을 찾아낼 수 있다. 이러한 일치 작업이 일터에서 일어나게 되면, 조직구성원들의 노력은 지속적으로 의미 있는 방향을 향해 투자될 것이다. 셋째, 의미 있고 목적있는 일을 찾으려면, 조직구성원은 업무과제를 하는데 있어서 조금 더 큰 목적을 가지고 행동을 해야 한다. 즉, 조직구성원은 자신의 업무경험에 대해 적극적인 크래프팅을 해야 하며, 일에 대해 몰입하여야 한다. 넷째, 조직구성원의 능력은 그 자체로 매우 크다. 따라서, 어떤 경우에는 제대로 설계되지 못하고, 사람 중심으로 운영되지 않는 일터환경이 오히려 목적과 의미의 경험과 표현을 축소시키는 경우가 많다. 그러나, 신중하게 업무문화를 설계해서 의미 있는 일 찾기 작업을 조력하려 하는 리더라면, 헌신적이고 열정에 가득차 있으며, 자기발전을 꾸준히 하는 구성원을 길러낼 수 있게 될 것이다.

우리는 이 책을 읽으면서 독자들이 자신만의 결론을 만들어내고, 독특한 주제를 도출하며, 창의적인 영감을 가지고, 앞으로 필요한 연구과제와 현장중심적인 적용방법을 도출할 수 있기를 기대한다. 나아가서, 이 책을 통해 독자들이 일터에서의 목적과 의미에 대한 연구분야들에 대해 더 많이 배울 수 있기를 바라며, 다양한 학문분야들을 통합하여 일터에서의 목적과 의미에 대해 더 잘 이해할 수 있기를 바란다. 이 책은 일터에서의 목적과 의미에 대한 다양한 접근법을 보여주는 첫 번째 편집본이다. 즉, 의미 있는 일을 탐색하는데 필요한 연구는 이제 갓 시작되었다는 의미이다. 우리는 의미 있는 일에 대한 다양한 연구와 현장활동들이 성장하는데 있어서 이 책이 중요한 이정표 역할을 할 수 있기를 기대한다. 또한, 이 책을 통해 이미 시작된 의미 있는 일에 대한 연구가 더욱 발전할 수 있기를 바란다. 이 책의 각 장에서는 근거기반으로 구성된 아이디어들을 제공하여 실행과 적용에 도움을 주기 위해 노력했다. 하지만, 실제 현장전문가들은 검증자료들이 부족해도 효과성이 있는 나름대로의 목적과 의미 강화 전략을 많이 가지고 있을 거라 믿는다. 또한, 학자들도 실제 검증작업을 기다리고 있는 이론과 경험적 근거 자료들을 많이 보유하고 있을 거라 생각한다. 이론(연구자)과 실제(현장전문가)는 함께 역동적인 상호작용을 통하여 일터에서의 목적과 의미에 대해 우리가 제시한 아이디어와 제안점들을 더 발전시킬 수 있을 거라 기대한다.

◉ 참고문헌 ◉

Bureau of Labor Statistics. (2010). Number of jobs held, labor market activity, and earnings growth among the youngest Baby Boomers: Results from a longitudinal survey [Press release]. Retrieved from http://www.bls.gov/news.release/archives/nlsoy_09102010.pdf

Bureau of Labor Statistics. (2012). *American time use survey—2011 results*(USDL−12−1246). Retrieved from http://www.bls.gov/news.release/atus.toc.htm

Byrne, Z. S., Kiersch, C. E., Weidert, J. M., & Smith, C. L. (2011). The justice−based face organizations. In M. A. Sarlak (Ed.), *The new faces of organizations in the 21st century* (Vol. 4, pp. 95-163). Toronto, Canada: North American Institute of Science and Information Technology.

Byrne, Z. S., Palmer, C. E., Smith, C. L., & Weidert, J. M. (2011). The engaged employee face of organizations. In M. A. Sarlak (Ed.), *The new faces of organizations in the 21st century* (Vol. 1, pp. 93-135). Toronto, Canada: North American Institute of Science and Information Technology.

Cameron, K. S., & Spreitzer, G. M. (Eds.). (2012). *The Oxford handbook of positive organizational scholarship*. Oxford, England: Oxford University Press.

Cascio, W. F. (2010). The changing world of work. In P. A. Linley, S. Harrington, & N. Page (Eds.), *The Oxford handbook of positive psychology and work* (pp. 13-23). Oxford, England: Oxford University Press.

Chen, C. P. (2001). On exploring meanings: Combining humanistic and career psychology theories in counselling. *Counselling Psychology*

Quarterly, 14, 317-330. doi:10.1080/09515070110091308

Dik, B. J., & Duffy, R. D. (2009). Calling and vocation at work: Definitions and prospects for research and practice. *The Counseling Psychologist, 37*, 424-450. doi:10.1177/0011000008316430

Dik, B. J., Duffy, R. D., & Eldridge, B. M. (2009). Calling and vocation in career counseling: Recommendations for promoting meaningful work. *Professional Psychology: Research and Practice, 40*, 625-632. doi:10.1037/a0015547

Dik, B. J., Steger, M. F., Fitch−Martin, A., & Onder, C. (in press). Cultivating meaningfulness at work. In C. Routledge & J. Hicks (Eds.), *The experience of meaning in life: Classical perspectives, emerging themes, and controversies.* New York, NY: Springer− Verlag.

Dubin, R. (1956). Industrial worker's worlds: A study of the central life interests of industrial workers. *Social Problems, 3*, 131-142. doi: 10.2307/799133

Giacalone, R. A., Jurkiewicz, C. L., & Fry, L. W. (2005). From advocacy to science: The next steps in workplace spirituality research. In R. F. Paloutzian & C. L. Park (Eds.), *Handbook of the psychology of religion and spirituality* (pp. 515-528). New York, NY: Guilford Press.

Grant, A. M. (2007). Relational job design and the motivation to make a prosocial difference. *Academy of Management Review, 32*, 393-417. doi:10.5465/AMR.2007.24351328

Grant, A. M. (2009). Putting self−interest out of business? Contributions and unanswered questions from use−inspired research on prosocial motivation. *Industrial and Organizational Psychology, 2*, 94-98. doi: 10.1111/j.1754−9434.2008.01113.x

Guion, R. M., & Landy, F. J. (1972). The meaning of work and the motivation to work. *Organizational Behavior and Human Performance,*

7, 308-339. doi:10.1016/0030−5073(72)90020−7

Hackman, J., & Oldham, G. R. (1976). Motivation through the design of work: Test of a theory. *Organizational Behavior and Human Performance, 16*, 250-279. doi:10.1016/0030−5073(76)90016−7

Hackman, J., & Oldham, G. R. (1980). *Work redesign.* Reading, MA: Addison−Wesley.

Herzberg, F., Mausner, B., & Snyderman, B. B. (1959). *The motivation to work.* New York, NY: Wiley.

Hewlett, S. A., Sherbin, L., & Sumberg, K. (2009, July-August). How Gen Y & Boomers will reshape your agenda. *Harvard Business Review, 87*, 71-76.

Kahn, W. A. (1990). Psychological conditions of personal engagement and disengagement at work. *Academy of Management Journal, 33*, 692-724. doi:10.2307/256287

Kelly Services. (2009). *Generational crossovers in the workforce—Opinions revealed.* Retrieved from http://www.smartmanager.com.au/res/content/au/smartmanager/en/docs/kelly_services_generational_crossovers_in_the_workplace_09.pdf

Kelly Services. (2012). *Acquisition and retention in the war for talent: Kelly Global Workforce Index.* Retrieved from http://www.kellyocg.com/Knowledge/Kelly_Global_Workforce_Index/Acquisition_and_Retention_in_the_War_for_Talent/

Linley, P. A., Harrington, S., & Page, N. (Eds.). (2010). T*he Oxford handbook of positive psychology and work.* Oxford, England: Oxford University Press.

Lodahl, T. M., & Kejner, M. (1965). The definition and measurement of job involvement. *Journal of Applied Psychology, 49*, 24-33. doi:10.1037/h0021692

Mayo, E. (1933). *The human problems of an industrial civilization.* New York, NY: Macmillan.

Moorman, R., & Byrne, Z. S. (2005). What is the role of justice in promoting organizational citizenship behavior? In J. Greenberg & J. A. Colquitt (Eds.), *Handbook of organizational justice: Fundamental questions about fairness in the workplace* (pp. 355-382). Mahwah, NJ: Erlbaum.

Organization for Economic Co－operation and Development. (2012). *Average usual weekly hours worked on the main job.* Retrieved from http://stats.oecd.org/Index.aspx?DatasetCode＝ANHRS#

Pratt, M. G., & Ashforth, B. E. (2003). Fostering meaningfulness in working and at work. In K. S. Cameron, J. E. Dutton, & R. E. Quinn (Eds.), *Positive organizational scholarship: Foundations for a new discipline* (pp. 309-327). San Francisco, CA: Berrett－Koehler.

Quintanilla, S. (1991). Introduction: The meaning of work. *European Work & Organizational Psychologist, 1,* 81-90. doi:10.1080/09602009108408514

Rosso, B. D., Dekas, K. H., & Wrzesniewski, A. (2010). On the meaning of work: A theoretical integration and review. *Research in Organizational Behavior, 30,* 91-127. doi:10.1016/j.riob.2010.09.001

Schaffer, R. H. (1953). Job satisfaction as related to need satisfaction in work. *Psychological Monographs: General and Applied, 67*(14, Whole No. 364). doi:10.1037/h0093658

Society for Human Resource Management. (2011). *2011 employee job satisfaction and engagement: Gratification and commitment at work in a sluggish economy.* Retrieved from http://www.shrm.org/research/surveyfindings/articles/pages/employeejobsatisfactionandengagement.aspx

Steger, M. F., & Dik, B. J. (2010). Work as meaning: Individual and organizational benefits of engaging in meaningful work. In P. A. Linley, S. Harrington, & N. Page (Eds.), *The Oxford handbook of positive psychology and work* (pp. 131-142). Oxford, England: Oxford University Press.

Steger, M. F., Dik, B. J., & Duffy, R. D. (2012). Measuring meaningful work: The Work and Meaning Inventory (WAMI). *Journal of Career Assessment, 20,* 322-337. doi:10.1177/ 1069072711436160

Super, D. E. (1962). The structure of work values in relation to status, achievement, interest, and adjustment. *Journal of Applied Psychology, 46,* 231-239. doi:10.1037/h0040109

Terkel, S. (1972). *Working.* New York, NY: Avon Books.

Whitehead, T. N. (1935). Social relationships in the factory: A study of an industrial group. *Human Factors, 9,* 381-382.

Wrzesniewski, A., Dutton, J. E., & Debebe, G. (2003). Interpersonal sensemaking and the meaning of work. *Research in Organizational Behavior, 25,* 93-135. doi:10.1016/S0191−3085(03)25003−6

PART 1

의미 있는 경력 개발하기

Purpose and meaning in the workplace

진로 구성:
마음의 소리에 귀 기울이기

폴 하르퉁(Paul J. Hartung) · 브라이언 테이버(Brian J. Taber)

진로 구성: 마음의 소리에 귀 기울이기
Career Construction: Heeding the Call of the Heart

> 목적과 방향이 없다면 노력과 용기로는 충분치 않다. - 존 에프 케네디
>
> 생계를 유지하는 것(making a living)과 의미 있는 인생을 사는 것 (making a life)은 같은 것이 아니다. - 마야 엔젤루

일(work)은 우리가 목적을 가지고 마음의 소리에 주의를 기울여 수행할 때 의미 있는 인생을 살 수 있도록 도와준다. 이와 같이, 일은 사회적인 역할을 수행하는 보편적인 인간의 활동과 자리로서의 중요한 가치를 인정받아 왔다. 아들러(Adler, 1931)와 에릭슨(Erikson, 1963) 등의 뛰어난 학자들은 성공적으로 일에 관여하는 것이 사회심리적 적응의 지표라고 하였다. 일은 최적의 경우, 사랑, 놀이, 공동체와 함께, 개인적으로 의미 있고 사회적으로 적합한 방식으로 자기를 구성하고 사회에 기여하는 핵심 맥락이 된다.

그러나, 불행하게도 일은 종종 개인적, 사회적으로 의미 있는 삶의 원천이라는 가능성을 이행하지 못하고, 경멸과 불만족, 좌절, 이탈을 야기하기도 한다. 근현대에 들어와 대부분의 사람에게 일은 기껏해야 생존의 수단일 뿐, 삶의 목적을 규정하고 성취하는

기회는 제공하지 못하는 경우가 많았다(Blustein, 2006). 그래서 일하는 사람들에게 일이 없거나 일이 단지 생계의 수단이 될 때, 일의 가능성은 이루어지지 않은 것이다. 마찬가지로, 문화명령에 따라 일하는 사람으로서의 사회적 역할을 수행하여 생계는 유지하지만, 여러 가지 내적, 외적 힘들 때문에 일이 우리의 마음이 동경하는 목적에 따라 의미 있는 삶을 사는 방법이 되지 못할 때에도, 일은 우리를 실망시킬 수 있다. 일 역할(work role)은 삶의 많은 부분을 차지하며, 이러한 가능성을 주는 것이기 때문에, 목적과 의미 증진 방법을 고려하는 이 책의 목표는 일의 가능성을 실현하고자 하는 개인의 노력에 대해 깊이 생각해보는 것이 될 것이다.

진로 구성 이론(career construction) —직업 행동 이론과 진로 상담 체계— 은 일의 가능성이 이루어지지 않아 고통을 겪는 사람들이 마음의 소리에 귀를 기울여 자신의 인생-진로 이야기를(life-career stories) 표현하고, 저술하고, 시행하게 도와준다(Savickas, 2005, 2011a). 진로 구성의 기본 전제는 의미 없는 일은 치유 받고 싶은 마음의 상처에 공감하지 못한다는 것이다. 일은 사회적 기여이기도 하다는 관점에서 진로 구성은 개인에게 의미 있는 일은 사회에도 중요한 것이라고 주장한다. 이런 점에서 진로 구성은 "소명으로서의 진로(career as calling)"라는 신고전주의적 관점과 견해를 같이 한다(cf. Bunderson & Thompson, 2009; Hall & Chandler, 2005). 하지만, 신고전주의적 접근이 종교적 영감이나 운명 등 소명의 외적 원천을 가정하는 데 비해, 진로 구성은 소명을 타인의 복지에 기여해야 한다는 의무감뿐만 아니라 강한 내적인 목적과 방향성(Savickas, 2011a)에서 나오는 것이라고 해석하는 점에서 현대적 관점과도 견해를 같이 한다(Bunderson & Thompson, 2009). 간단히 말하면, 진로 구성은 소명을 외부의 원천으로부터가 아니라 일하는 사람 자신의 내면으로부터 나

타나는 것으로 본다. 그 결과, 진로 구성 상담자들은 진로 구성에서 마음의 구멍(a hole in the heart)이라고 묘사하는 자신이 경험했던 문제와 선입견, 고통에서 얻은 개인적인 의미를 일과 진로에 부여하여 그 의미를 자기 및 사회에 중요한 일 쪽으로 향하게 하는 데 집중한다(Savickas, 2011a).

진로 구성 이론은 구성주의(constructivist) 진로 상담에 다양하게 발달하고 있는 진로 심리학을 접목하고 이전의 직업 지도 및 진로 교육의 모델과 방법들을 통합한다(Savickas, 2011a). *직업 지도(vocational guidance)* 는 홀랜드(Holland, 1997)의 직업 성격 및 직업 환경 모델을 집약한 것으로 일하는 사람들의 교육 프로그램과 직업 선택을 도와준다. *진로 교육(career education)* 은 수퍼(Super, 1990)의 직업 발달 모델(vocational developmental model)을 집약한 것으로 사람들이 선택을 하기 위해 스스로 준비하는 법을 가르쳐준다. 상담 체계로서의 진로 구성 이론은 내러티브 기법을 활용하여 일하는 사람들이 현재의 자기가 되게 하고, 특정한 인생-진로 경로를 따라가며, 검토되지 않아 드러나지 않은 이유들을 발견하게 해준다(Savickas, 2009b).

이 장에서 우리는 진로 구성 이론 및 실제의 원리들을 검토하고 적용하여 그것들이 어떻게 소명으로서의 진로 개념을 반영하고 발전시키는지 그리고 일하는 사람과 일터에서 의미와 목적을 증진하는지를 보여줄 것이다. 이를 위해 우리는 먼저 현대의 삶에서 일이라는 맥락 안에 진로 구성을 놓고, 특히 진로 발달과 직업 심리학 분야가 21세기의 극도로 불안정한 세계와 조직의 벽을 넘어서 이동하는 일터에서 살아가기 위해 애쓰는 사람들의 요구에 효과적으로 부응하기 위해 어떻게 적응해야 하는지에 주목할 것이다. 이런 맥락에서 다음은 일에 대한 관점이 시대 변화에 따라 그리고 이에 반응하여 어떻게 진화되어 왔는지 그리고 이러한 변화하는 관점들이 직업(jobs), 진로(career), 소명(calling)으로서의 일과 일하는 사람들의 관계를 어떻게 반영하는지를 알아보려고 한다 (Bellah, Madsen, Sullivan, Swidler, & Tipton, 1985). 진로 구성의 핵심 원리를 검토하면, 이 이론을 인생-진로 설계를 위한 상담 실제에 적용할 수 있을 것이다. 우리는 진로 구성 이론을 지지하는 근거와 연구와 실제를 위한 미래 방향을 검토하면서 이 장을 마무리할 계획이다. 미래 방향의 목표는 진로 구성의 타당성과 실행가능성을 높여 일하는 사람들이 자신의 정체성에 대해 이야기하고 발전시키도록 돕고, 일과 일터에서 그들을 유지시키는 의미를 자기 안에서 창조해내게 하는 것이다.

현대의 일과 진로 서비스

변화하는 시대와 변동하는 일의 세계가 의미를 강조하게 한다. 일하는 사람들은 심각한 경제 침체, *탈직무화(dejobbing*: 일의 개념이 직무에서 활동과 과제로 이동함), 기업의 실패, 불확실한 세계에서 그들의 위치를 이해하기 위한 조직의 개편으로 인한 실업, 일터에서의 스트레스, 취업 기회 상실(work inopportunity)의 세상에 던져졌다. 그동안 일은 현대의 여건에 부응하기 위해 끊임없이 재정의 되어 왔다. 한 조직 내에서 여러 직급을 수직적으로 이동해가는 진로의 개념은 이제 그러한 경계를 두지 않는 진로라는 개념으로 바뀌었다. 끊임없이 변하며, 안전하지 않은 조직 구조에서 일하는 사람들은 적응적이고(adaptable), 자기성찰적이며(self-reflective), 자기를 조절할 수 있어야 하고(self-regulating) 자기관리를(self-managing) 해야 한다. 이러한 특징은 더 이상 안정적이지 않은 조직들에 의해 주도되기보다 일하는 사람 스스로 주도해야 하는(Briscoe, Hall, & DeMuth, 2006), 경계가 없고(Arthur & Rousseau, 1996), 변화무쌍한(Hall, 1976) 진로의 신세기를 효과적으로 항해하기 위한 것이다.

오늘날 대부분의 일하는 사람들은 20세기 한때 존재했던 안정적인 일의 세계에 의지할 수 없다. 직업 안전(job security)은 사실상 구시대의 개념이 되어버렸고, 현대의 일하는 사람들에게는 자기 안에서(Savickas et al., 2009; Sullivan, 2011), 그리고 사회와의 관계를 통해서(Richardson et al., 2009) 안전과 안정을 만들어내는 자기의존(self-reliance)과 자기주도성(self-directedness)이 요구된다. 자기주도적이 되는 과정에서 중요한 것은 개인의 정체성을 일관성 있게 이야기하고 의도적으로 그것을 시행하는 능력이다. 현대의 일하는 사람들은 그 어느 때보다 더 자신이 누구인지, 어떤 사람이 되고 있는지, 일 역할에서 그들에게 중요한 게 무엇인지와 같은 정체성을 묻는 질문에 스스로 명료하게 대답할 수 있어야 한다(Baumeister, 1999).

디지털과 세계화의 21세기에 일어난 혁신적인 변화에 대해 직업 심리학과 진로 발달 분야 현장전문가들은 이제 그들의 이론과 적용을 쇄신하고 갱신해야 한다. 그렇게 할 수 있다면, 일의 가능성 좌절과 더 이상 애사심과 직업 안정성을 교환해주지 않는 조직 때문에 방치되었다고 느끼는 일하는 사람들의 요구를 좀 더 효과적으로 충족시켜 줄 수 있을 것이다(Savickas, 2011a; Savickas & Baker, 2005; Sullivan, 2011). 오래된 진로 모델과 방법인 (a) 직업 지도(사람과 일을 맞추는 것. Halland, 1997; Lofquist & Dawis, 1991; Parsons, 1909)와 (b) 진로 교육(교육과 직업의 의사결정을 준비시키는 것. Super, 1990)은 이제 (c) 진로 상담 체계와 서비스(인생-진로 설계를 돕는 것. Amundson, 2003; Cochran, 1997; Savickas, 2011a; Savickas et al., 2009)로 확대되고 있다. 진로 구성(Savickas, 2005, 2011a)은 상담자와 조직 컨설턴트, HR 전문가, 라이프 코치, 연구자들에게 직업 행동을 이해하는 개념적 모델과 현대의 일하는 사람들이 자기 안에서 의미를 구성하고, 변동적이고 복잡하며 불확실한 세상과 일터를 항해하는 데 도움이 되는 실제적인 방법을 제공해준다.

일에 대한 관점의 발전: 직업, 진로, 소명

경계가 없고 변화무쌍한 진로라는 개념에서 보았듯이 세상이 발전하는 것처럼 일에 대한 관점도 발전한다. 일에 대한 발전적인 관점은 변화하는 시대(Savickas & Baker, 2005)와 사람들이 자기 일과 관계하는 다양한 방법을 반영한다(Bellah et al., 1985). 20세기 초 산업화와 도시화로 일의 자리가 농장에서 공장으로 옮겨졌다. 이는 안전한 직업을 찾는 젊은이들과 날로 늘어가고 있는 이민자들을 돕는 직업 지도 서비스의 증가를 예고하였다(Parsons, 1909). 이러한 변화와 1, 2차 세계대전 중 군 병력 분류의 필요성은 지도 및 배치(placement) 서비스의 발달과 일(work)로부터 직업(occupation)으로의 이동에 기름을 부은 격이었고, 이로 인해 사람들은 생계유지와 물질을 제공해주는 직업(job)으로서의 일과 관계를 맺게 되었다. 20세기 중반 경, 큰 규모의 기업과 조직들이 생기면서 일의 형태상 조직 내에서 직급이 올라가면서 생애 위계도 발전하는 것이라는 새로운 관점이 나타났다(Super, 1957). 이 변화의 결과, 우리는 일터에서의 성취, 조직 사다리에서의 승진, 그리고 사회적 지위 상승의 기회를 주는 진로로서의 일과 관계하게 되었다.

최근의 상황들은 일에 대한 관점이 다시 이동하고 있음을 보여주는데 이번에는 일이 사람들의 삶에 미치는 의미와 목적을 반영하고 있다. 유례없는 큰 변화로 세상은 서로 연결되고 세계화된 지식기반 시스템이라는 새로운 형태가 되었다. 산업 시대에서 디지털 시대로의 이동과 무시무시한 불안정, 일의 재구성으로 조직 안에서 일하는 사람으로부터 조직 구조를 넘어서서 일하는 사람들에게로 초점이 이동하였다. 일하는 사람들은 모호하고 불안정한 세상에서 자신이 불확실하고 중요하지 않다고 느끼기 때문에 의미를 추구하는 것이며, 그렇게 하기 위해 자기 안에서 안정성을 창조해야 한다. 이에 대응하여 진로 발달은 개인적으로 의미 있고 사회적으로 생산적인 삶을 만들도록 일을 활용하는, 즉 인생설계 수단으로 진로를 보는 구성주의-사회-구성주의 관점(constructivist-social-constructionist perspective)을 발전시켰다(Savickas et al., 2009). 일하는 사람들은 자신을 직업에 맞추거나, 진로를 개발하기 위해 스스로를 준비시키는 대신에, 다시 말해 조직 안에서 자기를 발전시키는 것이 아니라, 이제는 일 안에서 자기를 구성하는 데 초점을 맞춰야 한다. 자기의 정체성을 일관성 있게 이야기하고, 자기와 상황의 변화에 적응하며 자기의 삶에 의미를 부여하는 것이 가장 효과적일 수 있다(Savickas et al., 2009). 이러한 관점의 변화와 함께 사람과 심오한 목적과 사명감을 수반하는 소명으로서의 일과의 관계도 변화하였다.

일에 대한 오래된 관점들은 변화하는 시대에 맞춰 21세기의 일하는 사람들에게 보조를 맞추며 적절하게 발전하고 있다. 객관적으로 사람과 직업을 맞추는 것(match)과 생애 진로에서 주관적인 자기 순환(a subjective cycle of self in career over the lifespan)이라는 일에 대한 관점이 지금은 자기성찰적인 인생설계를 통해 실현되는 계획된 소명(a projective calling)으로서의 일로 확대되었다(Savickas, 2011b;

Savickas et al., 2009). 진로 구성은 소명으로서의 일이라는 가능성을 발전시킨 전체론적 틀을 존중하며 직업과 진로라는 관점을 통합한다. 이렇게 해서 일은 자기를 만드는 프로젝트의 수단이 되고, 사람들은 그 안에서 단순히 어떤 직업에서의 행위자(actor)로 또는 어떤 진로에서의 책임자(agent)로서 일과 관계하는 것이 아니라, 자기 자신을 구성하며 목적을 가지고 자신의 인생을 쓰는 저자(author)가 된다(Savickas, 2009a; 2011a). 진로 구성은 직업 행동을 이해하기 위한 핵심 원리와 마음의 소리에 귀를 기울이고 일을 활용하여 더 철저하게 자기 자신이 되도록 일하는 사람들을 상담하는 실천에 객체(직업), 주체(진로), 및 계획(소명)으로서의 일에 대한 관점들을 통합한다. 진로 구성의 핵심 원리는 진로를 개인의 특질과 사회적 과제, 인생 주제의 복합체로 이해한다는 것이다.

진로 구성: 인생설계의 핵심 원리

하나의 이론으로서 진로 구성은 직업 행동과 발달에 관한 3가지의 주요 원리, 즉 *개인차(individual differences*; Holland, 1997), *개인의 발달(individual development*; Super, 1990), 그리고 *개인의 설계(individual design*; Savickas, 2011a; Savickas et al., 2009)를 통합한다. 개인차 관점에서의 일하는 사람은 적합한 일 환경에 맞추는 행위자로 지각된다. 개인의 발달적 관점에서는 일하는 사람을 자기 인생에서 일의 역할을 관리하는 책임자로 설명한다. 개인의 설계 관점은 일하는 사람을 자기 자신의 인생-진로 이야기를 쓰는 저자로 특징짓는다. 이 3가지 관점은 진로 구성 이론으로 통합되어 직업 행동 및 발달에 대한 포괄적이고 상승적인(synergistic) 관점을 제공해준다.

▌차이

진로 구성은 개인차 관점을 활용하여 진로 선택의 내용(career choice content)을 일하는 사람의 특징과 직업 환경을 연결하는 기능으로 이해한다. 진로 선택의 내용은 개인이 어떤 구체적인 직업(job or occupation)을 선택하고 수행하는지를 보여준다. 자기의 특징(흥미, 능력 및 성격)을 직업 특징과 요구에 일치시킬 때, 그들은 성공적으로 자기 자신을 일터에 맞춘 행위자가 된다. 예를 들면, 실제적, 탐구적, 예술적, 사회적, 기업적 및 관습적(RIASEC) 모델(Holland, 1997)에서 자신이 어떤 직업 유형인지를 아는 사람들은 이러한 사람들을 지원하는 일터와 더 잘 연결될 수 있다.

▌발달

진로 구성은 개인의 발달적 관점을 활용하여 일하는 사람의 인생 전체라는 맥락에서 진로의 성장과 변화를 이해한다. 진로 맥락은 전 생애에 걸쳐 한 개인이 인생의 역할들을 어떻게 관리하고, 이동하며, 일에 대한 사회적 기대에 부응하는지와 관계가 있다. 발달 과제를 효과적으로 다룰 때, 그들은 성공적으로 자기의 진로를 관리하고 자기의 삶에 일을 맞추는 책임자가 된다. 생애(Super, 1990) 발달적 관점에 적응하는 일하는 사람들은 자기 인생에서 일의 역할과 일터를 좀 더 효과적으로 관리할 준비가 되어 있다.

▌설계

진로 구성은 직업 행동과 발달의 개념을 자기와 직업을 맞추고 전 생애에 걸쳐 관리하는 것으로 확대하였다. 일하는 사람들은 일에 부여하는 목적과 의미를 해석하기 위한 근거로 개인의 설계 관점을 취한다. 진로의 의미에는 사람들이 특정한 인생-진로 방향으로 이동하는 이유를 보여주는 자기규정적인 이야기들이 포함된다. 사람들이 자기의 인생 주제를 일관성 있게 이야기하고 직업 선택과 적응에 의도적으로 관여하여 그 이야기들을 수행할 때, 그들은 인생에서 성공적인 일의 저자가 된다.

요약하면, 진로 구성은 3가지 방법으로 일하는 사람들을 이해한다. (a) 일 환경에 일치하는 사회적 각본을 수행하는 행위자로서, (b) 인생에 일을 맞출 준비를 하는 책임자로서, (c) 성찰적으로 일을 통해 자기 자신을 형성하는 저자로서이다. 처음 두 관점은 각각 사람과 직업을 맞추는 직업 지도와 진로 관리를 위한 교육으로 바꿀 수 있다. 세 번째 관점은 인생-진로 의미를 찾는 상담으로 바꿀 수 있다. 진로 구성은 내담자에게 직업 선택이 가장 중요할 때는 지도 방법을 사용한다. 내담자가 적응하는 법을 선택하고 배우는 것이 가장 필요할 때는 교육 방법을 사용한다. 내담자가 자신의 정체성, 인생의 목적 및 방향을 명료화하는 것이 가장 필요할 때는 상담 방법을 사용한다. 진로 구성 상담은 자기나 상황의 변화 때문에 일의 의미가 흐려지거나 사라질 때, 일하는 사람들이 마음의 소리에 귀를 기울여 자신의 인생 진로를 다시 만드는데 가장 도움이 된다.

진로 구성 상담

상담 방식으로서의 진로 구성은 일하는 사람들이 자기 인생 이야기를 하면서 분명한 자기감과 정체감, 사명감을 얻도록 도와준다. 그렇게 할 때 목적을 가지고 의미 있게 자기와 직업을 맞추는 능력이 증진된다. *진로 구성 인터뷰*(Career Contsruction Interview: CCI, American Psychological Association: APA, 2009; Savickas, 1989, 1998, 2009b, 2011a)는 진로 구성의 핵심 기법이다. 문항 전체를 사용하는 것이 가장 좋지만, 필요나 여건에 따라 초점화된 자기성찰을 위해 CCI의 요소들을 선택할 수 있다. CCI는 아동기 초기의 역할 모델, 잡지, 영화, 책, 속담, 교과목, 여가 및 초기 자서전적 기억들에 대한 이야기를 만들어내는 6문항으로 되어 있다. 내담자에게 이 문항에 답하기 전에 진로 구성을 하는데 있어서 상담이 얼마나 유익할 것이라고 생각하는지 물어본다. 이 예비 질문에 대한 반응은 내담자의 상담 주제(agenda), 스스로 지각하는 현재 문제, 해결을 위한 목표, 그것에 대해 이미 생각하고 있는 해결책들을 알려준다. 이 초기 반응과 나머지 6문항에 대한 반응을 관련지으면서 내담자는 스스로 진술한 문제를 성찰하고 그에 대해 어떤 생각을 가지는지를 숙고해 보게 된다. 내담자가 CCI 질문에 대답할 때, 상담자는 잘 듣고, 더 질문하고, 의미를 명료화하는 반영적 진술을 한다. 각 문항마다 인생의 선택과 이동에 대한 작은 이야기들을 끌어낼 수 있다. 상담자와 내담자는 함께 이 작은 이야기들(microstories)에서 추려진 주제와 패턴을 가지고 내담자의 핵심 문제나 선입관, 동기, 목표, 적응 전략, 자기관(self-view)에 대한 큰 이야기(macronarrative)를 구성한다.

▍역할모델

인간은 인생을 어떻게 살아야하는지에 대한 아무 지식 없이 세상으로 들어간다. 따라서, 어릴 때는 다른 사람들이 인생의 문제를 해결하는 방법을 알려주기를 기대한다. 상담자가 내담자에게 어릴 때 숭배했던 역할모델이나 영웅에 대해 물으면, 자기를 구성하고 인생을 성공적으로 사는 방법을 결정하는 모형을 드러내는 이야기들이 나온다. 의식적으로 선택된 역할모델들은 내담자 자신과 유사한 어려운 문제를 갖고 있으며, 문제를 해결하는 방법을 보여준다. 내담자는 아동기의 역할모델을 모방하면서 자기 문제를 해결하는 데 적절한 대처 전략을 개발하고 구체적인 행동을 위한 가치와 관심을 형성하게 된다. 내담자가 왜 특정 역할모델을 선택하였는지를 이해한다면 이상적인 자기와 인생 목표, 인생의 핵심 문제 해결책에 대한 내담자의 관점을 알 수 있게 된다. 물론 내담자는 자기의 역할모델을 설명하면서 실은 자기 자신을 설명하는 것이다 (Savickas, 1989, 1998, 2009b, 2011a).

내담자는 전형적으로 자기를 구성할 때 하나 이상의 역할모델과 동일시한다. 흥미, 태도, 능력, 가치 그리고 성격에 대한 여러 역할모델들의 독특한 측면들을 통합하여 자기 고유의 의미 있는 전체로 종합하는 것이다(Gibson, 2004). 그래서 CCI는 만화, 수퍼 영웅, 유명인, 또는 이웃 사람 등 누구든지 아동기 때의 역할모델 3가지를 질문한다. 역할모델은 실제 인물 또는 가공 인물, 유명인 또는 그 내담자만 아는 사람 등 출처는 다양할 수 있지만, 한 가지 공통된 특징은 내담자가 자기를 구성하는 청사진을 위해 의도적으로 선택한 사람들이라는 것이다.

역할모델이 확인되면, 상담자는 내담자가 이 영웅들에 대해 존경하는 점과 내담자가 이들과 어떻게 비슷하고 다른지를 고려하게 된다. 내담자-영웅의 유사성은 내담자가 자기 안에 통합시킨 특징들을 알게 해준다. 내담자와 영웅의 다른 점은 내담자가 통합하고 싶은 특징이거나 자기에게 유익하지 않다고 보는 특징들이다. 추가적인 질문들을 통해 내담자가 이 사람들에 대해 존경하는 특징들을 확인할 수 있다. 여기서 초점은 사실적인 정확성보다 이 역할모델들의 무엇을 존경하는지에 대한 내담자의 지각이다. 역할모델들을 논하면서 내담자가 삶의 도전에 적응하기 위해 갖고 있는 자원의 패턴들이 드러난다.

아동기 역할모델들의 영향은 성인기에도 지속된다. 예를 들어, 한 청년이 수퍼맨을 자기 영웅 중 하나로 지목하였다. 수퍼맨에 대해 존경하는 점을 묻자 그는 "위험에 처한 사람들을 도울 수 있는 것"이 핵심적인 특징이라고 하였다. 나중에는 자라면서 자기가 위험에 처했을 때 누군가 거기에 있어주기를 바랐다고 하였다. 성인인 지금 그는 병원 응급실에서 정신 사회복지사로 일하며 위기를 겪고 있는 사람들의 응급 평가를 수행하고 있었다. 이런 현장에서의 일은 그가 다른 사람들을 위해 거기에 있게 했고, 그렇게 함으로써 그를 위해 거기에 있어 주지 않았던 사람들에게 받은 마음의 구멍이 치유될 수 있었다. 이렇게 그의 일은 그에게는 깊은 개인적인 의미를 주고, 다른 사람들에게는 중요한 일이 되었다.

▌유명 잡지와 텔레비전 쇼

잡지는 일하는 사람들이 자신을 드러내는 대리 환경, 즉 *현장 (settings)*을 제공한다(Savickas, 1989, 1998, 2009b, 2011a). 의도적으로 선택된 현장에서 일하는 사람들은 자신의 성격에 맞는 흥미들을 키워간다. 잡지는 특정 흥미를 가진 청중을 끌기 위한 내용을 가지고 있어서 RIASEC 유형에 따라 개념화될 수도 있다(Holland, 1997). 예를 들어, 타블로이드 신문 *내셔널 인콰이어러(National Enquirer)*와 주간지 *인 터치 위클리(In Touch Weekly)*는 독자들에게 인간미가 넘치는 이야기들을 전해주는 것으로 관계적 또는 사회적 환경을 선호하는 내담자에 대한 단서가 될 수 있다. 대조적으로 *헌팅 (Hunting)*과 *파퓰러 메카닉스(Popular Mechanics)* 같은 잡지들은 신체적 또는 현실적 환경 유형에 대한 선호를 나타낸다. 내담자가 어떤 잡지를 보는가 또 어떤 점을 좋아하는가를 알면, 내담자가 구성한 자기를 어떤 현장에서 가장 수행(enact)하고 싶어 하는지를 알 수 있다.

어떤 내담자는 지속적으로 특정 잡지를 보지 않을 수 있다. 대신에 정기적으로 보는 텔레비전 쇼가 있을 수 있다. 좋아하는 텔레비전 쇼를 확인하고 설명하는 것은 내담자가 선호하는 자기를 수행하는 현장을 구별하는 또 다른 방법이 된다. 잡지에서와 마찬가지로 상담자는 내담자가 특정 쇼에서 좋아하는 점을 물어본다. 예를 들어, 한 젊은 여성은 드라마 'CSI: Miami'가 범죄의 증거가 어떻게 수집되어 범죄를 해결하는 데 사용되는지를 보여주기 때문에 좋아한다고 했다. 문제를 해결하기 위해 자료를 사용하는 것에 대한 흥미는 그녀가 환경 탐구를 선호한다는 것을 알려주었다. 이런 현장들은 그녀가 되고 싶은 사람과 일 역할을 의미 있게 수행할 장(place)이 될 것이다.

▌ 좋아하는 책과 영화

사람들은 책과 영화 형태의 이야기들이 자신의 주요 문제, 선입관, 고통과 비슷한 줄거리를 가지고 있을 때 관심을 가진다(Savickas, 1989, 1998, 2009b, 2011a). 어떤 사람은 핵심 문제를 잘 풀어가는 인생 각본과 이상적인 자기를 구성하는 주인공이 있기 때문에 그 이야기에 빠려든다. 역할모델처럼 주인공도 외견상 불가능해 보이는 곤경을 어떻게 처리하는지를 보여준다. 우리에게는 자기의 인생을 바꾼 책이나 영화에 대한 이야기가 있거나 들어 본 적이 있다. 좋아하는 이야기들은 생전 처음으로 자신의 핵심 문제를 너무나 분명하게 이해하게 해준 것들이다. 이 경험은 변형되어 자신이 문제를 극복할 수 있다는 것을 알게 해준다. 내담자가 선호하는 이야기 탐색은 책이나 영화의 이야기를 가장 존경하는 인물과 특징들을 포함한 자기 자신의 언어로 말하는 것으로 이어진다. 이야기를 상세히 기술하면서 내담자는 일과 일터에서 목적을 가지고 움직이게 하는 좀 더 선호하는 자기이야기(self-narrative)를 향해 어떻게 움직일지를 생각하게 된다.

예를 들어, 한 내담자가 '1984년'을 좋아하는 책으로 윈스턴 스미스를 좋아하는 인물로 지목하였다. 이 내담자는 어렸을 때 기분장애 진단을 받았다. 그의 말을 빌면 부모는 "과잉보호"를 하는 사람들이었으며, 그의 행동을 유심히 감시하였다고 한다. 윈스턴 스미스는 빅 브라더의 감시의 눈 속에서 살았지만, 거기서 탈출하여 그가 갈망하던 삶으로 가는 길을 찾았다. 내담자도 윈스턴 스미스처럼 부모들의 감시를 피하는 길을 추구했다. 성인이 되었을 때, 그는 공예품을 통해 어깨 너머로 지켜보며 지시하는 사람 없이 자유롭게 자신을 맘껏 표현할 수 있게 되었다.

▌여가

사람들은 일과 그 밖의 역할들의 요구에서 벗어나 여가를 즐긴다. 여가활동과 취미 질문에 대한 반응은 내담자가 일터에서 종종 나타나는 약점과 열등감을 극복하는 기술과 태도를 어떻게 발달시키는 지를 보여준다. 내담자가 자신의 여가활동에 대해 말할 때, 상담자는 그가 성취, 창조, 양육, 또는 복종 등 무엇을 연습하고 있는지에 귀를 기울인다. 내담자는 여가활동을 하면서 청자(listener)나 학습자, 경쟁자, 팀 구성원, 문제해결자, 관찰자가 된다. 그리고 일터에서 성과를 내는데 이러한 기술들을 사용하게 되는 것이다. 예를 들어, 어떤 여성 임원은 패션쇼와 무술을 즐겼다. 이런 활동을 통해 자기표현, 강하고 전문적으로 보이게 옷을 입는 법, 자신을 방어하는 법을 배웠다. 그녀는 이러한 기술과 태도를 사용하여 자기 직업에서 좀 더 창의적이고, 확신이 있으며, 주장적인 문제해결자가 되었다. 여가활동은 일터에서의 자기효능감과 자신감을 증진시켜 주었다.

▌ 좋아하는 속담

좋아하는 속담은 삶의 문제를 처리할 때 가장 좋은 상담이 되는 자기조언을 대변한다. 좋아하는 속담이나 모토는 내담자로 하여금 문제를 처리하는 방법을 일깨워주어 좀 더 완전해진다. 사람들은 특정 속담이나 인용문에 공감하는 만큼 그 말에 끌리게 된다. 자기치유적인 모토는 문제를 처리하는 방법을 생각나게 해주고, 자기에게 의미 있는 삶을 살게 해준다. 예를 들어, "시도하지 않으면 100% 놓친다"라는 어떤 내담자의 모토는 모험을 감수하면 기회를 얻는다는 것을 생각나게 해주었다. 다른 내담자는 "신념을 지키지 못하면, 어떤 속임수에도 넘어가게 된다"라는 말이 자기 의견을 표현하고 자기 믿음을 굳게 지켜 조종당하지 않게 해주기 때문에 좋아했다. 만약 내담자들이 모토를 찾지 못한다면 상담자는 들어본 적이 있는 문구나 인용문이 있는지 물어보는 것이 좋다. 속담과 그 기원이 무엇이든, 의미는 그것들을 사용하여 중요한 삶의 문제를 다루는 내담자로부터 도출되고 좀 더 완전해지는 것이다 (Savickas, 1989, 1998, 2009b, 2011a).

▌ 교과목

내담자가 좋아하는 과목과 싫어하는 교과목은 내담자가 어디에서 좋은 성적이라는 성공 경험과 좋아하는 주제라는 만족을 경험했는지를 알게 해준다(Savickas, 1989, 1998, 2009b, 2011a). 직업처럼 교과목에도 상당히 독특한 요구가 있다. 중고등학교의 교실은 결국에는 작은 일 환경(work environment)이 된다. 수학은 영어나 생물과 매우 다른 특징을 가진다. 교육과정상의 각 과목은 독특한 현장을 구성하고 특정 과제를 요구한다. 이렇게 선택된 초기 일 환경들은 이후 일로 옮겨지는 능력과 적성, 성취를 탐색하고 개발할 기회를 제공한다. 동시에 좋아하지 않는 과목은 그 사람의 능력과 흥미, 성격에 적합하지 않음을 나타낸다. 사람들은 교육적 환경과의 상호작용을 통해 자기를 연마하게 된다. 이러한 경험을 성찰하면서 직업을 고려할 때 내담자가 선호하는 일 환경과 관련된 과제들 그리고 어떤 환경과 과제를 피하고 싶어하는지를 알게 된다.

좋아하는 교과목과 싫어하는 교과목은 지금까지 유지되는 교훈(self-lesson)이 무엇인지 알려준다. 예를 들어, 어떤 청년은 날짜와 사건을 잘 외워서가 아니라, 역사가 사람들의 이야기, 승리, 실패와 관련이 되기 때문에 그 과목을 좋아했다. 과학은 싫어했는데 이는 과학이 "차갑고 딱딱한 사실"을 다루고 "인간적인 요소가 결여"되었기 때문이었다. 상담자는 이 내담자가 자기의 능력과 기술을 사용하여 사람들의 이야기에 관여할 때, 어떻게 일이 가장 의미 있을 수 있는지에 집중하도록 도와주었다. 사실 이 내담자는 역사 교사나 역사학자가 되고 싶었던 것이 아니고, 역사에 대해 배워서 사람들이 자기 자신의 이야기를 하도록 도와주는 작가가 되고 싶었다.

좋아하는 교과목을 탐구하는 동안 상담자는 내용과 교사를 구분한다. 이는 특히 좋아하는 과목이 내담자의 전체적인 이야기와 맞지 않는 것 같을 때 적절한 방법이다. 가령 어떤 내담자는 교사가 유머러스하고 카리스마가 있으며 성적을 잘 주었기 때문에 미술을 좋아했다고 할 수 있다. 교사는 여러 가지 이유로 존경을 받을 수 있지만, 상담에서의 주된 관심은 내담자의 선택을 규정하는 교과목과 관련된 내용과 과제들이다.

▍ 초기 기억들

CCI를 마무리할 때 상담자는 내담자에게 초기 아동기 때 이야기를 3가지 말해보라고 한다. 초기 기억은 내담자의 핵심 인생 문제와 선입관, 고통, 즉 마음의 구멍을 가장 정확하고 분명하게 알게 해준다(Savickas, 2011a). 내담자는 대개 기억할 수 있는 사건 중 자기의 현재 상황에 가장 적합한 사건들을 선택한다(Mosak & Di Pietro, 2006). 탐색의 초점은 이야기의 역사적 사실이 아니라, 그 사람의 자기 지각과 세상과의 상호작용 패턴을 이해하는 것이다.

초기 회상에는 10세 이전에 일어난 구체적인 사건에 대한 기억들이 포함된다. 초기 아동기에 초점을 맞추는 이유는 이 이야기들이 사람들이 세상이 어떠한지, 거기에 어떻게 맞추어야 하는지를 정의하는 시기에 형성된 것이기 때문이다. 3가지 이야기를 끌어내면 내담자가 자기의 선입관을 탐색할 기회가 많아져 패턴을 알 수 있게 해준다. 이 패턴은 전형적으로, 첫 번째 기억에서는 내담자에게 가장 긴급한 관심사를, 두 번째 기억에서는 그것의 정교화를, 그리고 세 번째 기억에서는 잠재적인 해결책을 보여준다(Savickas, 2011a). 이 이야기들은 초기 경험에서 가족의 일상이나 일반적인 기술이 아니라 구체적인 사건에 초점을 둔다. 초기 회상들이 적절한지는 지각을 표현하는 능력과 이야기에서 드러나는 내담자의 세계관에 달려있다(Mosak & DiPietro, 2006). 따라서 이러한 회상들은 내담자들이 개인적으로 노력하는 주요 흥미와 문제, 선입관에 대해 알게 해준다(Adler, 1937). 초기 기억들이 행동의 원인은 아니다. 오히려 미래에 대해 그리고 마음의 구멍을 치유하기 위해 무엇을 해야 하는지에 대해 말해준다.

내담자가 초기 아동기의 이야기들을 할 때, 상담자는 정확하게 기록하여 그 사건들을 설명하는 단어들이 전달하는 의미를 파악해야 한다. 각 기억의 의미를 간단명료하게 말하기 위해 내담자는 마치 신문에 나오는 것처럼 그 이야기의 헤드라인을 써본다. 헤드라인은 그 이야기의 핵심 주제를 요약한 것이다(Shulman & Mosak, 1998). 헤드라인과 이야기들에서 내담자가 사용하는 동사들은 그가 인생에서 어떻게 움직이는지를 알려주는 것이기 때문에 상담자는 여기에 주의를 기울인다. 예를 들어, 어떤 내담자는 *추구하는, 싸우는,* 또는 *숨는*과 같은 단어를 사용할지 모른다. 이런 단어들이 의미하는 행동은 내담자가 인생에 대해 오해하고 있는 생각들과 핵심 문제, 선입관 및 고통과 일치한다.

예를 들어, 20대 중반의 한 여성 회계사는 불안하고 일에 압도된다고 느꼈다. 한때 열정적으로 입문했던 직업이 좌절스럽고 불만족스러워진 것이다. 상담에서 그녀는 다섯 살 때의 가족 휴가에서 일어났던 사건에 대한 초기 기억을 이야기하였다.

> 우리 가족 소유의 오두막이 있는 호수에서 나는 오빠언니들과 수영을 하고 있었다. 엄마가 점심 먹으러 오라고 불러서 오빠와 언니는 집으로 들어갔지만 나는 계속 물에서 놀고 있었다. 좋은 생각이 아니었다. 정확히 어떻게 된 것인지 기억이 나지 않지만, 너무 깊은 곳으로 들어가 물에 빠져들기 시작했다. 정말 무서웠다. 다행히 엄마가 나를 데려오라고 오빠를 보냈고, 오빠는 내가 물속에서 사투를 벌이고 있는 것을 보았다. 오빠가 뛰어 들어 나를 물가로 끌어내주었다.

이 이야기에 붙인 헤드라인은 "혼자 수영하면 익사할 수 있다"였다. 이 헤드라인은 그 기억의 분명한 의미와 현재 그녀의 일과 일터와의 관계를 비유로 보여주었다.

가족과 친구들이 업무량을 진지하게 검토해보고, 속도를 늦추라고 경고하였지만, 그녀는 동료들과 달리 자기 직무 범위를 넘는 가외의 과제와 프로젝트들을 열심히 자원하여 맡곤 하였다("물에서 노는 것"처럼). 그 결과는 가외의 업무량으로 지쳐버려 지속하지 못하고, 동료들에게서도 고립될 것 같은 두려움이었다. 그녀는 자신이 딛고 서기에는 "너무 깊은" 일이라는 물에서 "혼자 수영하고 있다"는 것을 깨달았다. 그녀와 상담자는 그녀가 가외의 과제들을 맡아하기 시작하면서 다른 사람들과 친밀하게 일하는데서 오는 일에 대한 초기의 열정이 약해졌다고 생각했다. 그 많은 과제를 모두 완성시키려고 "사투를 벌이면서" 더 깊은 일의 물에서 혼자 수영하다가 "공황" 상태가 되었다. 그래서 그녀는 일에서 너무 깊이 가지 않도록 자기를 "구해달라고" 진로 상담을 받으러 온 것이었다. 그녀는 상담자와 자기 삶의 주제와 프로젝트를 "나는 나 자신을 구하고 상사와 협력하는 것을 배울 필요가 있다"고 진술하였다. 마침내 그녀는 과정에서 자신을 희생하고 고립시키지 않고도 수행에 대한 기대에 부응하도록, 오빠처럼 구조자로서 효과적으로 도와주는 상사와 함께 현실적으로 일의 경계와 목표를 설정하는 것을 배울 수 있었다. 또한 가족과 친구들의 권위를 인정하여 그녀의 발전에 대해 지지하고 피드백해주도록 하였다. 결국 그녀는 다른 사람들을 무시하고 너무 많은 위험을 감수하는 것이 고통스럽다고 외치는 마음의 소리에 귀를 기울임으로써 자신을 구한 것이다.

▌인생 이야기 구성하기

CCI의 질문들에 대답했던 작은 이야기들을 더 큰 이야기 (narrative)로 구성하면 "더 큰 주체성(agency)과 자의식으로 내담자의 성격을 재구성"한 인생 이야기(life portrait)가 만들어진다(Savickas, 2002, p.190). 상담자와 내담자는 내담자의 CCI 반응들로부터 인생의 주제를 일관되게 나타내는 인생 이야기를 함께 구성한다. 인생 이 야기를 함께 구성하는 과정은 다음 내용들에 주의하며, 체계적으로 진행된다. (a) 내담자의 초기 기억에서 드러나는 문제와 선입 관, (b) 역할모델들에서 드러나는 자기와 인생 문제의 해결방식, (c) 잡지와 텔레비전 쇼에서 드러나는 현장들, (d) 책과 영화에서 드러나는 각본들, (e) 교과목에서 드러나는 성공과 만족, (f) 여가 활동에서 드러나는 기술과 태도들, (g) 좋아하는 속담에서 드러나 는 행동계획 시나리오. 인생 이야기 구성에는 항상 내담자의 소명 이 포함된다. 인생 이야기는 소명과 소명의 기원 및 목표에 대한 이야기이다. 이 부분에 관심이 있다면 사빅카스(Savickas, 2011a)와 진 로 구성 상담을 상세히 설명해주는 그의 동영상(APA, 2006, 2009)을 참고해 보라.

근거와 미래 방향

〈표 1.1〉은 진로 구성 이론과 적용, 연구에서 추출된 의미 있는 일과 일터를 촉진하기 위한 제안들이다. 진로 구성 이론과 적용의 포괄적인 특성은 개인차, 발달 및 설계 관점에서 직업 행동을 이 해하게 해준다. 이 3가지 관점 중 인생-설계 관점은 일의 의미가

어떻게 구성되는지를 가장 잘 통찰하게 해준다(Savickas wt al., 2009). 이 관점이 특히 유용한 것은 진로 구성 인터뷰 같은 상담 기법을 사용하여 인생 이야기를 하는 개인의 능력 증진을 강조하기 때문이다. CCI는 과거의 기억과 현재의 경험, 미래의 전망에 의미를 부여함으로써 인생 주제를 확인하는 방법이다. 인생의 주제 확인과 자기 이해는 일의 의미를 깨닫게 해준다(Pratt & Ashforth, 2003).

많은 사례연구를 통해 CCI는 유용한 진로 개입임이 입증되었다. 예를 들면, CCI는 대학 전공 선택에(Savickas, 2005), 성인의 진로 의사결정 촉진에(APA, 2006; Savickas, 2009a; Taber, Hartung, Briddick, Briddick & Rehfuss, 2011), 방향이 불확실한 계약직 근로자의 진로 방향을 찾는 상담에(Taber & Briddick, 2011) 유용하다는 것이 확인되었다. 사례연구들에서 나타난 CCI의 효과는 직업에서 의미 있는 미래를 만들도록 조력하는 내러티브 개입이 효과적이라는 것이다(Bujold, 2004).

질적 연구도 내담자와 상담자의 관점에서 CCI의 유용성을 검토하였다. 내담자-상담자 18쌍을 대상으로 CCI를 사용한 질적 연구에서 개입 결과 내담자들이 진로 자각, 자기 확신, 방향감, 올바른 진로 경로에 있다는 확신이 더 커졌다고 보고하였다(Rehfuss, Del Corso, Galvin, & Wykes, 2011). 다른 질적 연구에서는 면접 훈련을 받은 34명의 상담자 관점에서 진로 상담 기법으로서의 CCI의 유용성을 검토하였다(Rehfuss, Cosio, & Del Corso, 2011). 그 결과 CCI를 사용하는 상담자들은 이 방법이 인생 주제를 확인하고 의미 있는 진로 결정을 하는 내담자와 작업하는데 도움이 된다는 것을 발견하였다. 지금까지 수행된 사례 연구와 질적 연구들에서 CCI는 더 깊고 체계적인 연구의 가능성을 보여주었다.

앞으로 CCI로 수행되는 향후 연구는 바람직한 성과를 가져오는 경험적 개입의 정도에 초점을 맞추어야 할 것이다. CCI에 참여하는 사람들이 무처치 통제집단과 비교해서 자기 개념 명료화 수준이 증가한 성과가 있었는지(Campbell et al., 1996), 진로 적응성(career adaptability)이 증가했는지(Savickas, 1997), 일이 소명을 더 잘 반영하게 되었는지(Wrzesniewski, McCauley, Rozin, & Schwartz, 1997)를 검토해야 할 것이다. 이러한 성과를 가져오는 CCI의 효과가 입증되었다면, 다음은 CCI의 어떤 구성요소가 바람직한 효과를 가져오는 데 가장 효과적인지에 초점을 맞춰야 한다. 가령, 레퍼스 델 코르소와 동료들(Rehfuss, Del Corso, et al., 2011)의 연구결과를 보면, 다수의 내담자가 역할모델을 생각해 본 것이 가장 의미 있었고 다음은 초기 기억 탐색이었다고 하였다. 이 결과를 고려하여 역할모델과 초기 기억이 바람직한 성과를 가져오는데 내담자에게 가장 큰 영향을 미치는지를 알아보는 것도 중요할 것이다. 연구자들은 해체적(dismantling) 연구 기법을 사용하여(Heppner, Wampold, & Kivlighan, 2008), 가장 유용한 면접 전략을 결정하기 위해 CCI 구성요소 각각 및 연합 효과를 조사하기도 했다. 이런 점에서 CCI를 활용한 상담과정 연구도 유용할 것이다.

기본적으로, 진로 구성 연구는 다른 연구들에서처럼(RIASEC 유형 연구처럼) 일하는 사람들이 단순하게(simply)가 아니라 독특하게(uniquely) 발달하도록 도와주는 방법에 초점을 맞추어야 한다. 진로 구성의 차이와 발달 측면은 주로 개인차 기법을 사용하여 연구되었다. 인생 설계 전통에서의 진로 구성의 근거와 상담 방식으로서의 효능을 검토하는 데는 심리치료 연구에서 사용되었던 질적 연구와 사례 연구 기법이 필요하다. 이런 기법은 숫자와 검사 점수가 아니라 인생 내러티브와 이야기를 통하여 인간의 행동과 발달에 대해 풍부하고 맥락적인 설명을 해준다.

결 론

오늘날 널리 퍼져있는 일터에서의 목적과 의미 추구는 극적으로 변화한 세상에서 비롯된 것이다. 불안정한 일은 매우 불확실한 세상에서 끊임없이 자신의 위치를 질문하는 불안정한 사람을 만든다. 거대하게 연관되어 있는 21세기 디지털 시대에서의 삶은 슬프고 모순되게도 일하는 사람들이 일과 일터에서 훨씬 더 소외되고 단절된 느낌을 갖게 한다. 자기를 직업에 맞추고, 진로를 따라가고, 자기관리를 하는데 초점을 맞추던 전통은 일을 통해 의미를 만드는 것을 강조하는 것으로 바뀌었다. 진로 구성은 이러한 의미 만들기 과정에서 일하는 사람들이 정체성을 형성하고 자기 안에서 확실성과 확신을 갖도록 돕는다. 진로 구성 인터뷰의 전체/일부 문항을 사용하면, 일하는 사람들이 일관성 있게 자기의 인생-진로 이야기들을 말하고, 듣고, 더 명료하게 바꾸어 말하도록, 그리고 일을 수행하는 방법을 확인하도록 격려할 수 있다. 의미 있는 일이란 자신의 마음의 소리에 귀를 기울여 의미 있는 삶을 만드는 것이다.

표 1.1   일터에 초점 맞추기: 진로 구성 관점

제안점	현장 검증된 제안점	이론에서 추출된 제안점	연구에서 지지된 제안점
개인이 자기주도적이 되는 것을 배워 자기 안에서 의미를 구성하고, 변동적이고 복잡한 불확실한 세계와 일터에서 살아가도록 격려한다. a	∨	∨	∨
개인이 일의 의미를 증진시키도록 조력하여 그것을 자신의 인생-진로 이야기들을 수행하는데 사용하는 법을 이해시킨다.	∨	∨	

직업, 진로, 소명의 3가지 관점에서 일을 이해할 수 있게 한다. b, c, d	∨	∨	∨
자신의 특징(흥미, 능력, 성격)과 선호하는 환경(현장)을 알도록 조력한다. 그러면 일터에 적합하도록 직업 특성과 요구사항들에 자신을 일치시킬 수 있다. e, f	∨	∨	∨
일의 과제와 요구사항들을 분명하게 알려주고 지원하여 구성원들이 성공적으로 완수할 수 있게 한다. 그러면 구성원들은 자기의 인생에 일을 맞추고 자신의 진로 발달을 촉진하도록 격려받았다고 느낀다. g	∨	∨	∨
일생 동안 일을 관리하는 중요한 요소로 진로적응성을 강조한다.		∨	
다양한 삶의 역할에 참여하는 것이 어떻게 일 역할 외의 삶에서 의미를 찾게 할 수 있는지를 이해하게 한다.	∨	∨	
개인의 의미와 인생 주제에 초점을 맞추어 의미 있는 직업적 선택을 함으로써 직업적 자기 개념을 명료화한다.	∨	∨	∨
일터에서의 성공을 위해 자기와 현장, 기술, 자기-조언을 성찰하도록 조력한다	∨	∨	

a: Briscoe, Hall, & DeMuth(2006)
b: Bunderson & Thompson(2009)
c: Hall & Chandler(2005)
d: Wrzesniewski, McCauley, Rozin, & Schwartz(1997)
e: Holland(1997)
f: Lofquist & Dawis(1991)
g: Super(1990)

◉ 참고문헌 ◉

Adler, A. (1931). *What life should mean to you*. Boston, MA: Little, Brown.

Adler, A. (1937). Significance of early recollections. *International Journal of Individual Psychology, 3*, 283-287.

American Psychological Association. (Producer). (2006). *Career counseling* [DVD]. Available from http://www.apa.org/pubs/videos/4310737.aspx

American Psychological Association. (Producer). (2009). *Career counseling over time* [DVD]. Available from http://www.apa.org/pubs/videos/4310872.aspx

Amundson, N. E. (2003). *Active engagement: Enhancing the career counseling process*. Richmond, Canada: Ergon Communications.

Arthur, M. B., & Rousseau, D. M. (1996). Introduction: The boundaryless career as a new employment principle. In M. B. Arthur & D. M. Rousseau (Eds.), *The boundaryless career: A new employment principle for a new organizational era* (pp. 3-20). New York, NY: Oxford University Press.

Baumeister, R. F. (1999). Self−concept, self−esteem, and identity. In V. J. Derlega, B. A. Winstead, & W. H. Jones (Eds.), *Personality: Contemporary theory and research* (2nd ed., pp. 339-375). Belmont, CA: Wadsworth.

Bellah, R. N., Madsen, R., Sullivan, W. M., Swidler, A., & Tipton, S. M. (1985). *Habits of the heart*. New York, NY: Harper & Row.

Blustein, D. L. (2006). The psychology of working: *A new perspective for career development, counseling, and public policy*. Mahwah, NJ: Erlbaum.

Briscoe, J. P., Hall, D. T., & DeMuth, R. L. F. (2006). Protean and boundaryless careers: An empirical exploration. *Journal of Vocational Behavior, 69,* 30-47. doi:10.1016/j.jvb.2005.09.003

Bujold, C. (2004). Constructing career through narrative. *Journal of Vocational Behavior, 64,* 470-484. doi:10.1016/j.jvb.2003.12.010

Bunderson, J. S., & Thompson, J. A. (2009). The call of the wild: Zookeepers, callings, and the double—edged sword of deeply meaningful work. *Administrative Science Quarterly, 54,* 32-57. doi: 10.2189/asqu.2009.54.1.32

Campbell, J. D., Trapnell, P. D., Heine, S. J., Katz, I. M., Lavallee, L. F., & Lehman, D. R. (1996). Self—concept clarity: Measurement, personality correlates, and cultural boundaries. *Journal of Personality and Social Psychology, 70,* 141-156.

Cochran, L. (1997). *Career counseling: A narrative approach.* Thousand Oaks, CA: Sage.

Erikson, E. H. (1963). *Childhood and society* (2nd ed.). New York, NY: Norton.

Gibson, D. E. (2004). Role models in career development: New directions for theory and research. *Journal of Vocational Behavior, 65, 134-156.* doi:10.1016/S0001—8791(03)00051—4

Hall, D. T. (1976). *Careers in organizations.* Glenview, IL: Foresman.

Hall, D. T., & Chandler, D. E. (2005). Psychological success: When the career is a calling. *Journal of Organizational Behavior, 26,* 155-176. doi:10.1002/job.301

Heppner, P. P., Wampold, B. E., & Kivlighan, D. M. (2008). *Research design in counseling* (3rd ed.). Belmont, CA: Brooks/Cole.

Holland, J. L. (1997). *Making vocational choices* (3rd ed.). Odessa, FL: Psychological Assessment Resources.

Lofquist, L. H., & Dawis, R. V. (1991). *Essentials of person-environment correspondence counseling.* Minneapolis: University of Minnesota Press.

Mosak, H. H., & Di Pietro, R. (2006). *Early recollections: Interpretive method and applications*. New York, NY: Routledge.

Parsons, F. (1909). *Choosing a vocation*. Boston, MA: Houghton Mifflin.

Pratt, M. G., & Ashforth, B. E. (2003). Fostering meaningfulness in working and in work. In K. S. Cameron, J. E. Dutton, & R. E. Quinn (Eds.), *Positive organizational scholarship: Foundations of a new discipline* (pp. 309-327). San Francisco, CA: Barrett−Koehler.

Rehfuss, M., Cosio, S., & Del Corso, J. (2011). Counselors' perspectives on using the Career Style Interview with clients. *The Career Development Quarterly, 59*, 208-218. doi:10.1002/j.2161−0045.2011.tb00064.x

Rehfuss, M., Del Corso, J., Galvin, K., & Wykes, S. (2011). Impact of the Career Style Interview on individuals with career concerns. *Journal of Career Assessment, 19*, 405-419. doi:10.1177/1069072711409711

Richardson, M. S., Meade, P., Rosbruch, N., Vescio, C., Price, L., & Cordero, A. (2009). Intentional and identity processes: A social constructionist investigation using student journals. *Journal of Vocational Behavior, 74*, 63-74. doi:10.1016/j.jvb.2008.10.007

Savickas, M. L. (1989). Career style assessment and counseling. In T. Sweeney (Ed.), *Adlerian counseling: A practical approach for a new decade* (3rd ed., pp. 289-320). Muncie, IN: Accelerated Development Press.

Savickas, M. L. (1997). Career adaptability: An integrative construct for life−span, life−space theory. *The Career Development Quarterly, 45*, 247-259. doi:10.1002/j.2161−0045.1997.tb00469.x

Savickas, M. L. (1998). Career style assessment and counseling. In T. Sweeney (Ed.), *Adlerian counseling: A practitioner's approach* (4th ed., pp. 329-360). Philadelphia, PA: Accelerated Development Press.

Savickas, M. L. (2002). Career construction: A developmental theory of vocational behavior. In D. Brown (Ed.), *Career choice and development*

(4th ed., pp. 149-205). San Francisco, CA: Jossey—Bass.

Savickas, M. L. (2005). The theory and practice of career construction. In S. Brown & R. Lent (Eds.), *Career development and counseling: Putting theory and research to work* (pp. 42-70). New York, NY: Wiley.

Savickas, M. L. (2009a). Career studies as self—making and life designing. *Career Research and Development*, 24, 15-17.

Savickas, M. L. (2009b). Career—style counseling. In T. J. Sweeney (Ed.), *Adlerian counseling and psychotherapy: A practitioner's approach* (5th ed., pp. 183-207). New York, NY: Routledge.

Savickas, M. L. (2011a). *Career counseling.* Washington, DC: American Psychological Association.

Savickas, M. L. (2011b). The self in vocational psychology: Object, subject, and project. In P. J. Hartung & L. M. Subich (Eds.), *Developing self in work and career: Concepts, cases, and contexts* (pp. 17-33). Washington, DC: American Psychological Association. doi:10.1037/12348—002

Savickas, M. L., & Baker, D. B. (2005). The history of vocational psychology: Antecedents, origins, and early development. In W. B. Walsh & M. L. Savickas (Eds.), *Handbook of vocational psychology* (3rd ed., pp. 15-50). Mahwah, NJ: Erlbaum.

Savickas, M. L., Nota, L., Rossier, J., Dauwalder, J., Duarte, M. E., Guichard, J., ... van Vianen, A. E. M. (2009). Life designing: A paradigm for career construction in the 21st century. *Journal of Vocational Behavior, 75*, 239-250. doi:10.1016/j.jvb.2009.04.004

Shulman, B. H., & Mosak, H. H. (1988). *Manual for life style assessment.* Bristol, PA: Accelerated Development Press.

Sullivan, S. E. (2011). Self—direction in the boundaryless career era. In P. J. Hartung & L. M. Subich (Eds.), *Developing self in work and career: Concepts, cases, and contexts* (pp. 123-140). Washington,

DC: American Psychological Association. doi:10.1037/ 12348−008

Super, D. E. (1957). *The psychology of careers: An introduction to vocational development.* New York, NY: Harper & Row.

Super, D. E. (1990). A life−span, life−space approach to career development. In D. Brown & L. Brooks (Eds.), *Career choice and development: Applying contemporary theories to practice* (2nd ed., pp. 197-261). San Francisco, CA: Jossey−Bass.

Taber, B. J., & Briddick, W. C. (2011). Adlerian−based career counseling in an age of protean careers. *Journal of Individual Psychology, 67,* 107-121.

Taber, B. J., Hartung, P. J., Briddick, W. C., Briddick, H., & Rehfuss, M. (2011). Career Style Interview: A contextualized approach to career counseling. *The Career Development Quarterly, 59,* 274-287. doi:10.1002/j.2161−0045.2011.tb00069.x

Wrzesniewski, A., McCauley, C., Rozin, P., & Schwartz, B. (1997). Jobs, careers, and callings: People's relations to their work. *Journal of Research in Personality, 31,* 21-33. doi:10.1006jrpe.1997.2162

Purpose and meaning in the workplace

CHAPTER 2

의미 수준을 높이기 위한
개인-환경 적합성 접근법

조-이다 한센(Jo-Ida C. Hansen)

의미 수준을 높이기 위한 개인-환경 적합성 접근법
A person-environment fit approach to cultivating meaning

스트롱(E. K. Strong Jr.)은 이론적인 틀을 만들기보다는 경험적인 관찰을 통해 자료를 수집하는 것에 더 큰 초점을 맞추었던 심리학자였다. 그는 직업 흥미를 측정하는 것에 큰 관심을 가지고 있었으며, 직업심리학과 심리측정 분야에서 가장 중요하고 영향력에 큰 기여를 한 사람들 중의 한 명이기도 했다. 하지만, 스트롱의 직업 흥미 이론에 대해 들어보거나 읽어본 사람은 없을 것이다. 왜냐하면, 그의 경험적인 연구물들은 이론을 기반으로 한 것이 아니었으며, 또한, 스트롱은 중요한 과학적 가치를 가진 지식들을 자신만의 이론으로 정립하지 않았기 때문이다. 그럼에도 불구하고, 스트롱의 자료들은 고전적인 개인-환경 적합성(person-environment fit: P-E fit) 연구의 전형적인 실례가 되었다(실제 이 용어가 정립되기 훨씬 전부터). 스트롱 직업 흥미 검사의 기반이 된 그의 연구는 흥미와 직업이 적절하게 매칭되는 경우, 조직구성원들은 의미 있는 일을 할 수 있게 되며, 보다 생산적이고 행복한 사람들이 될 것이라는 가정을 하였다(Strong, 1943). 물론 스트롱이 사용한 구성조건 측정 방법은(나는 정말 그 방법은 완벽했다고 말하고 싶다) 이론에 기반한 것은 아

58 Part 1 의미 있는 경력 개발하기

니었으며, 비교집단을 대상으로 경험적인 자료를 수집한 것이었다. 지금까지도 스트롱 흥미 검사의 직업척도(occupational scales)는 이와 같은 척도개발 방법을 활용해서 만들어지고 있다.

스트롱의 초기 연구 이후로 개인-환경 적합성과 다양한 준거들과의 관계를 탐색하고자 하는 수많은 연구가 이루어져 왔다. 이러한 과정을 통해 개인-환경 적합성에 대한 여러 이론들이 정립되었고, 적합성 및 일치성 준거와 측정 도구들이 개발되었으며, 그 과정에서 서로 불일치하는 연구결과들과 갖가지 논쟁들도 출현하게 되었다. 그러나, *일에서의 의미(meaning in work)*와 *유의미한 일 (meaningful work)*이라는 용어는 개인-환경 적합성 연구에서 그다지 많이 쓰이지는 않고 있다. 그 대신에, 개인-환경 적합성 연구에서 대부분의 경우 측정되는 결과에는 만족도, 성취감, 성과, 심리적 웰빙과 같은 준거변인들이 포함된다. 스테거와 딕(Steger & Dick, 2010)은 개인-환경 적합성과 그 연구결과들을 의미에 연결시킨 소수의 사람들 중 하나이다. 그들은 삶의 의미에서의 핵심적인 요소인 *이해력(comprehension)*이라는 개념이 "개인-환경 적합성 이론과 매우 유사하다. 왜냐하면, 이해력은 조직구성원의 능력, 흥미, 요구가 조직의 필요성 및 강화요인과 어느 정도 잘 매칭되는지에 따라 업무만족도를 예측하기 때문이다."(Steger & Dik, 2010, p.133)라고 주장했다.

파슨스(Frank Parsons: 재미있게도 그는 심리학자가 아니라 변호사였다)는 진로 상담에서의 개인-환경 적합성 모델의 선구자들 중 한 명으로 자주 언급되는 사람이다. 가난한 이민자들에 대한 그의 연구는 자기이해, 일에서의 요구사항에 대한 분석, 자신의 강점과 업무환경의 필요조건간의 매칭을 통해 이민자들이 유의미한 일을 찾을 수 있도록 돕기 위한 목적으로 설계되었다(Hansen, 인쇄중). 1940년대,

미네소타 대학에서 진행된 패터슨(D. G. Paterson)의 연구 또한 개인-환경 적합성 이론을 활용하여(기업과 교육분야에서의 선발 방법을 통해 수집된 자료들을 통해) 1930년대 첫 공황 후의 실직자들과 1940년대 2차 세계대전 이후의 퇴역 군인들이 의미 있는 일을 찾을 수 있도록 전직을 조력해주었다. 현재에도, 사람들은 지속적으로 의미 있는 일을 찾으려 노력하고 있고, 개인-환경 적합성 이론은 직업심리학자, 진로 상담자, 인사관리 전문가들에게 유용한 도구로 활용되고 있다. 이 전문가들은 개인-환경 적합성 이론을 사용하여, 고객들과 조직구성원들이 의미 있는 일을 할 수 있는 가능성을 높이기 위해 개인의 강점을 찾고, 일의 필수조건과 매치할 수 있도록 조력하고 있다.

2장에서는 우선 4가지의 개인-환경 적합성 이론을 소개할 것이다(각 이론들은 약간씩 다른 강조점을 가지고 있다). 이 이론들은 의미 있는 일에 몰입하고 있다는 자기-지각을 불러일으킬 수 있는 직업적 성과를 예측해 준다. 4가지 이론들을 통합적으로 살펴보게 되면, 각 이론의 가정과 가설 구성에 대한 근거들을 이해할 수 있을 것이다. 직업성격유형(Holland, 1997), 직업적응이론(Dawis & Lofquist, 1984), 개인-환경 적합성 스트레스 이론(Edwards, Caplan, & Harrison, 1998), 다면적 개인-환경 적합성 이론(Jansen & Kristof-Brown, 2006)으로, 이 기존의 이론들을 논의하는 과정에는 전통적인 직업 예측변인과 결과변인의 용어들이 포함되어 있다. 독자들이 개인-환경 적합성 이론과 연구결과를 읽으면서 빠졌다고 생각하게 될 것은 경험적인 의미 측정에 대한 참고자료이다. 그 내용이 빠지게 된 이유는 지금까지 그와 같은 측정은 개인-환경 적합성 연구결과에서 사용되고 있지 않기 때문이다. 그러나, 일에서의 의미 또는 의미 있는 일의 핵심은 적합성, 일치성, 관련성과 다양한 준거들간의 관계에 대한 근거를 제공해주는 메타분석에서 충분히 얻어낼 수 있다(예: 만족도, 내적 동기, 경력 안정성, 심리적 및 신체적 웰빙, 자기효능감, Assouline & Meir, 1987; Dawis, 2005; Edwards et al., 1998; Kristof-Brown, Zimmerman, & Johnson, 2005; Spokane & Cruza-Guet, 2005; Steger & Dik, 2010; Vogel & Feldman, 2009). 2장에서는 개인-환경 적합성 모델을 진로 상담, 조직개발, 실직자 상담, 퇴직자 상담, 문화적 적합성과 같은 경우에 적용을 해보기도 할 것이다. 〈표 2.1〉을 보면, 현존하는 개인-환경 적합성 모델이 교육/직업/커뮤니티 서비스 환경에서 유의미성을 증가시키기 위해 제공되는 개발개입의 기초를 제공하고 있음을 알 수 있을 것이다.

의미 있는 일의 정의들과 이론들을 개인-환경 적합성 모델에 맞게 변형하는 작업에서는 개인-환경 적합성 연구의 전통적인 예측변인과 결과변인(준거변인)을 강조한다. 예를 들어, 인생에서의 의미를 구성하는 기반 요소들(개인적 통제, 자율성, 집단의 중요성, 개인적 경험, 집단적 경험, 내적 동기, 정서적 전념, 강점(흥미, 능력, 가치, 성격))은 업무만족도와 조직구성원 만족에 대한 예측변인과 매우 유사하다(Dik, Steger, Fitch-Martin, & Onder, 인쇄중; Steger & Dik, 2010). 개인적 가치 및 행동과 일의 세계간의 일치성은 유의미성을 예측하기 위한 가정으로 기능하며, 직업의 특성(다양성, 자율성, 과제의 중요성)은 유의미성과 상관성이 있는 것으로 가정된다(Steger & Dik, 2010). 유의미성 그 자체는 다음과 같은 결과변인에 반영되어 있다고 말해지기도 한다. 만족도, 결근의 감소, 개인적 특성과 직업의 필수조건간 일치성에 대한 자기-지각, 긍정적인 일 경험에 대한 정서와 중요한 기여(Dik et al., 인쇄중; Steger & Dik, 2010).

직업성격유형 이론

홀랜드(John L. Holland)는 1959년, 첫 논문에서 현대인들에게 가장 잘 알려진 이론을 제시하였으며, 그 시기는 직업적응이론을 발표한 롭퀴스트와 다비스(Lloyd Lofquiest & René Dawis)의 초기 연구보다 조금 더 앞선 때였다. 홀랜드가 직업성격유형 이론을 개발할 때에는 다양한 방법으로 스트롱(E. K. Strong Jr.)의 발자취를 따라갔다. 흥미와 일치하는 환경을 찾았고, 여러 환경 중에서도 직업과 교육적 환경에 관심을 가졌다. 그러나, 흥미-환경 일치성에 관련된 가설을 세우는 것에 더하여 홀랜드는 흥미라는 개념에 대한 정의를 정교화하였고, 다른 변인들과의 관계에 대해서도 탐색하였다. 6가지 직업흥미유형에 대한 정의(실재형, 탐구형, 예술형, 사회형, 기업형, 관습형: RIASEC)에 기반하고 있는 것은 각각의 흥미 유형이 능력, 가치, 성격에 관련이 있다는 가설이다. 홀랜드는 달리(John, G. Darley, 1938), 스트롱(E. K. Strong Jr., 1943), 타일러(Leona E. Tyler, 1951), 포러(B. R. Forer, 1953), 길포드(Guilford, Christensen, Bond, & Sutton, 1954), 앤 로우(Anne Roe, 1956)들의 기존 경험적 연구들을 활용해서 6가지의 흥미 유형(현실형, 탐구형, 예술형, 사회형, 기업형, 관습형) 정의를 구성하였다. 그리고, 6가지 유형간의 육각형 관계에 대해서도 가설을 세웠다(6가지 유형은 RIASEC이라는 순서에 따라, 육각형의 각 꼭지점에 배치될 수 있다. 가까이에 위치한 유형은 정반대에 놓인 유형들보다 더 많은 상관관계를 가지고 있다). 홀랜드는 업무환경(직업, 일)을 동일하게 6가지로 분류하기도 했고, 어떤 경우에는 6가지 유형을 조합하여 분류하기도 하였다. 그러면서, 개인 유형과 환경 유형간의 일치도는 업무만족도와 일에서의 성공을 예측한다는 가설도 세웠다(Holland, 1997).

6가지 직업흥미유형을 정의하고, 육각형의 관계에 대한 가설을 세우고 나서 일치성 구인(congruence construct) 개념을 정리한 것은 아마 홀랜드의 두 번째로 잘 알려진 연구결과라고 말할 수 있을 것이다. 다양한 척도들이 흥미-환경 일치성의 수준을 측정하기 위해 개발되어 왔다(FL-Hex, C-Index, K-P Index, Sb Index, Hexagon Congruence Index, C-Index 개정판). 그리고 그 중의 몇 가지는 더욱 정교한 측정 방법을 갖추기도 했다(Hoeglund & Hansen, 1999). 이 척도들을 가지고 타당도나 적합성을 측정할 때 어려운 점은 과연 환경을 어느 정도 정확하게 측정할 수 있는가의 문제이다. 흥미는 직접 측정이 가능하다. 하지만, 대부분의 환경을 코딩할 때에는 어느 정도의 추론이 일어나기 마련이다(Gottfredson & Holland, 1989). 한 가지 예외가 있다면, 스트롱 흥미 척도에서 제시된 직업에 배정된 홀랜드 코드라고 말할 수 있겠다. 이 직업들을 위해서는 경험적 자료들이 매우 풍부하게 수집되어 그 직업의 홀랜드 유형을 결정하는데 사용되었다(Hansen, 1992). 환경을 측정하거나 특징을 파악하기 어려운 점은 개인-환경 적합성 연구에서 지속적으로 마주치게 되는 문제이다. 이는 일치성 변인(예측변인)과 결과변인(준거)간에서 기대되는 상관도보다 낮은 수치가 보고되는 것을 설명할 때 자주 인용되는 내용이기도 하다.

직업적응이론

*직업적응이론(theory of work adjustment: TWA, Davis & Lofquist, 1984)*은 개인-환경 적합성과 개인-환경 상호작용에 대한 이론으로서 다비스(Dawis, 2005)에 의해 발전되어 오고 있다. 이때의 *적합성(fit)*은 환경의 특성에 대해 개인의 특성이 일치하는 정도를 가리키고, *상호작용(interaction)*은 개인과 환경간에서 일어나는 주고받음(give and take)을

의미한다. 직업적응이론의 준거는 조직구성원의 만족(satisfaction)과 충족(satisfactoriness)으로 구성되며, 이는 통합되어 제3의 준거, 종신재직(tenure)를 만들어낸다. *만족*은 한 개인의 니즈가 채워질 때의 결과를 가리킨다. 다르게 설명하자면, 환경이 구성원의 니즈를 강화시킨다고도 할 수 있겠다. 충족은 환경의 필수조건(능력이나 기술)에 부합하는 결과를 말한다. 즉, 충족은 한 개인이 자신의 일을 할 때 필요한 기술을 가지고 있는 정도인 것이다.

직업적응이론은 예측 모델이기도 하고 과정 모델이기도 하다. 환경적 강화요소와 개인의 니즈(강화물 필수조건)간의 일치성(congruence, 직업적응이론에서 *correspondence* 라고 이름 붙여진)은 개인의 만족을 예측해 준다. 마찬가지로, 환경의 기술 필수조건에 대한 개인의 기술(또는 능력) 일치성 또한 개인의 만족을 예측할 수 있다. 만족은 조직구성원이 해당 직업을 유지하겠다고 하는 의사결정을 이끌어낸다는 가설이 수립되어 있으며, 충족은 조직에서 그 구성원을 유지할 수 있게 해준다는 가설도 존재한다. 즉, 조직에서 계속 근무하겠다는 결정과 해당 구성원을 계속 유지시키겠다는 결정이 만나게 되면, 종신재직이라는 결과가 나오게 되는 것이다.

직업적응 예측 모델(적합 모델)은 사람들이 자기 자신에게 만족감을 가져다줄 경력, 직업, 작업환경이 어떤 것인지 찾을 수 있게 도와줄 수 있을 뿐 아니라, 만족스럽게 일할 수 있는 곳이 어디인지를 찾는 작업도 도와줄 수 있다. 그러나, 직업적응이론은 개인과 환경의 적합성이 떨어지는 실제 상황에서 사람들이 어떻게 업무에 적응하는지에 대해서는 설명하지 못한다. *직업적응 과정 모델*은 사람들이 일을 하는데 있어서 불만을 느끼고 그 불편감을 감소시키기 위해 적응을 하려 노력하거나 변화를 꾀하는 시기가 시작되는 주기를 개념화하여, 이 부분을 설명해 준다. 직업적응이론은 불

만족감을 느끼기 전에 나타나는 불일치감을 견디거나, 변화가 필요하다고 생각하고 행동으로 옮길 때까지 버틸 수 있는 기간에 대한 최우선의 결정요인은 각 개인이 가지고 있는 *유연성(flexibility)*이라고 설명한다. 유연성을 가진 사람들은 그렇지 않은 사람들보다 불일치감을 더 오래 견딜 수 있기 때문이다.

일단 변화나 적응행동을 시작한다는 것은 사람들은 환경의 강화요인과 필수요구사항들을 변화시키면서 적응을 할 수 있게 된다는 것을 의미한다. 직업적응이론에서는 이러한 행동을 적응을 위한 *적극적(active)* 접근이라고 정의한다. 또 다른 접근법으로는 자기 자신의 요구나 기술을 변화하려고 하는 것이 있는데 이는 *반응적(reactive)* 접근이라고 불린다. 직업적응 과정 모델의 또 하나의 구성요소는 *인내심(perseverance)*으로서 퇴사를 하거나 부서를 옮기기 전까지 불일치감과 불만족감을 감소시키기 위해 지속적으로 노력하는 시간의 길이를 의미한다.

개인-환경 적합도 스트레스 이론들

직업 스트레스 연구에서 눈에 뜨이는 개인-환경 적합 이론들(현재 직업건강심리학 분야에 속해 있음)은 직업적응이론의 기본 요소들을 많이 차용하였다(Dawis & Lofquist, 1984). 에드워드와 동료들(Edwards et al., 1998)이 발표한 직무스트레스와 건강간의 관계를 이론적으로 설명한 모델은 많은 이론가들의 관심을 끌었다. 스트레스란 개인과 환경간의 적합도가 없거나 일치성이 부족할 때 생기는 것이라고 설명되었다. 따라서, 개인-환경 적합도 스트레스 이론에서의 기준은 질병을 일으킬 수 있는 스트레스 반응(strain)이 된다. 또한 직업

건강심리학의 최신 트렌드는 긍정적인 결과에 관심을 가진다는 것이다(예: 의미, 행복, Eggerth & Cunningham, 2012). 직업적응이론과 유사하게 개인의 예측요인은 능력과 니즈이며, 환경에 대한 예측요인은 필요성(필요한 기술)과 지원(강화요인)을 포함한다. 그러나, 직업건강심리학의 개인-환경 적합 이론들은 직업적응이론에서 구체적으로 설명되지 않았던 객관적인 적합도와 주관적(지각된) 적합도 요소를 추가하였다. 지각된 적합도 변인은 산업 및 조직 연구자들의 관심을 받았다(Edwards, Cable, Williamson, Lambert, & Shipp, 2006; Piasentin & Chapman, 2006).

직업적응이론과 마찬가지로, 직업건강심리학 적합도 이론들은 개인과 환경이 동일한 분야의 내용을 가지고 있어야 한다고 주장한다. 즉, 개인의 니즈를 측정해보면, 환경의 지원에 대한 측정 결과에 맞아들어가야 한다는 것이다. 이 모델에서 정의되는 *스트레스*란, 개인과 환경간에서 주관적인 비적합도를 가리킨다. 스트레스 반응에는 불만족, 불쾌감, 불안감, 혈압 상승, 콜레스테롤 수치의 상승, 면역체계의 기능 저하 등이 포함된다. 지속적으로 이와 같은 스트레스 반응을 경험하게 되면, 심리적/신체적 질병을 얻게될 가능성이 높다(예: 만성적 우울, 고혈압, 심장병, 궤양, 암 등). 직업건강심리학 모델에서 대처(coping)란 환경이나 개인을 변화시켜서 개인-환경 적합도를 개선하는 하나의 방법이라고 설명된다. 이는 직업적응이론에서 말하는 적극적 적응이나 반응적 적응 개념과 일치하는 것이다.

직업건강심리학 개인-환경 적합 이론에서 새롭게 시도한 재미있는 점은 환경의 지원을 너무 많이 받거나, 지나치게 못 받거나, 개인의 능력이 부족하거나 지나치게 많은 경우, 모두 적합도가 떨어질 것이라는 가설을 수립한 것이다. 다시 말해서, 환경의 지원이 개인의 니즈를 맞추기 위해 늘어난다면, 스트레스 반응은 감소하겠지만, 어떤 수준을 지나가서 환경의 지원이 개인의 니즈를 넘어서게 되면, 그 이상의 지원은 스트레스 반응을 감소시키는 데에 별 도움이 되지 않는다는 것이다. 이러한 경우에는 *이월(carryover: 환경의 지원이 많은 경우, 다른 분야의 변화를 시도함)*이나 *보존(conservation: 남는 지원은 미래를 위해 저장함)* 현상이 일어나게 된다. 어떤 경우, 환경의 지원이 지나치게 많게 되면(좋은 일이 너무 많이 일어남) 오히려 스트레스 반응을 증가시키기도 한다. 마찬가지로, 개인의 능력에 대한 환경의 요구가 너무 많거나 지나치게 적은 경우에도 스트레스 반응은 증가될 것이다. 개인의 능력이 너무 많으면 지루함이나 동기저하와 같은 스트레스 반응이 생기고, 환경의 요구에 맞출 수 있는 능력이 부족한 경우에도 불안이나 소진과 같은 스트레스 반응이 생기기 때문이다.

개인-환경 적합도에 대한 다면적 이론

다양한 개인-환경 적합도 이론들을 통합하고, 보다 세부적인 설명을 할 수 있도록 이론의 범위를 확장하려는 시도가 이루어지고 있다. 예를 들어, 몇몇 연구자들은 직업흥미에 대한 개인환경 적합도를 강조하는 홀랜드(1997)의 직업적 성격 이론을 개인의 능력과 환경의 요구, 개인의 가치와 환경의 강화요인간의 적합도를 강조하는 다비스와 로프퀴스트(1984)의 직업적응이론과 통합하였다. 홀랜드의 모델을 직업적응이론의 체계와 통합하게 되면서 개인-환경 적합도와 결과 변인에 대한 일치도 관계라는 복잡한 내용들을 한 가지 이론을 통해서만 보는 것보다 더 다양한 측면에서 접근할 수 있게 되었다. 이 통합된 모델들은 의미없는 것은 아니지만, 지금까지는 중요성이 다소 작게 평가되었던 부분을 설명하는 변인들에 관심을 가질 수 있게 해주었다(예: 흥미, 가치, 능력 등).

얀센과 크리스토프-브라운(Jansen & Kristof-Brown, 2006)은 환경의 다양한 측면을 설명하는데 있어 개인-환경 적합도의 다면적 이론을 제안하였다. 그들은 환경의 단편적인 면(예: 직업이나 조직)에만 관심을 가지게 되면, 개인-환경 적합도 개념을 지나치게 단순화시키게 된다고 주장했다. 그래서, 얀센과 크리스토프-브라운은 '개인-환경 적합도를 전반적으로 파악할 수 있도록' 다양한 환경들을 통합하는 접근법을 추천하였다(Jansen & Kristof-Brown, 2006, p.195). 그들은 조직 구성원이 동시다발적으로 경험할 수 있는 환경에는 5가지 측면이 있다는 것을 발견하였다. 직업(V, vocation), 조직(O, organization), 집단(G, group), 일(J, job), 사람(P, person). 이 모델의 중요한 요소는 현저성(salience) -특히, 환경 측면의 현저성- 이다. 현저성의 구성은 (a) 성격과 관련된 특성과 (b) 개인별로 차별화된 가치들을 명확하게 보여준다. 쾌활한 사람들은 개인-일이나 개인-직업보다는 개인-사람, 개인-집단간의 적합도가 더 현저하게 드러난다. 성실한 사람들은 개인-사람, 개인-집단보다는 개인-일, 개인-직업간의 적합성이 더 현저하다. 성취감이 높은 사람들은 개인-사람이나 개인-집단보다 개인-일, 개인-직업간의 적합도가 더 현저하게 나타난다. 사회적인 가치를 중요하게 여기는 사람들은 개인-일, 개인-직업보다는 개인-사람, 개인-집단간의 적합도가 더 현저하게 드러난다. 연구자들은 조직의 문화와 조직 내 위계적인 격식에서의 환경적 차이에 대해서도 관심을 가졌다. 조직문화가 강한 경우, 조직(O)의 현저성이 높지만, 조직문화가 약한 경우에는 집단(G)의 현저성이 높게 나타난다. 집단의 기준이 모호한 경우에는 사람(P)의 현저성이 높을 것이고, 강한 직업적 정체성이 존재하는 경우에는 직업(V)의 현저성이 높을 것이다. 조직의 규모가 크고, 위계질서가 강한 경우, 조직(O)보다는 일(J)이나 집단(G)의 현저성이 높을 것이다. 마지막으로, 연구자들은 환경의 다양한 측면 중 어느 것을 중요시할 것인지는 개인의 진로 단계에 따라 달라질 것이라는 점도 파악하였다.

개인-환경 적합도 이론의 검증

개인-환경 적합도 연구에서 잘 알려져 있는 한 접근법에서는 대학 전공이나 직업에서의 만족도를 예측하는데 있어서 직업흥미 변인의 효율성을 검증해보았다. 일부 연구들은 스트롱의 6가지 유형을 측정하는 스트롱 흥미검사나 자가검사(Holland, 1970), 직업선호도 검사(Holland, 1953) 도구들의 예측타당도를 검증하기 위한 설계를 하였다. 전반적으로, 이러한 연구들은 흥미척도 수치와 대학전공선택 및 직업선택간의 상관도가 높은 것을 발견하였다. 이 연구에 참여한 사람들은 대부분의 경우, 자신의 선택에 대해 만족감을 표현하였다(Hansen & Dik, 2005; Hansen & Lee, 2007; Hansen & Tan, 1992; Tracey & Hopkins, 2001). 또 다른 연구에서는 흥미나 성격이 주관적인/지각된 개인-직업, 개인-일간의 적합도를 어느 정도 예측하는지를 살펴보았다. 흥미도는 가장 강력한 예측변인으로 나타났다(Ehrhart & Makransky, 2007). 일반적으로, 직업적 흥미-환경 일치도에 관한 연구를 수행한 연구자들은 만족도, 적응도, 성취도와 같은 교육적/직업적 안정성 결과와 흥미간의 정적 상관 관계를 발견하였다(Assouline & Meir, 1987; Harms, Roberts, & Winter, 2006; Porter & Umbach, 2006; Smart & Feldman, 1998; Spokane, 1996).

개인-환경 적합도에 대한 또 하나의 커다란 연구 흐름은 만족도, 조직 몰입도, 종신재직과 같은 변인과 개인-조직 일치성이나 적합도간의 관계를 지지해주었다. 메타분석 연구결과는 개인-일, 개인-조직간의 적합도가 일에 대한 만족도와 조직 몰입도를 예측하는 것을 보여 주었다. 개인-상사 일치도 또한 일에 대한 만족도를 예측하는 것으로 나타났다(Kristof-Brown & Guay, 2011; Kristof-Brown et al., 2005). 이 결과에 대한 중재변인은 적합도를 측정하는 방법이다. 지각된(주관적) 적합도는 객관적 적합도보다 긍정적인 결과를 예측하였다(Kristof-Brown & Guay, 2011). 하지만, 그동안 개인-환경 적합도와 성과간의 관계에 대한 연구는 그다지 의미 있는 결과를 보여주지 못했다. 성과가 측정되는 방법(예: 전반적 성과/과제 성과), 적합도가 정의되는 방법(주관적 적합도/직접적 측정), 예측의 시간체계(현재/미래), 적합도의 유형(개인-일, 개인-집단 등)이 어떤 것이든지 결과 수치는 높지 않았다(Arthur, Bell, Villado, & Doverspike, 2006; Kristof-Brown et al., 2005).

개인-환경 적합도 연구의 또 다른 트렌드는 개인, 환경, 결과 변인의 특정 요소와의 적합도를 알아보는 것으로 범위를 좁힌 것이다. 복잡한 이론적 모델들을 분리하여 세분화된 가설들을 검증하기 위해 설계된 이 분야의 연구들은 응용 심리학 분야에서의 중개 연구(translational research, 역자주: 기초 연구 성과를 임상장면으로 효율있게 연결시키는 것)들을 할 수 있는 기회를 많이 만들어주었다. 또 다른 연구 흐름에서는 일반적인 개인-환경 적합도를 연구설계의 모델로 사용하면서도 특정한 개인-환경 적합도 이론에 엄격하게 따르지 않는 모습을 보이기도 했다. 이 접근법을 사용하는 연구자들은 다양한 개인과 환경의 예측변인과 결과변인들을 개인-환경 적합도 모델에 통합하였다. 예를 들어, 개인예측변인은 이론적 모델에서 가장 자주 사용된 요소들(예: 기술과 능력, 성격, 흥미, 직업가치)을 넘어서서 다음과 같은 요소들을 포함하였다. 창의성(Livingstone, Nelson, & Barr, 1997), 농촌생활의 가치(Little & Miller, 2007), 권한위임(Laschinger, Wong, & Greco, 2006), 자원봉사(Van Vianen, Nijstad, & Voskuijl, 2008), 여가생활에 대한 흥미(Melamed, Meir, & Samson, 1995), 공공 서비스에 대한 참여동기(Stejin, 2008), 일과 가정의 분리(Kreiner, 2006), 불평등에 대한 불관용(Ahmed, 2010), 인지적 스타일(Cools, Van den Broeck, & Bouckenooghe, 2009), 일의 복잡성(Wilk & Sackett, 1996), 결혼생활에서의 역할(Ton & Hansen, 2001).

일에서의 의미를 증가시키기 위해 연구되어 왔고, 실제 생활에서 적용되어 왔던 다른 결과변인들에는 일에 대한 참여(Blau, 1987), 소진(Laschinger et al., 2006), 진로 명확성(Durr & Tracey, 2009), 철회행동(Tak, 2011), 주관적 웰빙(Gottfredson & Duffy, 2008) 등이 있다.

개인-환경 적합도 모델의 적용

이제부터는 개인-환경 적합도 이론들과 중개연구 결과들을 실제 현장에서의 개입에 활용할 수 있는 방법을 4가지 이야기해보려고 한다. 진로 상담, 조직적 개입, 은퇴 상담에 대한 지지 근거는 2장의 초반부 내용에서 쉽게 찾아볼 수 있으며, 더 심층적인 내용을 알기를 원하는 독자들은 참고문헌을 읽어보길 바란다. 실직자 상담에서 개인-환경 적합도 모델을 활용하는 경우는 지금까지 경험적인 검증을 해본 경우가 드물고, 그러한 적용을 해본 작업도 많지 않다. 하지만, 은퇴 상담에 대한 개인-환경 적합도 연구를 한다면, 검증해볼만한 가설들을 개발할 수 있는 좋은 기회가 될 것이다.

▌진로 상담

진로 상담은 직업 선택을 하는 과정에서 오래 전부터 개인-환경 적합도를 활용해 왔다. 직업 선택을 지도했던 초기에도 조직구성원의 삶에서의 의미를 높일 수 있는 선택에 초점을 맞추었었다(Parsons, 1909). 현재의 트렌드 또한 직업선택을 하는 기회를 경제적 지위, 민족성, 문화나 능력에 상관없이 중요한 의미를 가진 과정으로 개념화하고 있다(Fouad & Kantamneni, 2008). 특질-요인 이론이나 개인-환경 적합도 이론에 기반을 둔 진로 상담의 과정은 환경의 요구조건에 매칭하기 위해 개인의 특성을 밝혀내는 측정을 하는 것에 주로 초점을 두는 경우가 많다.

진로 상담은 고등학교나 대학교와 같은 교육체계, 교정시설이나 병원과 같은 기관, 또는 조직체계 내에서 주로 이루어진다. 내담자의 최우선 목표는 물론 직업을 선택하는 것이지만, 어떤 내담자에게는 자신과 일 환경간의 적합도를 이해하기 위한 탐색 과정 자체가 직업 선택을 하는 것만큼 중요하게 느껴지기도 한다. 진로에 대한 개입은 대부분 흥미에 대한 측정을 하는 경우가 많다. 조금 더 정교화된 개입방법에서는 능력, 가치, 성격에 대한 측정도 진행하는데 이 모든 요소들은 개인-환경 적합도를 예측하기 위한 변인으로 활용되어 왔다.

▌조직적 개발

조직 내에서 긍정적인 효과(의미, 행복, 만족, 웰빙)를 가져오는 개인과 환경간의 적합도 변인을 알아내는 작업은 가장 좋은 결과를 가져올 수 있는 적용방법이라고 보여진다. 대규모 조직들은 종종, 구성원 지원 프로그램(employee assistance program: EAP)을 통해 과학의 실제적인 적용을 가능하게 하곤 한다. 개인 구성원은 이러한 프로그램을 경험하면서 현재 어떤 분야에서 불일치가 일어나고 있는지를 파악하고, 그러한 불일치가 일에서의 의미를 감소시키게 될 것인지를 판단하게 된다. 그런 후에 조직은 조직의 변화나 개인의 개발을 통해 불일치 수준을 낮출 수 있는 전략을 개발할 수 있을 것이다. 조직이 개인-환경 적합도를 진단하고, 개입전략을 수립하게 되는 기회는 매우 다양하다. 구성원의 도전기회 부족에 대한 불만, 소진의 느낌, 보상 시스템에 대한 불만족, 일-가정의 불균형, 동료나 상사와의 관계적 어려움, 부적응 문제를 떠올렸을 때 포함되는 것들이 아마 거의 다일 것이다. 이러한 문제들은 대부분 실제 일 경험에 대한 구성원의 지각과 관련될 때가 많다.

상담자나 EAP 전문가의 역할은 다음과 같은 것을 점검하는 것이다. 구성원이 의미를 잃어버리는데 있어서 환경이 어떤 기여를 하고 있는가, 구성원의 부정적 감정은 실제 현실과 관련되어 있는가. 그리고 나서 구성원과 함께 해야 하는 작업은 자기 자신에 대한 이해도를 높여서 스스로가 변화해야 하는지, 환경을 변화시켜야 하는지에 대해 결정하도록 하는 일일 것이다. 불일치를 줄이는 것이 불가능하다면, 다른 활동(여가활동이나 자원봉사)을 통해 의미를 찾는 대안적 전략을 수립할 수도 있고, 이직에 대한 계획을 세워볼 수도 있을 것이다. 이와 같이 업무 적응을 촉진하기 위한 개인적인 접근법에 더하여 조직은 개인-환경 적합도 모델을 활용하여 조직 내에서 일어나고 있는 부적응 문제들을 진단하고, 그룹 단위의 개입전략이나 개인성장 프로그램들을 계획할 수도 있다. 훈련과 개입의 형태에 대해서는 역시 개인-환경 적합도 모델을 사용하여 결정할 수도 있을 것 같다. 예를 들어, 사회적 관계에 대한 흥미와 가치수준이 높은 사람이라면, 집단 상호작용을 이용한 프로그램에 대한 반응이 좋을 것이고, 자율성에 대한 가치수준이 높은 사람이라면, 개인적인 주도성을 가질 수 있는 프로그램에 참여했을 때 더 만족감이 높을 것이기 때문이다.

▌실직자 상담

직장을 잃는다는 것은 일을 통해 의미를 찾을 가능성을 감소시키는 심각한 심리적 영향력을 가져다주는 것으로 알려져 있다. 직업 선택에 대한 진로 상담과 유사하게 실직자 상담은 재취업에 대한 자신의 잠재력을 이해할 수 있도록 도와주는 일을 한다(Dawis & Lofquist, 1984). 이전 직장에서 내담자가 느꼈던 만족(satisfaction, 역자주: 구성원이 자신이 수행하는 일이나 직무에 대한 만족을 하는 것)과 충족(satisfactoriness, 역자주: 구성원 개인의 업무 수행에 대한 고용주의 만족)을 평가해보는 것이 첫 번째로 해야 할 일일 것이다. 2가지 모두 높았었다면, 유사한 요구조건과 보상체계를 가지고 있는 직장들을 찾는데에 주된 촛점을 두어야 한다. 하지만, 만족은 높았지만 충족 수준은 낮았다면, 내담자는 다른 능력을 요구받는 역할을 찾거나, 추가적인 훈련을 받는 것을 고려해봐야 할 것이다. 충족수준은 적절했으나 만족수준이 낮았다면, 상담 회기에서는 내담자의 흥미와 가치를 평가해보고, 직업과 직장을 구하는데 있어서 새로운 대안들을 고민해보아야 할 것이다.

▌은퇴 상담

은퇴 후 적응이란 개인-환경 적합도 모델을 적용해 볼 수 있는 또 다른 영역이다. 퇴직을 하게 되면, 삶의 의미 수준을 높이기 위한 계획도 필요하고, 경제적/심리적 적응을 위한 계획도 수립해야 한다. 하지만, 대부분의 은퇴 프로그램들은 심리적 적응을 위한 전략보다는 건강 보험, 퇴직금, 투자 계획과 같은 요소들에 초점을 맞추고 있다. 일을 그만둔다는 것은 많은 상실을 의미한다. 사회적 지위의 상실, 정체성의 상실, 사회적인 지지체계의 상실 등, 그 외에도 매우 많다. 개인-환경 적합도 원칙은 일 환경으로부터 잃어버린 강화요인과 보상요소를 파악하는데 활용될 수 있고, 가족 및 친구와 함께 하는 활동, 여가활동, 자원봉사 활동, 파트타임 직장 등을 통해 새로운 생활 전략을 계획하는 데에 사용될 수도 있다(Dawis & Lofquist, 1984). 과거에 내담자가 의미를 부여했었던 취미활동들도 은퇴 후 중요성이 증가될 수 있다. 개인-환경 적합도 모델 맥락에서 은퇴에 대해 미리 계획을 세우게 되면, 개인의 흥미 및 가치와 일치하는 환경을 찾을 수 있는 시간을 벌수 있을 뿐 아니라, 필요할 수도 있는 새로운 기술을 개발할 시간도 확보할 수 있게 될 것이다. 이 분야에서 개인-환경 적합도를 적용하기 위한 연구가 더 필요하다. 예를 들어, 이러한 과정을 밟지 못하게 되는 이유는 일을 하지 않고 지내는 상황이 어떤 것인지에 대해 잘 모르기 때문이기도 하다. 따라서, 일을 하지 않는 환경에 대해 전반적으로 이해하게 되면, 새로운 환경의 요구조건을 파악하는 일이 조금 더 쉬워질 것이다. (a) 홀랜드의 6가지 유형(RIASEC)이나 (b) 주위 사람들의 피드백이나 자료, 능력수준에 따른 활동들을 통해 이러한 작업을 할 수도 있을 거라 생각된다. 일을 하지 않는 환경이 개인의 흥미 및 가치에 명확하게 일치하지 않는 경우, 적응 스타일별로 일치도를 높이는 방법에 대한 연구도 필요할 것이다.

미래의 방향

문화적인 시각을 가지고 개인-환경 적합도에 대한 탐색을 해보는 작업이 국제학/문화비교학/다양성 연구에서 시도되고 있다. 연구의 한 흐름에서는 개인-환경 적합도 이론의 내용(미국과 기타 서구 국가들을 대상으로 개발되어 온)을 탐색하여 다양한 국가의 사람들에게 적용해보고 있다(예: 다양한 민족, 레즈비언과 게이, 개발도상국, 유럽, 아시아, 중동, 아프리카인). 최근 연구결과를 보면, 이와 같은 비교문화 연구가 다양한 대상들에게 개인-환경 적합도 모델을 적용시킬 수 있는 가능성을 높여줄 것이라고 생각하고 있다(Iplik, Kilic & Yalcin, 2011; Lyons, Brenner & Fassinger, 2005; Lyons & O'Brien, 2006; Phillips, Cheng, Yeh & Siu, 2010). 또 다른 연구의 흐름에서는 조직의 개입전략과 국가별 문화 간의 적합도에 초점을 맞추고 있다. 이와 같은 연구에서는 국가의 문화가 가지는 가치와 믿음, 가정들을 고려하고, 국가적인 문화나 민족적인 기대감과 일치하는 환경이 조직구성원에게 긍정적인 결과(예: 의미 있는 일)를 가져다 줄 거라는 가설을 세웠다(Aycan, Kanungo, & Sinha, 1999; Hutz, Martin, & Beitel, 2007; Newman & Nollen, 1996).

그러나, 예측변인과 결과변인간에 기대되는 수준만큼 상관관계가 나오지 않은 데에는 다양한 변인이 기여했을 거라 생각된다(예: 환경변인을 측정하는데 있어서, 일치도에 대한 범위 제한이나, 준거변인의 부적절성, 우연, 외부 변인의 효과를 통제하지 못함, 개인-환경 적합도의 역동 등). 일치도-성과에 대한 연구에서 다양한 결과들이 나오는 이유에 대해 자주 제시되는 가설을 보면, 일치도와 성과간의 관계는 일부 사람들에게 그다지 큰 부분을 설명하지 못하는 예측변인이라는 설이 있다. 일에 대한 개입, 내적 동기, 일의 환경에 대한 통제력(Dik & Hansen, 2011), 집단의 중요성(Vogel & Feldman, 2009), 인지적 종결 욕구(Guan, Deng, Bond, Chen, & Chan, 2010), 핵심적인 자기 평가의 수준(Park, Monnot, Jacob, & Wagner, 2011) 등의 변인들은 개인-환경 적합도의 다양한 수준(개인-일, 개인-직업, 개인-조직)을 설명한다는 것이다. 그러나, 중재요인으로서의 일치도에 대한 연구는 아직 빙산의 일각 정도만 이루어진 상태이기 때문에 중재효과(moderating effect)에 대해 검증해볼 변인들은 아직 많이 남아 있는 상태이다(예: 성격특성, 적응스타일, 인구학적 변인-성별, 인종, 연령, 흥미유형, 환경적 요인).

표 2.1 일터의 초점: 개인-환경(P-E) 적합성 관점

제안점	현장에서 검증된 제안점	이론에서 추출된 제안점	연구에서 지지된 제안점
대학전공 결정과 진로 결정을 위한 상담을 통합하기. 학생들에게 대학 전공과 직업이 가지는 요구조건에 대해 자신의 흥미, 가치, 능력을 파악해서 매치해보도록 지도하기. 특정 전공의 기술, 지식, 흥미를 직업의 요구사항들과 연결시킬 수 있도록 하는 직업 세미나를 개최하기 a, b, c, d	v	v	v
직업 분석과 구성원 평가를 활용하여 흥미, 가치, 능력, 지식, 기술, 태도에 대한 개인-환경 일치도를 파악해보고, 유사한 수준에서의 업무기회와 승진에 대한 기회를 찾아보기 a, b, c, e	v	v	v
신규 구성원을 위한 멘토링 프로그램 개발하기. 멘토-멘티를 매칭할 때에는 성격, 흥미, 가치, 멘토링 프로세스에 대한 몰입도, 경험을 고려할 것 a, b, c, f	v	v	v
개인-환경 적합도 모델을 사용하여 자원봉사 활동을 촉진하기. 자원봉사에 대한 흥미, 가치, 능력, 성격, 동기와 자원봉사 기관의 미션, 활	부분적으로 검증됨	v	일부 근거를 찾음

동, 자원봉사 기회를 매칭해보기 a, b, c, g			
권력거리(역자주: 부하들을 그들의 상사들로부터 격리시키는 감정적 거리), 모호성에 대한 회피, 개인주의, 남성성, 추상적 사고와 연상적 사고와 같은 변인들에 대해, 개인-조직간의 일치도를 평가해보기, 불일치를 감소시키고 유의미성을 증가시키도록 서구의 관리체계 수정해보기 h, i	부분적으로 검증됨	V	일부 근거를 찾음
구성원에 대한 권한위임을 증진하고, 업무생활에 대한 변인들(업무량, 통제, 보상, 커뮤니티, 가치, 공정성 등)의 개인-환경 적합도에 대한 구성원의 지각을 높이기 위해 설계된 리더십 및 관리 프로그램을 실행하기(예: 자율성 증진하기, 조직의 정책 수립과정에 구성원 참여를 촉진시키기, 구성원에 대한 신뢰 표현하기) j, k	부분적으로 검증됨	V	V

a: Dawis(2005)
b: Dawis & Lofquist(1984)
c: Holland(1997)
d: Porter & Umbach(2006)
e: Jansen & Kristof-Brown(2006)
f: Allen & Eby(2007)
g: Van Vianen, Nijstad, & Voskuijl(2008)
h: Newman & Nollen(1996)
I: Aycan, Kanungo & Sinha(1999)
j: Kanter(1993)
k: Laschinger, Wong & Greco(2006)

결 론

심리적 및 신체적 웰빙에 일 관련 요인이 미치는 영향에 대해서는 오랜 기간 동안 경험적인 근거들이 축적되어 왔다. 최근 눈에 띄는 트렌드로는 개인 구성원과 조직이 구성원의 의미 수준을 최적화할 책임을 함께 가지고 있다는 것이다.

개입전략들은 환경에 대한 변화와 함께, 개인의 적응을 조력하는 것, 2가지 모두에 초점을 맞추고 있다. 한 가지 도전과제는 타당성있는 과학적 근거를 기반으로 한 프로그램을 개발하는 것이다. 개인-환경 적합도 모델을 현장에서 적용하고 있는 상황을 보면, 이론적인 연구결과를 실제적인 적용과 정책, 실용적인 문제해결과정에 활용하기 위해 이론의 세부적인 요소들에 초점을 맞추고 있다.

〈표 2.1〉을 보면, 구성원의 의미를 강화시킨다는 목표를 가지고 있는 다양한 현장에서 개인-환경 적합도 모델의 예측변인과 준거변인들이 사용될 수 있는 6가지 예시를 제공하고 있다. 제안점들은 각 연구에서 보고된 적용과 이를 지지하는 수준에 따라 매우 다양하다. 그러나, 이 6가지 실례들은 모두 이론을 기반으로 도출되었으며, 성과평가 연구에 적용 가능한 것들이라고 말할 수 있겠다.

◉ 참고문헌 ◉

Ahmad, K. Z. (2010). Person-environment fit approach to intolerance of equity and free−riders. *International Business Research, 3*, 35-42.

Allen, T. D., & Eby, L. T. (Eds.). (2007). *Blackwell handbook of mentoring*. Oxford, England: Blackwell. doi:10.1111/b.9781405133739. 2007.x

Arthur, W., Jr., Bell, S. T., Villado, A. J., & Doverspike, D. (2006). The use of person-organization fit in employment decision making: An assessment of its criterion−related validity. *Journal of Applied Psychology, 91*, 786-801. doi:10.1037/0021−9010.91. 4.786

Assouline, M., & Meir, E. I. (1987). Meta−analysis of the relationship between congruence and well−being measures. *Journal of Vocational Behavior, 31*, 319-332. doi:10.1016/0001−8791(87)90046−7

Aycan, Z., Kanungo, R. N., & Sinha, J. B. P. (1999). Organizational culture and human resource management practices. *Journal of Cross−Cultural Psychology, 30*, 501-526. doi:10.1177/0022022 199030004006

Blau, G. J. (1987). Using person-environment fit model to predict job involvement and organizational commitment. *Journal of Vocational Behavior, 30*, 240-257. doi:10.1016/0001−8791(87) 90003−0

Cools, E., Van den Broeck, H., & Bouckenooghe, D. (2009). Coping styles and person-environment fit: Investigating the consequences of cognitive (mis)fit. *European Journal of Work and Organizational Psychology, 18*, 167-198.

Darley, J. G. (1938). A preliminary study of relations between attitude, adjustment, and vocational interest tests. *Journal of Educational Psychology, 29*, 467-473. doi:10.1037/h0061063

Dawis, R. V. (2005). The Minnesota theory of work adjustment. In S. D. Brown & R. W. Lent (Eds.), *Career development and counseling* (pp. 3-24). Hoboken, NJ: Wiley.

Dawis, R. V., & Lofquist, L. H. (1984). *A psychological theory of work adjustment.* Minneapolis: University of Minnesota Press.

Dik, B. J., & Hansen, J. C. (2011). Moderation of P−E fit-job satisfaction relations. *Journal of Career Assessment, 19,* 35-50. doi: 10.1177/1069072710382613

Dik, B. J., Steger, M. F., Fitch−Martin, A. R., & Onder, C. C. (in press). Cultivating meaningfulness at work. In C. Routledges & J. Hicks (Eds.), *The experience of meaning in life: Classical perspectives, emerging themes, and controversies.* New York, NY: Springer.

Durr, M. R., II, & Tracey, T. J. G. (2009). Relation of person-environment fit to career certainty. *Journal of Vocational Behavior, 75,* 129-138. doi:10.1016/j.jvb.2009.05.003

Edwards, J. R., Cable, D. M., Williamson, I. O., Lambert, L. S., & Shipp, A. J. (2006). The phenomenology of fit: Linking the person and environment to the subjective experience of person-environment fit. *Journal of Applied Psychology, 91,* 802-827. doi:10.1037/0021−9010.91.4.802

Edwards, J. R., Caplan, R. D., & Harrison, E. V. (1998). Person- environment fit theory: Conceptual foundations, empirical evidence, and directions for future research. In C. L. Cooper (Ed.), *Theories of organizational stress* (pp. 28-67). Oxford, England: Oxford University Press.

Eggerth, D. E., & Cunningham, T. R. (2012). Counseling psychology and occupational health psychology. In E. M. Altmaier & J. C. Hansen (Eds.), *The Oxford handbook of counseling psychology* (pp. 752-799). New York, NY: Oxford University Press.

Ehrhart, K. H., & Makransky, G. (2007). Testing interests and personality as predictors of person-vocation and person-job fit. *Journal of Career Assessment, 15,* 206-226. doi:10.1177/1069072706298105

Erdheim, J., Zickar, M. J., & Yankelovich, M. (2007). Remembering Donald G. Paterson: Before the separation between industrial-organizational and vocational psychology. *Journal of Vocational Behavior, 70,* 205-221. doi:10.1016/j.jvb.2006.09.001

Forer, B. R. (1953). Personality factors in occupational choice. *Educational and Psychological Measurement, 13,* 361-366. doi:10.1177/001316445 301300301

Fouad, N. A., & Kantamneni, N. (2008). Contextual factors in vocational psychology: Intersections of individual, groups, and societal dimensions. In S. D. Brown & R. W. Lent (Eds.), *Handbook of counseling psychology* (pp. 408-425). Hoboken, NJ: Wiley.

Gottfredson, G. D., & Duffy, R. D. (2008). Using a theory of vocational personalities and work environments to explore subjective well−being. *Journal of Career Assessment, 16,* 44-59. doi:10.1177/ 1069072707309609

Gottfredson, G. D., & Holland, J. L. (1989). *Dictionary of Holland occupational codes* (2nd ed.). Odessa, FL: Psychological Assessment Resources.

Guan, Y., Deng, H., Bond, M. H., Chen, S. X., & Chan, C. C. (2010). Person-job fit and work−related attitudes among Chinese employees: Need for cognitive closure as moderator. *Basic and Applied Social Psychology, 32,* 250-260. doi:10. 1080/01973533.2010.495664

Guilford, J. P., Christensen, P. R., Bond, N. A., Jr., & Sutton, M. A. (1954). A factor analysis study of human interests [Special issue]. *Psychological Monographs, 68*(4).

Hansen, J. C. (1992). *User's guide for the Strong Interest Inventory.* Stanford, CA: Stanford University Press.

Hansen, J. C. (in press). Personality and vocational behavior. In R. Tett & N. Christensen (Eds.), *Handbook of personality at work.* New York, NY: Routledge.

Hansen, J. C., & Dik, B. (2005). Evidence of 12−year predictive and concurrent validity for SII occupational scale scores. *Journal of Vocational Behavior, 67*, 365-378. doi:10.1016/j.jvb.2004.08.001

Hansen, J. C., & Lee, W. V. (2007). Evidence of concurrent validity of SII scores for Asian American college students. *Journal of Career Assessment, 15*, 44-54. doi:10.1177/1069072706294514

Hansen, J. C., & Tan, R. N. (1992). Concurrent validity of the 1985 Strong Interest Inventory for college major selection. *Measurement and Evaluation in Counseling and Development, 25*, 53-57.

Harms, P. D., Roberts, B. W., & Winter, D. (2006). Becoming the Harvard man: Person-environment fit, personality development, and academic success. *Personality and Social Psychology Bulletin, 32*, 851-865. doi:10.1177/0146167206287720

Hoeglund, T. J., & Hansen, J. C. (1999). Holland−style measures of congruence: Are complex indices more effective predictors of satisfaction? *Journal of Vocational Behavior, 54*, 471-482. doi:10. 1006/jvbe.1998.1675

Holland, J. L. (1953). *The Vocational Preference Inventory.* Odessa, FL: Psychological Assessment Resources.

Holland, J. L. (1959). A theory of vocational choice. *Journal of Counseling Psychology, 6*, 35-45. doi:10.1037/h0040767

Holland, J. L. (1970). *The Self−Directed Search.* Odessa, FL: Psychological Assessment Resources.

Holland, J. L. (1997). *Making vocational choice: A theory of vocational personalities and work environments* (3rd ed.). Odessa, FL: Psychological Assessment Resources.

Hutz, A., Martin, W. E., Jr., & Beitel, M. (2007). Ethnocultural person -environment fit and college adjustment: Some implications for college counselors. *Journal of College Counseling, 10*, 130-141. doi:10.1002/j.2161−1882.2007.tb00013.x

Iplik, F. N., Kilic, K. C., & Yalcin, A. (2011). The simultaneous effects of person-organization and person-job fit on Turkish hotel managers. *International Journal of Contemporary Hospitality Management, 23*, 644-661. doi:10.1108/09596111111143386

Jansen, K. J., & Kristof—Brown, A. (2006). Toward a multidimensional theory of person-environment fit. *Journal of Managerial Issues, 18*, 193-212.

Kanter, R. M. (1993). *Men and women of the corporation.* New York, NY: Basic Books.

Kreiner, G. E. (2006). Consequences of work-home segmentation or integration: A person-environment fit perspective. *Journal of Organizational Behavior, 27*, 485-507. doi:10.1002/job.386

Kristof—Brown, A. L., & Guay, R. P. (2011). Person-environment fit. In S. Zedeck (Ed.), *APA handbook of industrial and organizational psychology* (Vol. 3, pp. 3-50). Washington, DC: American Psy—chological Association.

Kristof—Brown, A., Zimmerman, R. D., & Johnson, E. C. (2005). Consequences of individual's fit at work: A meta—analysis of person-job, person-organization, person-group, and person-supervisor fit. *Personnel Psychology, 58*, 281-342. doi:10.1111/j.1744—6570.2005.00672.x

Laschinger, H. K., Wong, C. A., & Greco, P. (2006). The impact of staff nurse empowerment on person-job fit and work engagement/burnout. *Nursing Administration Quarterly, 30*, 358-367.

Little, P. S., & Miller, S. K. (2007). Hiring the best teachers? Rural values and person-organization fit theory. *Journal of School Leadership, 17*, 118-158.

Livingstone, L. P., Nelson, D. L., & Barr, S. H. (1997). Person-environment fit and creativity: An examination of supply—value and demand—ability versions of fit. *Journal of Management, 23*, 119-146.

Lubinski, D., & Benbow, C. P. (2000). States of excellence. *American Psychologist, 55*, 137-150. doi:10.1037/0003—066X.55.1.137

Lyons, H. Z., Brenner, B. R., & Fassinger, R. E. (2005). A multicultural test of the theory of work adjustment: Investigating the role of heterosexism and fit preparations in the job satisfaction of lesbian, gay, and bisexual employees. *Journal of Counseling Psychology, 52*, 537-548. doi:10.1037/0022−0167.52.4.537

Lyons, H. Z., & O'Brien, K. M. (2006). The role of person-environment fit in the job satisfaction and tenure intentions of African American employees. *Journal of Counseling Psychology, 53*, 387-396. doi:10.1037/0022−0167.53.4.387

Melamed, S., Meir, E., & Samson, A. (1995). The benefits of personality -leisure congruence: Evidence and implications. *Journal of Leisure Research, 27*, 25-40.

Newman, K. L., & Nollen, S. D. (1996). Culture and congruence: The fit between management practices and national culture. *Journal of International Business Studies, 27*, 753-779. doi:10.1057/palgrave. jibs.8490152

Park, H. I., Monnot, M. J., Jacob, A. C., & Wagner, S. H. (2011). Moderators of the relationship between person-job fit and subjective well−being among Asian employees. *International Journal of Stress Management, 18*, 67-87. doi:10.1037/a0021854

Parsons, F. (1909). *Choosing a vocation.* Boston, MA: Houghton Mifflin.

Phillips, D. R., Cheng, K. H. C., Yeh, A. G. O., & Siu, O.−L. (2010). Person-environment (P-E) fit models and psychological well−being among older persons in Hong Kong. *Environment and Behavior, 42*, 221-242. doi:10.1177/0013916509333426

Piasentin, K. A., & Chapman, D. S. (2006). Subjective person-organization fit: Bridging the gap between conceptualization and measurement. *Journal of Vocational Behavior, 69*, 202-221. doi: 10.1016/j.jvb.2006.05.001

Porter, S. R., & Umbach, P. D. (2006). College major choice: An analysis of P-E fit. *Research in Higher Education, 47*, 429-449. doi:10.1007/s11162−005−9002−3

Roe, A. (1956). *The psychology of occupations.* New York, NY: Wiley. doi:10.1037/13192−000

Smart, J. C., & Feldman, K. A. (1998). "Accentuation effects" of dissimilar academic departments: An application and exploration of Holland's theory. *Research in Higher Education, 39*, 385-418. doi:10.1023/A: 1018737303291

Spokane, A. R. (1996). Holland's theory. In D. Brown & L. Brooks (Eds.), *Career choice and development* (3rd ed., pp. 33-74). San Francisco, CA: Jossey−Bass.

Spokane, A. R., & Cruza−Guet, M. C. (2005). Holland's theory of vocational personalities in work environments. In S. D. Brown & R. W. Lent (Eds.), *Career development and counseling: Putting theory and research to work* (pp. 24-41). Hoboken, NJ: Wiley.

Steger, M. F., & Dik, B. J. (2010). Work as meaning: Individual and organizational benefits of engaging in meaningful work. In P. A. Linley, S. Harrington, & N. Page (Eds.), *Handbook of positive psychology and work* (pp. 131-142). Oxford, England: Oxford University Press.

Steijn, B. (2008). Person−environment fit and public service motivation. *International Public Management Journal, 11*, 13-27. doi:10.1080/ 10967490801887863

Strong, E. K., Jr. (1943). *Vocational interests of men and women.* Stanford, CA: Stanford University Press.

Tak, J. (2011). Relationships between various person-environment fit types and employee withdrawal behavior: A longitudinal study. *Journal of Vocational Behavior, 78*, 315-320. doi:10.1016/j.jvb.2010.11.006

Ton, M., & Hansen, J. C. (2001). Using a person−environment fit framework to predict satisfaction and motivation in work and marital roles. *Journal of Career Assessment, 9,* 315-331. doi: 10.1177/106907270100900401

Tracey, T. J. G., & Hopkins, N. (2001). Correspondence of interests and abilities with occupational choice. *Journal of Counseling Psychology, 48,* 178-189. doi:10.1037/0022−0167.48.2.178

Tyler, L. E. (1951). The relationships of interests to abilities and reputation among first grade children. *Educational and Psychological Measurement, 11,* 255-264. doi:10.1177/001316445101100209

Tziner, A., & Meir, E. I. (1997). Work adjustment: Extension of a theoretical framework. In C. L. Cooper & I. T. Robertson (Eds.), *International review of industrial and organizational psychology* (Vol. 12, pp. 96-114). Hoboken, NJ: Wiley.

Van Vianen, A. E. M., Nijstad, B. A., & Voskuijl, O. F. (2008). A personenvironment fit approach to volunteerism: Volunteer personality fit and culture fit as predictors of effective outcomes. *Basic and Applied Social Psychology, 30,* 153-166. doi:10.1080/019735308022 09194

Vogel, R. M., & Feldman, D. C. (2009). Integrating the levels of person -organizational fit: The roles of vocational fit and group fit. *Journal of Vocational Behavior, 75,* 68-81.

Wilk, S. L., & Sackett, P. R. (1996). Longitudinal analysis of ability-job complexity fit and job change. *Personnel Psychology, 49,* 937-967.

Purpose and meaning in the workplace

• CHAPTER 3 •

의미 있는 일과 프로틴 경력

더글라스 홀(Douglas T. Hall) · 엘레나 펠드만(Elena Feldman) ·
김나정(Najung Kim)

의미 있는 일과 프로틴 경력
Meaningful Work and the Protean Career

3장에서 우리는 프로틴 경력 지향(protean career orientation: PCO)과
의미 있는 일간의 관계에 대해 탐색해보려고 한다. 일의 의미란
한 개인이 자신에게 일이 어떤 의미를 가지는지에 대해 해석하는
것이라는 정의를 기반으로 하여(Wrzesniewski, Dutton & Debebe, 2003)
우리는 사람들이 의미 있는 일을 할 수 있는 상황이란, 자신의 일
에 대해 개인적인 목표를 세우고 있으며, 그 일을 중요하게 생각
할 때(Pratt & Ashforth, 2003), 그리고, 자신의 일을 가치있고 소중한
것으로 생각할 때(Hackman & Oldham, 1976; Wrzesniewki & Dutton, 2001)
라고 보고 있다.

특히, 우리는 *프로틴* 태도를 가진 사람(자기주도적이고, 자기관리를 잘
하는 사람, Hall, 2002, 2004a; Hall & Associates, 1996)은 경력 지향에 있어
서 일의 의미를 어떻게 찾고, 유지하며, 만들어 나가고, 변화를 추
구하는지에 대해 알아볼 계획이다. 한 사람의 특정한 인생시점에
서뿐 아니라, 인생 전반적인 경력관리 기간에서의 모습 모두에 대
해 초점을 맞추어 볼 것이다.[1] 우리의 생각에는 강한 프로틴 경력

---

[1] 본 장에서는 '프로틴 태도를 가진 사람(protean individual)'과 '강한 프로틴 경력

지향을 가지고 있는 사람은 말 그대로 낮은 프로틴 경력 지향을 가진 사람보다 더 자기주도적이며, 개인적인 가치에 의해 움직이는 경향이 있기 때문에(Briscoe & Hall, 2006), 조직과 직업, 직무를 변화시켜서 일을 통해 의미를 찾을 가능성이 더욱 높을 것이다(Hall, 1976, 2002). 다음과 같이 우리는 의미 있는 일의 맥락 내에서 핵심적인 프로틴 경력 개념들을 검토해볼 예정이다. 첫째, 프로틴 경력 지향(PCO)이 개인적인 선택과 의미 있는 일의 결과 사이에서 어떻게 중재변인의 역할을 하는지에 대해 논의할 것이다. 둘째, 프로틴 메타 역량(meta competencies)이 의미 있는 일의 달성에 어떻게 영향을 미치는지에 대해서도 탐색할 것이다. 셋째, 생애주기적 시각을 기반으로 하여 프로틴 경향이 전 생애적인 경력기간을 걸쳐 달성되는 유의미성(meaningfulness)에 어떻게 영향을 미치는지를 파악해볼 것이다. 마지막으로, 우리는 이 개념들을 업무 현장에 적용할 수 있는 방법과 핵심적인 경계(boundary) 조건에 대해 정리해보려고 한다.

일의 유의미성과 일의 의미의 원천

일의 의미 원천과 한 개인이 일을 통해 경험하는 유의미성의 수준을 구분하는 것은 중요한 일이다. 일의 의미에 대한 문헌들은 의미를 찾아볼 수 있는 주요 원천을 2가지 제시하고 있다. 내가 하는 일(what I do)과 내가 함께 일하는 사람들(with whom I do it). *내가 하는 일*이란 자신의 직업과 과제에 관련된 의미를 찾는 것을

지향을 지닌 사람(strong PCO)' 이라는 용어 2가지를 혼용해서 사용할 것이다.

가리킨다. 그리고, *내가 함께 일하는 사람들*은 동료, 리더, 가족, 사회적 모임, 조직이나 다른 커뮤니티들과의 상호작용을 통해 의미를 찾는 것을 말한다(Pratt & Ashforth, 2003).

물론, 개인간의 차이는 있겠지만, 우리는 바우마이스터와 동료들이 주장했듯이(Baumeister, 1991; Baumeister & Vohs, 2002; Baumeister & Wilson, 1996), 사람은 4가지의 기본적인 니즈를 기반으로 하여 삶의 의미를 찾는다고 생각하고 있다. 즉, 4가지의 니즈를 충족하는 과정에서 어떤 경험을 하느냐에 따라, 유의미성의 수준이 달라진다는 것이다. 그 니즈들은 다음과 같다. (a) *목적(purpose)*의 니즈: 객관적인 목표와 주관적인 성취감에 기반한다. (b) *효능감(efficacy)*의 니즈: 사회에서 두각을 나타내고, 외부의 환경을 변화시킬 수 있다는 통제감(일차적 통제)이나 자신의 주관적인 지각을 변화시킬 수 있다는 통제감(이차적 통제/해석적 통제)을 가질 수 있게 해준다. (c) 개인의 *가치를 구현(justification)*하고자 하는 니즈 (d) *자아존중감(self-worth)*의 니즈: 개인적 성취나 조직구성원으로서 얻어낸 사회적 위계 내 자신의 위치에 기반한다. 목적과 효능감의 니즈가 충족되었을 때, 사람들은 자신이 하고 있는 일이 목적성이 있고, 중요성이 높기 때문에 의미 있다고 생각하게 된다(Pratt & Ashforth, 2003). 또 다른 연구자들은 자신의 일이 "일반적으로 유의미하고, 가치있고, 소중하다"고 느끼게 될 때는(Hackman & Oldman, 1976, p.256), 그 사람의 자아존중감의 니즈와 가치에 대한 니즈가 모두 충족될 때라고 이야기하기도 했다. 목적과 효능감에 대한 니즈는 일에 대한 객관적/주관적 경험을 기반으로 하여 자신이 사회에 기여할 수 있는 것이 무엇인지를 알기 위해 주도적으로 노력하는 태도에 영향을 미치는 반면, 가치 구현, 자아존중감의 니즈는 사회에서 평가받는 것에 대해 방어적인 노력을 하는 태도에 영향을 미친다.

개인에 대해 보다 전체론적인 시각을 갖기

예전에 바우마이스터(2005)가 인생에서의 유의미성에 대해 저술을 했었지만, 우리는 그가 설명한 것과 동일한 프로세스가 일에서의 유의미성을 지각하는데 있어서도 적용된다고 생각한다. 특히 서구 문화에서 일이란, 한 사람의 전체적인 정체성을 결정하는 주요 요인으로 기능하기 때문에(Hall, 2002) 우리는 인생에서 달성하는 유의미성의 수준은 일에서의 경험에 대해 높은 상관관계를 보이거나, 적어도 어느 정도의 관계는 있으리라고 기대한다. 이러한 시각을 기반으로 하고 있기 때문에 우리는 한 개인에 대해 전체론적인 시각을 가지고 있다. 즉, 인생에서 업무적인 삶과 비업무적인 삶을 분리해서 생각할 수 없다는 것이다. 사실, 한 사람이 성장하고 발전하게 될수록 그의 정체성은 더 명확해질 것이고, 특정한 삶의 역할과 연관되지 않은 부분들까지 통합하게 될 것은 분명하다고 보여진다(Erikson, 1963; Kegan, 1982).

일과 삶의 관계에 대해 이해할 수 있는 방법들 중 하나는 일을 전체적인 삶의 한 부분이나 프랙탈로 보는 것이다. *프랙탈(fractal)*이란 "전체에서 한 부분을 떼어내서 전체와 일부 작은 부분을 동일 크기로 확대시키거나 줄여 보았을 때, 어떤 부분을 보아도 유사한 모양을 하고 있는 것"("Fractal", 2012; Mandelbrot, 1982)을 의미한다. 이렇게 부분은 전체를 닮는다는 특성은 *자기-유사성(self-similarity)*이라고 불린다. 프랙탈을 보았을 때, 우리는 똑같이 생긴 요소들이 전체를 구성하고 있는 것을 보게 되는 것이다. 마찬가지로, 한 개인이 자신의 삶에서 맡고 있는 하나의 역할은 그 외의 여러 가지 역할들과 동일한 요소를 가지고 있으며, 그 사람의 전체적인 정체성과도 유사성을 보이게 된다.

일의 의미와 삶의 전반적인 의미간의 관계를 증명하는 경험적인 자료는 경력에 대한 "5C" 글로벌 연구(Chudzikowski et al., 2009; Demel, Shen, Las Heras, Hall, & Unite, 2010)에서 찾아볼 수 있다. 11개국을 대상으로 하여 이루어진 이 국제 연구는 경력에서의 성공을 나타내는 3가지의 공통 요소를 세부적으로 질적 분석하는 과정으로 구성되었다. 성취감(achievement), 직무 만족도(job satisfaction), 일 그 자체(work itself). 이 요소들은 다음과 같이 바우마이스터의 의미 요소들과도 연결될 수 있다. 성취감은 목적의 니즈 충족에 기여하고(목표 달성과 주관적인 만족감을 반영함), 자아존중감 니즈 충족에도 기여한다(목적을 성취하였을 때, 사회적 위계 내에서 특정 지위를 갖게 되었을 때). 또한, 직무 만족도는 직무에 관련된 목표를 달성하는 것을 기반으로 했을 때, 목적의 니즈 충족에 기여한다. 직무에서의 보상을 가치있게 생각한다면, 개인적 가치 구현 니즈 충족에도 기여하게 될 것이다. 마지막으로, 일 그 자체는 일의 중요성을 느낄 수 있게 설계되었고, 일을 통해 사회적인 영향력도 미칠 수 있는 상황이라면, 그 일을 하는 사람이 효능감을 느낄 수 있게 해준다. 그 일을 함으로써 두각을 나타내고, 사회적 위계 내에서 존경받는 위치를 얻을수 있다면, 자아존중감의 니즈도 충족시킬 수 있게 될 것이다.

프로틴 경력 지향이 앞에서 언급했었던 일의 의미 원천과 바우마이스터의 4가지 니즈와 어떻게 관련되는지를 탐색하기 전에 프로틴 경력에 대한 문헌들로부터 나온 핵심 개념들을 간단하게 훑어보도록 하겠다(Baumeister, 1991; Baumeister & Vohs, 2002; Baumeister & Wilson, 1996).

프로틴 경력 지향: 핵심 개념 리뷰

프로틴 경력 지향은 전통적이고 조직중심적인 경력 지향과 몇가지 면에서 다른 특성을 가지고 있다. 첫째, 전통적인 경력에서는 조직이 구성원의 경력관리를 이끌어가는 반면, 프로틴 경력에서는 개인이 스스로의 경력을 관리한다(Hall, 2002, 2004a; Hall & Associates, 1996). 둘째, 전통적인 경력에서의 성공은 외부의 객관적인 기준(예: 직위, 수입)에 의해 평가되지만, 프로틴 경력에서의 성공은 내부의 주관적인 기준(예: 심리적 성공)에 의해 평가된다(Hall, 1976, 프로틴 경력과 전통적인 경력의 차이점에 대한 세부적인 설명이 실려있음).

프로틴 경력 지향은 특정한 행동의 모음이라기보다는 사고방식(mind-set)이라고 할 수 있다(Briscoe & Hall, 2006). 조금 더 자세히 표현하자면, "개인적인 가치에 기반하여 자유롭게 자기주도적으로 선택을 하며 경력을 관리하려는 태도"(Briscoe & Hall, 2006, p.6)이다. 이 정의를 기반으로 할 때, 프로틴 경력 지향의 핵심에 있는 경력관리 특성은 2가지로 나뉜다. 자기주도적 행동과 가치지향적 행동. *자기주도적 행동(self-directed)*은 경력계획을 하는데 있어서 자율성과 자기결정성을 가지는 것을 가리키며, *가치지향적 행동(values-driven)*은 선택과 경력성공을 평가하는데 있어서 개인적인 가치에 기준을 두는 것을 말한다. 사실, 프로틴 경력 관리를 하려면, 자기주도적이어야 하고, 가치지향적이어야 한다(Briscoe & Hall, 2003). 하지만, 개인마다 각 특성의 수준 차이가 있기 때문에(Briscoe & Hall, 2006), 한 쪽에는 프로틴 특성이 약한 사람을 놓고, 다른 한 쪽에는 프로틴 특성이 강한 사람을 놓아 프로틴 지향의 스펙트럼을 만들 수 있을 것이다.

2가지의 경력 메타 역량은 프로틴 경력 지향의 핵심 요소이다.

스스로의 개인적인 정체성을 명확히 파악하는 *자기자각(self-awareness)*과 변화를 가능하게 하는 역량인 *적응성(adaptability)* 이다 (Briscoe & Hall, 2003; Hall, 2002, 2004a; Hall & Associates, 1996; Harrington & Hall, 2007). 이 메타 역량들은 프로틴 경력 지향의 핵심적인 결과이며, 가치지향적이고 자기주도적인 특성을 가진 사람이 프로틴 경력 지향을 한 성과이기도 하다(Briscoe & Hall, 2003). 두 개의 메타 역량 중에서 하나만 가지게 되는 경우는 많은 문제가 생길 수 있다. 예를 들어, 자기자각이 높지 않은 사람이 적응성만 높다면, 반응적 행동(reactive behavior)를 보일 가능성이 있으며, 자신이 선택한 길을 가기보다는 다른 사람들의 길을 따라가게 될 것이다(Hall, 2004a). 마찬가지로, 적응성이 없이 자기자각 수준만 높다면, 인생의 우선순위나 정체성의 변화가 생겼을 때, 자신의 경력 관리 방향을 바꾸는 작업을 매우 어려워할 것이다.

이론적으로, 프로틴 경력 관리와 의미 있는 일간의 관계는 명확해 보인다. 하지만, 이러한 관계가 너무나 명확해 보여서 그런지 좀 더 세부적으로 그 관계를 연구해서 경험적인 자료를 얻어내려는 시도는 많지 않은 상황이다. 따라서, 본 장의 후반부에서는 앞으로 이 분야의 연구가 나아가야 할 방향에 대해 논의해보도록 하겠다.

의미 있는 일을 찾는 과정에서 프로틴 경력 지향의 중재 효과

프로틴 지향은 사람들이 자신의 일에서 의미를 찾을 가능성에 어떤 영향을 미칠까? 간단하게 설명해보자면, 개인의 프로틴 지향이 높을수록(예: 더 자기주도적이고, 더 가치지향적임), 의미 있는 일을 찾기 위한 선택을 할 가능성은 많다는 주장이 있다. 이 주장의 근거로는 우리가 우리 자신의 가치를 더 명확하게 자각할수록 그 가치에 연계된 선택을 할 가능성은 더 높아진다는 데에 있다.

가치란 개인의 삶에서 의미를 만들어내는 힘(drive)이라고 말할 수 있다(Baumeister, 1991). 그리고, 자신의 가치에 대해 파악하게 되면, 해당 개인에게 실제적으로 의미 있는 일이 무엇인지를 명료화할 가능성은 높아지게 된다. 한 연구에서는 개인-직무 적합성(person-job fit)과 의미 있는 일간의 관계를 파악해보았는데 프로틴 경력은 의미 있는 일에 대해 간접적이지만 정적인 영향력을 가지고 있는 것으로 나타났다(Scroggins, 2008). 이 연구결과를 보면, 개인적인 선택과 의미 있는 일의 성과간에는 프로틴 경력 지향이 중재역할을 맡고 있음이 시사된다(그림 3.1). 이 과정은 자신의 일이 어느 정도의 의미와 목적성을 가지고 있는지를 스스로 평가해보면서 시작된다. 만약, 그 사람이 자기주도적이고 가치지향적인 특성을 가지고 있다면, 잡크래프팅(job crafting)[2]이나 직무변화를 통해 자신의 일을 더 의미 있게 만드는 방향으로 적응해나갈 것이다. 이러한 적응과정은 개인의 정체성에 대해서도 변화를 가져오게 된다. 왜냐하면, 업무 환경에 영향을 미치기 위해 더 많은 적극성과 역량을 개발하게 될테니 말이다.

프로틴 경력 지향 수준이 낮은 사람이라면, 이 과정은 어떻게 보일까? 자기주도성이 낮은 경우, 적응을 하기란 쉽지 않다. 또한, 가치지향적이 아니라면, 직무에서 개인-가치 적합성을 판단할 수 있는 "가치 기준(values compass)이 없어 일의 의미가 부족하다는 내부의 신호를 알아차리지 못할 가능성이 높다. 어느 쪽이든 간에 적응

---

2 (역자주) 잡크래프팅: 자신에게 주어진 업무를 스스로 변화시켜 일을 더욱 의미 있게 만드는 활동

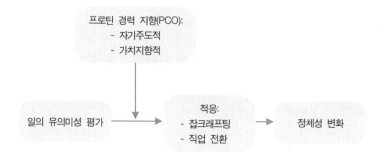

그림 3.1

프로틴 경력 지향(PCO):
- 자기주도적
- 가치지향적

일의 유의미성 평가 → 적응:
- 잡크래프팅
- 직업 전환 → 정체성 변화

▶ 프로틴 경력 지향(PCO)의 중재 효과

프로틴 경력 지향성이 강한 경우, 해당 개인의 경력 적응에 영향을 미치게 된다. 자기주도성과 가치지향성이 높은 사람들은 자신이 하고 있는 일을 새롭게 변화시킬 수 있는 기회들을 찾아내고, 일을 하면서 개인적인 가치를 실행할 수 있도록 그 외의 변화들을 만들어갈 가능성이 많다. 프로틴 경력 지향성이 낮은 사람들은 자기 자신이 가지고 있는 열정이 일을 통해 적절하게 표현될 수 있는 기회들을 잘 찾지 못하는 경향이 있다. 개인적 가치와 자신이 하는 일의 성격이 부합될 수 있도록 만드는 사람은 보다 새롭고 확신감있게 스스로의 삶을 바라보게 된다.

을 하려는 동기부여가 잘 안 될 것이고, 변화는 일어나지 않게 될 것이다.

그러나, 프로틴 경력 지향성이 지나치게 높다면 어떤 일이 일어나게 될까? 오히려 일을 통해 의미를 찾으려는 시도를 많이 하지 않을 수 있다. 왜 그럴까? 프로틴 성향이 강한 사람들은 보통 사람들보다 더 강하고 명확한 가치를 가지고 있다. 그래서, 자신이 하고 있는 일은 개인적 가치와 잘 맞는 특성을 가지고 있어야 한다는 기대수준도 더욱 높기 마련이다. 이와 같은 높은 기대 때문에 프로틴 성향이 높은 사람들은 경력을 바꾸려는 시도를 할 때마다 뭔가 부족하다는 생각을 하기 쉽다. 이렇게 되면, 어떤 선택을 하든지 불만족스러움을 느끼게 될 수 있는 것이다. 불만이 가득 차게 되면, 대안적인 행동을 하지 않게 되고, 결국에는 조직에서 적응하지 못하거나, 무기력감에 빠지게 되는 순서로 가게 될 것이다(지금까지 이러한 흥미로운 가능성을 다룬 연구는 없는 것으로 알고 있다).

마찬가지로, 가치지향성과 자기주도성이 극단적으로 높은 경우에도 기대에 못 미치는 상황을 마주했을 때 부정적인 반응을 하게 된다. 이들은 과민하게 반응하고, 자신의 반응이 통제가 안 되는 모습을 보이기도 한다. 즉, "매우 높은 경력 지향성"을 가진 사람들은 일에서의 의미가 부족하다는 내부의 신호를 극단적으로 민감하게 느끼며, 아주 작은 자극을 받더라도 펄쩍 뛰는 모습을 나타낸다. 그래서 변화를 만들어내기 위한 "과도한 의지"를 보일 것이다. 의미가 부족하다는 신호가 처음 나타나게 되면, 이 사람들은 곧바로 일의 특성이나 환경을 변화시키려고 하거나, 직업을 전환하려고 할 것이다. 그 결과, 기대하는 수준에 잘 맞게 적응이 되지 않았다면, 또 다른 변화를 찾게 될 것이고, 결국은 변화만 일으키다가 아무 일도 못하는 상황이 될 가능성이 있다. 예를 들어, 고학력자와 교육전문가 대상의 경험적 연구를 보면(Chang, Choi, & Kim, 2008), 일을 하는데 있어서 높은 수준의 개인적인 가치를 가진 사람일수록 퇴사를 할 가능성이 높다는 결과가 있다. 이 연구에서 정의내린 개인의 업무 가치에는 가치로운 것을 배우고, 성장하고, 자율성을 개발하고, 성취하려는 욕구가 포함된다. 이 개념은 프로틴 경력 지향의 자기주도적 및 가치지향적 특성과 유사하다. 즉, 지나치게 긍정적인 피드백을 많이 받는 사람들은 직업을 자주 전환할 가능성이 많다는 것이다.

의미추구 과정에서 경력 메타 역량이 갖는 중재 효과

앞에서 이야기했듯이 프로틴 지향성은 자기자각과 적응성 2가지의 메타 역량과 관련이 있다(Briscoe & Hall, 2003: Hall, 2004a). 우리의 생각에는 프로틴 경력 지향성의 기능과 유사하게 이 2가지의 메타 역량들은 사람들이 의미 있는 일을 찾는 행동을 하는 것에 영향을 미칠 것이라고 보여진다. 특히, 자기자각과 적응성이 높은 사람들은 그 수준이 낮은 사람들보다 일을 통해 유의미성을 찾으려 하는 경향이 높을 거라 생각된다.

이 2가지의 메타 역량이 공존한다는 사실은 매우 중요하다. 왜냐하면, 일을 통해 의미를 찾는다는 것은 내부(개인적) 및 외부(환경과 맥락) 요소들에 모두 관심을 가지고 초점을 맞추어야 한다는 것을 의미하기 때문이다(Briscoe & Hall, 2003). 자기자각은 내적, 주관적 현실에 대한 관심을 촉진하여 개인에게 일이 의미 있는지를 알아차리도록 도와준다(만약 의미가 부족하다면, 어떤 일의 특성이 좀 더 의미 있을지 알아보게 해준다). 그리고, 적응성은 외부적인 현실에 관심을 두어서 더 큰 의미를 얻을 수 있도록 적절한 변화(예: 잡크래프팅, 직업 전환)를 만들어낼 수 있게 해준다.

자기자각과 적응성의 중요성은 또한, 바우마이스터의 의미에 대한 4가지 니즈 맥락에서도 고려될 수 있다(목적, 가치, 효능감, 자아존중감, Baumeister, 1991). 자기자각과 적응성이 높은 사람은 자신의 일로부터 충분한 의미를 얻어낼 가능성이 높다. 왜냐하면, 의미추구를 위한 4가지 요소가 충족될 때까지 자신의 삶을 충실하게 재검토하고, 변화를 만들어낼 능력이 있을 것이기 때문이다(Baumeister, 1991). 즉, 2가지의 메타 역량 수준이 높은 사람은 미래 목표에 비추어, 현재 하고 있는 업무 활동들을 검토해볼 준비가 잘 되어 있을 것이며, 자신의 가치관에 맞는 방향으로 일관되게 나아가기 위한 행동을 할 가능성이 높다는 의미이다. 일단, 자신의 일이 가치있다고 느끼게 되면, 담당하고 있는 일에서 무엇인가를 만들어내기 위해 노력할 것이며, 다른 사람들에 비교해보았을 때 두각을 나타내기 위해 애쓸 것이기 때문이다.

〈그림 3.2〉를 보면, 2가지의 프로틴 메타 역량의 수준이 일을 통해 의미를 찾을 가능성을 어떻게 증가시키고, 감소시키는지를 알수 있다. 2가지의 메타 역량 수준이 모두 낮은 사람이라면(우연히 발생한 자극 때문에 어쩔 수 없이 움직여야 하는 경우가 아니라면), 의미 있는 일을 만들기 위해 움직이지 않고 현실에 안주할 가능성이 높다. 자기자각 수준이 낮기 때문에 자신이 하고 있는 일이 유의미한지를 인식하지 못하고, 어떤 특성을 가진 일을 해야만 의미를 찾을 수 있을지에 대해 알지 못할 것이다. 또한, 적응성이 낮기 때문에 하고 있는 일에 만족하지 못한다 하더라도, 상황을 변화시키기 위해 움직일 가능성 역시 낮다.

자기자각 수준은 낮지만, 적응성이 높은 사람들은 자신이 하고 있는 일이 의미가 있는 것인지를 판단하고, 어떤 특성을 가진 일을 하면 더 큰 의미를 찾을 수 있을지를 파악하는데 있어서 역시 어려움을 겪는다. 왜냐하면, 높은 적응성 때문에 현재의 업무 상황에 불만족을 느끼면 대부분의 경우, 곧바로 직무변화를 할 가능성이 높기 때문이다. 그러나, 그때 시도하는 변화가 그들의 정체성에 잘 맞을 가능성은 높지 않아서(왜냐하면, 자신의 정체성에 대해 명확히 알지 못하기 때문에) 더 의미 있는 일을 하게 되기란 쉽지 않다. 이러한 사람들은 쓸데없이 바쁜(spinning) 모습으로 비춰진다. 자신에게 가장 중요한 방향으로 나아가지도 못하며, 별 도움이 되지도 않는 변화시도를 매우 자주 하기 때문이다.

그림 3.2

자기자각(self-awareness)

		낮음	높음
적응성 (adaptability)	낮음	현실안주 (immobile)	좌절 (frustrated)
	높음	쓸데없이 바쁨 (spinning)	발전 (evolving)

자신의 일을 의미 있게 만드는 작업을 하는데 대해, 메타 역량이 미치는 영향. 이 그림을 보면, 2가지의 프로틴 메타 역량 수준(자기자각과 적응성)에 따라, 의미 있는 일을 만들 가능성이 증가하거나 감소한다는 것을 알 수 있다.

그와는 반대로, 자기자각 수준이 높고, 적응성이 낮은 사람들은 좌절을 많이 느낄 수 있다. 자신이 하고 있는 일이 의미있지 않은 것을 알고 있고, 어떤 일을 하면 더 큰 의미를 얻을 수 있을지에 대해 파악하고 있지만, 실제로 일을 통해 의미를 얻기 위한 행동을 할 가능성이 높지 않다. 즉, 자신의 정체성에 잘 맞도록 직무 자체를 변화시키거나, 하고 있는 일에서 변화를 만들어내지 못한다.

마지막으로, 자기자각과 적응성 수준이 모두 높은 사람들은 시간이 지나갈수록 발전(evolving)하는 모습을 보인다. 자신이 현재 하고 있는 일이 의미 있는지를 파악할 뿐 아니라, 의미가 없다고 생각될 경우에는 어떤 특성을 가진 일을 하게 되면 더 큰 의미를 얻을 수 있을지를 명확하게 이해한다. 또한, 의미가 부족하거나 미흡한 업무 환경에 처하게 되면, (자신의 정체성에 맞도록) 변화를 꾀하여 일로부터 의미를 찾을 수 있는 방향으로 가까이 다가가려고 한다.

경력에서의 의미와 전 생애를 통한 정체성 수립

한 사람의 전체 경력을 살펴보았을 때, 직장을 여러 번 옮기는 경우가 점점 늘어나고 있다(Gabriel, 2003). 그리고 한 직장에 머무르면서 일을 배우는 기간은 갈수록 짧아지는 추세이다(Harrington & Hall, 2007). 경력 지향의 특성에 따라, 일로부터 찾는 유의미성의 수준은 매우 다양하다. 물론, 어떤 종류의 경력 지향 태도를 가지고 있든지 그 사람의 역량수준이 어느 정도인지에 따라, 의미 있는 일을 중요하게 여기는 태도가 달라지는 것은 일반적이다. 그러나, 자신의 경력에 있어서 의미를 찾으려 하는 정도와 일을 통해 의미를 경험하는 방법은 프로틴 경력 지향(PCO) 수준에 따라 달라진다.

높은 프로틴 경력지향성을 가지고 있으면서 자기자각 수준도 높은 경우에는 프로틴 경력지향성이 낮은 사람들보다 경력의 변화를 더 많이 시도하면서 의미를 만드는 작업을 반드시 하려고 한다. 프로틴 경향성을 가진 사람들과 그렇지 않은 사람들간의 차이점은 긍정적인 변화를 할 때에는 그다지 크게 나타나지 않는다. 경력 변화가 긍정적일 때에는, (의미의 4가지 니즈 중 2가지인) 자아존중감과 자기효능감이 높은 상태에서 일을 통해 의미를 찾으려 한다(Baumeister, 1991). 그러나, 경력 변화가 부정적일 때에는(예: 직장에서의 충격적인 경험 이후) 프로틴 경력 지향을 가진 사람이 일로부터 목적과 가치를 찾아서(의미의 나머지 2가지 니즈) 유의미성을 강화할 가능성이 더 높다. 자신이 하고 있는 일에서 의미를 찾는 사람은 좌절스러운 경험을 하거나 스트레스를 겪을 때 이를 극복할 가능성이 더 높고, 오히려 자신의 인생에 대해 성찰할 수 있는 기회로 삼기도 한다(Baumeister & Vohs, 2002).

프로틴 메타 역량들 중 하나(자기자각)는 사람들이 지속적으로 일로부터 의미를 찾기 위해 노력할 가능성을 더 높여주며, 변화를 해야 하는 상황에서 탄력성 있게 적응하는 과정을 도와준다. 사실 경력에서 새로운 변화를 시도한다는 것은 그 내용이 긍정적이든 부정적이든 간에 힘든 일이다(Farjoun, 2010). 그렇기 때문에, 프로틴 지향성을 가진 사람들이 어려움 속에서도 일을 통해 의미를 찾아낼 가능성이 더 클 수 있다. 프로틴 성향의 사람들은 변화를 시작할 때에도 자기자각 수준이 높으며, 변화 시도를 마무리할 때에도 자기성찰을 하는 모습을 보인다. 또한, 경력 개발을 하는데 있어서도 스스로의 모습을 민감하게 관찰하는 태도를 나타내기도 한다.

따라서, 우리는 프로틴 경력 지향성을 가진 사람들은 그렇지 않은 사람들보다 전체적인 경력관리 과정에 있어 일을 통해 의미를 찾을 가능성이 더 높다고 생각한다(그림 3.2 참조). 또한, 프로틴 경력 지향성을 가진 사람이 직장을 바꿀 때에는 지속적으로 자기성찰을 함으로써 일을 통해 높은 수준의 의미를 찾을 것이라고 짐작한다. 어떤 사람이라도 경력에 있어서 새로운 변화를 시도한다는 것은 일을 통해 더 큰 목적과 더 중요한 의미를 찾기 위한 계단을 올라가는 과정이 될 것이다. 하지만, 자기자각이 부족한 사람이라면, 해당 직장에서 객관적인 성공을 거두는 경우가 아니라면 일의 유의미성은 찾기가 어려울 것이다. 그렇게 되면, 전체적인 업무적 삶을 보았을 때, 자신이 지각한 일의 유의미성은 매우 변화무쌍한 곡선을 그리게 될 것이다.

경계 조건

이 장에서는 프로틴 경력과 유의미한 일간에 관련성이 있다는 우리의 주장을 뒷받침해줄 2가지 경계 조건에 대해 이야기해보려고 한다. 특히, 경제적 및 사회-정치적 맥락의 역할과 개인적 가치의 특성에 대해 논의해 볼 것이다.

▌경제적 및 사회-정치적 맥락의 역할은?

사람들은 프로틴 성향이 되기 위해 또 의미 있는 일을 할 수 있기 위해서는 경제적, 교육적 자원을 꼭 많이 가지고 있어야 하는 것일까? 반드시 그렇지는 않다. 이런 자원들이 충분치 않은 사람들도 많이 갖춰져 있지 않은 상황을 극복하기 위해 더 명확한 방향성과 신념을 발달시키는 경우가 많기 때문이다.

사실, 매우 풍요로운 환경에서 살고 있으면서도 만족할만한 경력을 만들기 위해 필요한 추진력과 열정을 개발하지 못하는 사람들을 종종 보곤 한다. 예를 들어, 최근 한 연구에서는 경제적으로 궁핍한 환경의 학생들과 비교해보았을 때, 부유한 가정의 학생들이 성인이 되었을 때 대담하게 위험을 감수하고, 가지고 있는 역량을 충분히 발휘하며 사는 경우는 더 적었다는 결과를 발표했다 (Griskevicius, Delton, Robertson, & Tybur, 2011).

아마도 한 가지 가능한 경계조건은 경제적, 사회적 맥락이 자율성에 영향력을 미치는 정도가 아닐까 싶다. 자율적인 선택을 할 여지가 별로 없는 상황에서는 자기주도성 및 가치지향성과 같은 프로틴 성향도 그다지 긍정적인 영향을 미치지 못한다. 즉, 사회적이나 정치적 맥락상 자유롭게 행동을 할 수 없는 상황이거나, 경제적인 조건이 극도로 좋지 않아서 자율적인 행동을 할 수 없는 상황이라면, 프로틴 행동과 의미관련 결과 사이에는 연관성이 없는 것이다.

그림 3.3

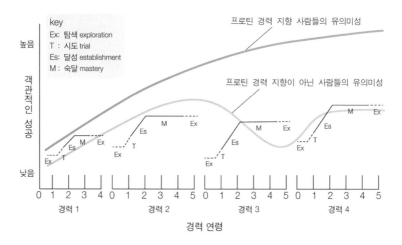

▶ 일생동안, 프로틴 경력 지향의 기능과 의미의 변화

이 그래프는 프로틴 경력 지향 사람들과 그렇지 않은 사람들의 장기적인 유의미성의 경로를 보여준다. 검정색 선은 경력의 변화에 따라 사람들이 경험한 객관적인 성공의 수준을 가리킨다. 객관적인 성공의 변화는 동일하지만, 유의미성에 있어서는 사람마다 다른 모습을 보이는 것을 알 수 있다. 가장 위에 있는 선은 일생동안의 경력관리를 통해 프로틴 경력 지향성을 가진 사람들의 유의미성 정도가 어떻게 변하는지를 보여준다. 그 아래에 있는 선은 프로틴 경력 지향성이 없는 사람들의 유의미성 변화 정도를 나타낸다.

출처: *The Career is Dead-Long Live the Career: A Relational Approach to Careers*, p.34, by Hall, D. T., & Associates. 1996.San Francisco, CA: Jossey−Bass.

그러나, 이러한 주장과는 반대로 불리한 경제적인 조건도 의미 있는 일을 찾는 과정을 지원할 때가 있다. 호주의 실업자들을 대상으로 한 홀과 챈들러의 연구(Hall & Chandler, 2005)를 보면, 실업 보험을 타기 위해서는 지속적으로 직장을 찾는 행동을 해야 한다는 요구사항은 사람들이 매우 다양한 일들을 탐색하도록 촉진하는 기능을 했다고 한다. 그 결과, 일부 실업자들은 자신에게 소명(calling)이라고 느껴진 업무를 찾아내기도 했다.

> 실제로, 몇몇 참가자들은 모든 자원들이 바닥나고, "바닥을 쳤다"는 느낌이 들고서야 진정한 소명이라는 일을 찾을 수 있었다고 이야기했다. 실업상태의 전문가들이 모여서 논의한 결과, 자원을 가지고 있다는 것은 소명을 찾는데 있어서 장애물이 될 수 있다는 것에 의견이 모아졌다. 오히려 자원이 있으면, 스스로의 내면을 탐색하고, 다양한 종류의 일들을 시도해보려 하는 동기수준을 낮추는 기능을 한다는 것이다(Hall & Chandler, 2005, p.167).

▌가치관의 내용은 중요한 것인가?

그렇다! 일에서 높은 수준의 유의미성을 경험하기 위해 자기 자신의 업무가치관을 찾는 행동이 중요한 것은 맞다. 하지만, 우리가 기억할 것은 사회적 또는 도덕적 가치관과 일치하지 않는 개인적인 가치관을 가지는 것에는 위험이 있다는 점이다. 예를 들어, 외적인 금전적 이득에 가치를 두는 최고재무책임자라면 돈을 버는 것이 자신의 소명이라고 생각할 수도 있을 것이다. 하지만 그의 재무적인 성공이 경제를 불안정하게 만들고 다른 사람들에게 해를 끼치는 경우도 있다. 역사 속의 인물들을 보면, 자기중심적인 믿음이 사회에 얼마나 큰 해를 끼쳤는지를 보여주는 실례들이 많다(예:

Bernie Madoff).3 이를 통해 우리는 개인적인 가치관과 주관적으로 정의내린 성공이라는 것이 사회의 발전에 기여를 할 것인지, 해를 미칠 것인지를 성찰하는 것이 중요하다는 것을 알 수 있다.

조직과 관리자를 위한 시사점

프로틴 성향의 사람들은 조직에서 그들로 하여금 일을 통해 스스로의 의미를 찾도록 지원해주는 상황에서는 만족스러운 생활을 할 수 있다. 하지만, 일을 통해 의미를 찾지 못하거나, 현재 하고 있는 일과 자신의 정체성간에 어떤 관련성도 없다고 생각한다면, 그들을 만족시키기란 매우 어려워진다. 따라서, 조직에서는 다양한 구성원들의 니즈에 맞는 "유의미성"을 개발할 수 있도록 자원을 제공하기 위한 다양한 방법들을 고민하고 발전시킬 필요가 있다. 앞에서 이야기했듯이, 경제적으로 어려운 상황에서도 사람들은 지속적인 자기성찰을 통해 의미를 찾을 수 있는 능력을 가지고 있다. 조직이 구성원으로 하여금, 자기성찰 기술과 자기자각 역량을 개발할 수 있도록 도와준다면, 구성원들은 진정성을 가지고, 자신이 원하는 목적에 대해 명확하게 이해하고, 그 방향으로 나아갈 수 있는 가능성을 키워가게 될 것이며(Shepard, 1984), 그 결과로서 일에서 더 많은 의미를 찾게 될 것이다. 조직의 조력 활동에는 다음과 같은 것들이 포함될 수 있다. 자기평가를 할 수 있는 워크숍, 멘토링을 통한 코칭, 역량개발 네트워크, 상사(적절한 대화 기술을 교육받은)와 경력개발 계획에 대해 대화를 나눌 수 있는 기회

---

3 (역자주) 미국의 다단계 금융 사기꾼

제공 등.

어떤 직장들의 경우에는 업무의 특성상 구성원들에게 개인적인 재량권을 많이 부여할 수 있기도 하지만, 대부분의 조직은 강한 프로틴 경력 지향성을 가진 사람들을 고용/유지하고 싶어한다. 프로틴 성향이 강한 사람들은 자기자각과 적응성이 높다는 자산을 가지고 있기 때문에 역할이나 조직, 외부 시장이 변화함에 따라 요구되는 것들을 배우고 성장하려고 한다. 예를 들어, 적응성이 더 높은 관리자들이 있는 조직은 유연성이 더 높은 것으로 나타났다(Karaevli & Hall, 2006). 또한, 강한 프로틴 경력 지향성을 가진 사람들은 취업이 될 가능성도 높았으며, 비즈니스 환경이 변화함에 따라, 바뀌는 조직의 요구를 맞추기 위해 재배치되는 것을 더 적극적으로 수용한다는 연구결과도 나왔다(McArdle, Waters, Briscoe & Hall, 2007).

그러나, 현실적으로 조직의 모든 역할들을(최소한 가장 중요한 역할들만이라도) 높은 수준의 프로틴 메타 역량을 가진 사람들로 채우기란 불가능한 일이다. 물론, 조직구성원들이 더 높은 자기자각과 적응성을 기를 수 있게 도와주는 것은 가능할 것이겠지만 말이다.[4] 조직이 활용할 수 있는 한 가지 전략은 낮은 수준의 자기자각과 적응성을 가진 사람이 조직의 효율성을 높이는데 기여하면서 동시에 그들 자신의 만족도를 높이기 위한 행동을 할 수 있게 하는 방법이 무엇인지를 찾는 것이다. 예를 들어, 앞에서 보았던 〈그림 3.2〉를 떠올려보자. 현실안주형 구성원(2가지의 메타 역량이 모두 낮은 경우)이 가지고 있는 긍정적인 특성은 업무의 특정 분야에 대해서는 매우 높은 몰입도를 보일 수 있다는 것이었다. 예를 들어, 현실

---

4 사실, 미국 육군을 비롯한 많은 조직들에서는 메타 역량을 개발하는 것을 리더십 개발과정의 중요한 부분으로 생각하며, 초점을 맞추고 있다.

안주형 구성원도 높은 성과를 올리는 전문가일 수 있는 것이다. 이와 같은 구성원에 대해서 조직은 관련 분야의 최고수준에 머무를 수 있도록 충분한 기술적, 전문적 훈련과정을 지원하는 일을 해야 할 것이다. 지속적으로 훈련을 받고 성장하게 된다면, 이 현실안주형 구성원 또한 자극을 받게 될 것이고, 몰입도를 올릴 수 있게 될 가능성이 높다.

쓸데없이 바쁜 형인 사람들(적응성은 높지만, 자기자각 수준은 낮은)은 때에 따라, 조직에서 새로운 사업 프로젝트를 기획하고, 실행하는 업무에 배치될 때 역량을 발휘할 경우가 있다. 또는, 조직 외부에서 진행되는 TFT(task force team)에 적합할 수도 있겠다(예: 신기술이나 새로운 시장을 대상으로 하여, 파트너 기관과의 협업을 하는 TFT). 이러한 환경은 이 사람들의 적응성을 자극해 줄 수 있을 것이다.

좌절 집단(적응성은 낮지만, 자각수준은 높은)의 불만족 원인이 변화를 위해 움직일만한 능력이 없어서라면, 조직은 개입하여 업무재배치를 해주는 것으로 문제를 해결할 수 있다. 상사가 구성원의 흥미와 가치에 대해 민감하게 파악하고, 새로운 조직에서의 역할을 찾아내는데 시간과 노력을 기울여서 구성원의 역량을 발휘할 수 있게 도와준다면, 최상의 조력이 될 것이다. 이러한 방법을 통해 구성원의 좌절 수준은 낮아질 수 있다. 그리고, 외부의 도움에 의해 업무의 변화가 일어남으로써 구성원들은 업무에서 변화를 만들어내는 것이 그렇게 어려운 일이 아니며, 생각했던 것보다 더 좋은 결과를 가져올 수 있다는 것을 배울 수 있게 될 것이다. 그러한 경험을 통해 앞으로 구성원들은 더 주도적으로 업무에 있어서 긍정적인 변화를 만들어내기 위해 노력할 가능성이 커질 수도 있다(예: 적응성을 높이기 위한 방법을 배우기).

조직과 관리자들이 발전성향이 낮은 구성원들(예: 프로틴 성향이 낮은)을 도울 수 있는 또 하나의 방법은 자기자각과 적응성을 높일 수 있도록 조력하는 것이다. 메타 역량의 성장을 촉진하는 일은 조직에게도 긍정적인 영향을 미칠뿐 아니라(예: 유연성 개발 강화의 긍정적 영향, Karaevli & Hall, 2006), 자기자각과 적응성이 낮은 구성원들이 일을 통해 더 큰 의미를 찾고, 자신의 조직구성원으로서의 역량을 높이는 데에 큰 도움을 주기 때문이다(Fugate, Kinicki, & Ashforth, 2004; McArdle et al., 2007).

▌조직을 위한 TIP: 적응성과 자기자각 수준 강화

조직이 구성원을 도와 메타 역량 개발을 촉진하기 위한 전략을 수립하려 한다면, 어떤 방법이 효과적일까? 창의적인 관리자를 위한 tip을 정리하면서(표 3.1에 요약이 제시되어 있음), 우선 적응성 강화를 위한 아이디어를 먼저 이야기하고, 그 다음에 자기자각 수준을 높이기 위한 전략들을 만들어보았다.[5] 이와 같은 그룹들은 구성원들로 하여금 그 안에서 매일의 일 스트레스에서 벗어나 안전감을 느끼고, 어렵지만 성장할 수 있는 상황들에 맞설 수 있게 해준다. 여기서는 성과가 아니라 자기의 성장과 발달에 초점을 맞출 수 있다.

- 적응성을 높이기 위해서는, "메이 웨스트(May West)" 원칙을 따라보도록 하자. 메이 웨스트는 미국 영화산업 초기의 섹스 심벌로 이름을 날렸던 여자 영화배우이다. 그녀의 유명한 대사들 중에는 이런 것이 있다. "2가지 나쁜 일들 중에서 하나를 골라야 한다면, 나는 항상 이전에 해보지 않았던 것을 선택하죠." 즉, 조직구성원에게 이전에는 해보지 않았던 새로운 영역의 일, 새

---

5 이 아이디어들은 Hall(2004b)의 저서 내용을 정리한 것이다.

로운 방향으로 역량을 발휘하도록 자극할 수 있는 일을 맡겨보는 것이다. 사람들은 새로운 경험을 통해 적응성을 학습하는 경향이 있으니 말이다.

■ 적응성을 높이기 위해서는 날개와 뿌리를 제공해주는 것이 좋다. 애착이론(Bowlby, 1969)에 의하면, 사람들이 심리적인 성장을 하는 2가지 조건이 있다고 한다. 심리적 안전감(뿌리) -실패에 대한 두려움이 그다지 크지 않음- 과 자유로움과 도전의식(날개) -새로운 목표와 더 높은 성취감을 얻으려고 노력하는 태도- 이다(Kahn, 1996).

■ 자기자각 수준을 높이기 위해서는 자기평가 도구와 과정을 활용하는 것이 좋다. 사람들이 자기성찰을 하고, 스스로에 대한 이해도를 높일 수 있도록 도와주는 다양한 과제나 과정들이 개발되어 있다. 홀(Hall, 2002)의 저서나, 해링턴과 홀(Harrington & Hall, 2007)의 저서를 보면, 자기성찰에 도움이 되는 tip들을 정리해놓았다.

■ 역량개발을 하기 위한 관련 방법들과 네트워크들을 사용해보는 것도 바람직하다. 경력 개발이 좋은 관계를 통해 강화된다는 사실은 날이 갈수록 분명해지고 있다(Hall & Associates, 1996; Higgins & Kram, 2001; Ragins & Kram, 2007). 경력 개발에서는 멘토링이나 동료 코칭과 같은 비공식적이고 새로운 관계적 프로세스가 공식적인 프로그램보다 효과적인 것으로 나타나고 있다. 좋은 조력 관계가 자연스럽게 구축되도록 하기 위해 우리는 다음과 같은 2가지 접근법들을 추천한다. (a) 좋은 관계를 위한 환경이 자연스럽게 조성될 수 있는 조건을 만들기(예: 네트워킹 이벤트, 학회나 업무 미팅에 참여하면서 기분전환을 하기 위한 장기 휴가, 공식적인 모임, 신규 직원을 환영하기 위한 "적응 행사(on-boarding)") (b) 좋은 역량 개발을 위한 관계가 자연스럽게 나타났을 때, 조직에서 이를 확인하고 보상하기. 상사가 부하직원의 발전을 위해 노력한다면, 조직에서는 당연히 칭찬을 해주어야 한다. 리더를 길러내는 훌륭한 리더들을 위한 긍정적 피드백 프로그램을 만드는 것이 좋다.

■ 360도 피드백 프로세스를 활용한다. 내부의 자원(상사, 부하직원, 동료)이나 조직 외부 자원으로부터의 피드백은 매우 영향력이 크고, 동기수준을 높이는 데 크게 기여할 수 있다. 이러한 피드백 방법은 효과적인 코칭과 병행할 때 가장 좋은 성과를 거둘 수 있다(앞에서 보았던 관계적 방법에 대한 내용을 기억해보자).

■ 정체성 발달 성과를 점검할 수 있는 공식적인 기회를 만든다. 구성원이 하나의 위치에서 다른 위치로 옮겨갈 때(예: 승진, 다른 분야로의 큰 이동, 입사, 퇴사), 많은 사람들을 초대해서 새로운 변화를 축하하는 특별한 행사를 주최한다. 동료, 고객, 이전 관리자, 친구, 가족성원들에게 해당 구성원의 경험과 강점에 대한 의견을 요청해본다. 구성원의 새로운 동료들에게 그가 맡게 될 새로운 역할은 어떤 것인지, 어떤 부분에서 기여를 할 수 있을지에 대해 설명해주는 기회를 만들어보는 것도 좋다.

■ 자기자각 수준을 높일 수 있는 조직환경을 구축한다. 케건(Kegan, 1982)에 의하면, 위협받고 있다는 생각이나, 잘못 평가받을까 두려워하는 마음을 가지지 않고, 새로운 행동에 대한 실험을 해볼 수 있는 지지자원과 안전한 환경을 만들어주는 것이 가장 중요하다고 한다. 지원 환경의 실례로는 다양한 종류의 지지그룹, 회복그룹(예: 알콜중독자 모임), 남성그룹, 여성그룹, 동호회(사회정체성에 기반한) 그룹, 조직 내 모임, 업무탐색그룹, 경력변화그룹, 이전 구성원의 "동창회" 모임 등을 들 수 있다.

이 전략들은 적절한 상황들마다 하나씩 사용해볼 수도 있고, 몇 가지를 섞어서 써도 좋다. 커다란 변화도 작은 한 걸음부터 시작하듯이(Ibarra, 2003) 이 전략들을 시도해봄으로써 지속적인 변화 프로세스를 만들어낼 수 있고, 그 결과로 조직 내에서 매우 강한 역량개발 문화를 구축할 수 있으리라는 기대를 해본다.

앙코르 커리어(encore career)란, 주 경력으로부터 은퇴한 후, 갖게 되는 경력을 가리킨다(Freedman, 2007). 프로틴 경력 지향성을 가진 사람들은 인생의 후반기에 의미를 가질 가능성이 더 크다. 왜냐하면, 그들은 새로운 환경에 적응하고, 더 나은 모습을 갖기 위해 다양한 탐색 활동을 하기 때문이다. 그러나, 우리가 연령, 프로틴 경력 지향성, 직업 전환의 의미간의 관계를 알아보기 위해 고려할 대상들에는 사회적/개인적/발전적 이유 때문에 의미 있는 일을 하려는 사람들뿐 아니라, 의미 이외의 니즈(돈이나 일상생활의 구축)를 충족하기 위해 직업을 활용하는 사람들도 포함된다. 관리자 및 조직이 점검해볼 아이디어는 프로틴 성향이 어떤 구성원이 은퇴 이후에 직업을 갖기를 원할지를 예측하는데 유용한 도구가 되어 줄 것이고, 더하여 의미 있는 일을 찾을 구성원은 어떤 사람일지에 대해 알아볼 수 있는 도구도 되어 줄 것이라는 점이다. 앙코르 커리어를 가지는 사람들의 2가지 유형간의 차이점은 '그들에게 중요한 의미의 원천이 어떤 것인가'일 것이다. 연령대가 높은 사람에게 직업을 찾는데 있어서 의미를 가져다줄 수 있는 주요 원천은 함께 일하는 동료일 수 있다. 후반기 삶의 일에 있어서 더 높은 목적을 달성하기를 원하는 사람에게 의미의 원천은 일 그 자체이거나, 사회에서 해당 업무가 가지는 중요성일 수 있다.

연령대가 높은 사람들에게 유용한(사실, 모든 연령대에 다 적합한) 선발도구나 자기평가 도구는 아직 개발되지 않았을 수 있다. 구성원들이 의미의 4가지 니즈를 이해할 수 있도록 도와주고, 어떤 니즈가 본인에게 가장 중요한지를 알 수 있도록 조력하는 도구 말이다. 그러한 도구가 개발된다면, 조직에서 4가지의 니즈를 기반으로 하여 적절한 역할들을 구성하고, 구성원들이 자신의 니즈에 가장 잘 맞는 역할로 옮겨갈 수 있도록 전문가를 통한 코칭을 제공할 수 있게 될 것이다.[6] 이러한 아이디어는 구성원의 개인적인 니즈를 충족하고, 유의미성을 찾는 능력을 기반으로 조직 내 역할을 구성하는 새로운 방식을 제안한다.

이론, 연구 및 실천의 미래 방향

아직은 의미 있는 일과 프로틴 경력 지향성간의 연관성을 밝혀내는데 있어서 경험적인 연구가 부족하기 때문에 우리는 앞으로의 연구들이 본 장에서 제안한 모델들을 검증해보는 방향으로 진행되었으면 좋겠다는 생각을 가지고 있다(예: 프로틴 경력 지향의 중재 효과/그림 3.1, 의미 있는 일을 찾는 과정에서 프로틴 메타 역량의 중재 효과/그림 3.2). 또한, 프로틴 경력과 의미 있는 일간의 직접적인 관계를 탐색해보는 연구도 필요하다. 앞에서 이야기했듯이 경력개발 이론들은 강한 프로틴 경력 지향성을 가진 사람들은 경력개발과정 중에서 의미 있는 일을 찾을 가능성이 더 높다고 주장한다(Mitchell, Levin, & Krumboltz, 1999; Savickas, 1997, 2000). 하지만, 이 주장을 뒷받침하는 경험적 증거는 아직 그다지 많지 않다. 예를 들어, 프로틴 경력 지향성의 어떤 요소가 의미 있는 일을 가지거나 설계할 가능성을 높이는지, 나아가 경험적인 검증이 뒷받침되는지에 대해서는 아직

---

6 이와 같은 역할 목록을 만드는 것은 절대 간단한 일이 아니다. 바우마이스터(1991)의 모델을 기반으로 교육을 담당하는 인사관리팀이나 심리학자들이 참여하여 어떤 역할이 4가지 니즈 중 어떤 니즈를 달성할 수 있게 할지에 대해 점수를 매기는 도구를 개발해야 한다. 그리고, 그 결과로는 매우 실용적인 경력상담의 자료가 생성되어야 한다.

알려진 바가 없다. 나아가 경험적인 검증이 뒷받침되어야 한다. 프로틴 성향을 가지는 것과 조직의 업무에 몰입하는 것간의 갈등을 고려했을 때(Chang et al., 2008), 프로틴 경력 지향성을 가진 사람들의 어떤 특성이 실제적으로 의미 있는 일을 달성할 가능성을 높이는 것인지, 또 어떤 특성이 조직을 떠날 가능성을 감소시키는 것인지를 알아내는 것은 매우 중요하다. 이러한 연구들은 프로틴 경력-유의미성과의 관계가 조직과 경력개발과정에 주는 시사점을 더 쉽게 이해할 수 있게 해줄 것이다. 또한, 그 반대의 상황도 가능하다. 유의미한 일은 프로틴 경력 지향성을 개발할 수 있는 가능성을 증가시켜준다. 박용호(Park, 2009)가, 소명 지향성이 프로틴 경력 과정을 따라갈 가능성을 어떻게 높이는지를 연구했듯이 유의미한 일을 경험하는 것이 더 강한 프로틴 경력 지향성을 발달시키는 것일 수도 있는 것이다.

결 론

바우마이스터(1991)의 주장에 이어 우리는 사람들이 스스로 하고 있는 일에서 의미를 찾으려면, 그 일은 4가지 니즈를 충족시켜야 한다고 생각한다. 객관적인 목표와 주관적인 수행에 기반한 목적, 스스로 차별점을 만들어냈다고 생각하는 자기효능감, 자신의 일을 통해 개인적인 가치를 구현하기, 개인적이거나 집단구성원으로서의 성취감에서 오는 자아존중감. 일터에서 이 4가지 니즈는 2가지 의미 원천들로부터 찾아낼 수 있다. 내가 하는 일과 내가 함께 일하는 사람들. 프로틴 경력 지향성이란, 가장 중요한 가치를 기반으로 일하며, 자기주도적으로 일하는 것을 가리키기 때문에 우리는 프로틴 지향성과 업무에서의 유의미성을 경험하는 것 사이에는 정적 상관관계가 있다고 생각한다.

프로틴 성향을 가진 사람들은 다른 사람들보다 의미 있는 일을 찾을 수 있는 선택을 할 가능성을 더 많이 보인다. 따라서, 프로틴 경력 지향성은 직업설계의 특성과 일에서 유의미성을 경험할 가능성간의 관계에서 중재요인으로 기능할 수 있는 것이다. 특히, 프로틴 성향에 관련된 자기자각과 적응성 2가지 메타 역량들은 일을 통해 의미를 추구할 가능성에 영향을 미치게 된다. 우리는 구성원들이 더 의미 있는 일들을 경험할 수 있도록 조력하고자 하는 조직을 위해 이 메타 역량들을 기반으로 어떤 역량을 개발할지, 프로틴 경력의 2가지 요소들을 기반으로 하여 어떻게 더 효과적으로 발전해나갈지에 대해 다양한 제안들을 하였다. 이 제안들 중에는 특별히 실행하기 어렵거나, 광범위한 자원이 필요한 것들은 존재하지 않는다. 따라서, 이러한 변화는 많은 조직에서 일어날 수 있으리라고, 우리는 긍정적인 기대를 하고 있다.

표 3.1 일터의 초점: 프로틴 경력 관점

제안점	현장에서 검증된 제안점	이론에서 추출된 제안점	연구에서 지지된 제안점
조직, 관리자, 진로상담자가 구성원들이 일을 통해 의미를 찾을 가능성을 높이기 위해 프로틴 메타 역량(자기자각과 적응성)을 개발할 단계를 수행하기(예: 다양한 기업 및 조직들과 연계되어 있으며, 구성원의 자기자각과 적응성을 개발해줄 수 있는 경력센터를 구축하기)		v	
구성원들에게 의미 있는 일을 찾을 수 있는 기회를 제공할 수 있는 일터 환경을 만들기(예: 더 많		v	

은 재량권과 자율성을 제공하기)			
자기자각과 적응성 조합의 4가지 유형a을 활용하여 구성원의 프로틴 메타 역량을 측정해보고, 개인 특성별로 일의 유의미성을 정의하여 경력개발 계획을 수립하기(선발부터 이직까지)		v	
프로틴 성향의 구성원들에게 적절한 도전과제를 제공하기. 하지만, 그들이 언제라도 조직을 떠날 수 있다는 것을 기억하고 준비하기(예: 커뮤니케이션 채널, 문서). 그리고, 그 후에 다시 돌아오려 할 때 환영하기 b	v	v	v
구성원들이 자기자각 수준을 높일 수 있도록 효과적인 피드백을 지속적으로 제공하며, (변화나 학습에 대한 요구를 이해할 수 있는) 적응성을 강화해주는 "스마트한 직장문화"를 구축하기(Hall & Las Heras, 2010)	v	v	
사내 부서간 이동가능성을 높여서 사람들이 조직에 머물러 있으면서도 자신에게 더 큰 의미를 주는 일을 찾을 수 있도록 조력하기		v	
조직 외부 네트워크와의 공식적인 관계를 개발하여 구성원들이 역량 개발을 위한 네트워크를 강화할 수 있도록 돕기(조직이 구성원의 다양한 개발 네트워크 원천 기능을 할 수 있도록 관계들을 구축함)		v	

a: 그림 3.2를 참고할 것

b: 이 아이디어의 첫 번째 부분에 대한 연구(성장지향적인 구성원을 보유하기 위해, 도전적인 과제를 제공하는 것)는 직업설계 연구(Hackman & Oldham, 1976)와 AT&T 연구(Howard & Bray, 1988), 슈나이더의 유인-선발-소멸(attraction-selection-attrition) 연구에서 찾아볼 수 있다. 롤러와 오툴(Lawler & O'Toole, 2006)은 IBM, Capitol One, Deloitte & Touche, UTC와 같은 기업들이 기술기반의 역할분배 & 경력개발 프로세스를 사용해서 개인적인 관심과 가치를 기반으로 한 자기주도성의 프로틴 개념을 적용하고 있다고 보고했다. 퇴사 후 재입사한 구성원 환영식은 더글러스 홀(Douglas T. Hall)이 HP와 같은 조직에서 관찰했던 것이지만, 우리는 이러한 의식에 대한 연구를 찾지는 못했다.

◉ 참고문헌 ◉

Baumeister, R. (2005). *The cultural animal: Human nature, meaning, and social life.* New York, NY: Oxford University Press.

Baumeister, R. F. (1991). *Meanings of life.* New York, NY: Guilford Press.

Baumeister, R. F., & Vohs, K. D. (2002). The pursuit of meaningfulness in life. In C. R. Snyder & S. J. Lopez (Eds.), *The handbook of positive psychology* (pp. 608-618). New York, NY: Oxford University Press.

Baumeister, R. F., & Wilson, B. (1996). Life stories and the four needs for meaning. *Psychological Inquiry, 7,* 322-325.

Bowlby, J. (1969). *Attachment and loss.* New York, NY: Basic Books.

Briscoe, J. P., & Hall, D. T. (2003). *Being and becoming protean: Individual and experiential factors in adapting to the new career.* Unpublished technical report, Department of Management, Northern Illinois University, DeKalb.

Briscoe, J. P., & Hall, D. T. (2006). The interplay of boundaryless and protean careers: Combinations and implications. *Journal of Vocational Behavior, 69,* 4-18. doi:10.1016/j.jvb.2005.09.002

Chang, J. Y., Choi, J. N., & Kim, M. U. (2008). Turnover of highly educated R&D professionals: The role of pre−entry cognitive style, work values and career orientation. *Journal of Occupational and Organizational Psychology, 81,* 299-317. doi:10.1348/096317907X204453

Chudzikowski, K., Demel, B., Mayrhofer, W., Briscoe, J. P., Unite, J., Milikic, B. B., ... Zikic, J. (2009). Career transitions and their causes: A country comparative perspective. *Journal of Occupational and Organizational Psychology, 82,* 825-849. doi:10.1348/096317909X474786

Demel, B., Shen, Y., Las Heras, M., Hall, D. T., & Unite, J. (2010). *Career success and influencing factors in career success.* Unpublished manuscript.

Erikson, E. H. (1963). *Childhood and society.* New York, NY: Norton.

Farjoun, M. (2010). Beyond dualism: Stability and change as a duality. *Academy of Management Review, 35,* 202-225. doi:10.5465/AMR. 2010.48463331

Fractal. (2012). *In Merriam—Webster's online dictionary.* Retrieved from http://www.merriamwebster.com/dictionary/fractal

Freedman, M. (2007). *Encore: Finding work that matters in the second half of life.* New York, NY: PublicAffairs.

Fugate, M., Kinicki, A. J., & Ashforth, B. E. (2004). Employability: A psycho—social construct, its dimensions, and applications. *Journal of Vocational Behavior, 65,* 14-38. doi:10.1016/j.jvb. 2003.10.005

Gabriel, P. E. (2003, September). An examination of occupational mobility among full—time workers. *Monthly Labor Review, 126,* 32-36. Retrieved from http://www.bls.gov/opub/mlr/2003/09/art2full.pdf

Griskevicius, V., Delton, A. W., Robertson, T. E., & Tybur, J. M. (2011). Environmental contingency in life history strategies: The influence of mortality and socioeconomic status on reproductive timing. *Journal of Personality and Social Psychology, 100,* 241-254. doi:10.1037/a0021082

Hackman, J. R., & Oldham, G. R. (1976). Motivation through the design of work: Test of a theory. *Organizational Behavior and Human Performance, 16,* 250-279. doi:10.1016/0030—5073(76)90016—7

Hall, D. T. (1976). *Careers in organizations.* Santa Monica, CA: Goodyear.

Hall, D. T. (2002). *Careers in and out of organizations.* Thousand Oaks, CA: Sage.

Hall, D. T. (2004a). The protean career: A quarter—century journey.

Journal of Vocational Behavior, 65, 1-13. doi:10.1016/j.jvb.2003. 10.006

Hall, D. T. (2004b). Self−awareness, identity, and leader development. In D. V. Day, S. J. Zaccaro, & S. Halpern (Eds.), *Leader development for transforming organizations: Growing leaders for tomorrow* (pp. 153 -176). Mahwah, NJ: Erlbaum.

Hall, D. T., & Associates. (1996). *The career is dead—Long live the career: A relational approach to careers.* San Francisco, CA: Jossey −Bass.

Hall, D. T., & Chandler, D. E. (2005). Psychological success: When the career is a calling. *Journal of Organizational Behavior, 26,* 155-176. doi:10.1002/job.301

Hall, D. T., & Las Heras, M. (2010). Reintegrating job design and career theory: Creating not just good jobs but smart jobs. *Journal of Organizational Behavior, 31,* 448-462. doi:10.1002/job.613

Hall, D. T., & Mirvis, P. H. (1996). The new protean career. In D. Hall & Associates, *The career is dead—Long live the career: A relational approach to careers* (pp. 15-45). San Francisco, CA: Jossey−Bass.

Harrington, B., & Hall, D. T. (2007). *Career management & work/life integration: Using self−assessment to navigate contemporary careers.* Thousand Oaks, CA: Sage.

Higgins, M. C., & Kram, K. E. (2001). Reconceptualizing mentoring at work: A developmental network perspective. *Academy of Management Review, 26,* 264-288.

Howard, A., & Bray, D. W. (1988). *Managerial lives in transition: Advancing age and changing times.* New York, NY: Guilford Press.

Ibarra, H. (2003). *Working identity: Unconventional strategies for reinventing your career.* Boston, MA: Harvard Business School Press.

Kahn, W. E. (1996). Secure base relationships at work. In D. T. Hall & Associates, *The career is dead—Long live the career: A relational approach to careers* (pp. 158-179). San Francisco, CA: Jossey −Bass.

Karaevli, A., & Hall, D. T. (2006). How career variety promotes the adaptability of managers: A theoretical model. *Journal of Vocational Behavior, 69,* 359-373. doi:10.1016/j.jvb.2006.05.009

Kegan, R. (1982). *The evolving self: Problem and process in human adult development.* Cambridge, MA: Harvard University Press.

Lawler, E. E., & O'Toole, J. (Eds.). (2006). *America at work: Choices and challenges.* New York, NY: Palgrave Macmillan.

Mandelbrot, B. B. (1982). *The fractal geometry of nature.* New York: Freeman.

McArdle, S., Waters, L., Briscoe, J. P., & Hall, D. T. (2007). Employability during unemployment: Adaptability, career identity and human and social capital. *Journal of Vocational Behavior, 71,* 247-264. doi:10.1016/j.jvb.2007.06.003

Mitchell, K. E., Levin, S. A., & Krumboltz, J. D. (1999). Planned happenstance: Constructing unexpected career opportunities. *Journal of Counseling & Development, 77,* 115-124. doi:10.1002/j.1556−6676. 1999.tb02431.x

Park, Y. (2009). An integrative empirical approach to the predictors of self−directed career management. *Career Development International, 14,* 636-654. doi:10.1108/13620430911005690

Pratt, M. G., & Ashforth, B. E. (2003). Fostering meaningfulness in working and at work. In K. S. Cameron, J. E. Dutton, & R. E. Quinn (Eds.), *Positive organizational scholarship* (pp. 309-327). San Francisco, CA: Berrett−Koehler.

Ragins, B. R., & Kram, K. E. (Eds.). (2007). *The handbook of mentoring at work: Theory, research, and practice.* Thousand Oaks, CA: Sage.

Savickas, M. L. (1997). Career adaptability: An integrative construct for life−span, life−space theory. *The Career Development Quarterly,*

45, 247-259. doi:10.1002/j.2161−0045.1997.tb00469.x

Savickas, M. L. (2000). Renovating the psychology of careers for the twenty−first century. In A. Collin & R. A. Young (Eds.), *The future of career* (pp. 53-68). Cambridge, England: Cambridge University Press. doi:10.1017/CBO9780511520853.004

Schneider, B., Goldstein, H. W., & Smith, D. B. (1995). The ASA framework: An update. *Personnel Psychology, 48*, 747-773. doi: 10.1111/ j.1744−6570.1995.tb01780.x

Scroggins, W. A. (2008). Antecedents and outcomes of experienced meaningful work: A person-job fit perspective. *Journal of Business Inquiry: Research, Education and Application, 7*, 68-78.

Shepard, H. A. (1984). On the realization of human potential: A path with a heart. In M. B. Arthur, L. Bailyn, D. J. Levenson, & H. A. Shepard (Eds.), *Working with careers* (pp. 25-46). New York, NY: Columbia University School of Business.

Wrzesniewski, A., & Dutton, J. E. (2001). Crafting a job: Revisioning employees as active crafters of their work. *Academy of Management Review, 26*, 179-201.

Wrzesniewski, A., Dutton, J. E., & Debebe, G. (2003). Interpersonal sensemaking and the meaning of work. R*esearch in organizational behavior, 25*, 93-135 doi:10.1016/S0191−3085(03) 25003−6

PART 2

일을 통해 의미 만들기

Purpose and meaning in the workplace

잡크래프팅과 의미 있는 일

저스틴 버그(Justin M. Berg), 제인 더턴(Jane E. Dutton) ·
에이미 브제스니에프스키(Amy Wrzesniewski)

•• Chapter 4

잡크래프팅과 의미 있는 일
Job crafting and Meaningful work

조직구성원은 직무설계를 통해 자기 일의 의미를 경험하는 방법을 의미 있게 만들 수 있다(Grant, 2007; Hackman & Oldham, 1980). *직무설계(job design)*는 조직에서 한 사람에게 부여된 과제와 관계로 구성된다(Ilgen & Hollenbeck, 1991). 하지만 연구에 의하면, 직무설계는 조직구성원들이 자기의 과제와 관계에 변화를 도입하는 출발점이 될 수 있으며, 그러한 변화는 *잡크래프팅(job crafting)*이라는 개념으로 이해할 수 있다. 구체적으로 말하면, 잡크래프팅은 조직구성원들이 그들의 직무설계를 개인적으로 의미 있게 다시 정의하고 다시 생각하는 과정이다(Wrzesniewski & Dutton, 2001). 이러한 변화는 자연스럽게 일의 의미에 영향을 줄 수 있다. *의미 있는 일(meaningful work)*이란, 조직구성원들이 그 일이 중요한 목적에 기여하므로 의미 있다고 생각하는 일을 말한다(Pratt & Ashforth, 2003). 우리는 조직구성원들이 자기의 일에 대해 믿고 있는 중요성(significance)의 양이나 정도를 이해하기 위해 *유의미성(meaningfulness,* 역자주: 이후 의미와 병행하여 사용할 것임)이라는 용어를 사용한다(Ross, Dekas, & Wrzesniewski, 2010). 유의미성은 직무 만족의 증가, 동기의 상승 및 성과 제고를 포함한 여러 가지 일과 관련된 긍정적인 영향과 관련이 있다(Grant, 2007; Hackman & Oldham, 1980; Rosso et al., 2010). 물론, 의미 있는 일에도 부정적인 부작용이 있을 수 있지만(e.g., Berg, Grant, & Johnson, 2010; Bunderson & Thompson, 2009), 우리는 이 장의 목적을 위해 기존 연구들의 흐름을 따라서 유의미성을 대체로 개인과 조직에 긍정적이고 유익한 결과를 가져오는 개념으로 다루도록 하겠다.

잡크래프팅은 조직구성원들이 주도적으로 자기 일에서 의미를 만들어내는 직무설계에 대해 생각하는 방식이다. 잡 크래프터들은 과제, 관계, 인지라는 3가지의 잡크래프팅 기법을 사용하여 주도적으로 자기의 직무를 새롭게 만든다. *과제 크래프팅(task crafting)*은 조직구성원들이 과제 더하거나 빼기, 과제의 성격에 변화주기, 여러 가지 과제들에 부과된 시간, 에너지 및 주의의 양에 변화주기 등으로 공식적인 직무기술(job description)에 규정된 책무에 변화를 주는 것이다(예: 첨단기술 고객 서비스 담당자가 동료에게 IT 관련하여 도움을 제공하는 것). *관계 크래프팅(relational crafting)*은 조직구성원들이 직무를 수행할 때 사람들과 얼마나, 언제 또는 누구와 상호작용할 것인지에 변화를 주는 것이다(예: 소프트웨어 기술자가 마케팅 분석전문가와 협력 관계를 맺는 것). 마지막으로 *인지 크래프팅(cognitive crafting)*은 조직구성원들이 자신의 직무를 구성하는 과제와 관계를 지각하는 방식을 변화시키는 것이다(예: 티켓 판매자가 그 직무를 단지 주문 처리가 아니라 사람들에게 엔터테인먼트를 제공하는 중요한 한 부분으로 생각하는 것).

이 3가지의 잡크래프팅 기법을 조합함으로써 조직구성원들은 잡 크래프터가 되어 자기 일의 의미 변화를 경험할 수 있도록 직무의 경계를 바꿀 수 있다. 잡크래프팅은 단순한 일회성 이벤트가 아니다. 잡크래프팅은 조직구성원들이 그들의 진로에서 영향을 받고 있는 지속적인 과정이며(Fried, Grant, Levi, Hadani, & Slowik, 2007), 그들이 일하는 사회적 맥락이다(Berg, Wrzesniewski, & Dutton, 2010). 잡크래프팅의 핵심적인 특징은 많은 직무설계 개입에서처럼 관리자들이 위에서 아래로 변화를 지시하는 것이 아니라, 조직구성원들이 아래에서 위로 자기들의 직무에서 변화를 성취하는 것이다. 조직구성원들은 직무와 자기 자신에 대한 고유한 지식을 지렛대로 삼아 자기 직무에서 더 많은 의미를 만들어낸다. 가령, 오랫동안 음악 연주에 대한 열정을 가지고 있었던 역사 교사는 음악을 교과과정에 끼어 넣고(과제 크래프팅), 음악 교사와 협력하여(관계 크래프팅) 학급에서 가르치는 일과 연주 경험을 한꺼번에 할 수 있을 것이다(인지 크래프팅). 이렇게 직무를 만들어냄으로써 이 교사는 음악 연주와 음악가가 되는 경험을 -이는 그의 정체성의 중요한 한 부분이었다- 자기 일에 포함시켜서 새로운 의미를 만들 수 있었다(Berg, Grant, & Johnson, 2010).

잡크래프팅은 특히 현대의 일 맥락(work contexts)에서 의미를 찾는 경로로서의 중요성이 크다(Wrzesniewski, Berg, & Dutton, 2010). 조직구성원들이 고정된 직무기술만 가지고 일한다는 생각은 이제 일반적이지 않다. 급속도로 변하는 지식 경제에서 조직들은 구성원의 주도성에 우선권을 준다(Grant & Ashford, 2008). 조직구성원들이 직무에 수동적으로 대응하는 대신 주도적으로 자신의 직무를 만들어가게 되면, 혁신과 적응성이 증가하여 조직은 더욱 성장할 수 있게 된다(Frese & Fay, 2001). 주도적일 수 있는 자유는 구성원들이 스스로 잡크래프팅을 통해 의미 있는 경험을 만들어낼 수 있는 기회를 열어준다.

또한, 잡크래프팅은 일에 대한 불만이 높아지거나(The Conference Board, 2010) 나중에 은퇴할 인력의 몰입과 만족을 높이는 데 특히 중요한 과정이다(Johnson, Butrica, & Mommaerts, 2010). 이와 동시에, X,

Y 세대들은 그들이 "되고 싶은 것은 그 어떤 것이든 될 수 있다"고 생각하기 때문에(Twenge, 2006, p.72), 자신의 경력을 통해 얻을 수 있는 의미에 대한 기대가 크다. 이러한 인구학 및 고용시장의 (employment) 추세는 조직구성원들에게 덜 이상적인 직무라도 더 오래 머물러서 의미를 증진하고 더 관여하도록 내부로부터 직무를 재설계해야 할 것이라는 압력을 준다. 조직의 관점에서 보면, 이러한 추세는 구성원들이 직무 생산성을 유지하게 하는 것과 유사한 압력을 주는 것이다. 따라서, 구성원과 조직은 모두 새로운 의미의 불을 붙이거나 오랫동안 해온 직무에서 오래된 의미를 다시 일깨움으로써 잡크래프팅의 혜택을 보게 되는 것이다.

이 장에서는 잡크래프팅이 어떻게 의미 있는 일 경험을 촉진하는 데 도움이 되는 과정인지를 설명하고자 한다. 먼저 잡크래프팅 분야의 이론과 연구로부터 정리된 내용들을 요약한 후, 잡크래프팅이 어떻게 조직에서 활용될 수 있는지를 제안하고, 잡크래프팅 분야의 향후 연구와 실천을 위한 전망으로 마무리할 것이다.

이론 및 경험 연구

잡크래프팅에 관한 연구는 비교적 새로운 것이지만 최근 몇 년에 걸쳐 급속도로 확장되고 있다. 브제스니에프스키와 더턴(Wrzesniewski & Dutton, 2001)은 앞에서 설명한 3가지 형태를 포함한 잡크래프팅의 이론적 틀을 수립하였다. 그 모델은 헤어디자이너, 엔지니어, 간호사, 요리사, 병원 미화원들이 조직이나 위로부터의 지원이나 인정 없이 자기들의 직무를 어떻게 설계하는지에 관한 선행연구에서 얻은 통찰을 기초로 한 것이다. 원 개념에서 얻은 중요한 이론적 통찰은 구성원들이 자기의 직무(jobs)를 특별한 방식으로 생각하고 수행함으로써 자기 일에서 유의미성을 경험한다는 것이었다. 따라서, 위로부터 아래로 공식적으로 구성원에게 지시되는 직무설계는 직무의 의미를 구성하는 방법의 일부일 뿐이고, 나머지는 구성원의 잡크래프팅을 통해 주도되고 추진되는 것이라고 말할 수 있겠다(그림 4.1).

몇몇 학자들이 브제스니에프스키와 더턴(Wrzesniewski & Dutton, 2001)이 수립한 잡크래프팅 틀을 정교화하였다. 영업사원 연구에서 라이온스(Lyons, 2008)는 구성원의 인지 능력, 자기상(self image)의 질, 지각된 통제 수준, 변화에 대한 준비도, 이 모든 것이 잡크래프팅 관여 정도를 예측한다는 것, 즉 이 척도들의 점수가 높은 사람들이 잡크래프팅에 더 관여한다는 것을 발견하였다. 이 결과와 같은 맥락에서 클레그와 스펜서(Clegg & Spencer, 2007)는 조직구성원들이 업무를 잘 수행하고, 자신과 타인에게 유능하고 신뢰를 받는다고 인식될 때, 잡크래프팅에 더 관여할 것이라고 하였다.

초등학교(early childhood) 교사 연구에서 레나, 아펠바움 등(Leana, Appelbaum & Shevchuk, 2009)은 구성원들이 함께 협력하여 자기들의 직무를 재설계하는 *협력적(collaborative) 잡크래프팅*이라는 개념을 소개하였다. 협력적 잡크래프팅에 참여한 교사들이 협력적 크래프팅을 덜 한 사람들보다 더 성과가 좋았고, 특히 경험이 적은 교사들일 때 그러하였다. 잡크래프팅은 더 높은 성과 외에도 난관에 처했을 때의 탄력성 증가와(Ghitulescu, in press) 정서적 안녕감 증가와도 관련이 있었다(French, 2010).

영리 조직과 비영리 조직의 구성원을 대상으로 질적 연구를 한 결과, 브레그, 브제스니에프스키, 더턴(Breg, Wrzesniewski & Dutton, 2010)은 구성원들이 잡크래프팅을 할 때 어떻게 도전을 지각하고 적응하는지, 이 과정에서 직급이 높거나 낮은 구성원들은 어떤 차

그림 4.1

직무설계(위에서 아래로, 획일적인):
과업정체성, 과업다양성, 과업중요성을 통해 구성원이 의미를
경험하도록 만드는 관리자-주도적 구조

직무에서 도출된 의미

잡크래프팅(아래에서 위로, 개별화된):
과업, 관계, 직무 관련 지각에 대한 주도적인 변화를 통해 스
스로 의미를 경험하도록 만드는 구성원-주도적 절차

구성원의 의미 경험을 형성하는 직무설계와 잡크래프팅간의 상호작용. 직
무에서 도출된 의미는 위로부터 아래로의 직무설계와 아래에서 위로의
잡크래프팅간의 상호작용 결과이다.

이가 있는지를 발견하였다. 구체적으로, 직급이 높은 구성원들은 잡크래프팅의 도전을 자기 시간을 어떻게 사용해야 할지에 대한 자기 기대로 보고, 이미 그들이 할 수 있는 잡크래프팅 기회만을 가지고, 이 도전들에 대응하였다. 반면에 직급이 낮은 구성원들은 잡크래프팅의 도전을 그들에 대한 다른 사람의 기대로 보고, 잡크 래프팅에서 새로운 기회를 창출하도록 다른 사람의 지원을 받아 이 도전에 대응하였다. 직급이 높은 구성원들은 잡크래프팅의 자유를 더 제한적으로 느끼는 반면, 직급이 낮은 구성원들은 상대적으로 더 자율적으로 느끼고 주도적으로 잡크래프팅하는 것 같았다. 이러한 결과는 규정된 직무설계 안에서의 공식적인 자율성과 힘의 수준이 반드시 구성원들의 잡크래프팅 기회에 대한 지각에 영향을 미치는 것은 아님을 시사한다. 오히려 더 큰 공식적 자율성과 힘이 잡크래프팅을 심리적으로 더 제한하는 것 같았다.

다른 질적 연구에서 브레그, 그랜트, 존슨(Berg, Grant & Johnson, 2010)은 사람들이 본질적으로 즐겁고, 의미가 있으며, 또 중요한 자기의 일부이기 때문에 추구한다고 느끼는 자신의 직업 소명이 아니라, 아직 찾지 못한 직업 소명(즉, 직업들)을 추구하기 위해 어떻게 잡크래프팅을 하는지를 검토하였다. 이들은 사람들이 3가지의 잡크래프팅 기법을 활용하여 현재의 직업 안에서 아직 찾지 못한 소명(unanswered calling)의 바람직한 요소들을 추구한다는 것을 발견하였다. 3가지 기법은 (a) *과업 강조하기(task emphasizing)*, 즉 아직 찾지 못한 소명과 관련된 과업에 더 많은 시간, 에너지, 주의를 배정하는 것, (b) *직무 확장하기(job expanding)*, 즉 관련이 있는 새로운 과업이나 프로젝트를 더 하는 것, (c) *역할 재구성하기(role reframing)*, 현재 역할의 목적과 답을 찾지 못한 소명을 마음속으로 연결 짓는 것이다. 이러한 잡크래프팅 기법을 활용하여 아직 찾지 못한 소명을 추구하면서 즐겁고 의미 있는 경험을 할 수도 있지만, 동시에 그 과정에서 부정적인 결과도 있을 수 있다. 예를 들어, 아직 찾지 못한 소명을 추구하는 것이 어렵거나 좌절스러울 때는 이를 위해 잡크래프팅에 관여하는 것이 스트레스가 된다. 더욱이, 그러지 않았다면 보이지 않으니 마음도 가지 않았을, 아직 찾지 못한 소명의 바람직하지만 얻기 어려운 측면을 다시 겪으며 후회할 수도 있다. 이런 결과들은 잡크래프팅이 양날의 칼이라는 것을 부각시킨다. 즉, 잡크래프팅은 항상 긍정적인 것이 아니고 의도하지 않은 부작용이 있을 수 있다는 것, 특히 그것이 조직의 목표와 어긋날 때 그렇다는 것이다.

일터에 적용하기

이론적인 연구의 증가를 통해 잡크래프팅은 보다 명료한 개념이 되었고, 현장전문가들이 일에서 경험하는 의미를 증진하도록 조직구성원을 돕는 도구로 활용되기 시작하였다. 이미 개발된 잡크래프팅 개념과 방법의 적용뿐만 아니라, 아직 널리 검증되지 않은 새로운 잡크래프팅 활용 방법들을 실험해볼 수 있는 기회가 많아지고 있는 것 같다. 다음에서는 일터에서 사용할 수 있는 잡크래프팅 방법을 몇 가지 검토해 보려고 한다. 모두 기존의 이론 및 연구에서 영감을 얻은 것이고, 그 중 몇 가지는 실제에서 검증이 된 것이다.

▋ 과업 변화를 통한 잡크래프팅

대부분의 직무는 그 일이 좀 더 의미 있게 되도록 변화시킬 수 있는 과업들로 구성되어 있다. 전통적인 직무설계이론에서는 과업들이 더 다양한 기술들을 포함할 때(*과업다양성: task variety*), 인식 가능한 전체 일의 한 부분으로 보일 때(*과업정체성: task identity*, Hackman & Oldham, 1976, 1980) 더 의미가 있다고 한다. 또한, 관계적 직무설계 관점(Grant, 2007, 2008; Grant & Parker, 2009)에서는 구성원들이 그들의 과제가 다른 사람들에게 영향을 미친다고 생각할 때(*과업중요성: task significance*), 그 일을 좀 더 의미 있게 경험하고, 더 높은 동기와 과업 수행을 하게 된다고 한다. 이러한 직무설계이론들과 버그, 그랜트, 존슨(Berg, Grant & Johnson, 2010)의 잡크래프팅 기법들을 조합하여 조직구성원들이 잡크래프팅을 통해 과업다양성, 과업정체성, 과업중요성을 개발하고, 그것으로 일의 의미를 증진시키는 방법을 3가지 제시하도록 하겠다.

- *과업 추가하기(Adding tasks)*. 조직구성원은 직무에서 의미를 찾을 수 있는 전체 과업 또는 프로젝트를 추가할 수 있다. 예를 들어, 기술(technology)에 흥미가 있는 인사 담당자라면 취업 지원자의 관심을 끌고 소통할 수 있는 사회적 매체를 사용하는 과업을 추가할 수 있을 것이다. 이 과업을 추가하면, 새롭고 바람직한 기술의 적용이나 개발을 통해 지원자가 그의 노력이 취업 결과에 어떤 영향을 미치는지를 좀 더 쉽게 추적할 수 있을 것이다. 이런 변화가 그 직무의 과업들에 깊이 영향을 미치는 만큼 일의 의미도 더 깊게 느끼게 해 줄 것이다.
- *과업 강조하기(Emphasizing tasks)*. 구성원은 자기 직무의 일부이며 의미 있게 보이는 어떤 과업에 더 많은 시간과 에너지, 주

의를 기울임으로써 이익을 얻을 수 있다. 예를 들어, 치과의사
라면 환자에게 건강한 치아 관리 습관을 교육하는 데 더 많은
시간을 들일 수 있다. 이렇게 해서, 기존의 직무 중 의미 있다
고 생각되는 부분을 더 강화할 수 있다.

■ *과업 재설계하기(Redesigning tasks).* 특히 시간의 제한으로 인해
과업을 추가하거나 강조하기 어려울 때, 조직구성원들은 기존의
과업들을 좀 더 의미 있게 재설계하는 방법을 찾을 수 있다. 예
를 들어, 경험이 많은 영업사원이라면 영업을 할 때 새 동료를
데리고 가 영업을 하고 동료 훈련도 할 수 있을 것이다. 새 동
료가 중요한 관계를 맺고 직무를 익히도록 도우면서 평범한 과
제를 좀 더 의미 있게 만들어 활력이 생길 수 있다.

▌관계 변화를 통한 잡크래프팅

과업 크래프팅 외에도, 구성원들은 접촉 및 관계를 형성하는
사람과 방법에 변화를 줌으로써, 일에서 다른 사람들과 좀 더 의
미 있게 상호작용할 수 있다. 우리는 장기적인 관계(relationships)로
발전하거나 그렇게 되는데 기여할 수 있는 짧고 일시적인 상호작
용을 *접촉(connections)* 이라고 부를 것이다. 우리는 조직구성원 상
호작용에 대한 광범위한 연구로부터 단기간의 접촉, 특히 양질의
접촉(구성원들이 상호 신뢰, 긍정적 존중, 활력을 경험하는 곳)이 굉장히 중
요하다는 것을 알게 되었다(Dutton & Heaphy, 2003). 사람들간의 양
질의 접촉은 더 나은 직무 및 진로 적응성(Ibarra, 2003), 직무 몰입(
job commitment) 증진과 좀 더 긍정적인 업무 태도(Chiaburu &
Harrison, 2008), 더 나은 심리적 기능(Heaphy & Dutton, 2008), 고통으
로부터의 회복(Lilius et al., 2008)과 관계가 있었다. 더욱이, 직무에서
타인과의 관계는 조직구성원들이 자신의 일, 직무, 직무 속 자신

에 대한 의미를 이해하는 데 핵심적인 자료가 된다(Wrzesniewski, Dutton, & Debebe, 2003). 따라서 관계 -그리고 관계를 형성하는 짧은 접촉들- 는 잡크래프팅을 통해 열 수 있는 중요한 의미의 원천이다. 관계 만들기가 일의 의미를 촉진할 수 있는 3가지 주요 경로는 다음과 같다.

- *관계 구축하기(Building relationships)*. 구성원들은 자부심, 존엄성 또는 가치감을 느끼게 해주는 타인과의 관계를 만들어 의미를 증진하는 잡크래프팅을 할 수 있다. 예를 들어, 우리는 병원 환경미화원들이 환자 및 그 가족들과의 상호작용 중 감사한 마음을 더 많이 느끼고, 일의 의미감을 고양시키는 케어기버의 역할을 경험했기 때문에 그들과 더 많이 상호작용하였던 사례를 알고 있다(Wrzesniewski et al., 2003).

- *관계 재구성하기(Reframing relationships)*. 구성원들은 각 관계의 성격을 새롭고 더 의미 있는 목적에 대한 것으로 바꿈으로써, 관계 크래프팅을 할 수 있다. 예를 들어, 학교장이라면 교사들과의 관계를 단지 일을 감독하거나 평가하는 것보다는 각 개인의 업무 수행과 흥미를 알게 되는 것(그리고 그들도 교장을 이해하도록 돕는 것)으로 의미를 재구성할 수 있을 것이다. 이렇게 관계에 접근하게 되면, 교사들과의 상호작용의 성격과 내용이 바뀌어 학교장은 더 많이 질문하고 (단지 지시만 하던 것과 달리) 이런 행동 이면의 이유를 설명하게 되며, 교사들과 더 양질의 접촉을 하게 되어 학교장과 교사들이 그 관계로부터 얻을 수 있는 의미를 증진시킬 수 있을 것이다(Gerstner & Day, 1997; Laschinger, Purdy, & Almost, 2007).

- *관계 적응하기(Adapting relationships)*. 관계의 목적을 바꾸거나 새로운 목적을 추가하는 대신, 다른 사람이 직무를 수행하도록 도와주고 지원해주어 다음에 그들도 남들을 돕고 지원할 수 있도록 격려함으로써 의미를 증진하는 관계 크래프팅을 할 수 있

다. 이러한 적응은 상호 신뢰, 긍정적 존중, 활력 수준을 증진시켜 양질의 접촉을 할 수 있게 하여 구성원들의 직무를 구성하는 관계들을 심화하고 강화해 줄 것이다. 이렇게 조직구성원들은 새로운 관계를 만들거나 관계의 목적을 바꾸지 않고도 현재의 관계 안에서 의미를 찾을 수 있게 된다. 하지만 직무가 고도로 구조화된 것이거나 조직이 아주 작은 경우는 이렇게 하기 어렵거나 불가능할 수 있다. 예를 들어, 플레처(Fletcher, 1998)는 엔지니어들이 다른 사람들을 돕고 지원해줌으로써 자기 직무에서 성공한다는 것을 발견하였다. 그녀는 이러한 상호작용 방식을 *상호 동기부여(mutual empowering)*라고 하였는데 이는 관계적 잡크래프팅의 한 형태로서 이를 통해 양 쪽이 귀중한 도움과 지원을 쉽게 주고받는 의미 있는 관계를 강화할 수 있다. 이와 같이 조직구성원들은 새롭거나 경험이 적은 동료와의 관계를 멘토링이나 코칭에 초점을 맞춰 지원하여 멘토나 멘티 모두에게 의미 있는 직무 크래프팅을 할 수 있다(Ragins & Kram, 2007).

▌지각 변화를 통한 잡크래프팅

과업 및 관계 크래프팅과 달리 지각 크래프팅은 하고 있는 과제나 상호작용하는 사람과 같이 직무와 관련된 물리적 또는 객관적인 것을 바꾸는 것이 아니다. 지각 바꾸기는 −또는 *인지적 잡크래프팅*− 과제, 관계 또는 직무 전체에 대해 생각하는 방식 변화를 통해 나타나는 의미 증진을 가리킨다. 이와 같은 정신적 형태의 잡크래프팅의 잠재력은 구성원들이 직무 자체의 물리적/객관적인 것은 전혀 바꾸지 않고 일에 대한 주관적인 경험 방식을 변화시키는 사고방식(mind-sets)의 힘에 관한 연구에서 증명되었다(Crum & Langer, 2007; Langer, 1989). 직무에 대한 지각 크래프팅을 통해 자기 일의 의미를 좀 더 경험할 수 있는 3가지 방식이 있다. 앞에서 언급한 것처럼, 여기에는 구성원들이 직무를 보는 방식을 재구성하기 -예를 들어, 병원 환경미화원이 자신의 일을 치유자나 케어기버로 생각하는 것- 가 포함된다. 잡 크래프터들은 팀에서, 조직에서, 또는 사회에서 직무와 그것의 의미가 무엇인지 다시 생각하여 자기 일(그리고 자기 자신)에 더 큰 중요성과 가치를 불어넣을 수 있다.

- *지각 확장하기(Expanding perceptions)*. 조직구성원들은 자기 직무의 영향이나 목적에 대한 지각을 확장함으로써 의미를 증진할 수 있다. 이는 구성원들이 자신의 직무를 일련의 분리된 과업이나 관계들이 아니라 하나의 전체로 생각하는 데서 나온다. 본인 직무의 전체적인 목적을 마음에 새기면, 자신이 하고 있는 노력의 궁극적인 열매와 수혜자들을 더 잘 연결시킬 수 있고(Grant, 2007), 그 결과, 본인의 일을 좀 더 의미 있고 목적이 있는 것으로 경험하게 된다(Hackman & Oldham, 1976, 1980). 예를 들어, 번더슨과 톰슨(Bunderson & Thompson, 2009)은 많은 동물원 근무자들이 -대개 우리를 청소하고 동물의 먹이를 주는- 자신의 일을 동물을 보호하고 적절한 돌봄을 제공하는 도덕적인 의무로 여긴다는 것을 발견하였다. 그리고 본인의 직무에 대한 이러한 전체적인 관점은 직무를 구성하는 개인적인 과제에만 초점을 맞추는 것보다 그들에게 더 많은 의미와 동기를 주는 것 같았다.
- *지각에 초점 맞추기(Focusing perceptions)*. 지각 확장하기와는 반대로 그들에게 중요하거나 귀중한 특정 과업과 관계에 초점을 맞추어 마음속으로 직무 목적의 범위를 좁힘으로써 의미를 증진할 수도 있다. 이 기법은 직무의 과업과 관계의 상당 부분을 싫어하지만 특정 부분에서는 의미를 찾을 수 있는 조직구성원들에게 가장 유용하다. 예를 들어, 아이디어 실행에 수반되는 코딩이 아니라 새로운 아이디어 창조에서 의미를 찾는 소프트웨어 엔지니어들이라면, 직무의 많은 부분이 새로운 아이디어 창조에 대한 것임을 강조하고 계속 이를 상기시킬 수 있을 것

이다. 자주 뒤로 한 발짝 물러서서 마음속으로 그들에게 가장 의미 있는 창조적인 측면에 초점을 맞춤으로써 의미 있는 부분은 좀 더 강화하고 덜 의미 있는 부분은 견뎌낼 수 있다. 또한 마음속으로 직무를 2가지로 나누면 -하나는 좀 더 의미 있는 것(새 아이디어 창조하기)과 덜 의미 있는 것(코딩)- 의미 있는 일은 덜 의미 있는 일을 견디도록 동기를 부여해주는 미래의 보상으로 생각할 수 있다(Oettingen, Pak, & Schnetter, 2001).

- *지각 연결하기(Linking perceptions)*. 지각에 초점을 맞추는 것 외에 직무의 여러 요소들을 이용하여 특정 과업 및 관계와 그들에게 의미 있는 흥미, 성과 또는 정체성간에 마음속으로 연결을 지을 수도 있다. 예를 들어, 스탠드업 코미디에 흥미가 있는 고객서비스 담당자라면 코미디를 하는 것과 일과 중에 고객과의 라포 형성을 위해 농담을 하는 순간을 마음속으로 연결 지을 수 있을 것이다. 그 두 경험이 연결되는 것을 보면, 그러한 고객과의 상호작용이 자신의 소중한 관심분야와 정체성에 접근하게 해주기 때문에 그에게는 더 의미 있게 지각될 것이다(Berg, Grant, & Johnson, 2010).

▌개인-직업 적합성 높이기: 동기, 강점, 흥미를 활용하여

개인-직업 적합성(person-job fit)에 관한 연구에서는 조직구성원들이 자신과 직업이 잘 맞는다고 볼수록 그 일이 의미 있게 경험되고, 조직에서의 직무 수행과 만족도가 높고, 근무기간이 긴 것으로 나타났다(Caldwell & O'Reilly, 1990; Kristof-Brown, Zimmerman, & Johnson, 2005). 앞에서 설명한 9가지 잡크래프팅 기법은 모두 조직구성원들이 자기 직무를 재설계해서 자기에게 더 잘 맞게 하는 것이다. 여기에서 이런 질문을 할 수 있을 것이다. 스스로에게 적합하도록 잡크래프팅을 하려면, 자신의 어떤 면에 초점을 맞춰야 할까? 잡크래프팅에 관한 우리의 연구, 특히 조직구성원들이 자신에게 의미 있고 조직에도 도움이 되도록 어떻게 잡크래프팅을 하는지 살펴본 결과, 조직구성원들이 사용하는 개인적 특징을 3가지로 범주화할 수 있었다.

- *동기(Motives)*. 조직구성원들이 노력하고 인내하게 되는 핵심 동기(예: 즐거움, 개인의 성장, 우정), 즉 구체적인 성과와 일치하는 잡크래프팅은 그들이 관심을 갖고 매우 가치있게 생각하는 성과를 추구하게 하여 의미를 증진시킬 수 있다(Ambrose & Kulik, 1999).
- *강점(Strengths)*. 조직구성원들이 자기의 강점(예: 문제해결 기술, 세부사항에 대한 관심, 대중연설), 즉 일에 생산적으로 적용할 수 있는 재능을 강화하는 잡크래프팅은 그들이 원래 잘 할 수 있는 것을 강화하여 의미를 증진시킬 수 있다(Clifton & Harter, 2003).
- *흥미(Passions)*. 많은 관심을 촉발하는 활동(예: 학습, 교육, 기술 활용)과 주제를 추구하는 기회를 만드는 잡크래프팅은 즐거움, 몰입, 의미의 풍요로운 원천이다(Csikszentmihalyi, 1990; Vallerand et al., 2003; Wrzesniewski, Rozin, & Bennett, 2002).

조직구성원들이 이 3가지 특징과 크래프팅한 직무를 잘 맞출 수 있다면, 일을 더 의미 있게 만들 수 있을 것이다. 특히, 조직구성원들의 동기, 강점 및 흥미는 개인이 가치를 두는 욕구와 능력을 활용하게 해주기 때문에 동기, 강점 및 흥미를 강화시키는 잡크래프팅은 의미를 더욱 증진시킬 것이다. 본질적으로 이 세 범주는 조직구성원들이 더 적합한 직무 크래프팅을 하기 위해 자신의 어떤 측면을 노력해야 하는지 생각해 볼 수 있는 좀 더 체계적인 근거가 된다.

▌잡크래프팅을 위한 사고방식 구축하기: 작은 성공경험 강조하기

조직구성원이 주도성에 가치를 두고 장려하는 *사고방식(mind-set)* −세상을 보고 해석하는 특정 방식(Dweck, 2007; Langer,1989)− 을 가지고 있다면, 앞에서 확인한 모든 전략들은 향상될 수 있을 것이다. 어떤 사람은 성격은 고정적이고 바뀌지 않는다는 사고방식을 갖고 있고 또 어떤 사람은 사람들이 상당히 바뀔 수 있고 바뀔거라고 믿는 것처럼(Dweck, 1999), 어떤 조직구성원은 자기 직무가 고정적이고 바뀔 수 없다고 보는 반면, 다른 사람은 유연하고 바뀔 수 있는 것으로 본다. 잡크래프팅적 사고방식은 '잡크래프팅은 가능하다'는 기저의 믿음에서 출발한다. 다시 말하면, 잡 크래프터들은 직무란 바뀔 수 없는 요구를 그들에게 부과하는 고정된 것이 아니라, 그들이 주도적으로 조성할 수 있는 것이라고 믿어야 한다. 결국, 잡크래프팅은 직무에 변화를 도입할 기회가 있고, 그러한 작업이 가능하다는 믿음이 없다면 할 수 없는 것이다.

직무 자체의 유연성에 대한 이러한 믿음 외에도 잡크래프팅을 위한 사고방식에는 크래프팅 기회에 대한 지속적인 관심이 포함된다. 나아가 잡크래프팅은 일의 중요성을 구조화하는 다양한 방식뿐만 아니라 직무를 구성하는 과업과 관계의 다양한 측면을 실험하려는 의지에 달려있다. 직무를 크게 변화시키기는 어렵기 때문에, 특히 그 변화가 규정에 어긋난다거나 다른 사람의 일을 방해하는 경우, 시간이 지나면서 잡크래프팅적 사고방식을 유지하지 못하고 실패하거나 기대에 미치지 못할 수 있다. 잡크래프팅적 사고방식을 유지하는 데 도움이 되는 한 가지 전략은 "작은 성공경험들(small wins)"에 초점을 맞추는 것이다(Weick, 1984). *작은 성공경험들*, −즉 비교적 작은, 개선의 증가− 이라는 말로 성공을 정의하면, 잡 크래프터들이 좌절감이나 환멸감에서 벗어나 잡크래프팅적 사고방식을 잘 유지하게 될 것이다. 작은 성공경험들이 축적되면, 변화의 증가로 인해 직무의 변화가 더 크고 더 많아질 수 있다.

마지막으로, 잡크래프팅적 사고방식은 변화가 긍정적인지 부정적인지, 적절한지, 적절하지 않은지에 대한 구성원의 믿음 같이 단순한 것에 달려있기도 하다. 잡크래프팅적 사고방식을 가진 구성원들은 본인에게 작더라도 직무를 만들 권리가 있다고 생각하는 반면, 그렇지 않은 구성원들은 관리자나 힘을 가진 사람들만이 일에 변화를 제시하거나 도입할 자유가 있다고 생각한다. 일을 변화시키는 통제력을 누가 가지고 있느냐에 대한 이러한 믿음은 직무를 유연하게 대하는지 혹은 고정적으로 대하는지를 알게 해준다. 그리고 이러한 믿음은 조직구성원들이 잡크래프팅을 긍정적으로 보는지 아니면 불문율을 깨는 것으로 보는지에서 나타난다. 잡크래프팅적 사고방식은 구성원들이 주체성(agency)을 가지고 있으며, 이 주체성을 발휘하는 것이 바람직하다고 믿는 마음의 틀로부터 자란다. 오직 그럴 때에만 구성원들은 그들이 지각하거나 창조할 수 있는 잡크래프팅 기회를 잡게 될 것이다.

▌통합: 잡크래프팅 훈련

*잡크래프팅 훈련(Job Crafting Exercise)*은 사람들이 동기, 강점 및 흥미와 더 잘 맞는 직무 크래프팅의 기회를 찾도록 돕는 도구이다. 이 훈련은 구성원들이 의미를 증진하여 개인과 조직에 바람직한 성과를 낳을 수 있도록 직무 크래프팅 방법에 대한 이론과 질적인 경험연구에 기초하여 개발되었다. 훈련과 훈련에 필요한 자료는 미시간 로스 비즈니스 스쿨 긍정적 조직학 센터(Center for Positive Organizational Scholoarship at the University of Michigan's Ross School of Business)에서 지침서로 판매되고 있다(http://www.jobcrafting.org).

이 훈련의 핵심 아이디어는 사람들이 어떤 직무에 안정이 되면 그것을 고정된 책무 목록으로 보는데 그게 아니고 직무를 융통성이 있는 상자로 생각하게 하는 것이다. 이 훈련은 참여자들이 자기 직무를 유연하게 시각적으로 생각하도록 격려하여 좀 더 변화 가능한 것으로 보게 하기 때문에 잡크래프팅적 사고방식을 촉진시켜 준다. 참여자들은 *사전 스케치(before sketch)*를 만들어 현재 직무에 시간과 에너지, 주의를 얼마나 기울이는지를 빠르게 측정한다. 이를 위해, 직무를 3가지 상자에 나눠 넣는다. 가장 많은 시간과 에너지, 주의를 들이는 과업들은 가장 큰 상자에 넣는다. 가장 적은 시간과 에너지, 주의를 들이는 과업들은 가장 작은 상자에 넣는다. 그리고 중간 정도의 과업들은 중간 크기의 상자에 넣는다(그림 4.2). 이 부분은 참여자들이 개인의 자원을 일에 어떻게 배정하는지를 간단명료하게 보여준다.

다음 두 번째 부분에서는 *사후 설계(after diagrm)*를 만든다(그림 4.3). 사전 스케치는 참여자들이 현재 직무를 어떻게 하고 있는지를 보여주는 반면, 사후 설계는 좀 더 이상적인 (그러나 여전히 현실적인) 직무 버전을 보여주는 것이다. 사후 설계는 참여자들이 좀 더 의미 있게, 그래서 좀 더 즐겁고 만족할 수 있게 직무 크래프팅하는 기회들을 보여준다. 사후 설계를 만들기 위해 참여자들은 앞에서 언급된 자신의 3가지 측면, 즉 동기와 강점, 흥미를 확인한다. 그 다음 이 세 측면을 생각하면서 앞으로 시간과 에너지, 주의를 쏟고 싶은 방식대로 새로운 과업 상자들을 만든다. 참여자들은 자기의 동기와 강점, 흥미를 기준으로 삼아 직무에 포함된 각각의 과업이 그것들에 얼마나 잘 맞는지를 평가한다. 사후 설계의 마지막 단계는 참여자가 공동의 목표에 기여한다고 생각하는 과업 주위에 역할 원(role frames)을 그리는 것이다. 역할 원은 참여자에게 의미 있는 방식으로 마음속으로 과업명을 붙이는 것이기 때문에 인지/지각 크래프팅을 도와준다. 참여자들은 사후 설계를 하면서 의미를 증진시키는 직무 크래프팅 방법을 이해하게 된다. 훈련의 마지막 단계는 참여자들이 사후 설계에서 그린 좀 더 이상적인 직무 버전을 실현하기 위해 장단기적인 구체적 목표와 전략을 수립하는 행동 계획을 만드는 것이다.

그림 4.2

대부분의 시간, 에너지, 주의

과업 이벤트 조직하기	**과업** 일정 조정하기	**과업** 회의 계획하고 참석하기

중간 정도의 시간, 에너지, 주의

과업 보고서 쓰기	**과업** 서류 작성, 팩스, 복사	**과업** 전화 응대

최소한의 시간, 에너지, 주의

과업 비품 관리	**과업** 중요한 사람들 과의 네트워킹

행정 직원의 사전 스케치(잡크래프팅 훈련 1부). 이 사례는 현재 자기 직무에서 시간, 에너지, 주의를 어떻게 사용하고 있는지를 보여주는 잡크래프팅 훈련의 한 부분이다. 다음의 〈그림 4.3〉은 행정 직원의 사후 설계를 보여준다.

출처: *Job Crafting Exercise*, by J. M. Berg, J. E. Dutton, & A. Wrzesniewski, 2008.

그림 4.3

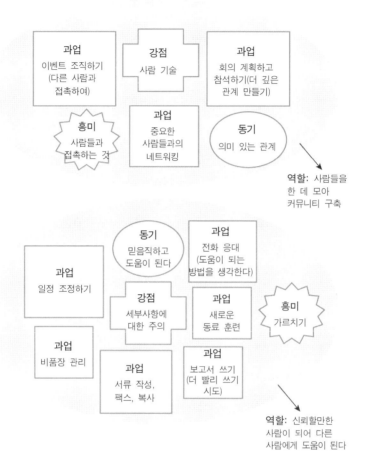

행정 직원의 사후 설계(잡크래프팅 훈련 2부). 이 행정 직원의 사후 설계
는 시간, 에너지, 주의를 좀 더 이상적으로 (그러나 여전히 현실적으로)
배정한 것이다. 이 행정 직원은 "새로운 동료 훈련시키기" 과업을 추가하
고, "보고서 쓰기"를 작은 상자로 옮기고 "중요한 사람과의 네트워킹"은
중간 크기의 상자로 옮겨 넣었다.

출처: *Job Crafting Exercise*, by J. M. Berg, J. E. Dutton, & A. Wrzesniewski, 2008.

▌잡크래프팅의 기반 마련하기: 직무기술로부터 직무 조망으로

앞에서 논의한 것처럼, 우리의 연구는 조직구성원들에게 공식적인 직무설계 안에서 공식적으로 자율성과 권한(power)을 준다고해서 그들이 반드시 직무 크래프팅에 대한 자율성을 경험할 것이라고 믿기는 어렵다는 것을 알게 해주었다. 많은 공식적인 자율성과 권한을 가진 구성원들조차도 단조로운 일정 속에 갇혀있다고느끼고 직무를 구성하는 과업과 관계들을 경직되고 고정된 것으로보는 경향이 있기 때문에 잡크래프팅에 대해 제한적으로 느낄 수있다(Berg, Wrzesniewski, & Dutton, 2010). 구성원들이 직무설계를 고정된 것으로 취급하면 많이 변화시킬 수 없기 때문에 이는 혁신과신속한 적응에 가치를 두는 조직에게는 문제가 된다. 그래서 직무가 어떻게 설계되어야 장기적으로 잡크래프팅을 위한 기반을 마련할 수 있는지 라는 질문이 생긴다.

우리의 연구는 잡크래프팅을 촉진하는 직무설계의 한 가지 열쇠는 구조와 자유간에 적절한 균형을 찾는 데 있다는 점을 알게 해주었다. 많은 공식적 자율성과 권한을 가진 구성원들이 여전히 잡크래프팅할 기회에 대해서는 제한적인 느낌을 가질 수 있다는 것외에도 공식적인 자율성과 권한을 거의 갖지 못한 구성원들이 잡크래프팅할 기회를 만드는 데 많은 노력을 기울인다는 것도 발견하였다(Berg, Wrzesniewski, & Dutton, 2010). 가외의 노력이 필요함에도불구하고, 이 구성원들에게는 좀 더 구조화된 직무설계 덕분에 잡크래프팅의 기회를 인식하기가 비교적 쉬웠던 것이다. 이들의 직무는 수단과 목적이 분명하게 설정된 과업을 포함하고 있었기 때문에(예: 다음 단계를 따라 이 기계를 사용하시오, 또는 이 자료는 이렇게 넣으시오) 직무의 "여백", 다시 말해 새로운 과제나 관계를 끼워 넣거나 중요하지 않은 과제나 관계를 뺄 수 있는 곳을 보기가 쉬웠다. 이와 반대로 직급이 높은 구성원들의 직무설계는 대부분 그들 스스로 추구하는 방법을 결정해야 하는 최종 목표들로 구성되어 있었다. 구조가 없다는 것과 최종 목표를 추구해야 하는 지속적인 압력이 결합되어 잡크래프팅의 기회를 인식하기가 더 어려운 것 같았다.

다시 말하면, 직무의 경계선 밖에 색을 입히려면, 먼저 거기 경계선이 있어야 한다는 것이다. 따라서 문제는 적절한 양과 구조가 있어 잡크래프팅의 기회를 인식하되 거기에 너무 많은 노력을 기울일 필요가 없는 직무설계를 만드는 것인 것 같다. 우리는 이러한 균형을 취하는 틀로 *직무 조망(job landscape)*이라는 개념을 제안한다. 전통적인 직무설계(또는 직무기술: job description)는 책임 및 보고 체계(duties and reporting relationships)에 대한 고정된 목록이다 (Ilgen & Hollenbeck, 1991). 그러나 직무 조망에는 2가지 요소가 포함된다. (a) 구성원에게 부과된 일반적인 최종 목표 목록과 (b) 최종 목표들이 다른 관련 구성원이나 부서의 최종 목표들과 중첩되고 연관되는 상호의존성 또는 방식들이다. 직무 조망은 자신의 최종 목표들이 다른 사람들의 최종 목표들과 어떻게 관련되는지를 설명해주기 때문에 구성원들의 일이 어떻게 주위 사람들의 일과 상호 연관되는 지를 더 잘 이해하게 해준다(예: 마케팅 담당자의 마케팅 전략 수립 및 추진 목표는 판매 가능한 상품들을 만들고 개발하는 연구개발 목표와 중첩된다). 직무 조망은 공유된 목표들을 추구하는 방법은 제시하지 않는다. 그것은 구성원들이 상호의존하는 사람들과의 협력을 통해 결정하게 되는 것이다.

조망 설계(landscape design)라는 거시 이론들에서 보면(Levinthal & Warglien, 1999), 상호의존은 구조와 자유간에 적절한 균형을 맞춰주어 잡크래프팅을 가능하게 해준다. 이는 개인이 갈 수 있는 경로는 다른 사람들의 행동과 반응에 제한을 받지만, 중앙의 통제를 받기보다 상황에 대해 모두가 알고 있는 것에 근거해서 어떻게 행동할지 결정할 수 있다는 점에서는 변화 가능(malleable)하다는 의미이다. 직무 조망은 상호의존과 최종 목표들은 규정하지만 이 목표들을 추구하는 방법은 규정하지 않음으로써 전통적인 직무기술에서처럼 일련의 과업과 보고 체계에서 벗어날 수 있다. 전통적인 직무기술이 대개 위에서 아래로, 일률적으로(top-down, one-size-firs-all) 구성원들을 제한하는 것이라면, 직무 조망은 구성원들에게 제한도 있지만, 다른 사람들과 함께 아래에서 위로 직무를 맞춰갈 수 있는 기회도 준다. 직무 조망 설계의 핵심은 대강의 조망을 만들되, 구성원들과 관계가 없거나 구성원들이 관리하지 못할 정도로 많은 상호작용이 포함되지 않도록 하는 것이다.

과업 크래프팅을 할 수 있도록 구조와 자유의 균형을 맞추는 것 외에 구성원에게 그들의 일이 다른 사람들의 일과 어떻게 연관되어 있는지를 규정해주면, 인지 및 관계 크래프팅을 통한 의미 증진에 도움이 될 수 있다. 직무 조망은 직무 담당자 주위의 관계적 상호의존을 명료하게 해주기 때문에 구성원들이 자기 일이 어떻게 조직 내의 다른 사람들에게 영향을 미치는지를 더 쉽게 이해하게 해준다. 이는 긍정적인 의미 만들기를 촉진시키고(Wrzesniewski et al., 2003) 동기와 수행을 증진시킨다(Grant, 2007, 2008).

요약하면, 직무 조망은 신속한 혁신과 적응에 가치를 두기 때문에 잡크래프팅이 특별히 중요한 조직에, 직무를 설계하는 다른 접근법을 제공해준다. 결국, 구성원들의 직무 내용이 항상 같다면, 조직은 그다지 크게 변하지 않는 것 같다. 우리는 연구자와 현장 전문가들이 직무 조망의 개념을 탐색하고, 그것들이 어떻게 그리고 언제 잡크래프팅을 촉진하는데 사용될 수 있는지에 대한 지식을 쌓아가기를 희망한다(표 4.1).

표 4.1　일터에 초점 맞추기: 잡크래프팅 관점

제안점	현장 검증된 제안점	이론에서 추출된 제안점	연구에서 지지된 제안점
과업 변화를 통한 잡크래프팅 a, b	V	V	V
관계 변화를 통한 잡크래프팅 a, c	V	V	V
지각 변화를 통한 잡크래프팅 a, c	V	V	V
개인-직업 적합성 크래프팅: 동기 d, 강점 e, 흥미 a, f 사용하기	V	V	V
잡크래프팅적 사고방식 함양		V	
잡크래프팅 훈련 a, g	V	V	V
잡크래프팅의 기반 만들기: 직무기술에서 직무 조망으로		V	

a: Berg, Grant, & Johnson(2010)
b: Leana, Appelbaum, & Shevchuk(2009)
c: Wrzesniewski, Dutton, & Debebe(2003)
d: Ambrose & Kulik(1999)
e: Clifton & Harter(2003)
f: Csikszentmihalyi(1990)
g: Berg, Wrzesniewski, & Dutton(2010)

이론, 연구 및 실천의 미래 방향

잡크래프팅에 관한 학술연구는 비교적 최근의 것이기 때문에 일에서 의미를 증진하는 방법으로서의 잡크래프팅의 촉발요인, 중재요인, 그리고 성과에 대해 중요하지만 아직 답을 찾지 못한 질문들이 많이 있다. 첫째, 여전히 잡크래프팅을 가능하게 하거나 제한하는 개인적, 직업적, 조직적 요인이 무엇인지 아는 바가 거의 없다(Morgeson, Dierdorff, & Hmurovic, 2010). 어떤 성격 특질이 구체적인 크래프팅 형태와 관련이 있는가? 유익한 잡크래프팅을 촉진하는 특별한 관리 행동이나 집단 역동 또는 실천활동이 있는가? 잡크래프팅은 전파될 수 있는가? 다시 말해 한 사람이 잡 크래프트를 하면 연쇄적으로 같은 네트워크에 있는 다른 사람들도 크래프팅에 참여하게 되는가? 잡크래프팅을 가능하게 하거나 억제하는 조직 문화의 역할은 무엇인가?

둘째, 잡크래프팅이 단회적 이벤트가 아니라 진행 중인 역동적 과정이라는 사실에도 불구하고, 잡크래프팅에서 시간의 역할을 확인한 이론이나 연구는 거의 없었다. 향후 장기종단 연구를 통해 다양한 잡크래프팅 경로를 탐색할 수 있을 것이다. 구성원들이 크래프팅을 시도할 때 그리고 그것이 가장 유익하거나 댓가가 클 때의 어떤 패턴들이 있는가? 장기 재직자들이 잡크래프팅에 더 관여하는가 아니면 잡크래프팅은 일에 익숙해지기 전에 직무에서 더 많은 가능성을 볼 수 있는 신임 구성원들의 영역인가?

셋째, 어떤 연구에서는 잡크래프팅을 업무 수행 및 지각과 관련된 특정 성과와 연결 지었지만(Berg, Grant, & Johnson, 2010; Leana et al., 2009), 구체적인 크래프팅 형태를 특정 개인 및 조직의 긍정적, 부정적 성과와 연결 짓는 이론과 연구가 더 많이 필요한 것 같다. 언제 그리고 어떻게 잡크래프팅이 집단 또는 조직 수준에서 혁신의 원천이 되는가? 어떤 조건하에서 어떤 크래프팅 형태가 손해가 되는가, 즉 개인 및 조직에 부정적인 부작용을 가져오는가(예: 소진, 스트레스, 수행 감소)?

모든 직무와 상황이 잡크래프팅에 똑같이 이바지하는 것은 아니다. 연구자와 현장전문가들은 경계 조건들(boundary conditions)을 심각하게 고려해야 한다. 예를 들어, 어떤 직무 구조는 -예: 항공통제사, 핵발전소 기술자, 응급실 담당자, 소방관(Roberts, 1990)- 과업 및 관계 크래프팅을 제한하는 엄격한 규칙 준수와 융통성이 없는 절차 이행을 요구한다(하지만 인지 크래프팅은 그만큼 제한적이지 않을 수 있다). 이와 비슷하게, 어떤 구성원들은 직무를 재정의하거나 크래프팅하려는 노력을 금하거나, 벌을 주는 조직에 있다는 것을 발견할 수 있다. 왜냐하면 그들이 상호의존하는 동료들이 그 일을 특정 방식으로 행하기를 요구하고, 관리자들이 규정된 방식으로 수행하기를 요구하며, 또는 이 둘이 다 요구하기 때문이다. 이렇게 강력한 사회적 압력은 경직된 환경을 만들어(Mischel & Shoda, 1995) 구성원들의 과업 및 관계 크래프팅 기회를 제한하는 것 같다. 직무에 대한 변화된 지각이 동료, 관리자 또는 둘 다에게서 오는 상황적 압력과 요구를 거스른다면 그 지각 변화를 계속 유지하기는 어렵겠지만, 그런 경직된 상황에서도 여전히 지각 크래프팅을 할 수는 있다. 이런 제한적인 환경에서는 잡크래프팅의 심리적, 대인적 댓가 그리고 수행의 댓가에 대해 방심하지 않아야 혜택을 볼 수 있다. 구성원들은 자기들의 평가를 근거로 크래프팅의 제한이 크래프팅을 포기하라는 것인지, 언제 포기해야 하는지, 또는 아주 불만족할 때 직업이나 조직을 모두 떠날지를 결정할 것이다.

잡크래프팅에 한계가 있기는 하지만, 현장전문가와 관리자들이 잡크래프팅 적용에 대해 배울 수 있는 기회는 많다. 첫째, 현장전문가와 관리자들은 잡크래프팅을 촉진하는 다양한 방법들을 탐색할 수 있을 것이다. 1대 1 코칭, 집단 워크숍, 또는 개인적으로 시범을 보임으로써 잡크래프팅을 격려하는 것이 가장 좋다. 둘째, 잡크래프팅 훈련은 비교적 새로운 도구이기 때문에 지금까지 개인이 혼자 연습하는 것만 검증되었다. 하지만, 집단이나 팀이 서로 일을 나누거나 집단원이 합의하여 직무 변화를 결정하는 집단적인 잡크래프팅에 참여하여 함께 해보는 것도 효과가 있을 것이다(Leana et al., 2009). 셋째, 직무 크래프팅 훈련이 직무 크래프팅 기회를 만드는데 유용할 수 있지만, 구성원들로부터 가장 많이 듣게 되는 어려움 중의 하나는 훈련 중에 만든 계획을 실천하는 것이다. 이전의 일상으로 돌아가거나, 매일매일의 단조로운 직무에 휘말리거나, 잡크래프팅을 잊어버리기 때문이다. 우리는 현장전문가들과 관리자들을 초대하여 구성원들이 크래프팅을 실행하는 최상의 전략과 그것에 대해 이야기할 사람 정하기, 이상적인 직무 버전을 만들기 위해 목표를 증대하는 프로그램 만들기, 크래프팅 프로그램을 논의할 회의 일정 잡기, 또는 크래프팅 시간 떼어놓기와 같이 크래프팅 수행을 돕는 다양한 방법들을 실험하고 있다.

결 론

이론적이든, 실천적 영역이든, 잡크래프팅은 구성원들이 어떻게 아래에서 위로 직무를 재설계하고, 좀 더 의미 있는 일을 창조하는 지를 이해할 수 있는 흥미로운 방법이다. 잡크래프팅에 초점을 맞춤으로써 연구자와 현장전문가들에게 본래 직무는 사고나 행동 면에서 변화가능한 것임을 일깨워 준다. 잡크래프팅은 우리로 하여금 직무에 기울이는 구성원의 일상적인 -이따금 놀라운- 노력에 관심을 갖게 한다. 의미가 부족한 세상에서 잡크래프팅은 구성원들이 의미를 증진하고, 그렇게 해서 자신과 조직에 가치 있는 성과를 창조하는 중요한 과정이 될 수 있다.

◉ 참고문헌 ◉

Ambrose, M. L., & Kulik, C. T. (1999). Old friends, new faces: Motivation research in the 1990s. *Journal of Management, 25,* 231-292. doi:10.1177/014920639902500302

Berg, J. M., Dutton, J. E., & Wrzesniewski, A. (2008). *Job Crafting Exercise.* Ann Arbor, MI: Regents of the University of Michigan.

Berg, J. M., Grant, A. M., & Johnson, V. (2010). When callings are calling: Crafting work and leisure in pursuit of unanswered occupational callings. *Organization Science, 21,* 973-994. doi:10.1287/orsc.1090.0497

Berg, J. M., Wrzesniewski, A., & Dutton, J. E. (2010). Perceiving and responding to challenges in job crafting at different ranks: When proactivity requires adaptivity. *Journal of Organizational Behavior, 31,* 158-186. doi:10.1002/job.645

Bunderson, J. S., & Thompson, J. A. (2009). The call of the wild: Zookeepers, callings, and the double−edged sword of deeply meaningful work. *Administrative Science Quarterly, 54,* 32-57. doi: 10.2189/asqu.2009.54.1.32

Caldwell, D. F., & O'Reilly, C. A. (1990). Measuring person-job fit with a profile−comparison process. *Journal of Applied Psychology, 75,* 648-657. doi:10.1037/0021−9010.75.6.648

Chiaburu, D. S., & Harrison, D. A. (2008). Do peers make the place? Conceptual synthesis and meta−analysis of coworker effects on perceptions, attitudes, OCBs and performance. *Journal of Applied Psychology, 93,* 1082-1103. doi:10.1037/0021−9010. 93.5.1082

Clegg, C., & Spencer, C. (2007). A circular and dynamic model of the process of job design. *Journal of Occupational and Organizational Psychology, 80,* 321-339.

Clifton, D. O., & Harter, J. K. (2003). Investing in strengths. In K. Cameron, J. Dutton, & R. Quinn (Eds.), *Positive organizational scholarship: Foundations of a new discipline* (pp. 111-121). San Francisco, CA: Berrett—Koehler.

The Conference Board. (2010). U.S. job satisfaction at lowest level in two decades [Press release]. Retrieved from http://www.conferenceboard.org/press/pressdetail.cfm?pressid=3820

Crum, A. J., & Langer, E. (2007). Mind—set matters: Exercise and the placebo effect. *Psychological Science, 18,* 165-171. doi:10.1111/j.1467—9280.2007.01867.x

Csikszentmihalyi, M. (1990). *Flow: The psychology of optimal experience.* New York, NY: Harper & Row.

Dutton, J., & Heaphy, E. (2003). The power of high—quality connections at work. In K. Cameron, J. Dutton, & R. E. Quinn (Eds.), *Positive organizational scholarship* (pp. 263-278). San Francisco, CA: Berrett—Koehler.

Dweck, C. S. (1999). *Self—theories: Their role in motivation, personality, and development.* Philadelphia, PA: Psychology Press.

Dweck, C. (2007). *Mindset: The new psychology of success.* New York, NY: Random House.

Fletcher, J. K. (1998). Relational practice: A feminist reconstruction of work. *Journal of Management Inquiry, 7,* 163-186. doi:10.1177/105649269872012

French, M. (2010). Job crafting. In R. Watkins & D. Leigh (Eds.), *Handbook of improving performance in the workplace: Vol. 2. Selecting and implementing performance interventions* (pp. 555—568). Hoboken, NJ: Wiley.

Frese, M., & Fay, D. (2001). Personal initiative: An active performance concept for work in the 21st century. *Research in Organizational Behavior, 23,* 133-187. doi:10.1016/S0191—3085(01)23005—6

Fried, Y., Grant, A., Levi, A., Hadani, M., & Slowik, L. (2007). Job design in temporal context: A career dynamics perspective. *Journal of Organizational Behavior, 28*, 911-927. doi:10.1002/ job.486

Gerstner, C. R., & Day, D. V. (1997). Meta—analytic review of leader-member exchange theory: Correlates and construct issues. *Journal of Applied Psychology, 82*, 827-844. doi:10.1037/0021—9010.82.6.827

Ghitulescu, B. E. (in press). Making change happen: The impact of work context on adaptive and proactive behavior. *Journal of Applied Behavioral Science.*

Grant, A. M. (2007). Relational job design and the motivation to make a prosocial difference. *Academy of Management Review, 32*, 393-417. doi:10.5465/AMR.2007.24351328

Grant, A. M. (2008). The significance of task significance: Job performance effects, relational mechanisms, and boundary conditions. *Journal of Applied Psychology, 93*, 108-124. doi:10.1037/0021—9010.93.1.108

Grant, A. M., & Ashford, S. J. (2008). The dynamics of proactivity at work. Research in *Organizational Behavior, 28*, 3-34. doi:10.1016/ j.riob.2008.04.002

Grant, A. M., & Parker, S. K. (2009). Redesigning work design theories: The rise of relational and proactive perspectives. *The Academy of Management Annals, 3*, 317-375. doi:10.1080/19416520 903047327

Hackman, J. R., & Oldham, G. R. (1976). Motivation through the design of work: Test of a theory. *Organizational Behavior and Human Performance, 16*, 250-279. doi:10.1016/0030—5073(76)90016—7

Hackman, J. R., & Oldham, G. R. (1980). *Work redesign.* Reading, MA: Addison—Wesley.

Heaphy, E., & Dutton, J. (2008). Positive social interactions and the human body at work: Linking organizations and physiology.

Academy of Management Review, 33, 137-162. doi:10.5465/AMR. 2008.27749365

Ibarra, H. (2003). *Working identity: Unconventional strategies for reinventing your career.* Boston, MA: Harvard Business School Press.

Ilgen, D. R., & Hollenbeck, J. R. (1991). The structure of work: Job design and roles. In M. D. Dunnette & L. M. Hough (Eds.), *Handbook of industrial and organizational psychology* (2nd ed., Vol. 2, pp. 165-207). Palo Alto, CA: Consulting Psychologists Press.

Johnson, R. W., Butrica, B., & Mommaerts, C. (2010). *Work and retirement patterns for the G.I. Generation, Silent Generation, and Early Boomers: Thirty years of change* (Discussion Paper 10−04). Retrieved from Urban Institute website: http://www.urban.org/ publications/412175.html

Kristof−Brown, A., Zimmerman, R., & Johnson, E. (2005). Consequences of individuals' fit at work: A meta−analysis of person-organization, person-group, and person-supervisor fit. *Personnel Psychology, 58,* 281-342. doi:10.1111/j.1744−6570.2005.00672.x

Langer, E. J. (1989). Mindfulness. Reading, MA: Addison−Wesley. Laschinger, H. K. S., Purdy, N., & Almost, J. (2007). The impact of leader-member exchange quality, empowerment, and core self−evaluation on nurse manager's job satisfaction. *The Journal of Nursing Administration, 37,* 221-229. doi:10.1097/ 01.NNA.0000269746.63007.08

Leana, C., Appelbaum, E., & Shevchuk, I. (2009). Work process and quality of care in early childhood education: The role of job crafting. *Academy of Management Journal, 52,* 1169-1192. doi: 10.5465/AMJ.2009.47084651

Levinthal, D. A., & Warglien, M. (1999). Landscape design: Designing for local action in complex worlds. *Organization Science, 10,* 342-357. doi:10.1287/orsc.10.3.342

Lilius, J. M., Worline, M. C., Maitlis, S., Kanov, J., Dutton, J. E., & Frost,

P. (2008). The contours and consequences of compassion at work. *Journal of Organizational Behavior, 29*, 193-218. doi:10.1002/job.508

Lyons, P. (2008). The crafting of jobs and individual differences. *Journal of Business and Psychology, 23*, 25-36. doi:10.1007/s10869－008－9080－2

Mischel, W., & Shoda, Y. (1995). A cognitive-affective system theory of personality: Reconceptualizing situations, dispositions, dynamics, and invariance in personality structure. *Psychological Review, 102*, 246-268. doi:10.1037/0033－295X.102.2.246

Morgeson, F., Dierdorff, E., & Hmurovic, J. (2010). Work design in situ: Understanding the role of occupational and organizational context. *Journal of Organizational Behavior, 31*, 351-360. doi:10.1002/job.642

Oettingen, G., Pak, H., & Schnetter, K. (2001). Self－regulation of goal setting: Turning free fantasies about the future into binding goals. *Journal of Personality and Social Psychology, 80*, 736-753. doi:10.1037/0022－3514.80.5.736

Pratt, M., & Ashforth, B. (2003). Fostering meaningfulness in working and at work. In K. Cameron, J. E. Dutton, & R. E. Quinn (Eds.), *Positive organizational scholarship: Foundations of a new discipline* (pp. 309-327). San Francisco, CA: Berrett－Koehler.

Ragins, B., & Kram, K. (2007). *The handbook of mentoring at work: Theory, research, and practice*. Thousand Oaks, CA: Sage.

Roberts, K. (1990). Some characteristics of one type of high reliability organization. *Organization Science, 1*, 160-176. doi:10.1287/orsc.1.2.160

Rosso, B., Dekas, K., & Wrzesniewski, A. (2010). On the meaning of work: A theoretical integration and review. *Research in Organizational Behavior, 30*, 91-127. doi:10.1016/j.riob.2010.09.001

Twenge, J. M. (2006). *Generation Me: Why today's young Americans are more confident, assertive, entitled—and more miserable than ever before.* New York, NY: Free Press.

Vallerand, R. J., Blanchard, C., Mageau, G. A., Koestner, R., Ratelle, C., Leonard, M., ... Marsolais, J. (2003). Les passions de l'ame: On obsessive and harmonious passion. *Journal of Personality and Social Psychology, 85,* 756-767. doi:10.1037/0022−3514.85.4.756

Weick, K. E. (1984). Small wins: Redefining the scale of social problems. *American Psychologist, 39,* 40-49. doi:10.1037/0003−066X.39.1.40

Wrzesniewski, A., Berg, J. M., & Dutton, J. E. (2010, June). Turn the job you have into the job you want. *Harvard Business Review, 88,* 114-117.

Wrzesniewski, A., & Dutton, J. E. (2001). Crafting a job: Revisioning employees as active crafters of their work. *Academy of Management Review, 26,* 179-201.

Wrzesniewski, A., Dutton, J. E., & Debebe, G. (2003). Interpersonal sensemaking and the meaning of work. *Research in Organizational Behavior, 25,* 93-135. doi:10.1016/S0191−3085 (03)25003−6

Wrzesniewski, A., Rozin, P., & Bennett, G. (2002). Working, playing, and eating: Making the most of most moments. In C. L. M. Keyes & J. Haidt (Eds.), *Flourishing: Positive psychology and the life well−lived* (pp. 185-204). Washington, DC: American Psychological Association. doi:10.1037/10594−008

Purpose and meaning in the workplace

• CHAPTER 5 •

구성원 몰입과 의미 있는 일

.윌리엄 칸(William A. Kahn) · 스티븐 펠로우(Steven Fellows)

구성원 몰입과 의미 있는 일
Employee Engagement and Meaning find work

몰입(engagement)이라는 개념은 전통적인 작업동기 연구가 간과했었던 부분을 설명하기 위해 개발되었다. 간과되었던 부분이란, 구성원들은 의식적/무의식적으로 실행하는 내적 평가에 따라, 다양한 수준과 다양한 형태로 자기 자신을 제시한다는 점이다(Kahn, 1990). 전통적인 동기 연구들은 암묵적으로 조직구성원들은 외부 보상이나 내적 보상에 기반하여 동기부여가 되어 있거나 그렇지 않다고 가정했었다. 그리고, 이러한 상태는 몸에 배어 있기 때문에 그다지 많이 변화하지 않는다고도 생각했었다(Taylor, 1911; Vroom, 1964). 하지만, 몰입의 개념은 실제 구성원들은 이러한 가정보다는 복잡한 내적 구조를 가지고 있다는 전제에서 구성되었다. 배우와 마찬가지로, 조직구성원들은 자신의 역할을 수행하기 위해 스스로의 진실한 모습을 어느 정도 나타내고 활용할 것인지에 대해 선택을 한다는 것이다(Kahn, 1990). 역할이 허용하는 범위 내에서 구성원들은 솔직하게 스스로를 표현할 수도 있지만 그렇지 않을수도 있다. 표현의 정도는 그만큼 다양할 수 있는 것이다. 따라서, 구성원이 동기부여 되어 있는지 아닌지를 이분법적으로 나누기보다는 다

양한 조건이 변화함에 따라, 역할 수행에 대한 개인적 기여 정도
가 매우 크게 변화할 수도 있다는 것을 가리킨다. 몰입의 개념은
구성원이 역할에 전념하거나, 전념하지 못하는 과정을 잘 보여줄
수 있다.

사람들은 몰입을 하게 되면, 스스로에게 의미를 가지는 방향으
로 움직인다. '몰입'이라는 단어 자체 또한 움직임의 이미지로 설
명할 수 있을 것이다. 자동차 운전을 할 때의 몰입이란, 클러치를
중립에 놓았다가 움직이는 것을 가리킨다. 결혼생활에서도 배우자
와 함께 사는 삶에 대해 전념하는 것을 몰입이라고 할 수 있을 것
이다. 대화에 몰입한다는 것은 통찰과 상대방과의 연계를 위해 움
직이는 것을 의미한다. 즉, 몰입이란 움직임이다. 자기 자신을 외
부의 상황으로 들여보내는 것이다. 이러한 움직임은 매우 짧은 순
간 동안 일어날 수 있다. 사람들은 재빨리 과제에 대해 생각하고
몰입한 후, 뒤로 물러선다. 즉, 완전히 몰입해서 역할 수행을 하지
는 않는 다소 안정적인 상태로 넘어가는 것이다. 물론, 상대적인
비몰입 상태가 중간중간에 존재함으로써 몰입 또한 안정적인 상태
로 존재할 수 있다. 따라서, 일에 대해 몰입을 하는 것은 조직구성
원의 삶에서 매우 중요한 부분이 될 수도 있지만, 특정한 순간에
잠깐 반짝이고 사라지는 정도로만 앞으로 움직이는 삶의 가장자리
가 될 수도 있다. 이와 같이 몰입이 조직구성원의 삶에서 어느 곳
에 위치하고 있는지의 차이는 일이 그들에게 어느 정도 중요한가
에 따라 달라질 것이다.

개인적인 목적은 몰입과 의미 있는 일에 대한 우리의 이해 기반
에서 더욱 광범위한 맥락으로 해석될 수 있다. 조직구성원의 역할
수행의 전경을 나타내는 몰입은 구성원에게 그들이 하고 있는 일
과 스스로 생각하는 더 큰 의미 및 목적과의 연계성을 생각해보기

를 요구한다(Baumeister, 1991; Hackman, 2002). 이론가 프레드릭 부케너 (Frederick Buechner, 1993)는 직업(vocation)이란 '우리의 마음 깊은 곳에 있는 기쁨(gladness)과 세상의 심층적인 굶주림(hunger)이 만나는 장소'라고 이야기했다(p.95). 지속적으로 몰입을 하기 위해서는 이와 같은 연계성이 필수조건이 될 것이다. 하지만, 특정 요소(직업, 역할, 과제)와 일반 요소(직업적 소명)간의 연계성이 있다고 해서 반드시 구성원들이 일에 몰입하게 되는 것은 아니다(Dik & Duffy, 2009). 조직의 특정한 상황적 맥락도 중요하다. 사람들이 세상에서 본인의 소명이라고 생각되는 일을 명확하고 쉽게 찾을 수 있는 장면들이 어디에 있는가를 탐색할 수 있는 한, 진정한 직업은 어떤 역할을 수행하거나, 어느 조직에 있더라도 추구할 수 있는 것이 될 것이다 (Berg, Grant, & Johnson, 2010). 구성원의 특정한 직업, 역할, 집단, 조직의 맥락 요소들은 이러한 과정에서 중요한 기능을 하게 된다.

5장에서 우리는 구성원 몰입의 특성에 대해 살펴보고, 특정한 작업환경이 몰입을 위한 필수조건들을 제공하는 정도에 영향을 미치는 요소들에 대해서도 이야기해 볼 것이다. 이 요소들에 대한 논의에서는 이론과 실제를 최대한 통합해보려고 한다. 우리는 관련된 개념과 연구들을 논의해 볼 것이고, 이 개념들이 실제 작업환경에서 일어나는 일들에 적용되는 방법에 대해서도 살펴볼 것이다.

몰입의 외부적 특성

형사가 사건을 해결해 나가는 과정을 한 번 상상해보자. 한 보석상에서 도난 사건이 일어났다. 사건 자체는 간단하다. 시체도 없고, 헤어진 연인이 용의자로 나타나지도 않았고, 어두운 기업간의 물밑 협상이 존재하지도 않았다. 우리의 형사는 재능있는 사람이라 이 도난 사건이 슬픔이나 음주로부터 기인하거나, 이상형 추구를 위해 발생된 사건이 아님을 파악했다. 이번 사건은 단순한 대규모 도난 사건이라고 생각하고, 능력있는 형사는 사건해결에 착수해 보기로 했다.

형사는 다이아몬드 상점에 도착했다. 그는 신중하게 상점 내부를 살펴보고, 하나하나 체크하기 시작했다. 텅 비어 있는 보석 케이스, 하지만 멀쩡하게 남아있는 유리, 구석에 깨져서 흩어져 있는 비디오 카메라, 불안해하는 접수직원, 흥분해서 제정신이 아닌 상점주인, 뒷문 근처에 있는 진흙 발자국. 형사는 동료에게 지문을 체크하고, 발자국의 사진을 찍고, 비디오 카메라에 녹화된 것이 있는지를 확인하라고 지시하였다. 그리고, 접수담당 직원에게 다가가자 직원은 불안한 얼굴로 뒤편에 있는 진열장에 닿을 때까지 뒷걸음질을 쳤다. 형사는 미소를 짓고, '괜찮으세요?'라고 물었고, 직원의 모호한 고개 끄덕임을 보았다. 그는 직원에게 상냥하게 질문을 하고, 용기를 북돋아주기 위해 직원의 말을 들으며 고개를 끄덕여주고, 메모를 하였다. 직원이 눈물을 흘릴 때 휴지를 건네주고, 안심시켜주며, 추가적인 질문을 한 후, 본인의 휴대폰 번호가 적혀있는 명함을 건네었다. 그리고 나서는 상점주인에게로 돌아섰다.

우리의 형사는 도난사건이 일어난 상황(증인이 없고, 문이 고장났으며, 가장 값비싼 다이아몬드만 없어짐)을 설명할 수 있는 시나리오들을 다양하게 생각해보며 하루를 보냈다. 그러면서, 접수담당직원과의 인터뷰 내용을 떠올렸을 때 뭔가 속고 있다는 생각이 들었다. 그 직원이 지나치게 불안해하는 모습을 보였기 때문이다. 그래서, 형사는 상점주인에게 직원의 인사기록을 요청했다. 그리고, 접수직원이 주로 부유층이 사는 도시지역으로 오기 이전에 성장기를 보냈던 곳의 이웃사람을 알고 있는 또 다른 형사를 데려오려는 계획을 세웠다. 형사의 상사는 이 사건에 형사를 두 명씩이나 참여시키는 것을 못마땅해 했지만, 형사는 자신의 육감에 대해 설명하며 주장을 굽히지 않았다. 그래서 결국, 상사도 허락을 해주었다. 나흘 동안 수많은 구속 기록들을 검토한 후, 두 명의 형사들은 접수담당직원과 오랫동안 알고 지냈던 이웃에 사는 전과자간의 관계를 짜맞추었다. 그 전과자는 알고 보니 접수직원의 먼 친척이었고, 무장강도 사건을 저지르기 전에 직원과 함께 학교를 다니기도 했었다. 하나하나씩 사실이 더 밝혀져 갔고, 결정적으로 발자국이 범인에 대한 정보를 더 제공해주었다. 접수담당직원을 추궁하자 눈물을 흘리며 고백을 해서 결국 형사는 범인을 체포할 수 있었다. 우리의 형사는 뿌듯한 미소를 지었고, 다른 업무를 시작할 수 있었다.

　이 시나리오를 읽어보면, 일에서의 몰입에 대해 생각하는 방법을 찾아볼 수 있다. 물론, 우리가 형사는 아니지만, 우리 모두는 해야 할 프로젝트가 있고, 해결해야 할 문제가 있으며, 완료해야 할 과제를 가지고 있다. 어떤 산업분야나 직업에서도 우리의 몰입이란 형사가 한 일과 매우 유사한 모습을 나타낸다. 몰입은 대부분 사람들이 하는 일(과제를 수행하는 과정에서 나타나는 행동들)로 구성된다는 것을 누구나 알고 있을 것이다. 가장 명확하게 몰입을 보여주는 행동은 사람들의 노력이다. 사람들이 열심히 일하고, 노력을 기울이며, 문제해결과정에 개입할 때, 우리는 그들이 몰입하고 있다고 믿는다. 몰입할 때, 사람들은 일을 하는 과정에서의 행동에 집중한다. 더 효과적으로 일을 하기 위해 노력하고, 업무행동에 에너지를 투자한다. 우리의 형사는 바로 이러한 행동을 많이 보여주고 있다. 사건을 해결하기 위해 열심히 일했고, 지휘권을 가지고 증인들을 인터뷰했고, 자료를 수집했으며, 사람들에게 연락을 취했다. 증거들을 검토했으며, 지속적으로 사건의 해결과정을 진행해나갔다. 다른 직업에서도 몰입을 할 때, 우리는 유사한 행동을 한다. 프로그래머, 은행가, 교사, 컨설턴트, 프로젝트 리더 등 우리는 모두 집중하고, 에너지를 투자하며, 앞으로 전진하고, 열심히 일한다(Bateman & Porath, 2003). 일에 초점을 맞추고, 주위의 자극에도 쉽게 흔들리지 않는다. 힘들게 느껴지는 일도 포기하지 않고 꾸준히 해낸다. 어떤 문제나 어려운 상황도 해결하기 위해 노력한다.

하지만, 사람들이 문제해결과정에 많이 개입하고, 열정을 가지는 것을 단순히 몰입이라고 정의하기에는 무리가 있다. 몰입이란, 우리 자신을(진정한 자신) 일에 개입시키는 것이다(Kahn, 1990, 1992). 물론, 몰입은 노력하는 모습으로 시작되지만, 노력만 가지고 이루어지는 것은 아니다. 진정한 우리 자신의 모습은 우리가 알고 있는 방법들 중 최적의 방법으로 일을 하면서, 우리가 생각하고 느끼는 바를 말할 때 나타난다. 우리의 형사가 상사에게 한 명의 형사를 추가배정해서 도움을 얻을 수 있게 해달라고 요청할 때, 이 모습을 볼 수 있었다. 우리가 현재 하는 일에 대해 진심으로 고민하고, 최적의 결과를 내기 위해 전념할 때, 우리는 입을 다물고 있기보다는 적극적으로 말하고 싶은 마음이 들게 된다(Hirschman, 1970). 우리 자신의 목소리를 이용하는 것이다. 그래서 목소리란, 몰입의 일부분이라고 말할 수 있다(Beugre, 2010). 몰입할 때, 우리는 스스로의 시각에 대해 방어하거나 뒤로 물러서기보다는 자신의 모습을 표현하게 된다. 회계사는 특정 예산 사용 기록을 숨기기 위해 특정한 재무적인 기술을 활용하는 것이 불편하다고 상사에게 이야기한다. 프로젝트 매니저는 부서간의 커뮤니케이션이 부족해서 좌절감을 느낀다고 동료에게 이야기한다. 컨설턴트는 고객에게 상부 관리층의 지원이 없는 프로젝트에 시간과 돈을 낭비하고 있는 느낌이 든다고 이야기한다. 이 사람들은 자신의 생각과 감정을 마음속에만 간직하고 있는 것이 아니라 표현하고 있는 것이다.

사람들은 현재 하고 있는 일에 대한 모든 감각을 느낄 수 있을 때, 완전히 일에 몰입하게 된다. 우리의 형사는 접수담당직원에 대해 느꼈던 불편한 느낌을 무시하는 것이 아니라 그 느낌에 관심을 가졌고, 자기 자신의 감각을 일을 하는데에 효과적으로 활용하였다. 이렇게 자기 자신을 일에 개입시키는 것은 그저 단순하게 일에 참여하고 시간을 투자하는 수준에서 요구된 속도와 과정을 준수하기 위해 정해진 프로세스를 따라가는 것과는 차별화된다(Ashforth & Fried, 1988). 형사는 해결하기 위해 노력하고 있는 문제에 자신의 아이디어와 육감과 감정을 모두 쏟아부었다. 이것이 형사의 사건 해결 방법이라는 사실이 중요한 것이다. 접수담당직원이 어떻게 부서지지 않은 보석진열장에 기대었는지, 얼굴근육을 어떻게 긴장시키고 있었는지, 어느 정도 상점주인의 얼굴을 쳐다보지 않으려고 했는지에 대한 상황적 증거를 보면서 형사의 감정과 사고가 움직이기 시작했고, 이것이 중요한 육감을 발생시키게 된 것이다. 우리가 완전한 몰입을 할 때에는 개인적으로 일과의 관계를 맺으며, 우리의 삶을 풍요롭게 하고 즐겁게 하는 방법으로 과제를 완료하기 위해 전념하게 된다(Hall, 1993; Tulku, 1978). 이러한 점은 일을 할 때 매우 중요하다. 예를 들어, 제조업 현장에서 일하는 직원은 선반을 만들 때 사용하는 나무 손잡이가 기존의 것보다 더 작다는 것을 알아챈다. 쉬는 시간에 그는 기계의 세부사항들을 살펴보고, 세팅이 잘못되어 있다는 것을 발견한다. 은행직원은 큰 금액을 온라인으로 송금하려 하는 사람의 태도가 뭔가 이상하다는 것을 느끼고, 그 사람의 인적사항을 증명하는 서류들을 다시 한 번

살펴본다. 하지만, 이 사람들은 자신의 일에 대해 어떤 노력을 더 기울이고 있는지를 의식적으로는 자각하지 못하기도 한다(Kahn, 1992).

몰입의 내부적 특성

일에 참여하고 있다(being present)는 것은 물론 일을 하는 장면에 나타난다는 것으로 시작되기는 하지만, 단순히 물리적인 것만을 의미하는 것은 아니다. 일에 참여한다는 것은 심리적인 것이다(Kahn, 1992). 완전한 몰입을 하는 사람의 모습을 보면, 4가지 특성들을 발견할 수 있다. 관심을 기울이기, 관계 맺기, 통합하기, 몰두하기.

▌관심을 기울이기(attentive)

사람들은 몰입을 할 때, 주위 상황에서 일어나는 일에 대해 민감한 모습을 보인다. 관심을 가지고 집중한다(Langer, 1984). 형사의 행동을 면밀하게 관찰하면 이러한 모습을 볼 수 있을 것이다. 형사의 눈동자는 투명하게 맑고, 초점이 뚜렷하다. 그는 지속적으로 동료들과 증인들, 용의자들을 관찰한다. 자신이 발견한 것들(보석상에서 나타난 상황적 증거들, 접수담당직원의 불안함, 직원의 이야기를 들으면서 자신이 느꼈던 불편함)에 대해 몰두하고, 새롭게 알게 된 것들에 대해 선입견을 가지지 않고 바라본다. 관행적인 조사과정을 수동적으로 따라가는 것이 아니다. 항상 개방적인 태도를 가지고, 발견되는 정보들에 대해 관심을 기울인다.

▌관계 맺기(connected)

몰입을 하는 사람들은 외부에서 일어나는 일에 참여하고 싶다는 마음을 가진다. 더 높은 수준의 미션이나 목적과 관계를 맺으며, 역할과 과제들을 수행하는 모습을 보인다(Bunderson & Thompson, 2009). 유사한 과제를 수행하고 있는 사람들과 관계를 맺는다. 이러한 관계는 우리가 직업에서의 역할을 잘 수행하도록 도와주곤 한다(Dutton & Heapthy, 2003; Kahn, 1998). 우리 형사의 몰입은 미션(범죄문제를 해결하기, 정의를 추구하기, 세상을 더 좋게 만들기, 그 외에 스스로 정의한 미션)을 해결하는데 있어서 다른 사람들과 함께 일한다는 느낌을 가지는 것을 의미하기도 한다. 이와 같은 관계 맺기는 사람들이 일을 하는데 있어서 실제로 몰입이 일어날 수 있는 가능성을 높여준다.

▌통합하기(integrated)

몰입을 하는 사람들은 일을 하는데 있어서 자신이 가지고 있는 것(생각, 감정, 직관, 에너지)을 완전히 활용하려고 한다. 형사는 범죄현장에서 수집한 다양한 정보들과 자신이 느꼈던 불편감으로부터 도출할 수 있는 정보들을 짜맞추고, 길을 만들며 나아간다. 그 길은 형사가 다양한 방법(분석, 직관, 감정)으로 모은 정보조각들을 함께 모으는 능력에 기반하여 만들어진다. 자신의 다양한 측면들을 짜맞추는 것을 바로 통합과정이라고 말할 수 있다. 사람들은 필요한 모든 자료들을 업무적 역할 수행에 적용할 수 있을 때, 다양한 역할들을 통합한다는 느낌을 받는다(Wrzesniewski & Dutton, 2001). 몰입의 수준이 미흡하다는 것은 마치 다른 사람을 관찰하고 있듯이 자신이 해야 하는 행동에서 떨어져 서 있다는 느낌을 받는다는 것을 가리킨다. 즉, 관찰과 행동이 통합되지 않고, 에너지가 두 곳으로 분산되고 있다는 느낌을 가지는 것이다(Kahn, 1992).

▌ 몰두하기(absorbed)

몰입을 하는 사람들은 플로우(flow)의 개념과 유사한 방법으로 일에 몰두하는 느낌을 받는다(Csikzentmihalyi, 1990). 이는 지속적으로 부여되는 과제와 요청들에 대해 항상 준비하고 있는 모습과 비슷하다. 우리의 형사는 이와 같은 모습으로 일에 몰두하였다. 다른 사건들도 맡고 있었지만, 그의 일부는 항상 보석상 도난 사건에 초점을 맞추고 있었고, 정보들을 수집하고 있었다. 새롭게 알게 된 것들에 대해 성찰하고, 생생하게 느끼며, 긍정적인 태도를 유지하는 모습도 보였다. 이와 같은 지속적인 자각능력은 다른 외부 자극이 들어오더라도 우리가 중요한 상황에 몰두할 수 있게 해준다(Rothbard, 2001). 몰두를 하지 못하게 되면, 우리 자신이 존재하지 않는 듯 현재의 상황에서 멀어지게 된다.

몰입의 조건

일에 참여한다는 것은 간단한 문제가 아니다. 높은 수준의 열정이 필요하며, 초점 맞추기가 필요한데 이는 지속적으로 유지하기가 매우 힘들다. 따라서, 조직구성원들에게는 일을 하는 사이에 휴식이 필요하고, 잠시 일에서 떨어질 수 있는 시간이 필요하다. 즉, 다음 단계의 몰입을 하기 전에 재충전을 할 수 있는 공간이 필요한 것이다(Maslach, Schaufeli & Leiter, 2001). 하지만, 우리가 앞에서 살펴보았던 짧은 형사의 시나리오만을 보아서는 이러한 순간들을 찾아보기는 힘들다. 신문의 스포츠면을 읽으면서 조금 긴 시간 동안 점심식사하기, 딸에게 자동차 운전방법에 대해 이야기하기, 본부 회의에 참석해서 다양한 시각들에 귀를 기울이기, 다른 사건의 검사 결과를 기다리면서 잡지 뒤적이기. 이러한 순간들은 꼭 필요한 것들이지만, 물론 그것만 가지고는 충분하지 않다. 충분한 휴식시간을 가진다고 해서 몰입을 하게 되는 것도 아니고, 달리기 선수가 달리는 중간중간에 휴식시간을 넣는다고 해서 훈련이 되는 것은 아니다. 몰입이란, 보다 더 섬세한 상태로서 창조하고 유지하기가 어려운 것이다.

여기에서 우리는 조직구성원들이 완전한 몰입을 할 때가 언제인지를 명확하게 설명하기 어렵다는 점을 짚고 넘어갈 필요가 있다. 한 번도 몰입을 해본 적이 없는 구성원들도 있고, 매우 쉽게 몰입하고 자주 몰입하는 구성원들도 존재한다. 이러한 이유의 일부는 개인적인 특성의 차이점을 가지고 설명할 수 있을 것이다. 사람들의 기질, 인생경험, 지지 시스템, 적성은 특정 시기의 몰입 수준을 결정하는 중요한 요소가 된다(Macey & Schneider, 2008; Staw, Bell & Clausen, 1986; Wildermuth, 2010). 성인의 개발과 진로 발전에 있어서 성장하고자 하는 욕구와 바램 또한 몰입의 특성과 정도를 결정하는 변인들의 가중치에 영향을 미치게 된다(Hall & Schneider, 1972; Levinson, Darrow, Klein, Levinson & McKee, 1978). 사람들이 경험하고, 환경과 관계를 맺으며, 사람들과의 대인관계를 관리하고, 자기 자신을 표현하는 방법 또한 몰입에 대해 영향을 미칠 수 있다. 조직구성원의 마음을 닫거나 열게 만드는 성격 특성 또한, 과제에 완전히 몰입할 수 있게 하는 가능성에 영향을 줄 것이다(Macey & Schneider, 2008; Rabinowtiz & Hall, 1977; Wildermuth, 2010). 하지만, 사람들이 자신의 기질 때문에 몰입을 하지 못할 가능성은 거의 없다.

사실, 대부분의 사람들은 몰입하기로 결정하고, 올바른 선택을 내렸다고 느낄수 있는 환경을 리더가 만들어주기를 기다린다(어떤 사람은 낙관적으로, 어떤 사람은 비관적으로). 몰입에 대한 연구에서는 몰입을 만들어 낼 수 있는 3가지 조건을 다음과 같이 발견하기도 했다. 유의미성, 안전감, 가능성(Kahn, 1990).

지금부터는 구성원 몰입의 첫 번째 조건에 초점을 맞추어 보려고 한다. 사람들이 일에서 유의미성을 경험하는 정도, 허즈버그(Herzberg, 1968)의 위생 요인과 마찬가지로, 다른 2가지 조건들은 동기부여의 필요조건은 될 수 있지만, 충분조건이 되지는 못하기 때문이다. 조직구성원들은 몰입하려고 할 때, 심리적인 가능성을 가지고 있어야 한다. 또한, 자신의 생각과 감정을 편안하게 이야기할 수 있는 안전감을 느껴야 한다. 하지만, 가능성과 안전감만 가지고는 충분하지 않다. 몰입하고자 하는 내적 욕구가 있어야 한다. 유의미성을 느끼는 것은 바로 그 욕구인 것이다. 따라서, 관리자, 연구자, 컨설턴트, 상담자, 코치, 학자들이 꼭 알아야 할 중요한 점은 어떤 요소들이 조직구성원의 유의미성 자각을 가능하게 해주는지의 문제인 것이다.

의미의 원천

연구와 이론들은 사람들이 일에 몰입하려는 선택을 하는데 영향을 주는 다양한 의미 원천들을 제시하고 있다. 이러한 원천은 2가지로 나뉜다. 기반적인(foundational) 원천은 업무역할의 특성과 그것이 구성원에게 주는 시사점에 초점을 맞춘다. 그리고, 관계적(relational) 원천은 조직구성원들이 다른 사람들과 맺는 관계와 그 관계가 업무경험에 미치는 영향에 대해 초점을 맞춘다. 모든 의미의 원천이 2가지로 나누어진다는 것을 가리키는 것은 아니다. 사람들이 수행 과제의 의미를 구성하는 방법은 동료들에 의해 발전된 집단 이해의 결과인 경우가 많다(Wrzesniewski, Dutton & Debebe, 2003). 하지만, 논의를 원활하게 진행하기 위해 의미의 원천들을 구성원의 지각에 따라 설명해보려고 한다. 일 자체에 중요성을 두는 경우와, 개인적 연계에 중요성을 두는 경우이다.

▌ 의미의 기반이 되는 원천

▶ 매력적인 정체성

사람들은 자신에게 중요한 정체성을 만들어주는 업무 역할에 가치를 둔다. 정체성이란, 자기 자신과 세상에 대해 표현하는 방법이다. 사람에게 중요한 정체성이란, 자기 자신에 대해 생각하기를 원하는 방법과 다른 사람에 의해 생각되기를 바라는 방법에 들어맞는 것을 가리킨다(Dutton, Dukerich, & Harquail, 1994; Ibarra, 1999). 예를 들어, 우리의 형사는 법의 수호자로서 무력한 사람들과 곤란한 상황에 빠진 사람들에 대한 조력자로서의 정체성에서 의미를 얻을 것이다. 이러한 정체성은 의미를 가지는데, 그 이유는 자신의 가치와 믿음(예: 무법세상에서 법을 준수하는 것에 대한 중요성)에 맞게 행동하는 것을 가능하게 해주기 때문이다. 유사하게, 컴퓨터 프로그래머는 최첨단의 기술을 가진 문제해결사로서의 정체성에서 의미를 찾을 것이고, 기술은 세상에 긍정적인 영향을 미칠 수 있다는 믿음을 가지고 있을 것이다. 자신의 삶이 의미를 가지고 있다고 생각할 수 있는 사람들에게 일의 정체성이란 매우 중요한 것이다(Pratt & Ashforth, 2003).

▶ 도전적인 일

조직구성원들이 수행하는 일상적인 과제들은 도전적이며, 기술을 개발하고 지식을 넓히며 새로운 행동을 익히라는 압력을 준다. 반면에 그다지 새로운 것을 많이 요구하지 않고, 반복적인 일을 관행에 맞게 진행하며, 이미 잘 알고 있는 일을 하도록 하는 과제도 존재한다. 연구자들은 구성원들이 지식과 기술의 범위를 넓히도록 도전하여 자신의 역할, 과제, 권한을 구성하도록 하는 방법에 대해 많은 것들을 파악하였다(Hackman & Oldham, 1976, 1980; Lawler & Hall, 1970). 일상적인 과제는 사람들의 감각을 다소 둔하게 만드는 경향이 있다. 이미 오래 전에 숙달한 행동 이외에 다른 요구는 거의 하지 않기 때문에 사람들은 지루해지고 몰입하기 어려워진다. 하지만, 지나치게 복잡하고 도전적인 일 역시 좌절을 부르기 마련이다. 왜냐하면, 그 과제를 완수할 희망을 가질 수가 없기 때문이다. 도전적인 일은 지루하지 않아야 하지만, 동시에 불가능하지도 않아야 한다(Hackman, 2002; McClelland, 1985). 도전적인 일은 우리가 아직 개발하지 못한 부분을 성장시킬 수 있게 해준다. 도전적인 일은 익숙한 움직임과 낯선 움직임을 동시에 요구하는 방법으로 우리의 다양한 부분들을 활용하게 해준다. 그래서 도전이라는 것은 의미를 가지는 것이다.

▶ 명확한 역할

사람들은 모호한 역할보다는 명확한 역할을 수행하면서 의미를 찾는 경우가 많다(Ivancevich & Donnelly, 1974). 우리의 형사는 자신의 역할이 무엇인지 잘 알고 있었다. 도난 사건의 담당 수사관이었으며, 범인에게 죄를 추궁할 경찰수색과정에 대한 책임을 가지고 있었다. 자신의 과제가 무엇인지에 대해서도 잘 파악하고 있었다. 증거를 수집하고 지휘권을 실행하기, 수사이론에 기반하여 행동하기. 그는 자신의 권한이 무엇인지, 자문과 허락을 받지 않고 독자적으로 결정할 수 있는 것이 무엇인지도 알고 있었다. 이와 같이 역할, 과제, 권한에 대해 명료하게 알게 되면, 명확하게 자신이 걸어갈 길을 만들 수 있게 된다. 이 부분에 있어서 명료성이 부족하게 되면, 일에서 의미를 찾기가 어려울 수밖에 없다. 사람들이 자신이 해야 일이 무엇인지, 밟아나가야 할 단계가 어떤 것인지, 의사결정을 내릴 권한이 있는지를 잘 알지 못할 때에는 자기 자신을 일에 몰두하도록 할 가능성은 감소된다(Rizzo, House & Lirtzman, 1970). 그럴 때 사람들은 자신의 노력을 낭비하지 않고 남겨두려고 하는 경향이 있다.

▶ 의미 있는 보상

사람들이 자신의 일에 대해 가지는 의미는 일을 함으로써 받게 되는 보상에 의해 형성되는 경우가 많다. 수년 동안 조직연구들에서는 보상의 특성과 보상이 노력, 동기부여, 업무성과에 미치는 영향에 대해 탐색해왔다(Herzberg, 1968; Kerr, 1975; Pfeffer & Lawler, 1980). 그 과정에서 우리는 유의미한 보상이 무엇인지에 대해 많이 알 수 있었다. 조직구성원들은 자신이 하는 일과 일의 결과로 받게 되는 외적 보상(돈, 승진, 직급, 가시성(visibility))간의 명확한 관계를 파악할 필요가 있다(Vroom, 1964). 또한, 일에서 얻을 수 있는 내적 보상(일을 하면서 좋은 기분을 느끼기, 다른 사람들로부터 인정받고 가치를 인정받기, 다른 사람들과 비교했을 때 더 훌륭한 성과를 내기)의 감각도 필요하다(Gagné & Deci, 2005; Herzberg, 1968). 자신이 평가받는 시스템을 통해 명확하고 이해가능한 피드백을 받을 수 있고, 공정한 평가를 받을 수 있다는 것을 느낄 필요도 있다(Hackman, 2002). 이러한 부분이 부족한 경우에도 사람들은 자신의 일로부터 의미를 찾기 어렵게 된다. 만약에 우리의 형사가 일에서 받는 보상이 너무 적다고 느낀다면(예: 능력은 없는데 더 빨리 승진하는 동료, 생활비를 충당할만큼의 보수를 받지 못함, 사건해결보다는 서류작업에 대한 평가가 더 많을 때), 일로부터 의미를 얻기는 쉽지 않을 것이다.

▌ 관계적 의미의 원천

▶ 자신의 의견이 수용됨

사람들은 일터에서 자신의 의견이 중요하다는 이야기를 들을 때 의미를 찾는다. 우리는 의견, 아이디어, 제안, 경고, 동의, 지원 등을 제공하는데 있어서 우리의 목소리를 낸다(Beugre, 2010). 우리의 형사는 자신의 목소리를 활용했다. 상사에게 자신의 생각에 대해 말한 것이다. 동료들과 사건에 대한 아이디어를 공유했다. 다른 사람들에게 증거를 수집하라는 지시도 내렸다. 그의 의견은 사람들에게 진지하게 받아들여졌다. 우리의 목소리가 수용될 때, 우리는 자기효능감을 느낀다. 자기효능감이란, 우리의 의견에 대한 가치를 인정받을 때 가지게 되는 느낌이다. 우리의 아이디어가 다른 사람들의 의견보다 더 우수하며, 다른 사람들의 성과보다 더 훌륭하고, 주위 사람들에게 영향을 미친다는 느낌을 가지게 되는 것을 가리킨다(Spreitzer, 1995). 자신의 의견이 무시된다고 생각할 때, 사람들은 그에 따라 반응한다. 자신의 생각과 감정을 말하지 않게 되며, 긍정적이기보다는 부정적인 방향으로 말을 하게 된다. 냉소적으로 이야기하며, 소문을 퍼뜨리고, 잘못된 정보를 전달한다. 사람들은 매우 적응력이 높은 존재이다. 자신의 목소리가 묵살되면, 더 이상 에너지를 낭비하려 하지 않고, 이야기를 들어주지 않는 사람에게는 말을 하지 않게 된다(Martinko & Gardner, 1982; Peterson, Maier &

Seligman, 1993). 하지만, 자신의 의견에 사람들이 귀를 기울인다고 생각되면, 지속적으로 목소리를 내어 정보를 전달하고 조력하고 기여하게 된다. 예를 들어 본다면, 은행원은 환전을 할 수 있는 또 다른 방법을 고객에게 제안할 것이고, 감사의 말을 듣는 것을 즐기게 될 것이다. 프로젝트 매니저는 공급자들과의 갈등 가능성에 대해 경고하고, 혼란을 미리 방지할 수 있을 것이다. 사람들이 자신의 생각을 이야기하고 그 의견이 존중받을 때, 그들은 자신이 중요한 존재라고 느낀다. 그리고 당연히, 의미 있는 삶을 살고 있다고 생각하게 된다(Azelrod, 2000).

▶ 중요한 업무적 대인관계

업무 관계는 다양한 기능들을 수행한다. 동료들은 우리가 과제를 완수하는 것을 도와줄 수 있다. 개인적인 지원을 해주기도 하고(Kahn, 2001), 멘토링을 제공해주기도 한다(Kram, 1985). 또한, 우리가 일에서 의미를 찾는 작업을 조력해주는 때도 있다(Wrzesniewski et al., 2003). 우리의 일은 동료들과 연결되어 있다는 느낌을 가질 때 더 중요하게 느껴지고, 고립되어 있고 외롭다는 느낌이 들 때에는 그 중요성이 크지 않은 것으로 느껴진다(Baumeister & Leary, 1995; McClelland, 1985). 우리가 다른 사람들과 함께 일하고 있을 때, 일은 더 큰 의미를 가진다. 과제를 같이 해결할 때, 서로 상대방을 자극해 줄 때, 즐거운 시간을 함께 보낼 때, 다른 사람들을 통해 자기 자신에 대해 알게 될 때(Dutton & Heaphy, 2003), 또한 함께 일하는 동료들(특히 상사와 권위자들)로부터 우리가 존중받고 존경받으며 인정받는다고 느낄 때에도 우리의 일은 의미 있게 보인다(Bandura, 1986; Kinch, 1963). 우리의 형사는 자신을 존중하는 동료들과 자신을 신뢰하는 상사와의 관계에서 이러한 자존감을 경험한 것으로 보인다. 이러한 관계들은 구성원이 일을 할 수 있는 공간과 지지를 제공한다. 따라서, 동료들과의 대인관계는 매우 중요한 의미의 원천이 된다.

▸ 상사의 수준 높은 수퍼비전

상사와의 관계는 구성원의 일 경험에 큰 영향을 미친다(Sparrowe & Liden, 2005). 역량있는 상사는 신뢰할 수 있고(Brower, Lester, Korsgaard, & Dineen, 2009), 지지적이며(Rafferty & Griffin, 2006), 공평하고 (Pillai, Schriesheim, & Williams, 1999), 생각이 깊다(Kegan, 1994). 상사가 구성원에게 자신의 생각을 표현할 수 있는 장을 제공한다면(형사의 상사가 그랬듯이), 구성원들은 일을 통해 도전을 받는 느낌을 가지게 될 것이고, 자신의 의견이 가치있게 다루어지며, 자신의 정체성이 확인받고 있다고 느끼게 될 것이다(Hackman, 2002). 하지만, 수준 높은 수퍼비전을 받지 못하는 경우, 구성원이 일에서 찾는 의미는 약화되게 된다. 상사가 구성원에게 지나치게 밀착되어 있는 경우 (세세한 점까지 관리함, 불신, 숨막힘)나, 상사와 구성원의 거리가 너무 멀 경우(무시, 필요할 때 만나주지 않음, 방치)에도 구성원이 일에서 의미를 찾지 못하게 된다(Seltzer & Numerof, 1988). 역량있는 상사는 구성원이 보다 세심하게 일을 살펴보게 해주고, 지지와 통찰이 필요하고 더 큰 의미와의 연계가 필요할 때 달려올 수 있는 애착 대상으로서 기능해 줄 수 있다(Podolny, Khurana & Hill-Popper, 2004).

유용한 개입방법

의미의 원천들이 존재하는 한, 구성원들은 무의식적이든 의식적이든간에 다음의 질문에 대해 긍정적으로 대답할 수 있게 된다. 지금 이 순간, 나의 역할과 이 과제를 수행하는데 있어서 완전히 몰입하는 것이 나에게 가치 있는 일인가? 사람들이 이 질문에 대해 어떻게 대답하는가는 역할을 수행하는데 있어서 노력과 에너지를 투자하고 초점을 맞추고자 하는 의지에 달려 있다. 그 질문에 대해 긍정적으로 대답할 수 있다면, 자기 자신과 자신의 일에 대해 이렇게 느끼고 있기 때문일 것이다. "나는 일에 기여할 수 있고 가치있는 사람이다." 그렇게 대답하는 사람들은 자신의 역할을 좋아하고, 그 역할이 미치는 영향력에 대해 긍정적으로 평가한다. 그들은 일을 통해 도전을 받고 성장한다. 투자한 노력의 결과로 만들어진 성과를 즐긴다. 주위 사람들로부터 인정받고 지지받으며, 존재감을 확인받는 느낌을 가진다. 동료들과의 협력이 잘되고 있다고 생각하며, 좋은 관계를 맺고 있다고 느낀다. 사람들이 이와 같은 경험을 할 때, 일에서 맡은 역할에 완전히 몰입할 가능성은 더욱 커지게 된다.

물론, 어떤 상사, 선배, 인사팀 직원, 컨설턴트가 구성원이 완전한 몰입을 할 수 있도록 조력할 수 있는가가 가장 궁금한 문제일 것이다. 우리는 여기에서 이 문제를 풀기 위해 2가지 유용한 개입 방법을 제공하려고 한다. 첫 번째 개입에서는, 구성원들이 몰입할 만한 가치가 있다고 지각할 수 있는 맥락적 조건을 창조하는 데에 초점을 맞춘다. 두 번째 개입에서는, 구성원을 움직이게 하고, 역할을 수행하는 맥락에서 표현되는 직업에 대한 가치와 목적을 강화하는 구성원의 자기존중감을 강화하는 방법에 초점을 맞춘다. 첫 번째 개입전략은 외부상황의 강화로서 구성원들이 참여하고 싶은 일 맥락을 구성한다. 두 번째 개입 전략은 내부상황의 관리로서 구성원의 삶에 의미를 부여하는 소명과 목적을 강화한다. 또한,

그 소명과 목적을 구성원이 수행하는 역할에 연계시킨다. 2가지 개입전략은 몰입이 일 장면에서 어떻게 만들어지는지, 그리고 어떻게 유지되는지를 이해하는 데에 핵심적인 요소이다.

▌맥락 창조하기

이 의미의 원천은 구성원이 몰입할 수 있는 상황을 만들 수 있는 개입전략의 개요를 보여준다. 조직에서는 구성원들이 의사결정을 할 때 적절한 개입을 할 수 있는 구조, 역할을 명료화할 수 있는 과정, 팀 기반의 일, 우수한 노력과 성과에 대한 인센티브를 주는 효과적인 보상 시스템을 제공해준다. 이러한 구조와 과정들은 (표 5.1) 더욱 많은 구성원들에게 조력을 해주기 위해 개발되었다. 이 프로그램들은 구성원들이 자신의 역할에 더욱 잘 몰입할 수 있는 가능성을 높여줄 것이다.

〈표 5.1〉에 제시된 제안들은 다음과 같은 전제를 기반으로 고안되었다. 조직구성원들이 자신의 역할 수행에 부여하는 의미는 대부분의 경우 외부적인 조건에 따라 달라지는데 그 조건은 리더, 상황, 프로젝트, 그룹에 따라 다양하다. 이렇게 몰입은 환경적 조건들이 존재하는 정도에 따라 변화하게 되므로 상황에 매우 많이 의존한다고 볼 수 있다. 이 제안점들이 간단하게 실행할 수 있는 것은 아니지만, 상사, 선임 리더, 인사팀 직원, 컨설턴트들이 성과관리 과정에서 다루는 범위 내에 존재하고 있다.

▌구성원의 자존감 높여주기

또 다른 개입은 구성원의 자존감을 높여주는 것(ennobling workers), 즉 구성원들이 자신의 일의 의미 수준을 높이고 가치 있게 여기도록 구성원을 대우해주는 것이다. 이러한 개입방법들은 일을 하는 과정에서 자기 자신을 표현하고 성장시키는 작업을 포함한다. 이 작업에는 다양한 방법을 사용할 수 있다(표 5.1). 구성원 자신과 조직이 함께 업무에 대해 이야기하면서 더 큰 목적을 논의하도록 하는 방법이 있다. 구성원으로 하여금, 일이 가지는 더 큰 목적을 지각하도록 촉진하는 과정은 구성원들이 수행하고 있는 과제에 대한 통찰수준을 높이고, 그러한 수행행동의 더 큰 의미를 인식하도록 도와준다. 이러한 의미가 구성원에게 중요성을 가지게 되면(세상에서 어떻게 살고 싶은가와 자기 자신을 어떻게 보고 싶은가에 대한 소망과 일치할 때), 몰입수준은 유지될 수 있을 것이다. 구성원의 자기(self)는 일 맥락에서 더욱 성장하게 될 것이고, 일은 구성원의 자기가 표현되는 장으로 발전하게 될 것이다. 그러면서 조직구성원은 더 큰 미션이나 다른 사람들과의 커뮤니티와 같이 자신보다 더 큰 무엇인가에 소속되어 있다는 느낌을 받게 된다.

〈표 5.2〉에 제시된 개입전략들은 구성원이 자신의 역할 수행에 부여하는 의미가 그들의 의지, 능력, 자신이 되기를 바라는 모습과 연계되는 이미지에 따라 달라진다는 전제하에서 설계되었다. 이 부분에서의 몰입은 상황보다는 개인 내부에 존재하고 있는 것을 가리킨다. 자신이 하고 있는 일을 단순한 직업이나 진로가 아니라 소명이라고 생각하는 사람들은 자신의 일과 진정한 자기 자신간에 더 밀접한 관계를 맺는 경향이 있고, 그들의 일을 몰입을 유지하기 위한 맥락으로 이해하곤 한다(Bunderson & Thompson, 2009; Wrzesniewski, McCauley, Rozin & Schwartz, 1997). 이러한 구성원들은 자신의 일을 자신의 삶에 더 큰 의미를 부여해주는 보다 높은 수준의 목적을 세상에서 추구하는 *탐색과정(quests)*이라고 생각한다. 이러한 탐색과정에는 반드시 동료가 필요하다. 사람들은 쉽게 방향이나 믿음을 잃어버리곤 한다. 일상생활에 치이다보면 더 큰 시

각은 뒤로 밀어두기 일쑤이다. 그렇기 때문에, 상사, 선임 리더, 인사팀, 컨설턴트가 해야 할 역할은 구성원들의 탐색과정이 활발하게 진행되도록 조력하는 것이 된다. 제시된 개입전략들은 이와 같은 방법으로 진행하는 경우가 많다. 구성원들을 촉진하는 개입전략에서는 그들이 되기를 바라는 모습과 세상에서 성취하기를 바라는 것을 상기시킨다. 구성원의 자기존중감을 강화하는 개입전략에서는 개인보다 더 큰 미션 및 목적과 연계할 수 있는 방법을 제공하고, 그 큰 목적에 몰입할 수 있는 방법을 제공한다.

미래의 방향

5장에서는 의미와 몰입간의 관계에 대해 이론적 및 실제적 지식을 발전시키기 위한 시사점을 제시하였다. 업무를 설계하고, 어떤 노력을 할 것인지에 대해 계획하고, 성과에 대한 보상을 제공하고, 다양한 방법으로 구성원에게 동기부여를 하기 위한 관리를 하는 것에 대해서는 이미 알려진 바가 매우 많다. 그러나, 구성원의 진정한 자기가 수행하고 있는 일에 몰두할 수 있게 만드는 조직구조나 과정, 행동에 대해서는 상대적으로 알려진 바가 많지 않다. 일에서의 몰입은 단순하게 사람들의 열정과 노력만을 가리키는 것은 아니다. 몰입이란 사람들이 자기를 완전하게 활용하는 것을 말한다. 우리의 형사가 앞에서 행동했듯이 맡은 역할을 수행하는데 있어서 자기 자신을 강화하고 표현하는 것이다. 이러한 시도를 하기 위해서 구성원은 일의 맥락에서 자기를 불러내고 환영해야 한다. 일에서의 의미와 몰입간의 관계에 있어서 미래의 방향을 고려할 때, 우리는 그 과정의 2가지 측면을 점검해볼 필요가 있다.

▌자기를 불러내기

일의 맥락에서 *자기를 불러내는 작업(calling forth the self)* 에는 일 상적인 역할 수행을 하는데 있어서 자신이 맡은 일의 의미를 만드 는 것을 포함한다(Pratt & Ashforth, 2003). 우리가 이론과 실제에서 지 금보다 더 알아보기를 원하는 것은 사람들이 그 작업을 어떻게 수 행하는가에 대한 것이다. 앞에서는 그 실례로서 일을 할 때, 사람 들이 자신의 정체성과 관련된 부분을 드러낼 수 있도록 지속적으 로 대화를 하는 것이 중요하다는 것을 제시했었다. 분명한 사실은 다음과 같다. 사람들이 자신의 정체성에 대해 더 많이 이야기하거 나 일을 통해 표현을 할수록 자신의 일에서 의미를 찾으며 몰입하 려는 의지는 높아지기 마련인 것이다. 물론, 이러한 대화를 어떻게 구성하고 유지할 것인지에 대해서는 아직 의문점이 남아 있다. 또 한, 이와 같은 정체성 대화와 성과 관리, 진로개발, 멘토링간의 상 관성에 대한 이론적 의문점도 아직 존재한다.

그리고, 구성원들이 일을 하는데 있어서 의미를 기억하고, 그 의 미가 자신의 일에 어떤 영향을 주는지를 지각하도록 다양한 대화 를 지속하는 과정에 대한 지식을 넓히는 것도 중요하다. 이러한 대 화를 통해 구성원들은 특정 상황에서 세부적인 문제를 해결할 때 주로 가지게 되는 편협한 시각을 넓힐 수 있게 된다. 또한, 정체성 대화를 구성하고 유지하는 과정을 점검해보는 것도 필요하다. 누가 참여하면 좋을지, 어떤 세팅에서, 어떤 체계를 가지고 대화를 할지, 대화의 추수관리는 어떻게 할지 등이다. 앞으로는 구성원들이 더 큰 의미를 찾고, 그 의미의 영향력을 키울 수 있는 방법으로 직업 의 과제 및 관계 국면을 확장하는 일에 초점을 맞추는 잡크래프팅 에 대한 연구도 더 이루어져야 할 것이다(Wrzesniewski & Dutton, 2001).

이러한 노력들을 통해 우리는 의미와 몰입을 강화할 수 있는 대화와 특성에 대해 점점 더 잘 파악할 수 있게 될 것이다.

▍ 자기를 환영하기

조직구성원이 일의 맥락으로 들어오는 *자기를 환영하는 작업* (welcoming the self)은 일의 의미뿐 아니라 몰입을 유지하는데 있어서 필수적인 과정이다. 이러한 주장은 구성원이 일에 대해 가지는 시각(orientation)은 개인적인 기질, 성장사, 성격에 달려있다는 암묵적 가정에 어긋나는 것이다. 벨라, 매드슨, 설리븐, 스위들러, 팁톤 (Bellah, Madsen, Sullivan, & Tipton, 1985)은 3가지의 일에 대한 시각을 발견해냈다. 첫 번째 시각에서는 일을 '직업(job)'이라고 생각하고, 일을 함으로써 받게 되는 물질적 보상에 우선적인 초점을 맞춘다. 또, 일을 '진로(career)'라고 생각하는 시각에서는 승진과 관련된 보상에 초점을 맞춘다. 그리고, 일은 '소명(calling)'이라고 생각하는 시각에서는 일을 하는 것과 관련된 행복에 관심을 가진다. 이와 같은 3가지의 시각은 각 개인의 내면에 자리잡고 있고, 그다지 변화하지 않는 것으로 간주된다. 물론, 성인 발달과정의 맥락에서 다소의 변화는 있겠지만, 대부분의 경우에는 개인 내부에서 안정적인 상태로서 존재한다. 그러나, 약간의 움직임은 있을 수 있다. 직업이나 진로 시각을 가진 사람들이 소명의 시각으로 옮겨가서 일에서 더 많은 의미를 찾을 수 있다는 것이다(Wrzesniewski, 2003).

소명 시각으로의 이동은 구성원이 주어진 역할의 경계선을 용감하게 넘어서서 자기를 일에 더 많이 몰두시키는 순간을 추진하고, 환영하며, 강화하는 작업들로 구성된다. 구성원이 자기표현을 증가시키고, 일의 범위를 확장시키는 잡크래프팅을 하며, 일의 더 큰 목적과 영향력을 이해하고 탐색하고자 하는 대화의 시간은 반드시 지지되어야 하고, 강화되어야 한다. 물론, 이와 같은 긍정적인 강화과정은 어떻게 일어나는지, 누가 제공해 줄 수 있는지, 어떤 체계적 구조와 과정에서 이루어져야 하는지의 문제들은 앞으로 실제적 국면에서 파악되어야 할 것이다. 그리고, 이론적 측면에서는 어떤 상사, 리더, 인사팀, 동료가 개입하는 것이 적절할지에 대해 고민해야 하며, 이때에는 구성원이 맡고 있는 역할의 특징을 고려하고, 구성원의 개인적 발달과 성과 관리간의 연관성도 점검할 필요가 있다. 구성원이 자신의 일 경험을 이해하고, 더 큰 목적과 자신의 노력을 연계시키며, 일이 가지고 있는 보다 심층적인 의미를 만들어내고 유지시키는 과정은 본질적으로 사회적인 과정이라고 볼 수 있다(Wrzesniewski et al., 2003). 이러한 과정이 실제로 일어나도록 하는 방법은 보다 면밀하게 연구해볼만한 가치가 있다고 하겠다.

결 론

일에서의 몰입은 사람들이 자신의 일에 대해 가지는 의미와 밀접한 관련성이 있다. 누구나 일을 하는데 있어서 열심히 노력할 수 있다. 제시간에 출근을 하고, 오랜 시간동안 일한다. 하지만 진정한 몰입이란, 일로부터 심층적인 의미를 끌어낼 수 있는 태도를 요구한다. 리더, 상사, 컨설턴트, 인사팀, 동료들은 구성원이 이와 같은 의미와 본인간의 관계를 탐색하도록 촉진하는 방법으로 더 심층적이고 큰 의미를 찾아낼 수 있는 장면 세팅을 할 능력을 가지고 있다. 우리는 이 장의 앞부분에서 유용한 개입전략에 대해서 설명했었다. 일의 의미를 증가시킬 수 있는 맥락을 만들고, 구성원의 자기존중감을 강화하여 일의 맥락에서 더 심층적인 내면자기를 불러내고 표현하기, 지속적으로 몰입을 유지하기이다. 이러한 개입 전략들이 사람들의 일상생활에서 숨겨진 심층적인 의미를 찾아냄에 따라, 몰입은 유지될 수 있는 것이다.

표 5.1   일터의 초점: 맥락 창조하기

제안점	현장에서 검증된 제안점	이론에서 추출된 제안점	연구에서 지지된 제안점
구성원의 역할과 과제를 더 큰 미션과 목적에 연결시킬 수 있는 구조와 과정을 만들어내기 a	V	V	V
구성원의 과제, 역할, 의사결정의 권한에 대한 명확한 기대를 개발하고 유지시키기 b	V	V	V
투명하고 공정한 구성원 보상제도와 뛰어난 노력을 지원해줄 수 있는 과정을 만들기 c	V	V	V
문제를 정확하게 진단하고, 해결하고, 의사결정을 하며, 아이디어를 실행하는 과정에 구성원을 참여시키기 d	V	V	V
소그룹과 팀이 중요하고 의미 있는 과제를 맡을 수 있도록 상황을 만들고 권한을 부여하며, 지원하기 e	V	V	V
역량있는 상사와 리더를 선발하고, 훈련시키며, 평가하고 보상하는 과정에 특히 많은 자원을 투자하기 f	V	V	V

a: Bunderson & Thompson(2009); Duffy & Sedlacek(2007); Emmons(2003); Pratt & Ashforth(2003)
b: House & Rizzo(1972); Ivancevich & Donnelly(1974); Rizzo, House, & Lirtzman(1970)
c: Blader & Tyler(2009); Tyler & Blader(2003)
d: Beugré(2010); Feldman & Khademian(2003); Spreitzer(1995)
e: Burpitt & Bigoness(1997); Hackman(2002); Richardson & West(2010); Wageman(1997)
f: Bass & Avolio(1990); Segers, De Prins, & Brouwers(2010)

표 5.2 일터의 초점: 구성원의 자존감 높여주기

제안점	현장에서 검증된 제안점	이론에서 추출된 제안점	연구에서 지지된 제안점
구성원의 일과 역할에 관련된 목적과 의미에 대해 상사가 지속적으로 논의를 할 수 있도록 발달에 대한 검토하기 a	v	v	v
구성원이 더 큰 세상에 대한 자신의 기여범위를 확대할 수 있도록 잡크래프팅을 지원하기 b	v	v	v
육성행동, 강점탐구, 노력과 성취에 대한 축하와 같은 과정을 정기적으로 진행함으로써 구성원을 강화하고 가치 부여해주기 c	v	v	v
구성원에게 소속감, 연계성, 의미 있는 애착감을 제공해줄 수 있는 조직 내 커뮤니티 만들기 d		v	v

a: Clifton & Harter(2003); Kegan & Lahey(2009); Schaufeli & Salanova(2010)
b: Bakker(2010); Berg, Grant, & Johnson(2010); Wrzesniewski & Dutton(2001)
c: Gable, Gonzaga, & Strachman(2006); Gable, Reis, Impett, & Asher(2004), Kahn (1993, 2001)
d: Baumeister & Leary(1995); Dutton & Heaphy(2003); Gersick, Bartunek, & Dutton (2000); Grant(2008); Reis & Gable(2003)

◉ 참고문헌 ◉

Ashforth, B. E., & Fried, Y. (1988). The mindlessness of organizational behaviors. *Human Relations, 41*, 305-329. doi:10.1177/00187267 8804100403

Axelrod, R. H. (2000). *Terms of engagement.* San Francisco, CA: Berrett－Koehler.

Bakker, A. B. (2010). Engagement and "job crafting": Engaged employees create their own great place to work. In S. Albrecht (Ed.), *Handbook of employee engagement: Perspectives, issues, research and practice* (pp. 229-244). Northampton, MA: Edward Elgar.

Bandura, A. (1986). *Social foundations of thought and action: A social cognitive theory.* Englewood Cliffs, NJ: Prentice－Hall.

Bass, B. M., & Avolio, B. J. (1990). Developing transformational leadership: 1992 and beyond. *Journal of European Industrial Training, 14*(5), 21-27. doi:10.1108/03090599010135122

Bateman, T. S., & Porath, C. (2003). Transcendent behavior. In K. S. Cameron, J. E. Dutton, & R. E. Quinn (Eds.), *Positive organizational scholarship: Foundations of a new discipline* (pp. 122-137). San Francisco, CA: Berrett－Koehler.

Baumeister, R. F. (1991). *Meanings of life.* New York, NY: Guilford Press.

Baumeister, R. F., & Leary, M. R. (1995). The need to belong: Desire for interpersonal attachment as a fundamental human motivation. *Psychological Bulletin, 117*, 497-529. doi:10.1037/ 0033－2909.117.3.497

Bellah, R. N., Madsen, R., Sullivan, W. M., Swidler, A., & Tipton, S. M. (1985). *Habits of the heart.* New York, NY: Harper & Row.

Berg, J. M., Grant, A. M., & Johnson, V. (2010). When callings are calling: Crafting work and leisure in pursuit of unanswered occupational callings. *Organization Science, 21*, 973-994. doi:10. 1287/orsc.1090.0497

Beugré, C. (2010). Organizational conditions fostering employee engagement: The role of "voice." In S. Albrecht (Ed.), *Handbook of employee engagement: Perspectives, issues, research and practice* (pp. 174-181). Northampton, MA: Edward Elgar.

Blader, S. L., & Tyler, T. R. (2009). Testing and extending the group engagement model: Linkages between social identity, procedural justice, economic outcomes, and extrarole behavior. *Journal of Applied Psychology, 94*, 445-464. doi:10.1037/a0013935

Brower, H. H., Lester, S. W., Korsgaard, M. A., & Dineen, B. R. (2009). A closer look at trust between managers and subordinates: Understanding the effects of both trusting and being trusted on subordinate outcomes. *Journal of Management, 35*, 327-347. doi:10.1177/0149206307312511

Buechner, F. (1993). *Wishful thinking*. New York, NY: HarperCollins.

Bunderson, J. S., & Thompson, J. A. (2009). The call of the wild: Zookeepers, callings, and the double−edged sword of deeply meaningful work. *Administrative Science Quarterly, 54*, 32-57. doi: 10.2189/asqu.2009.54.1.32

Burpitt, W. J., & Bigoness, W. J. (1997). Leadership and innovation among teams: The impact of empowerment. *Small Group Research, 28*, 414-423. doi:10.1177/1046496497283005

Clifton, D. O., & Harter, J. K. (2003). Investing in strengths. In K. S. Cameron, J. E. Dutton, & R. E. Quinn (Eds.), *Positive organizational scholarship: Foundations of a new discipline* (pp. 111-121). San Francisco, CA: Berrett−Koehler.

Csikszentmihalyi, M. (1990). *Flow: The psychology of optimal experience*. New York, NY: Harper & Row.

Dik, B. J., & Duffy, R. D. (2009). Calling and vocation at work: Definitions and prospects for research and practice. *The Counseling Psychologist, 37*, 424-450. doi:10.1177/0011000008316430

Duffy, R. D., & Sedlacek, W. E. (2007). The presence of and search for a calling: Connections to career development. *Journal of Vocational Behavior, 70*, 590-601. doi:10.1016/j.jvb.2007.03.007

Dutton, J. E., Dukerich, J. M., & Harquail, C. V. (1994). Organizational images and member identification. *Administrative Science Quarterly, 39*, 239-263. doi:10.2307/2393235

Dutton, J. E., & Heaphy, E. D. (2003). The power of high−quality connections. In K. S. Cameron, J. E. Dutton, & R. E. Quinn (Eds.), *Positive organizational scholarship: Foundations of a new discipline* (pp. 263-278). San Francisco, CA: Berrett−Koehler.

Emmons, R. A. (2003). Personal goals, life meaning, and virtue: Wellsprings of a positive life. In C. L. M. Keyes & J. Haidt (Eds.), *Flourishing: Positive psychology and the life well−lived* (pp. 105-128). Washington, DC: American Psychological Association. doi:10.1037/10594−005

Feldman, M. S., & Khademian, A. M. (2003). Empowerment and cascading vitality. In K. S. Cameron, J. E. Dutton, & R. E. Quinn (Eds.), *Positive organizational scholarship: Foundations of a new discipline* (pp. 343-358). San Francisco, CA: Berrett−Koehler.

Gable, S. L., Gonzaga, G. C., & Strachman, A. (2006). Will you be there for me when things go right? Supportive responses to positive event disclosures. *Journal of Personality and Social Psychology, 91*, 904-917. doi:10.1037/0022−3514.91.5.904

Gable, S. L., Reis, H. T., Impett, E. A., & Asher, E. R. (2004). What do you do when things go right? The intrapersonal and interpersonal benefits of sharing positive events. *Journal of Personality and Social Psychology, 87*, 228-245. doi:10.1037/0022−3514.87.2.228

Gagné, M., & Deci, E. L. (2005). Self-determination theory and work motivation. *Journal of Organizational Behavior, 26*, 331-362. doi:10. 1002/ job.322

Gersick, C. J. G., Bartunek, J., & Dutton, J. E. (2000). Learning from academia: The importance of relationships in professional life. *Academy of Management Journal, 43*, 1026-1044. doi:10.2307/1556333

Grant, A. M. (2008). Does intrinsic motivation fuel the prosocial fire? Motivational synergy in predicting persistence, performance, and productivity. *Journal of Applied Psychology, 93*, 48-58. doi:10. 1037/0021-9010.93.1.48

Hackman, J. R. (2002). *Leading teams: Setting the stage for great performances.* Boston, MA: Harvard Business School Press.

Hackman, J. R., & Oldham, G. R. (1976). Motivation through the design of work: Test of a theory. *Organizational Behavior and Human Performance, 16*, 250-279. doi:10.1016/0030-5073(76)90016-7

Hackman, J. R., & Oldham, G. R. (1980). *Work redesign.* Reading, MA: Addison-Wesley.

Hall, D. (1993). *Life work.* Boston, MA: Beacon Press.

Hall, D. T., & Schneider, B. (1972). Correlates of organizational identification as a function of career pattern and organizational type. *Administrative Science Quarterly, 17*, 340-350. doi:10.2307/ 2392147

Herzberg, F. (1968). One more time: How do you motivate employees? *Harvard Business Review, 46*(1), 53-62.

Hirschman, A. O. (1970). *Exit, voice, and loyalty: Responses to decline in firms, organizations, and states.* Cambridge, MA: Harvard University Press.

House, R. J., & Rizzo, J. R. (1972). Role conflict and ambiguity as critical variables in a model of organizational behavior. *Organizational Behavior and Human Performance, 7*, 467-505. doi:10.1016/0030-

5073(72) 90030—X

Ibarra, H. (1999). Provisional selves: Experimenting with image and identity in professional adaptation. *Administrative Science Quarterly, 44*, 764-791. doi:10.2307/2667055

Ivancevich, J. M., & Donnelly, J. H. (1974). A study of role clarity and need for clarity for three occupational groups. *Academy of Management Journal, 17*, 28-36. doi:10.2307/254768

Kahn, W. A. (1990). Psychological conditions of personal engagement and disengagement at work. *Academy of Management Journal, 33*, 692-724. doi:10.2307/256287

Kahn, W. A. (1992). To be fully there: Psychological presence at work. *Human Relations, 45*, 321-349. doi:10.1177/001872679204500402

Kahn, W. A. (1993). Caring for the caregivers: Patterns of organizational caregiving. *Administrative Science Quarterly, 38*, 539-563. doi:10.2307/2393336

Kahn, W. A. (1998). Relational systems at work. *Research in Organizational Behavior, 20*, 39-76.

Kahn, W. A. (2001). Holding environments at work. *Journal of Applied Behavioral Science, 37*, 260-279. doi:10.1177/0021886301373001

Kegan, R. (1994). *In over our heads: The mental demands of modern life.* Cambridge, MA: Harvard University Press.

Kegan, R., & Lahey, L. L. (2009). *Immunity to change: How to overcome it and unlock potential in yourself and your organization.* Boston, MA: Harvard Business Press.

Kerr, S. (1975). On the folly of rewarding A while hoping for B. *Academy of Management Journal, 18*, 769-783. doi:10.2307/255378

Kinch, J. W. (1963). A formalized theory of the self—concept. *American Journal of Sociology, 68*, 481-486. doi:10.1086/223404

Kram, K. E. (1985). *Mentoring at work: Developmental relationships in organizational life.* Glenview, IL: Scott Foresman.

Langer, E. J. (1984). *Mindfulness.* Reading, MA: Addison—Wesley.

Lawler, E. E., III, & Hall, D. T. (1970). Relationship of job characteristics to job involvement, satisfaction, and intrinsic motivation. *Journal of Applied Psychology, 54,* 305-312. doi:10.1037/h0029692

Levinson, D. J., Darrow, C. N., Klein, E. B., Levinson, M. H., & McKee, B. (1978). *The seasons of a man's life.* New York, NY: Knopf.

Macey, W. H., & Schneider, B. (2008). The meaning of employee engagement. *Industrial and Organizational Psychology: Perspectives on Science and Practice, 1,* 3-30. doi:10.1111/j.1754—9434.2007.0002.x

Martinko, M. J., & Gardner, W. L. (1982). Learned helplessness: An alternative explanation for performance deficits. *Academy of Management Review, 7,* 195-204.

Maslach, C., Schaufeli, W. B., & Leiter, M. P. (2001). Job burnout. *Annual Review of Psychology, 52,* 397-422. doi:10.1146/annurev.psych.52.1.397

McClelland, D. C. (1985). *Human motivation.* Glenview, IL: Scott Foresman.

Peterson, C., Maier, S. F., & Seligman, M. E. P. (1993). *Learned helplessness: A theory for the age of personal control.* New York, NY: Oxford University Press.

Pfeffer, J., & Lawler, J. (1980). Effects of job alternatives, extrinsic rewards, and behavioral commitment on attitude toward the organization: A field test of the insufficient justification paradigm. *Administrative Science Quarterly, 25,* 38-56. doi:10.2307/2392225

Pillai, R., Schriesheim, C. A., & Williams, E. S. (1999). Fairness perceptions and trust as mediators for transformational and transactional leadership: A two—sample study. *Journal of Management, 25,* 897-933. doi:10.1177/014920639902500606

Podolny, J. M., Khurana, R., & Hill—Popper, M. (2004). Revisiting the meaning of leadership. *Research in Organizational Behavior, 26,* 1-

36. doi:10.1016/S0191−3085(04)26001−4

Pratt, M. G., & Ashforth, B. E. (2003). Fostering meaningfulness in working and at work. In K. S. Cameron, J. E. Dutton, & R. E. Quinn (Eds.), *Positive organizational scholarship: Foundations of a new discipline* (pp. 309-327). San Francisco, CA: Berrett−Koehler.

Rabinowitz, S., & Hall, D. T. (1977). Organizational research on job involvement. *Psychological Bulletin, 84*, 265-288. doi:10.1037/0033−2909.84.2.265

Rafferty, A. E., & Griffin, M. A. (2006). Refining individualized consideration: Distinguishing developmental leadership and supportive leadership. *Journal of Occupational and Organizational Psychology, 79*, 37-61. doi:10.1348/096317905X36731

Reis, H. T., & Gable, S. L. (2003). Toward a positive psychology of relationships. In C. L. M. Keyes & J. Haidt (Eds.), *Flourishing: Positive psychology and the life well−lived* (pp. 129-159). Washington, DC: American Psychological Association. doi:10.1037/10594−006

Richardson, J., & West, M. A. (2010). Engaged work teams. In S. Albrecht (Ed.), *Handbook of employee engagement: Perspectives, issues, research and practice* (pp. 323-340). Northampton, MA: Edward Elgar.

Rizzo, J. R., House, R. J., & Lirtzman, S. I. (1970). Role conflict and ambiguity in complex organizations. *Administrative Science Quarterly, 15*, 150-163. doi:10.2307/2391486

Rothbard, N. P. (2001). Enriching or depleting? The dynamics of engagement in work and family roles. *Administrative Science Quarterly, 46*, 655-684. doi:10.2307/3094827

Schaufeli, W. B., & Salanova, M. (2010). How to improve work engagement? In S. Albrecht (Ed.), *Handbook of employee engagement: Perspectives, issues, research and practice* (pp. 399-415). Northampton, MA: Edward Elgar.

Segers, J., De Prins, P., & Brouwers, S. (2010). Leadership and engagement: A brief review of the literature, a proposed model, and practical implications. In S. Albrecht (Ed.), *Handbook of employee engagement: Perspectives, issues, research and practice* (pp. 149-158). Northampton, MA: Edward Elgar.

Seltzer, J., & Numerof, R. E. (1988). Supervisory leadership and subordinate burnout. *Academy of Management Journal, 31*, 439-446. doi:10.2307/256559

Sparrowe, R. T., & Liden, R. C. (2005). Two routes to influence: Integrating leader−member exchange and network perspectives. *Administrative Science Quarterly, 50*, 505-535.

Spreitzer, G. M. (1995). Psychological empowerment in the workplace: Dimensions, measurement, and validation. *Academy of Management Journal, 38*, 1442-1465. doi:10.2307/256865

Staw, B. M., Bell, N. E., & Clausen, J. A. (1986). The dispositional approach to job attitudes: A lifetime longitudinal test. *Administrative Science Quarterly, 31*, 56-77. doi:10.2307/2392766

Taylor, F. W. (1911). *The principles of scientific management.* New York, NY: Harper Brothers.

Tulku, T. (1978). *Skillful means.* Berkeley, CA: Dharma.

Tyler, T. R., & Blader, S. L. (2003). The group engagement model: Procedural justice, social identity, and cooperative behavior. *Personality and Social Psychology Review, 7*, 349-361. doi: 10.1207/S15327957PSPR0704_07

Vroom, V. H. (1964). *Work and motivation.* New York, NY: Wiley.

Wageman, R. (1997). Critical success factors for creating superb selfmanaging teams. *Organizational Dynamics, 26*, 49-61. doi: 10.1016/S0090−2616(97)90027−9

Weick, K. E. (1995). *Sensemaking in organizations.* Thousand Oaks, CA:Sage.

Wildermuth, C. (2010). The personal side of engagement: The influence of personality factors. In S. Albrecht (Ed.), *Handbook of employee engagement: Perspectives, issues, research and practice* (pp. 197-208). Northampton, MA: Edward Elgar.

Wrzesniewski, A. (2003). Finding positive meaning in work. In K. S. Cameron, J. E. Dutton, & R. E. Quinn (Eds.), *Positive organizational scholarship: Foundations of a new discipline* (pp. 296-308). San Francisco, CA: Berrett—Koehler.

Wrzesniewski, A., & Dutton, J. E. (2001). Crafting a job: Revisioning employees as active crafters of their work. *Academy of Management Review, 26*, 179-201.

Wrzesniewski, A., Dutton, J. E., & Debebe, G. (2003). Interpersonal sensemaking and the meaning of work. *Research in Organizational Behavior, 25*, 93-135. doi:10.1016/S0191—3085(03)25003—6

Wrzesniewski, A., McCauley, C., Rozin, P., & Schwartz, B. (1997). Jobs, careers, and callings: People's relations to their work. *Journal of Research in Personality, 31*, 21-33. doi:10.1006/jrpe.1997.2162

Purpose and meaning in the workplace

세속적인 일, 신성한 일?
궂은 일에서 의미찾기

블레이크 애쉬포드(Blake E. Ashforth)·글렌 크레이너(Glen E. Kreiner)

•• Chapter 6

세속적인 일, 신성한 일? 궂은 일에서 의미찾기
Profane or Profound? Finding Meaning in Dirty Work

법관들은 우리가 과한 동정심을 갖고 있다고 생각한다. 그들은 우리를 무시한다. 기본적으로… 지방검사, 경찰, 판사, 법정의 직원, 그 사람들은 우리가 인간쓰레기들을 위해 일한다고 생각하기 때문에 우리는 가치가 없는 존재가 되는 것이다. 현실에서 우리는 악인들과 일한다. 우리가 돕고 있는 사람들은 악한 놈들이고, 우리는 악인을 옹호하고 있기 때문에 우리도 악인과 같은 취급을 받는다. 사람들은 전 시민의 인권 논쟁, 전 시민의 헌법, 그리고 누구에게나 공평한 재판과 변호 및 그 모든 것을 누릴 권리가 있기 때문에 우리가 이 나라를 사랑하는 것이라는 사실은 잊고 있는 것 같다.

사회복지사(Bowe, Bowe, & Streeter, 2000, p.416)

장례지도사, 군인, 호스피스, 교도관, 전당포업자, 피고측 변호인 등 사회에서 "신체적, 사회적 또는 도덕적으로" 오점이 있는(tainted) 일로 보는 직업이 많이 있다(Hughes, 1958). *신체적 오점이 있는 직업*은 죽음, 쓰레기 등과 관련이 있거나 위험하고 유해한 환경에서 일을 한다고 생각되는 것들이다. *사회적 오점이 있는 직업*은 노예 근성이 있거나 낙인이 찍힌 사람들과 정기적인 접촉이 있다고 지각되는 것들이다. *도덕적 오점이 있는 직업*은 "법규정을 어길 것이 의심되는 가치" 또는 "누군가를 속이거나, 타인의 권리를 침범하거나, 사람들의 의견에 대립적이거나 아니면 상대방에게 무례한" 방법들을 사용한다고 생각되는 것들이다(Ashforth & Kreiner, 1999, p.415). 사회에서 지저분함(dirtiness)을 나쁜 것으로, 깨끗함(cleanliness)을 좋은 것으로 보기 때문에(Douglas, 1966) 신체적, 사회적 또는 도덕적으로 지저분한 직업은 낙인이 찍히고, 그 일에 종사하는 사람들은 사회적으로 "궂은 일을 하는 사람들(dirty workers)"로 규정된다(Ashforth & Kreiner, 1999; Hughes, 1962).[1]

그래서 궂은 일을 하는 사람들은 성가신 역설에 직면하게 된다. 그들도 대부분의 사람들처럼, 자기들의 직업에 대해 당당하게 자신을 증명하는 배지로 생각하고, 사회가 자기가 하고 있는 일이 가치 있다고 긍정해주기를 바란다. 하지만, 사회에서 위임한 과제들을 수행하고 있음에도 불구하고, 사회는 그들에게 그런 인정을 해주지 않는 경향이 있다. 따라서, 그런 직업의 종사자들은 종종 요구하면서 비난하는 대중에게 때려눕혀지는 느낌을 받게 된다. 직업에 찍힌 낙인을 정확히 인식하게 되면, 그들도 자기 일에서 긍정적인 의미를 찾기 위해 노력할 수 있을 것이다.

6장은 궂은 일을 하는 사람들이 자신의 일에 대한 평가 때문에 어려움을 느낄 때, 어떻게 교화적인 의미(edifyng meaning)를 찾아내는 지에 관한 것이다. 그런 경우 가장 문제가 되는 것은 유의미성

---

1 애쉬포드와 크레이너(1999)가 지적한 것처럼, 모든 지저분한 일은 어느 정도 낙인이 찍힌다. 하지만, 지저분함의 의미에 관한 담론은 맥락과 시간에 따라 다양하다. 따라서 어떤 지저분함은 맥락과 시기에 따라 더 낙인이 찍히거나 덜 낙인이 찍힐 수 있다. 가령, 서드나우(1967)에 의하면, 병원 영안실 담당자는 직원 식당에 들어가기 전에 항상 피가 묻은 가운을 갈아입어야 했지만 의사는 그러지 않았다. 아마도 피가 전자에게는 죽음과 연관되고 후자에게는 생명을 살리는 것과 연관되기 때문일 것이다. 따라서 객관적인 지저분함과 주관적인 낙인간에 완벽한 상관관계는 없다는 것을 기억할 필요가 있다.

(meaningfulness)이기 때문에 *전반적 낙인(pervasive stigma*, Kreiner, Ashforth, & Sluss, 2006)이라고 하는 것이 찍힌 직업들에 초점을 맞춰보려고 한다. 전반적 낙인이 찍힌 직업에서는 지각된 지저분함(dirtiness)의 *크기(breadth*, 궂은 일의 비율 또는 직업 정체성에서 그 지저분함의 중심성)와 *깊이(depth*, 지저분함의 정도와 지저분함에 개인이 직접 관여함)의 정도가 둘 다 높다. 이것이 앞에서 언급한 종류의 직업들이다. 반대로, 오점의 깊이는 깊지만 크기는 작은 경우에는(예: 스캔들을 평가하는 기업 PR 임원), 낙인을 구분하고 무시하기가 비교적 쉽다(예: Emerson & Pollner, 1976). 마찬가지로, 오점의 크기는 크지만 깊이는 낮은 경우(예: 자동차 정비사는 지저분하지만 아주 심하지는 않은 환경에서 일한다), 낙인의 효력이 약해져서 덜 위협적이 된다.

우리는 궂은 일에 관한 문헌을 검토하는 것에서부터 시작할 것이다. 그리고 궂은 일에서 무엇이 긍정적인 의미를 가져오는지 논의하고, 그런 일에 의미를 부여하는 데 사용되는 다양한 이념의 실천에 대해 논의해 보려 한다. 요점은 의미는 주관적이면서 사회적으로 구성되는 것이기 때문에 사람들이 긍정적인 의미를 인식하는 범위가 넓다는 것이다. 그 다음은, 일터에서 관리에 적용할 점들을 고려할 것이다. 우리는 직업과 조직의 사명에 일치하는 교화적인 의미를 개발하기 위해 조직이 어떻게 개인이 구성하는 의미를 주도적으로 형성할 수 있는지에 초점을 맞출 것이다.

이론적, 경험적 문헌 연구

프랫과 애쉬포드(Pratt & Ashforth, 2003)를 따라, 우리는 *의미 있는 일*을 "일하는 사람들이 목적이 있고 중요하다고 지각하는 것...

'나는 왜 여기에 있는가?'라는 질문에 대답해주는 것"이라고 정의
한다(p.311; Rosso, Dekas, & Wrzesniewsky, 2010도 참고).[2] "그 일을 하는 사
람들이" 의미 있다고 하는 것이 중요하다. 왜냐하면 의미는 원래
주관적이고 사회적으로 구성된 것이기 때문이다. 주관성(subjectivity)
요소는 의미 추구가 편파적임을 시사한다. 사람들은 자신의 개인
적 신념에 공명하는 유익한 의미를 추구할 때 동기가 생긴다. 그
래서 사람들은 "여자는 남자들에게 보호받고 통제되고 싶어한다"
고 주장하는 중매장이처럼 자신의 일로부터 다른 사람은 의문을
제기할 수 있는 이기적인 의미를 끌어내기도 한다(Ritzer & Walczak,
1986).

　사회적 구성(social construction) 요소는 사람들이 전형적으로 혼자
서 의미를 창조하지는 않는다는 것을 보여준다(Rosso et al., 2010).
어느 정도는 함께 구성하는 것이다. 궂은 일이라는 맥락에서 외부
자와 내부자는 중요한, 그러나 종종 모순된 역할을 하는 두 부류
의 청중이다. 외부자는 일의 의미를 형성하는 데 도움이 되지만,
궂은 일에 대해서는 낙인과 오점이 없는 직업 종사자들과의 차이
를 상기시키는 적대적인 역할을 할 수도 있다. 반대로 직업의 내
부자들 -동료, 매니저, 동종의 다른 조직구성원들- 은 일의 긍정
적인 의미를 증진하려는 동기를 준다. 궂은 일들은 그 일의 본질
및 필요성과 종사자의 특징을 찬양하는 이념을 잘 개발하여 (구성
원들을 외부자의 비방으로부터 보호하는) 강력한 하위문화를 만들기도 한
다(Ashforth & Kreiner, 1999; Lucas & Buzzanell, 2004; Trice, 1993). 다른 내
부자들도 도출된 의미를 공유하고 있다는 느낌은 그러한 이념에
대한 지각된 타당성을 크게 강화시켜준다. 예를 들어, 퍼서(Purser,

---

2 유의미성/의미(meaningfulness)와 긍정적 의미(positive meaning)를 함께 사용할
　것이다.

2009)는 두 집단의 일용직 이주노동자들을 연구한 결과, 겉으로 보기에는 비슷한데, 각자 다른 집단보다 도덕적으로 우월하다고 생각한다는 것을 발견하였다. 게다가 사람들은 *공유된(shared)* 것은 *타당하다(valid)*고 여기기 때문에 개인 혼자보단 집단 안에서 그들의 편견을 더 잘 유지할 수 있다. 브루워(Brewer, 1991)의 추측처럼, "개인 수준에서 고통스러운 것이 집단 수준에서는 자부심의 원천일 수 있다. 즉, 수치의 표시가 아니라 영예의 배지가 되는 것이다"(p.481).

직업, 조직, 산업 관련 문헌이 방대하긴 하지만, 신체적, 사회적, 도덕적 오점의 역동에 초점을 맞춘 경험적 연구들은 거의 항상 (a) 한 번에 하나의 직업, 조직 또는 산업을 대상으로 하는데 직업 연구가 다른 것보다 압도적으로 많고, (b) 질적 방법을 사용하고 있다(특히 관찰과 면접). 이런 접근은 많은 직업, 조직 및 산업에 대한 이해와 귀납적 이론수립을 가능하게 한다. 하지만 오점 중심의 이론(taint-focused theory)을 검증하는 양적 연구나 궂은 일의 다양한 유형 및 현장에서의 역동을 동시에 보는 통합적인 연구는 별로 없었다. 이런 논쟁이 현장에서 공식적으로 검증되지 않았기 때문에 이후 논의의 많은 부분은 이론적일 수밖에 없다.

우리의 논의는 *정상화 모델(normalization model*; Ashforth & Kreiner, 1999; Ashforth, Kreiner, Clark & Fugate, 2007; Kreiner et al., 2006)에 근거한 것으로 이는 궂은 일의 종사자들이 어떻게 그 오점을 처리하여 의미를 이끌어내는지를 설명해준다. 구체적으로 우리는 의미를 이끌어내기 위해 직업 이데올로기, 즉 재구조화(reframing), 재조정(recalibrating), 재초점화(refocusing)를 활용하는 것에 초점을 맞출 것이다. 궂은 일 이데올로기는 거의 항상 지저분하거나 나쁘다는 직업의 낙인과 깨끗하거나 좋다는 사회적 기준간에 존재하는 간격을 이어주려고 노력한다. 다시 말해, 궂은 일은 그 자체로 저절로 가치 있는 것은 아니지만, 사회가 인정해야 하는 (그리고 아마 인정하는) 더 높은 목적과 중요성의 상징으로서 찬양을 받는다. 그래서 어떤 박제사가 오리털을 벗기는 약간 잔인한 이야기를 할 때, 그 결말은 "나는 … 오리가 날아가는 것처럼 만들 것이다. 어머니 자연이 의도한 것처럼"(Boer et al., 2000, p.94)이 될 수 있는 것이다. 아이러니하게도, 지저분하거나 나쁜 것을 깨끗하거나 좋은 것이라고 고쳐 쓰면서, 궂은 일 이데올로기는 처음에 그 일에 문제가 되었던 깨끗하거나 좋은 것의 사회적 기준을 지지하고 강화하게 된다.

재구조화, 재조정, 재초점화에서 *재(re)*의 의미는 종사자들이 궂은 일에서 이끌어낸 긍정적 의미로의 인지적 이동을 나타낸다. 이는 구성원들이 단결하여 그 일에 대한 사회적 관점을 좀 더 교화적인 용어로 재정비하였던 궂은 일들에 대한 직업 문화 연구와(e.g. Appelbaum, 1981; Trice, 1993), 교화적인 이념을 이해하고 내면화하도록 가르치는 낙인 찍힌 초보 구성원에 대한 사회화 연구에서(e.g. Chappell & Lanza-Kaduce, 2010; Gusterson, 1996) 아주 분명하게 드러난다. 그렇지만, 개인 수준에서는 만약 그 개인이 다음과 같다면 *재(re)*라는 과정은 있을 수 없다는 것을 인식할 필요가 있다.

- 교화적 이념을 내면화하도록 양육되었다(사회화 관련 문헌에서는 *예기사회화(anticipatory socialization)*라고 표현함. Merton, 1957). 예를 들어, 어업, 장례, 치안 활동 등의 직업은 종종 어릴 때부터 교화적 이념에 노출되고 이를 수용하는 가정에서 전수된다(e.g., Michaelson, 2010; Miller & Van Maanen, 1982).
- 선천적으로 그 일에서 낙인이 찍힌 특징에 매력을 느낀다. 키더(Kidder, 2006)는 위험한 일에서 스릴을 즐기는 퀵 서비스 종사자들의 열정에 대해 기술하였다.

- 교화적 이념을 거부한다. 직업 이념들은 그 개인이 실제로 사용할 수 있거나 없는 사회적 자원으로 생각될 수 있다. 가령 브라이언(Bryan, 1966)은 고객을 이용하라고 성매매여성을 교화하는 직업 이념에도 불구하고, 성매매여성들은 동종 직업 종사자들을 (자기 자신은 아니더라도) 고객들보다 더 낮게 평가하는 경향이 있다는 것을 발견하였다. 특정 이념은 미심쩍다, 도움이 안 된다, 또는 불필요하다고 거부한다고 해도(그럼에도 불구하고 자기설득과 인상 관리를 위해 그것을 찬양할 수는 있지만) 사람들은 그 외의 다른 교화적인 이념을 수용하거나 자기동조적인 이념을 받아들일 것이다(e.g., Fine, 1996). 최소한, 자기 자신에게 스스로의 직업에 대한 설명을 할 필요가 있기 때문이다.

잠깐 이야기를 여기서 멈추고, 우선 의미 없는 것이 무엇인지 알아보는 것이 중요하겠다. 의미는 단순히 그 일의 낙인적인 특징이나 낙인 자체에 대처할 수 있게 하는 방어적 전략이 아니다(의미 만들기가 그 자체로 방어적인 전략이긴 하지만). 18가지 궂은 일의 관리자들을 면접한 결과, 애쉬포드와 크레이너 등(Ashforth, Krerner, et al., 2007)은 물리적으로 낙인찍힌 과제와 판단적인 청중 피하기, 대단한 일이 아닌 것처럼 지나가기, 블랙 유머 사용하기, 자신의 상황과 한계 받아들이기, 비난자 비난하기, 고객 비난하기 또는 고객에게 거리두기, 역할에서 거리두기와 같은 여러 가지 방어 전략을 설명하였다.[3] 이런 전략들은 그 일과 낙인에 적응하게 해주고, 긍정적 의미의 사회적 구성을 지지하기는 하지만, 그 일 자체에 목적과 의미감을 불어넣지는 못한다.

---

3 애쉬포드와 크레이너 등(2007)은 전략목록에 사회적 비교도 포함시켰는데, 이 내용은 나중에 나오는 주요 의미 촉진 요인에서 논의하기로 하겠다.

재구조화, 재조정, 재초점화

▌재구조화

재구조화는 긍정적인 가치를 지닌 수단(means, 일을 하는 방법)이나 목적(ends, 어떤 목적을 위해)을 불어넣고(infusing) 부정적인 가치를 중화시킴으로써(neutralizing), 일의 의미를 변형시키는 것이다. 수단의 예를 들면, 밀스(Mills, 2007)는 트럭기사의 관심을 끌기 위해 그들의 건강한 인기 있는 이미지를 노동자의 영웅, 카우보이, 백기사, 도로의 왕으로 묘사하였다. 이런 이미지는 트럭기사가 하는 일을 낭만적으로 보이게 한다. 마찬가지로, 작업 과정의 특성도, 비록 그 일이 특수한 공정을 수행하는 건축 기사와 같이 궂은 일이더라도 긍정적인 측면을 강조할 수 있다. 목적을 불어넣는 것의 예를 들면, 알룩크(Arluke, 1994)는 동물보호직원이 학대나 방임으로 고통을 겪은 동물에게는 안락사가 더 낫다고 생각한다는 것을 발견했다.

가치 중화에 대해서 판드(Pande, 2010)는 돈을 받고 다른 사람의 아이를 낳아주는 상업적 대리모를 연구하였는데 한 대리모가 도덕적 낙인에 대해 이렇게 가치를 중화하는 것을 볼 수 있었다.

> 나는 대리모가 나쁘지 않다고 생각해요. 우리는 돈이 필요하고 그들은 아이가 필요해요. 중요한 건 나는 그 돈에 대해 잘못한 게 없다는 거예요. 훔치거나 누구를 죽인 것이 아니잖아요. 그리고 실제로 잠자리를 같이 한 것도 아니니까요(Pande, 2010, p.299).

비록 가치 중화가 직접적으로 교화적인 의미를 불어넣는 것은 아니지만, 주입시킬 바탕을 정화하여 간접적으로 채워줄 수 있다. 그래서, 대리모 기관이 대리모와 스폰서 부부간에 계약적 관계의 본질을 강조하는데도 불구하고, 어떤 대리모들은 스폰서와 즐겼던 특별한 유대를 강조하고 스폰서 가족과의 장기적인 관계에 대한 환상을 갖기도 한다. 재구조화 과정들의 요지는 일의 의미는 긍정성을 주입하거나 부정성을 부인함으로써 종사자의 마음속에서 변화된다는 것이다.

▎재조정

*재조정*은 "궂은 일의 규모(magnitude, 얼마나 많은가) 그리고 가치(value, 얼마나 좋은가)를 평가하는 내재적 기준을 조정하는 것"이다(Ashforth & Kreiner, 1999, p.422). 예를 들어, 소방관에 대한 한 연구에서는 불과 관련된 것은 응급전화의 10%도 안 되고 대부분은 사소한 전화였지만, 그럼에도 불구하고 소방관들은 자신의 일을 영웅적인 소방활동으로 정의하려고 애쓰는 것으로 나타났다(Tracy & Scott, 2006). 반대로 훨씬 더 일상적인 구급서비스(EMSs)의 가치는 낮게 평가하였다. "우리는 길고, 복잡한 구급서비스 전화에 대해서는 잠깐 동안 이야기하고 작은 불, 말하자면 쓰레기장의 불에 대해서는 한 시간 반 동안이라도 이야기할 것이다"(Tracy & Scott, 2006, p.20). 구급서비스보다 소방활동을 더 많이 떠올리면서 소방관이 원하는 정체성이 강화되었던 것이다.

궂은 일 이념들은 -물론 재조정뿐 아니라 재구조화, 재초점화를 포함한다- 가치 있다고 여겨지는 것에 대해 광범위한 사회적 담론을 이끌어낸다(Grandy, 2008; Tracy & Scott, 2006; Wicks, 2002). 트레이시와 스콧(Tracy & Scott, 2006)은 소방관들이 교정직 공무원보다 훨씬 더 긍정적인 명성을 갖는 것은 교정직이 여성적인 돌봄이라고 평가절하하는 담론과 연관되는 반면, 소방활동은 남성적인 용감한 행동과 용기라는 특권적 담론과 연관되기 때문이라고 주장했다.

또한, "궂은 일과 강한 조직문화, 정체성을 관련 짓는 많은 연구들은 '남성적인' 일을 하고 있는 남성 종사자 연구에 기초한 것이다"(Tracy & Scott, 2006, p.10). 예를 들어, 트레이시와 스콧은 애크로이드와 크라우디(Ackroyd & Crowdy, 1990)의 가금류를 죽이는 일에 선발되어 혈흔이 묻은 옷을 자랑스럽게 입고 일터를 떠나는 지위가 높은 영국의 도축인 연구와 여성적인 직업과 관련된 신체적인 오점을 명예의 배지로 달지 못하는 가사도우미 및 간병인 연구를 비교하였다.

프랫과 애쉬포드(Pratt & Ashforth, 2003)는 "어떤 사회에서 의미 원형 [담론]의 수는 제한되어 있는" 것 같다고 했다(p.311). 궂은 일의 경우, 대중적인 담론에는 남성성, 중요한 서비스 수행, 자기희생과 영웅주의, 성취와 수월성, 보상 획득 등이 포함된다. 하지만, 주관성 개념이 시사하는 것처럼, 사회적으로 의미가 구성될 수 있는 여지(latitude)와 담론을 유발할 수 있는 임의성(arbitrariness)이 여전히 남아있는 것이다. 가령, 방문 보험판매는 사회적으로 비굴하고(예: 아첨하는, 기분을 상하게 하지 않는), 도덕적으로 침입적인 판매 기법이라는 오점을 가지고 있다(Leidner, 1991). 이 직업은 일본에서는 여성들이 점령하고 있어 여성적인 유형인 반면, 미국에서는 남성들이 점령하고 있어 좀 더 남성적인 용어가 사용된다(예: "의지의 경연", Leidner, 1991, p.166).

담론은 맥락에 따라, 즉 산업, 국가, 지역에 따라 굉장히 다양하다. 프랑스 INSEAD(Institut Européen D'Amnimistration des Affaires)의 궂은 일에 대한 토론에서 제1저자는 성 노동(sex work)에 따라다니는 심한 도덕적 낙인을 언급했지만, 그러한 낙인은 유럽에서는 훨씬 적다고 바로 수정되었다. 담론도 유기적이어서 시간이 가면 점차 변할 수 있다(Meisenbach, 2010). 예를 들어, 미국에서는 최근 10여년 동안 도박(Munting, 1996)과 문신(Adams, 2009)에 대해 퍼져있었던 도덕적 오점이 점점 약해지고 있다. 이와 비슷하게, 9/11때 그라운드 제로(Ground Zero)의 소방관들의 이미지가 소방과 관련된 영웅적 담론에 대한 집단의식을 일으켰던 것처럼 중요한 사건들은 담론을 변화시키거나 중단시킬 수 있다.

▌재초점화

*재초점화*에서는 일의 오점이 있는 측면으로부터 오점이 없는 측면으로 의도적으로 주의를 이동시킨다. 재초점화는 긍정적 의미를 주입시키기는 하지만, 낙인은 그대로 남겨둔다. 첫째, 그 일에서 오점이 없는 *내재적 특징(intrinsic qualities)*에 관심을 재초점화할 수 있다. 예를 들어, 치아페타-스완슨(Chiappetta-Swanson, 2005)은 낙태 수술을 한 간호사들이 어떻게 육체적, 정서적 케어기빙이라는 오점이 없는 과제에 주의를 돌리는지를 설명하였다. 둘째, 학습 기회와 같이 다양한 기술을 사용하고 조직 내외에 의미 있는 영향을 주는 오점을 가진 과제를 수행하는 데서 얻는 *내재적 보상(intrinsic rewards)*을 재초점화할 수 있다.[4] 궂은 일(Dirty Jobs)이라는 TV 프로그램의 진행자, 마이크 로웨(Mike Rowe)는 한 인터뷰에서 이렇게 말했다.

> 아무도 자기의 열정을 폐수 처리나 창문 닦기에 쏟지 않습니다. 당신은 배가 고팠을 때, 아무도 하고 싶어 하지 않는 일을 발견했기 때문에 그 일을 한 것이고, 그 다음에는 좋은 태도와 사업가 정신으로 그 일을 잘해낸 것이지요. 사람들은 기꺼이 일 자체를 위해 일하고, 평생 꿈꾸지 못했을 일을 즐기는 것을 배우는 데서 행복을 찾을 필요가 있습니다(Rentilly, 2010, p.92).

---

4 이 사례에서처럼, 두 번째 재초점화 형태는 재구조화와 경계가 흐릿하고, 특히 수단(일을 하는 방법)에 긍정적인 가치 주입하기와 잘 구별이 안 된다.

셋째, 일의 *외재적 보상(extrinsic rewards)*, 즉 급여, 인정, 승진 기회, 우정에 주의를 재초점화할 수 있다. 한 파파라치는 뉴스 사진 기자로서의 이전 경력을 현재의 직업과 이렇게 비교하였다.

> 뉴스 사진기자가 되면, 그것으로 잘 사는 것보다 사진이 발표되느냐에 더 관심을 갖는다. 지금, 파파라치 업을 하는 것은 그와 반대이다. 나는 사진이 어디로 가는지 관심이 없다. 누가 내 이름을 아는지에도 관심이 없다. 그저 나에게 돈을 주기만 하면 된다(Bowe et al., 2000, p.240).

외재적 보상은 오점을 보상해줄 수는 있지만, 재구조화와 재조정이 없이는 내재적 의미를 주입시키지 못한다. 여기서 내재적 의미는 많은 사람들이 간단히 얻을 수 없는 일종의 사치인가 하는 의문이 들 수 있을 것이다. 이렌리치(Ehrenreich, 2001)는 미국에서 하찮은 일을 하는 사람들의 단조로움에 대해 논의했다. 많은 사람들은 기본 생계 유지라는 목적만을 가지고, 특권이 낮은 궂은 일(예: 메이드, 매장 안내원)을 수행한다. 사실, 이런 일에 종사하는 사람들은 직업 선택의 기회가 거의 없었다("내가 무슨 다른 일을 할 수 있겠나?", 예: Bryant & Perkins, 1982; Wicks, 2002). 비록 선택의 기회가 없었다고 주장하는 것이 오점을 가진 일에 종사하는 것을 정당화하는 데 도움이 되더라도 그건 그 사람이 무력하다는 의미이고 교화적인 의미를 주지 못하기 때문에 에두른 합리화(backhanded rationale)일 뿐이다(자신의 곤경에 대해 외적인 요소들을 비난한다는 점에서 의미추구에 방해가 될 수도 있다). 이런 이유 때문에 우리는 아무것도 선택할 수 없었다는 것(no choice)은 궂은 일에 장기적으로 종사하는 것을 정당화 하지 못하며, 따라서 결국 일의 내재적 특징, 내재적 보상 또는 외재적 보상에서 교화적인 보상(edifying compensations)을 찾게 될 것이라고 생각한다.

마지막으로, 핵심 과업과 관련된 오점은 과업 전체를 물들여버리는 경향이 있고(예: 정서적인 돌봄을 주는 간호사는 낙태라는 맥락에서도 그렇게 하고 있다), 내재적 및 외재적 보상이 어느 정도는 그런 과업들로부터 오는 것이기 때문에(예: 사설탐정이 수령하는 현상금), 오점이 있는 것과 오점이 없는 것 간에 구분이 모호하다는 것에 주목해야 한다. 따라서, 재초점화는 핵심 과업의 재구조화나 재조정이 없이는 유지하기가 어려울 수 있다.

재구조화, 재조정, 재초점화의 주요 촉진요인

다양한 요인들이 궂은 일 이념의 창조, 보급, 수용 및 유지를 촉진한다. 여기서, 우리는 직업 명성(occupational prestige), 사회적 타당화(social validation), 사회적 비교(social comparison)에 대해 검토해 볼 것이다.

▌직업 명성

직업 명성은 "직업과 직업 종사자의 사회적 지위(social standing)" (Fujishiro, Xu, & Gong, 2010, p.2100)를 반영하는 것으로 지위, 교육, 일의 질, 수입 및 권력의 혼합물이다(Treiman, 1977). 신체적, 사회적, 도덕적 오점이 어떤 직업의 사회적 지위를 훼손시킨다 하더라도 그럼에도 불구하고, 오점을 가진 많은 직업들은 앞에서 제시한 요소들 때문에 비교적 높은 명성을 유지한다(Ashforth & Kreiner, 1999). 예를 들면, 치과의사, 사회복지사, 장례지도사, 피고측 변호인, 항문전문의(proctologist), 동물실험가 등이 포함된다. 나아가, 어떤 직업은 앞서 남성성의 정상화(valorization)에 대한 논의에서 제시된 것처럼(예: 군대, 운동, 건축), 무엇이 가치 있는 것인가에 대한 사회적 담론을 반영하기 때문에 엄청난 대중적 지지와 지위를 누리기도 한다.

명성은 지저분한 일 이념을 2가지 방식으로 촉진한다. 첫째, 그 직업의 특권이 많을수록 그 직업의 이념은 더 잘 제도화되고 사회적으로 잘 수용될 것이다(그리고 소위 전문가와 유사 전문가들이 의과대학, 경찰 아카데미, 장례지도 프로그램 등에서 그들의 이념을 적극적으로 보급한다. 예: Cahill, 1999; Chappell & Lanza-Kaduce, 2010). 그래서, 환자의 웰빙에 초점을 맞춘다는 치과의사의 주장에 대해 "당신이 어떻게 그것을 할 수 있지"라는 의문이 있다 하더라도 논쟁을 하는 사람은 거의 없을 것이다. 어떤 직업 이념이 사회적으로 수용되면 그 이념을 타당화하는 데 도움이 된다. 그 다음에는, 제도화되고 사회적으로 수용된 궂은 일 이념이 그 직업의 명성을 유지시키는 데 도움이 된다.

둘째, 외부자와 접촉하는 동안 명성은 호시차일드(Hoshchild, 1983)의 *지위 보호막(status shield)* 이라는 것을 제공해준다. 호시차일드는 남자 승무원이 여자 승무원보다 존경은 더 많이, 언어적 학대는 더 적게 경험하는 이유를 설명하기 위해 이 용어를 만들었다. 지위 보호막을 통해 얻은 존경은 낙인찍힌 종사자가 그 직업 이념을 가치 있는 것으로 보게 해준다. 예를 들어서, 지위 보호막은 의사들이 환자에게 밀쳐내어지지 않고 침입적인 질문을 하고, 치료 과정에서 고통을 줄 수 있게 해주며, 건강을 돌보기 위해서라는 이념적 주장을 촉진시킨다. 실제로, 의사들은 궂은 일을 실제 그들이 수행하는 의료 과제보다는 그들의 지위 보호막을 부정하는 고집센 환자들을 다루는 것이라고 정의한다(Shaw, 2004).

▌사회적 타당화

사회적 타당화 이념은 다른 개인이나 집단에 의해 합법화된 것으로, 그렇게 해서 그 이념을 강화하는 것이다. 다른 사람들이 개인의 신념을 공유하거나 보증한다면, 그 신념은 타당해진다("어떻게 우리 모두가 잘못일 수 있겠는가?"). 아마도 궂은 일 신념에 가장 비판적인 청중은 그의 동료와 관리자들일 것이다. 왜냐하면 그들은 직업 정체성을 공유하고, 🏆 일을 잘 알고, 정기적으로 만나며, 직업 경험의 질에 중요한 영향을 미치기 때문이다(Rosso et al., 2010). 사실, 궂은 일 종사자들은 함께 연대하여 외부자의 경멸적인 시선과 관음증에 방어하고, 강력하고 편협한 하위문화를 형성한다. 낙인찍힌 일을 하는 사람들은 모든 사람이 그들의 일을 의미 있다고 봐줄 필요가 없다. 단지 충분히 많은 내부자들이 외부자에 대해 사회적 방패가 되어주면 된다(Ackroyd & Crowdy, 1990; Ashforth, Kreiner, et al., 2007).

그럼에도 불구하고, 외부자는 -조직의 다른 구성원들, 고객(관계가 있다면), 가족과 친구, 일반 대중, 매체- 대개 낙인찍힌 일을 하는 사람들이 구성한 긍정적인 의미에 대해 계속 도전하기 때문에 아주 중요하다. 조직구성원들에 관해 크레이너 등(Kreiner et al., 2006; Bergman & Chalkley, 2007)은 지저분한 업무가 그 조직의 미션에 핵심적일수록(예: 수금대행회사 수금원 대 백화점 수금원), 그 조직은 그 업무의 이념을 더 많이 내재화하고 사회적 타당화를 할 것이라고 주장했다. 고객을 대할 때, 낙인찍힌 일을 하는 사람들은 정확히 그 낙인을 인식하고 있기 때문에 무례의 신호에 아주 예민하고, 그래서 신중하게 고객을 대하는 경향이 있다. 앞에서 간단하게 지적했던 방어적인 전략들은 고객과 대중과의 문제가 있을 때 이를 피하거나 다루는 것과 관련된 것들이다(Ashforth, Kreiner, et al., 2007; Clair & Dufresne, 2004). 기디나(Ghidina, 1992)는 한 고등학교 관리인의 말을 인용했다.

> 락커룸에서 수건을 꺼내지 않는 아이가 있었어요. 그저 나가는 길에 그걸 바로 문 옆에 있는 통에 던져 넣기만 하면 되는데 말이죠. 나는 그 아이의 락커에 수건을 그대로 두었어요. 서너 장 넣어두었지요. 그 후에 아이가 꺼내기 시작했어요... 그것이 무슨 뜻인지 알았던 거죠.(p.81)

사실, 궂은 일의 하위문화에는 이와 같이 외부자의 무례한 행동에 맞선 영웅적인 구성원들의 이야기가 있다(예: Paules, 1991; Santino, 1990). 이 이야기들은 궂은 일을 하고 있는 사람들의 존엄성을 확인시켜주기 때문에 입에서 입으로 전해지고, 정도를 벗어난 외부자의 정신을 번쩍 들게 해준다. 반대로, 궂은 일 종사자들의 봉사에 대해 진정한 감사를 표하는 고객에 대해서는 고마워하는 것 같다(예: Maynard-Moody & Musheno, 2003; Wicklund, 2007).

▌ 사회적 비교

개인과 집단이 위협당한다고 느낄 때, 더 나쁘다고 지각되는 다른 개인이나 집단과 비교하면 −하향 사회 비교(downward social comparison)− 자기존중감과 집단존중감이 보강될 수 있다(Wills, 1981). 궂은 일이라는 낙인은 그 일을 수행하는 사람들의 웰빙을 계속 위협한다. 그래서, 애쉬포드와 크레이너 등(2007)은 궂은 일의 관리자들은 다른 직업, 그 직업 내부의 다른 개인이나 하위집단, 다른 조직 및 자기 자신의 과거와도 하향 사회 비교를 한다는 것을 발견했다. 한 동물연구자가 말하기를, "동물 테스트와 동물 연구간에는 큰 차이가 있습니다. [테스트는] 끔찍해요. 아무도 그걸 하고 싶어 하지 않아요. 동물이 약물과용되는 걸 지켜봐야 해요"(Ashforth, Kreiner, et al., 2007, p.164). 애쉬포드와 크레이너 등은 낙인찍힌 일을 하는 사람들은 앞의 예에서처럼, 다른 직업과 비교하기를 좋아한다고 했다. 왜냐하면 그 비교의 차이가 뚜렷하고, 낙인찍힌 일 종사자들이 동료의 사회적 타당화에 의존하는 것만큼이나 집단적이기 때문이다. 사실, 많은 경우 재구조화, 재조정, 재초점화는 최소한 은연중에라도 사회적 비교에 의존하며, 일 자체의 어떤 측면을 찬양하기보다는 일의 호감도(favorability)를 강조하는 경향이 있다.

놀랄지 모르지만, 오점을 가진 일을 하는 사람들 역시 상향 사회 비교를 할지 모른다. 우리는 개인과 집단이 다음과 같을 때 상향 비교를 할 거라고 생각한다.

- 자신보다 우월한 사람들과 동일시하거나 밀접한 관계라고 주장할 수 있을 때(cf. 동화효과(assimilation effect); Martinot & Redersdorff, 2006). 간호보조원은 헬스케어 현장이나 병원과 동일시하여 자신을 정의할 수 있다.
- 자기개선의 가능성을 추구할 때(Helgeson & Mickelson, 1995). 궂은 일을 더 나은 곳으로 가기 위한 디딤돌로 보는 사람들은 야심적인 목적을 위해 상향 비교를 하고, 현재의 지위가 미래의 지위를 진단하는 것이라고 보지 않는다.
- 다른 준거로 우월성을 주장할 수 있을 때(cf. 사회적 창의성; Tajfel & Turner, 1986). 스테이시(Stacey, 2005)는 훨씬 높은 지위의 의사와 간호사보다 자신들이 더 나은 케어기버라고 느끼는 요양보호사의 말을 인용했다. "간호사는 단지 치료만 할 뿐, 환자와 친밀하거나 개인적인 일은 전혀 하지 않는다"(Stacey, 2005, p.848).

요약하면, 재구조화, 재조정, 재초점화는 직업 명성, 중요한 내부자와 외부 청중으로부터의 사회적 타당화, 다양한 대상과의 하향 및 상향 비교에 의해 증진된다.

일터에 적용하기

궂은 일과 관련하여 개인과 집단에게 도전이 되는 과제는 그 일을 주변화시키는 전반적인 오점에 맞서 그 일의 목적과 중요성(purpose and significance)을 분명하게 설명하는 것이다. 지적되었던 것처럼, 궂은 일에 대한 연구는 거의가 다 한 번에 한 가지 직업, 조직, 또는 산업을 배타적으로 질적 탐색한 연구들이었다. 그러므로, 현장에서 궂은 일의 지각된 의미를 고양시키기 위해 우리가 추천하는 방법은 (a) 어떤 개인, 집단, 조직 및 산업이 현재 진행하고 있는 것(표 6.1에 "현장검증된 제안점"으로 표시), (b) 앞에서 논의된 재구조화, 재조정, 재초점화 역동에서 추정된 것("이론에서 도출된 제안점"), 그리고 (c) 이 제안들에 대한 간접적 경험적 측정("연구에서 지지된 제안점")의 조합에 근거한 것이다.

의미는 주관적이고 사회적으로 구성된 것이기 때문에, 직업 구성원들이 자신의 일을 이해하는 데에는 상당히 많은 여지가 있고, 그래서 경영진에서 그 일에 유의미성을 제공할 수 있는 것이다. 지면의 한계 때문에 우리는 외부자보다는 직업 구성원들의 관점을 재구조화하고, 재조정하고, 재초점화하는 데 초점을 맞추었다(전자의 예는, Drew & Hulvey, 2007; Weitzer, 1991을 보라). 우리는 낙인을 유발하는 과업은 변하지 않으며, 단지 구성원들이 그 과업을 생각하는 방식만이 바뀔 수 있다고 가정한다. 이를 통해 의미란 개인이 자기 일과 조직에 관련되는 방식을 근본적으로 재창조하는 힘이라는 것을 입증한다.

▌재구조화, 재조정, 재초점화를 함께 적용하기

각주 3에서 제시하였듯이 이론적으로는 재구조화, 재조정, 재초점화가 명료하게 구분되지만, 현장에서는 혼합되고 중복되는 경향이 있다(Meisenbach, 2010; Tracy & Scott, 2006). 게다가, 궂은 일에 대한 많은 질적 연구들은 (방어적 전략으로 보완된) 복합적인 사례들을 포함하고 있다. 이는 이 3가지 이념이 현장에서 어떻게 함께 사용될 수 있을지를 질문하게 한다.

재구조화는 일의 의미를 바꾸는 것이기 때문에 오점의 속성에 도전할 수 있는 잠재력이 가장 큰 것이므로(Ashforth & Kreiner, 1999) 현장전문가들이 가장 적극적으로 추진해야 할 것이다. 하지만, 재구조화는 관습적인 사고에 강력하게 저항하는 것이기 때문에 홀로 일하는 사람과 관리자는 수행하기가 어렵고, 재조정이나 재초점화보다 더 강력한 하위문화가 필요한 것 같다. 또한, 재구조화 내의 가치 중화는 낙인을 완화하는 반면, 주입은 새로운 가치를 부여하는 것이다. 따라서 *가치 중화하기*와 *주입하기*는 동시에 추진되어야 한다.

재조정은 의미를 바꾸는 것은 아니지만, 기존의 의미의 중요성을 바꿔준다. 재조정은 재구조화를 보완해주기 때문에 적극적으로 추진되어야 한다. 사실, 재조정은 하위문화가 재구조화를 지지할 만큼 충분히 강력하지 못할 때 가장 효과적인 것 같으므로(Ashforth & Kreiner, 1999), 그와 같은 환경에서 적극적으로 추진되는 것이 좋겠다.

마찬가지로, 재초점화는 남아있는 오점에서 관심을 이동시키기 때문에 재구조화와 재조정을 보완해줄 수 있어 보완적 이념으로 추진되어야 한다. 재초점화는 재구조화와 재조정을 할 수 없을 때 가장 효과적인 것 같으므로, 그럴 때 적극적으로 추진되어야 할 것이다. 재초점화 중에서, 일의 내재적 특징과 내재적 보상에 대한 관심은 외재적 보상에 대한 관심을 보완해주기 때문에 재초점화의 모든 형태는 동시에 추진될 수 있다. 하지만, 내재적 특징과 보상은 직접적으로 일을 수행하게 하기 때문에 순간순간의 외재적 보상보다 더 뚜렷하며, 외재적 보상을 강조하면 실제로 내재적 특징과 보상의 신뢰를 훼손시킬 수도 있다(Deci, Koestner, & Ryan, 1999). 실질적인 외재적 보상의 경우 대개는 낙인찍히지 않은 일을 통해서 얻어지기 때문에 외재적 보상은 억지스러운 정당화가 덜할 수 있다(예: "그것보다 선하게 돈을 버는 더 좋은 방법이 있습니다").

어떤 이념이 가치 있는 사회적 담론으로 표현될수록(예: 남성성, 성취, 보상), 외부의 청중들은 그 이념에 대해 덜 망설이고, 그 직업 종사자들은 더 빨리 그리고 비판 없이 그것을 내재화할 것이다. 어떤 담론에서는 지저분한 것이 다른 담론에서는 좋은 것이 될 수 있다. 이념들은 사회적 담론에 비추어 지저분함(dirt)에 대해 변명하는 것이 아니고, 선택적으로 담론을 사용하여 지저분함을 찬양하는 것이다.

마지막으로, 사회적 비교는 의미 만들기에서 매우 중요하다. 현장전문가들은 타인에 대해 존중하면서, 특히 집단이 상호연관된 과업을 하고 있거나(예: 의사와 간호사) 다른 사람들이 고객인 경우, 하향 및 상향 비교를 권유하고 동기를 주도록 노력해야 한다 (Ashforth, Kreiner, et al., 2007).

재구조화, 재조정, 재초점화는 사회적인 지각에 직면하여 지저
분함의 의미를 고쳐 만드는 것이기 때문에 사람들이 직업에 입문
하거나 -또는 입문할 생각이 있을 때- 이러한 직업 이념에 대해
호기심이 가장 많고 수용적이 된다. 하지만, 궂은 일 종사자에 대
한 인상과 우리 연구에서는 관리자들이 -다른 직업의 관리자들이
전형적으로 하는 것처럼- "왜 이 직업이 중요하지요?"라는 질문은
당연시 하고, 실제로 그 일을 하는 복잡한 방법에 초점을 맞추는
경향이 있었다. 하지만 궂은 일은 다른 직업과 같지 않다. 따라서,
현장전문가들은 채용과 사회화, 지속적인 리더십 개발(ongoing
leadership)과정을 통해 오점의 현실과 오점을 야기하는 일의 측면을
꺼내 놓아야 할 것이다.

조직은 관습적으로 개인-직업 적합도에 맞춰 사람들을 고용하지
만, 그 적합도는 대개 한 사람의 지식, 기술, 능력(또는 그것들을 배울
수 있는 능력)에 대한 판단이다. 하지만, 궂은 일의 경우, 현장전문가
들은 그 일의 오점이 있는 측면 및 오점 자체에 대한 구성원의 편
안함(또는 편안하려는 의지)도 고려해야 한다. 이는 현실적 직무 소개
(realistic job preview: RJP)의 형태로 평가되고, 궂은 일과 그것을 이해
하고 대처하는 방법에 대한 개방적인 토론으로 보완될 수 있다.
현실적 직무 소개에는 시설 견학, 일과 종사자의 관점을 담은 영
상 보기, 과제를 수행하는 구성원 관찰하기, 실제로 샘플 과업 수
행하기 등이 포함된다(예: Faller et al., 2009).

고용된 후에는, 사회화 과정이 구성원의 직업적 정체성에 극적
인 영향을 줄 수 있다(Ashforth, Sluss, & Harrison, 2007). 신입사원들은
긍정적 의미에 목마르고, 관리자는 그 직업과 조직의 사명과 수단

에 일치하는 의미를 찬양한다. 현장전문가들은 존스(Jones, 1986)가 언급한 *제도화된 사회화(institutionalized socialization)*를 해야 한다. 특히 숙련자들로 하여금 긍정적인 의미와 방어적 전략, 오점이 있는 측면에 점진적으로 노출시켜 편안해지도록 미리 조정한 발달적 경험, 그리고 신입사원이 다른 사람들과 그들의 경험, 학습 및 관심사를 나눌 수 있는 기회를 전해줄 필요가 있다(예: Cahill, 1999).

신입사원과 조직, 그리고 더 큰 하위문화가 교화적인 이념을 내재화한다 하더라도 지속적인 리더십 개발과정을 통해 상쇄적인 외부자의 관점에 대해 그 이념을 유지할 필요가 있다(예: Arnold, Turner, Barling, Kelloway, & McKee, 2007; Sparks & Schenk, 2001). 다른 이념에서처럼, 리더들은 이념을 예시하고 재확인할 기회를 이용하고 개발해야 한다. 예를 들어, 고마워하는 고객의 감사 인사를 구성원과 공유하면 개인의 노력이 긍정적인 영향을 미친다는 것을 상기시켜줄 수 있다. 나아가, 집단이 개인보다 이념을 더 잘 유지할 수 있기 때문에 궂은 일의 관리자가 할 주된 역할은 집단응집력을 격려하는 것이다(집단 보상, 사교적 이벤트, 친구 제도, 전국 회의와 전문가 조직 같이 더 큰 집단과의 연계 등을 통해).

▌오점의 형태에 대해 무엇을 할 수 있을까?

오점의 형태는 이런 제안들에 대해 어떤 영향을 미칠까? 애쉬포드와 크레이너(1999)는 궂은 일이 필요악처럼 보이기는 하지만, 신체적, 사회적 오점이 있는 일은 악함(evil)보다는 필요성이 더 많게 보이는 반면, 도덕적 오점이 있는 일은 필요성보다는 악함이 더 많아 보이는 것 같다고 했다. 이를 지지하는 근거로서 애쉬포드와 크레이너 등(2007)은 도덕적 오점이 있는 6개의 직업이 신체적, 사회적 오점이 있는 각각 6개의 직업보다 더 지저분한 것으로 간주

된다는 것을 발견했다. 그러므로, 다른 모든 조건이 동일하다면, 도덕적 오점이 있는 일의 종사자들의 사기를 높일 수 있는 이유 (uplifting rationale)를 찾기가 더 어려울 것 같고, 사회는 그 이유에 대해 더 회의적인 것 같다. 게다가, 도덕적 오점이 있는 직업은 대개 비슷한 오점을 가진 외부자와 상호작용하기 때문에(예: 빈털터리 채무자의 담보자) 도덕적 오점은 종종 사회적 오점과 관련되어 그 행동을 정상화하기가(normalizing) 더 어려워진다.

게다가, 도덕적 오점은 신체적 또는 사회적 오점보다 더 지저분하게 보이기 때문에 도덕적 오점을 가진 직업의 종사자들은 교화적인 의미에 훨씬 갈급한 경향이 있고, 도덕적 오점을 가진 직업은 더 강력한 (그리고 더 편협한) 하위문화를 형성할 가능성이 있다. 그 직업과 외부자간의 큰 차이 때문에 관리자는 마음대로 재구조화하고 재조정할 수 있는 권한을 더 많이 갖게 될 수 있다.[5] 존슨(Johnson, 1990)은 교도소에서 마지막 24~48시간 동안 사형수를 감시하는 사형수감시팀의 구성원들이 어떻게 (가외의 특권을 받을 만한 교도관에게만 부여하는 책임을 가진) 엘리트 집단으로 간주되고 있는지에 주목했다. 한 교도관이 이렇게 말했다. "우리들 [교정직 공무원] 사이에서는 그 팀에 들어가는 것이 명예입니다"(Johnson, 1990, p.81).

앞에서 논의했던 것처럼, 사회적으로 타당화된 믿음에 정말로 필요한 것은 비판적이고 확신적인 내부자들이다. 역설적이게도, 도덕적 오점을 가진 직업은 정교한 사회적 비교를 포함해 가장 잘 개발된 이념을 가지고 있다는 것이다. 하지만, 실제로 도덕적 오점을 가진 직업은 거의 사회의 가치를 부정하지 않는다는 점이 중요

---

5 재초점화는 대개 오점을 직접 언급하지 않기 때문에 외부자에게 덜 문제가 되는 것 같다.

하다. 그들은 그 가치들이 자신의 일에 적용되는 방식을 부정하는 것이다. 재구조화와 재조정은 직업 구성원들이 자기들의 가치 적용을 수정하도록 도우며 -그리고 다른 가치들을 끌어내어- 그들의 일에 목적과 중요성을 부여해 줄 수 있다.

▌직업 명성에 대해 무엇을 할 수 있을까?

아마도 좀 더 문제가 되는 난점은 직업의 명성인 것 같다. 지적한 것처럼, 궂은 일의 명성이 강할수록 그 이념은 더 제도화되고 사회적으로 수용이 되며 외부의 위협을 방어하는 지위보호막은 더 크다. 간단히 말하면, 그런 직업에서는 의미는 문제 되지 않을 수 있다(Ashforth & Kreiner, 1999).

반대로, 명성이 약한 궂은 일은 교화적인 이념을 주장하려고 할 수 있다. 하지만, 모든 직업은 원래 단순히 돈을 버는 것을 넘어서는 어떤 사명을 추구하며, 재구조화, 재조정, 재초점화의 소재를 제공하여 사기를 진작시킴으로써 그렇게 한다. 사실, 초반에 든 3가지 이념의 예들은 주관적이고 사회적으로 구성된 의미의 유연성을 논한 것이다. 현장전문가에게 도전이 되는 것은 직업 구성원에게 공명할 수 있는 내적으로 의미 있는 방식으로 그 직업의 수단과 목적을 표현하는 것이다.

또 하나의 도전은 명성이 약한 직업의 구성원들이 관리자를 신뢰하지 않는 것인데, 특히 그 일이 조직의 사명에 핵심적이지 않을 때 그렇다. 마치 낙인찍힌 근로자들이 사회에서 주변화되는 것처럼, 그렇게 자기 조직에서 주변화될 수 있으며, 관리자들은 냉소적으로 이념을 조종하는 것으로 알려져 왔다. 이렌리치(Ehrenreich, 2001)는 예를 들어, 홍보 브로셔에서 메이드 서비스를 어떻게 찬양하는지를 묘사하였다. "우리는 옛날 방식으로 무릎을 꿇고 직접

손으로 마루를 청소합니다"(p.83). 이는 서서 대걸레를 사용하는 것보다 열등한, 격이 낮고, 육체적으로 고통스러운 자세이다. 궂은 일을 하는 사람들의 중요한 역할에 진정으로 가치를 부여하는 관리자라면, 일관성 있고 지속적인 말과 행동을 통해 진정성을 입증해야 한다. 루카스와 부짜넬(Lucas & Buzzanell, 2004)은 "동료주도적이고 조직은 지원하는 평가 시스템"에서는 관리자들이 불신을 받으며 일하는 경우도 있다고 덧붙였다(p.288).

후 기

유익한 의미를 찾는 것이 궂은 일에 적응하는 이야기의 전부는 아니다. 앞에서 언급했던 것처럼, 남아있는 낙인의 영향으로부터 개인을 보호하기 위해 다양한 방어 전략들이 사용될 수 있다(예: Arluke, 1994; Ashforth, Kreiner, et al., 2007; Meisenbach, 2010). 하지만, 방어 전략들이 모두 직업과 조직의 사명에 이바지하는 것은 아니다. 그러므로, 관리자는 사회적 지원, 스트레스 관리, 전문 상담, 자신의 상황과 개인의 한계수용, 절차를 정례화하고 전문 용어 사용하기, (가장 성가신 과제 노출을 제한하도록) 순환 배치하기, 그리고 (가능하면) 판단적인 청중 피하기와 같은 효과적인 전략은 장려하고, 낙인이 찍혔지만 필요한 과제 피하기, 이유 없이 고객을 비난하기, 업무 수행이 어려울 정도로 역할이나 고객으로부터 거리두기 같은 비효과적인 전략은 방향을 바로잡아 주어야 한다(Margolis & Molinsky, 2008; Tracy & Scott, 2006).

놀라운 일일 수도 있지만, 우리는 평소에 단순하고 반복적이기 때문에 지저분하다고 했던 일보다 신체적, 사회적, 도덕적 오점을 가진 일에 의미를 부여하는 것이 더 쉽다고 생각한다. 역설적이지만, 궂은 일에 대한 학문적 정의의 기초가 되는 신체적, 사회적, 도덕적 오점은 긍정적인 의미 만들기의 인지적 고리(hook)를 제공한다. 대부분의 사람에게 소 도살, 중독자 상담, 현상금 사냥은 아주 독특하고 불쾌한 것이기 때문에 이런 과업을 일상적으로 수행하는 사람들은 자기들이 특별하다고 말할 수 있다. 반대로, 조립라인 같이 단순하고 반복적인(즉, 단조로운) 오점이 없는 일은 긍정적인 의미 만들기가 쉽지 않다. 결과적으로, 이런 사람들은 외재적 보상(예: 급여, 우정)과 즐거운 주의분산 활동에 재초점화하여 의미를 추구하는 것 같다(예: Roy, 1959-1960; cf. Isaksen, 2000).

표 6.1 일터에 초점 맞추기: 궂은 일의 지각된 의미 증진하기

제안점	현장 검증된 제안점	이론에서 도출된 제안점	연구에서 지지된 제안점
일의 의미를 바꾸기 위해 재구조화(다른 방식으로 일을 보는 것)를 증진한다. a	∨	∨	∨
재구조화 안에서 가치 중화(낙인을 완화하는 것)와 가치 주입(새로운 가치를 부여하는 것)을 동시에 사용한다.		∨	
긍정적인 것을 강조하고 부정적인 것을 최소화하는 재조정(직무에서 더 중요하거나 덜 중요한 것을 재분배하는 것)을 격려한다. b	∨	∨	∨
특히 재구조화와 재조정을 할 수 없을 때, 재초점화(일의 오점이 있는 부분에서 오점이 없는 부분으로 관심을 이동하는 것)를 증진한다. b	∨	∨	∨
재초점화 안에서 내재적 특징과 내재적 및 외재적 보상은 서로 보완이 되므로 동시에 추진될 수 있다. 내재적 특징과 보상은 일 자체와 직접적인 관련이 있어 더 설득력 있게 정당화해주기 때문에 강조되어야 한다.		∨	

직업 이념을 지지하기 위해 그 일 고유의 본질에 어울리는 적절한 사회적 담론을 끌어들인다. (예: 신체적 지향의 궂은 일에는 남성성 담론, 조력 지향의 궂은 일에는 여성성 담론) c		V	V
다른 집단과의 하향 및 상향 비교를 독려하고 동기화하되, 다른 사람, 특히 동료와 고객에 대한 존중을 손상시키지 않도록 한다.		V	
일터와 직업에서 바람직한 이념을 증진하고, 집단응집력과 강력한 하위문화의 발달을 장려한다. d	V	V	V
고용할 때, 전통적인 개인-직업 적합도에 덧붙여 현실적 직무 소개를 함으로써 지원자가 궂은 일의 유형과 정도, 그리고 오점 그 자체를 편안해하는지를 평가한다. (예: 시설 견학, 종사자 관찰하기, 일에 대한 설명 영상 보기) e	V	V	V
고용한 후, 숙련자, 미리 조정된 발달적 경험 및 학습과 의미 만들기를 공유할 기회를 활용하여 제도화된 사회화를 강조한다. f	V	V	V
높은 동기를 보유하고 유지하도록 계속해서 이념을 격려한다. (예: 신념을 재확인시키기, 성공 이야기 공유하기, 집단응집력 강화하기)	V	V	

a: Arnold, Turner, Barling, Kelloway, & McKee(2007)
b: Ashforth, Kreiner, Clark, & Fugate(2007)
c: Leidner(1991)
d: Salzinger(1991)
e: Faller et al.(2009)
f: Cahill(1999)

마지막으로 중요한 것은, 어떤 직업 이념을 성취하는 정도에는 한계가 있다는 것이다. 직업 구성원들은 경멸적인 믿음을 가진 더 큰 사회의 일부이며, 정기적으로 그들 직업 밖의 사람들과 상호작용한다. 그러므로, 직업 구성원들은 그들의 멤버십에 대해 적어도 외부자의 경멸적인 신념이 명확할 때, 다소 양가적이 되기 쉽다(Ashforth & Kreiner, 1999; Tyler, 2011). 한 스트립 댄서가 신랄하게 말했다.

(만약 당신이 스트립 댄서라면) 때때로 자신을 한 여성으로서 훌륭하다고 생각할 것이다. 하지만, 어떤 때에는 자기 자신을 나쁜 여자라고 느낄 수도 있다. 어떤 때에는 스스로를 천박한 여자라고 생각하지만, 또 다른 때에는 매우 높은 자리에 서 있는 느낌을 받기도 한다. 나는 남자들을 미워하고, 남자들을 사랑하고, 남자들을 이해하는 무대를 경험했다. 어떤 때에는 그들보다 훨씬 더 낫다고 느끼고, 또 어떤 때에는 그들보다 내가 형편없는 존재라고 느끼면서(Grandy, 2008. p.186).

결론적으로, 소위 궂은 일을 하는 사람들은 많은 외부자들이 싫어하고 부정하고 싶어 하지만 세상에서 꼭 필요한 과제를 수행하고 있다. 다행히도, 의미는 주관적이고 사회적으로 구성되는 것이기 때문에 궂은 일의 종사자들은 사회의 경멸에 대항하는 보호막으로서 목적과 중요성을 주장할 수 있다.

◉ 참고문헌 ◉

Ackroyd, S., & Crowdy, P. A. (1990). Can culture be managed? Working with "raw" material: The case of the English slaughtermen. *Personnel Review, 19*(5), 3-13. doi:10.1108/00483489010142655

Adams, J. (2009). Marked difference: Tattooing and its association with deviance in the United States. *Deviant Behavior, 30*, 266-292. doi:10.1080/01639620802168817

Applebaum, H. A. (1981). *Royal blue: The culture of construction workers.* Fort Worth, TX: Holt, Rinehart & Winston.

Arluke, A. (1994). Managing emotions in an animal shelter. In A. Manning & J. Serpell (Eds.), A*nimals and human society: Changing perspectives* (pp. 145-165). New York, NY: Routledge.

Arnold, K. A., Turner, N., Barling, J., Kelloway, E. K., & McKee, M. C. (2007). Transformational leadership and psychological well−being: The mediating role of meaningful work. *Journal of Occupational Health Psychology, 12*, 193-203. doi:10.1037/1076−8998.12.3.193

Ashforth, B. E., & Kreiner, G. E. (1999). "How can you do it?": Dirty work and the challenge of constructing a positive identity. *Academy of Management Review, 24*, 413-434.

Ashforth, B. E., Kreiner, G. E., Clark, M. A., & Fugate, M. (2007). Normalizing dirty work: Managerial tactics for countering occupational taint. *Academy of Management Journal, 50*, 149-174. doi:10.5465/AMJ. 2007.24162092

Ashforth, B. E., Sluss, D. M., & Harrison, S. H. (2007). Socialization in organizational contexts. *International Review of Industrial and Organizational Psychology, 22*, 1-70.

Bergman, M. E., & Chalkley, K. M. (2007). "Ex" marks a spot: The stickiness of dirty work and other removed stigmas. *Journal of Occupational Health Psychology, 12*, 251-265. doi:10.1037/1076—8998.12.3.251

Bowe, J., Bowe, M., & Streeter, S. C. (Eds.). (2000). *Gig: Americans talk about their jobs at the turn of the millennium*. New York, NY: Crown.

Brewer, M. B. (1991). The social self: On being the same and different at the same time. *Personality and Social Psychology Bulletin, 17*, 475-482. doi:10.1177/0146167291175001

Bryan, J. H. (1966). Occupational ideologies and individual attitudes of call girls. *Social Problems, 13*, 441-450. doi:10.2307/798593

Bryant, C. D., & Perkins, K. B. (1982). Containing work disaffection: The poultry processing worker. In P. L. Stewart & M. G. Cantor (Eds.), *Varieties of work* (pp. 199-212). Beverly Hills, CA: Sage.

Cahill, S. E. (1999). Emotional capital and professional socialization: The case of mortuary science students (and me). *Social Psychology Quarterly, 62*, 101-116. doi:10.2307/2695852

Chappell, A. T., & Lanza—Kaduce, L. (2010). Police academy socialization: Understanding the lessons learned in a paramilitary—bureaucratic organization. *Journal of Contemporary Ethnography, 39*, 187-214. doi:10.1177/0891241609342230

Chiappetta—Swanson, C. (2005). Dignity and dirty work: Nurses' experiences in managing genetic termination for fetal anomaly. *Qualitative Sociology, 28*, 93-116. doi:10.1007/s11133—005—2632—0

Clair, J. A., & Dufresne, R. L. (2004). Playing the grim reaper: How employees experience carrying out a downsizing. *Human Relations, 57*, 1597-1625. doi:10.1177/0018726704049991

Deci, E. L., Koestner, R., & Ryan, R. M. (1999). A meta—analytic review of experiments examining the effects of extrinsic rewards on intrinsic motivation. *Psychological Bulletin, 125*, 627-668. doi:

10.1037/ 0033−2909.125.6.627

Douglas, M. (1966). *Purity and danger: An analysis of concepts of pollution and taboo.* London, England: Routledge & Kegan Paul. doi:10.4324/9780203361832

Drew, S. K., & Hulvey, M. (2007). Cops, crimes, and community policing. In S. K. Drew, M. Mills, & B. M. Gassaway (Eds.), *Dirty work: The social construction of taint* (pp. 169-193). Waco, TX: Baylor University Press.

Ehrenreich, B. (2001). *Nickel and dimed: On (not) getting by in America.* New York, NY: Metropolitan Books.

Emerson, R. M., & Pollner, M. (1976). Dirty work designations: Their features and consequences in a psychiatric setting. *Social Problems, 23,* 243-254. doi:10.2307/799771

Faller, K. C., Masternak, M., Grinnell−Davis, C., Grabarek, M., Sieffert, J., & Bernatovicz, F. (2009). Realistic job previews in child welfare: State of innovation and practice. *Child Welfare, 88*(5), 23-47.

Fine, G. A. (1996). Justifying work: Occupational rhetorics as resources in restaurant kitchens. *Administrative Science Quarterly, 41,* 90-115. doi:10.2307/2393987

Fujishiro, K., Xu, J., & Gong, F. (2010). What does "occupation" represent as an indicator of socioeconomic status?: Exploring occupational prestige and health. *Social Science & Medicine, 71,* 2100-2107. doi:10.1016/j.socscimed.2010.09.026

Ghidina, M. J. (1992). Social relations and the definition of work: Identity management in a low−status occupation. *Qualitative Sociology, 15,* 73-85. doi:10.1007/BF00989714

Grandy, G. (2008). Managing spoiled identities: Dirty workers' struggles for a favourable sense of self. *Qualitative Research in Organizations and Management, 3,* 176-198. doi:10.1108/17465640810920278

Gusterson, H. (1996). *Nuclear rites: A weapons laboratory at the end of the Cold War*. Berkeley: University of California Press.

Helgeson, V. S., & Mickelson, K. D. (1995). Motives for social comparison. *Personality and Social Psychology Bulletin, 21*, 1200-1209. doi:10.1177/01461672952111008

Hochschild, A. R. (1983). *The managed heart: Commercialization of human feeling*. Berkeley: University of California Press.

Hughes, E. C. (1958). *Men and their work*. Glencoe, IL: Free Press.

Hughes, E. C. (1962). Good people and dirty work. S*ocial Problems, 10*, 3-11. doi:10.2307/799402

Isaksen, J. (2000). Constructing meaning despite the drudgery of repetitive work. *Journal of Humanistic Psychology, 40*, 84-107. doi:10.1177/0022167800403008

Johnson, R. (1990). *Death work: A study of the modern execution process*. Pacific Grove, CA: Brooks/Cole.

Jones, G. R. (1986). Socialization tactics, self−efficacy, and newcomers' adjustments to organizations. *Academy of Management Journal, 29*, 262-279. doi:10.2307/256188

Kidder, J. L. (2006). "It's the job that I love": Bike messengers and edgework. Sociological Forum, 21, 31-54. doi:10.1007/s11206−006 −9002−x

Kreiner, G. E., Ashforth, B. E., & Sluss, D. M. (2006). Identity dynamics in occupational dirty work: Integrating social identity and system justification perspectives. *Organization Science, 17*, 619 -636. doi:10.1287/orsc.1060.0208

Leidner, R. (1991). Serving hamburgers and selling insurance: Gender, work, and identity in interactive service jobs. *Gender & Society, 5*, 154-177. doi:10.1177/089124391005002002

Lucas, K., & Buzzanell, P. M. (2004). Blue−collar work, career, and success: Occupational narratives of sisu. *Journal of Applied Communication Research, 32*, 273-292. doi:10.1080/0090988042000

240167

Margolis, J. D., & Molinsky, A. (2008). Navigating the bind of necessary evils: Psychological engagement and the production of interpersonally sensitive behavior. *Academy of Management Journal, 51,* 847-872. doi:10.5465/AMJ.2008.34789639

Martinot, D., & Redersdorff, S. (2006). The variable impact of upward and downward social comparisons on self—esteem: When the level of analysis matters. In S. Guimond (Ed.), *Social comparison and social psychology: Understanding cognition, intergroup relations, and culture* (pp. 127-150). Cambridge, England: Cambridge University Press. doi:10.1017/CBO9780511584329.008

Maynard—Moody, S., & Musheno, M. (2003). *Cops, teachers, counselors: Stories from the front lines of public service.* Ann Arbor: University of Michigan Press.

Meisenbach, R. J. (2010). Stigma management communication: A theory and agenda for applied research on how individuals manage moments of stigmatized identity. *Journal of Applied Communication Research, 38,* 268-292. doi:10.1080/00909882.2010.490841

Merton, R. K. (1957). *Social theory and social structure* (rev. ed.). Glencoe, IL: Free Press.

Michaelson, J. (2010). *Step into our lives at the funeral home.* Amityville, NY: Baywood.

Miller, M. L., & Van Maanen, J. (1982). Getting into fishing: Observations on the social identities of New England fishermen. *Urban Life, 11,* 27-54.

Mills, M. (2007). Without trucks we'd be naked, hungry & homeless. In S. K. Drew, M. Mills, & B. M. Gassaway (Eds.), *Dirty work: The social construction of taint* (pp. 77-93). Waco, TX: Baylor University Press.

Munting, R. (1996). *An economic and social history of gambling in*

Britain and the USA. Manchester, England: Manchester University Press.

Pande, A. (2010). "At least I am not sleeping with anyone": Resisting the stigma of commercial surrogacy in India. *Feminist Studies, 36,* 292-312.

Paules, G. F. (1991). *Dishing it out: Power and resistance among waitresses in a New Jersey restaurant.* Philadelphia, PA: Temple University Press.

Pratt, M. G., & Ashforth, B. E. (2003). Fostering meaningfulness in working and at work. In K. S. Cameron, J. E. Dutton, & R. E. Quinn (Eds.), *Positive organizational scholarship: Foundations of a new discipline* (pp. 309-327). San Francisco, CA: Berrett—Koehler.

Purser, G. (2009). The dignity of job—seeking men: Boundary work among immigrant day laborers. *Journal of Contemporary Ethnography, 38,* 117-139. doi:10.1177/0891241607311867

Rentilly, J. (2010, May). Dream job. *Spirit, 92,* pp. 88-90.

Ritzer, G., & Walczak, D. (1986). *Working: Conflict and change* (3rd ed.). Englewood Cliffs, NJ: Prentice—Hall.

Rosso, B. D., Dekas, K. H., & Wrzesniewski, A. (2010). On the meaning of work: A theoretical integration and review. *Research in Organizational Behavior, 30,* 91-127. doi:10.1016/j.riob.2010.09.001

Roy, D. F. (1959-1960). "Banana time": Job satisfaction and informal interaction. *Human Organization, 18,* 158-168.

Salzinger, L. (1991). A maid by any other name: The transformation of "dirty work" by Central American immigrants. In M. Burawoy et al. (Eds.), *Ethnography unbound: Power and resistance in the modern metropolis* (pp. 139-160). Berkeley: University of California Press.

Santino, J. (1990). The outlaw emotions: Narrative expressions on the rules and roles of occupational identity. *American Behavioral Scientist, 33,* 318-329. doi:10.1177/0002764290033003006

Shaw, I. (2004). Doctors, "dirty work" patients, and "revolving doors." *Qualitative Health Research, 14,* 1032-1045. doi:10.1177/1049732 304265928

Sparks, J. R., & Schenk, J. A. (2001). Explaining the effects of transformational leadership: An investigation of the effects of higher−order motives in multilevel marketing organizations. *Journal of Organizational Behavior, 22,* 849-869. doi:10.1002/job.116

Stacey, C. L. (2005). Finding dignity in dirty work: The constraints and rewards of low−wage home care labour. *Sociology of Health & Illness, 27,* 831-854. doi:10.1111/j.1467−9566.2005.00476.x

Sudnow, D. (1967). *Passing on: The social organization of dying.* Englewood Cliffs, NJ: Prentice−Hall.

Tajfel, H., & Turner, J. C. (1986). The social identity theory of intergroup behavior. In S. Worchel & W. G. Austin (Eds.), *Psychology of intergroup relations* (2nd ed., pp. 7-24). Chicago, IL: Nelson−Hall.

Tracy, S. J., & Scott, C. (2006). Sexuality, masculinity, and taint management among firefighters and correctional officers: Getting down and dirty with "America's heroes" and the "scum of law enforcement." *Management Communication Quarterly, 20,* 6-38. doi:10.1177/0893318906287898

Treiman, D. J. (1977). *Occupational prestige in comparative perspective.* New York, NY: Academic Press.

Trice, H. M. (1993). *Occupational subcultures in the workplace.* Ithaca, NY: ILR Press.

Tyler, M. (2011). Tainted love: From dirty work to abject labour in Soho's sex shops. *Human Relations, 64,* 1477-1500. doi:10.1177/ 0018726711418849

Weitzer, R. (1991). Prostitutes' rights in the United States: The failure of a movement. *Sociological Quarterly, 32,* 23-41. doi:10.1111/

j.1533−8525.1991.tb00343.x

Wicklund, S. (2007). *This common secret: My journey as an abortion doctor.* New York, NY: Public Affairs.

Wicks, D. (2002). Institutional bases of identity construction and reproduction: The case of underground coal mining. *Gender, Work and Organization, 9,* 308-335. doi:10.1111/1468−0432.00162

Wills, T. A. (1981). Downward comparison principles in social psychology. *Psychological Bulletin, 90,* 245-271. doi:10.1037/0033 −2909.90.2.245

Purpose and meaning in the workplace

· CHAPTER 7 ·

일에서 의미와 목적 증진하기: 사회-인지적 관점

로버트 렌트(Robert W. Lent)

일에서 의미와 목적 증진하기: 사회-인지적 관점
Promoting Meaning and Purpose at Work:
A Social-Cognitive Perspective

인생에 특히 일터에 목적과 의미(meaning and purpose)가 있다는 것은 무엇을 의미하는가? 정확히 무엇이 의미 있는 일인가? 누구나 그것을 얻을 수 있는가, 아니면 오직 운 좋은 몇몇에게만 주어지는 것인가? 그것은 어느 정도나 행위주체로서의 개인(personal agency), 특질, 인지, 환경 조건, 기타 다른 요인들의 문제인가? 어떤 특정 형태의 일만 의미와 목적을 줄 수 있는가? 아니면 이런 미덕은 어떤 직업이나 진로에서도 찾을 수 있는 것인가? 의미와 목적은 행복과 같은 다른 긍정적 결과로 이끄는가, 아니면 그것 자체가 보상인가? 의미 있는 일을 개발할 수 있다고 가정한다면, 어떻게 그렇게 할 수 있는가? 이런 질문들은 오랫동안 인간 행동을 관찰하는 사람들의 관심을 끌어왔다. 여러 심리학 분야의 최근 연구와 이론적 발달로 일과 그 외의 삶의 맥락에서 의미와 목적, 그리고 행복한 웰빙(eudaimonic well-being)의 여러 측면들을 이해하고 증진하려는 노력의 가능성이 보이게 되었다.

일반적인 수준에서 *의미*와 *목적*은 다른 개념들과 구분될 수 있다. 의미와 유사한 개념으로는 의의(significance), 중요성(importance),

240   Part 2 일을 통해 의미 만들기

가치(value)이고, 목적의 유사어는 의도(intention), 목표(objective, goal)가 있다. 개념적인 차이가 있지만, 심리학 문헌에서는 인생의 의미와 목적을 측정할 때 이 두 구성요소를 하나로 다루어 같은 척도에 의미와 목적 문항을 배치하는 경향이 있다(예: Ryff, 1989; Steger, Frazier, Oishi, & Kaler, 2006). 이 2가지는 대개 함께 간다는 것이 상식임을 고려할 때, 이해할만한 일이다. 하지만, 이 둘 간에 구분을 하지 않음으로써 다른 것들과의 관계에서 이것들이 어떻게 상호작용하거나 독특한 기능을 하는지 검토하기가 어려워졌다. 가령, 목표(또는 목적)는 삶에 의미감을 주는가? 이 2가지는 독자적으로 삶의 만족도나 그 밖의 다른 결과들을 예측하는가?

의미와 목적은 일의 영역에서도 구체적으로 연구되어 왔다. 스테거, 딕, 더피(Steger, Dik, & Duffy, 2012)는 "의미 있는 일의 *의미*란 무엇인지에 대해 별로 합의된 것이 없다"(p.323)고 했다. 또 의미 있는 일을 이론에 근거하여 심리측정하는 도구(measures)도 없다고 지적하였다. 이 상황을 해결하기 위해 스테거 등은 의미 있는 일을 측정하는 새로운 도구를 개발하였다. 이 측정도구의 요인 구조를 평가하는 과정에서 그들은 개념적으로 도출된 일의 의미와 목적이 경험적으로는 분명하게 구분되지 않는다는 것을 관찰하였다. 그들은 목적에 관한 문항들이 세 요인 중 두 개에 남아있었지만, 나중에 목적 요인을 제거하였다(B. J. Dik, 개인적인 대화, 2011. 6. 15). 이 개념들을 더 분명하게 구분하는 방법은 의미와 교체할 수 있는 일반적인 진술보다(예: "내 일은 나에게 목적감을 준다"는 "내 일은 내 삶에 의미를 더해준다"와 아주 비슷하게 들린다) 목표들과 관련된 목적을 평가하는 것이 될 수 있다(예: 뚜렷하고, 구체적이고, 개인적으로 설정한 일의 목표를 갖는 것).

최근의 또 다른 조사에서는 의미 있는 일을 다른 사람의 복지에 기여하는 것을 목표로 하는 "특정 진로에 대한 초월적인 부름

(summons)"으로 느끼는 정도라고 보는 *소명*과 *천직*(calling and vocation) 개념에 초점을 맞추었다(Dick, Duffy, & Eldridge, 2009, p.625). 스테거, 딕과 동료들의 연구 및 이론적 작업(efforts)은 의미 있는 일 연구의 실용적 접근을 보여준다. 동시에, 그들은 의미 있는 일의 개념과 측정에 대해 많은 질문을 남겼다. 가령, 이와 같은 것들이다. 명시적으로 사회에 기여하지 않는 일에서 의미를 도출할 수 있을까? 의미 있는 일은 사회적 서비스에 대한 관심, 내재적인 일의 가치, 경력 몰입(career commitment), 또는 일-역할 특징(salience) 같이 관련 있어 보이는 다른 구성요소들과 어떻게 다른가? 의미 있는 일에 대한 욕구나 경험은 하나의 특질로 보아야 하는가? 이제까지 이런 질문들에 대한 탐구는 충분하지 않았고, 균형있게 이루어지지 못했다(uneven, 예: Dik & Duffy, 2009).

이 도전적인 이슈들을 해결하는 것이 이 장의 목적은 아니지만, 이 주제를 다루기 위해 몇 가지 개념적인 경계선을 긋는 것은 중요한 것 같다. 첫째, 인생과 일의 의미를 전체적인 특질 같은 용어로 보는 것의 가치를 인정하기는 하지만(Ryff, 1989; Steger et al., 2006), 나는 의미와 목적의 영역측면과 상태측면 -특히 꽤 역동적이고 개입 친화적인 변인들- 에 좀 더 초점을 맞출 것이다. 둘째, 나는 일의 의미에서의 의미를 일의 내재적 특질이 아니라 그것에 대한 개인의 관점으로 해석하는 현상학적인 관점을 택한다. 다시 말하면, 미(beauty)와 같이 일의 의미는 보는 사람의 관점에 달린 것으로 개별기술적인(idiographic) 문제이다. 사람들은 자기 일의 여러 다양한 측면으로부터 의미를 도출해낼 수 있다(예: 개인의 성장을 위한 기회, 자기표현, 다른 사람에게 기여함). 아니면, 자기 일을 실존적/내재적 용어보다 공리주의적/외재적 용어로 볼 수도 있다(예: 자기-인식보다 급여의 원천으로).

셋째는 앞의 둘째와 관련이 있는데 어떤 유형의 일에 -가령, 명시적으로 다른 사람의 웰빙(예: 교사, 상담사), 환경 지속(예: 그린잡, 역자 주: 사회와 환경적 측면의 윤리적인 직업군 의미), 또는 특정한 영적 이념에 기여하는(예: 종교적 소명) 직업- 의미의 관을 씌어주고 싶은 유혹을 받을지라도 이 유혹은 의미 있는 일에 대한 잘 의도되긴 했어도 다소 편협한 관점을 반영하는 것이다. 이런 관점에서 의미 있는 일이란 이타적으로 보이는 또는 직접적으로 공동선을 지향하는 일과 같은 것이다. 하지만 의미 있는 일을 편협하게 정의하거나, 또는 그 일에 대한 개인의 관점에서가 아니라 특정 형태의 일에만 의미를 부여하는 것은 도덕적으로는 혼란스럽다 하더라도 범죄자와 테러리스트들이 도덕적인 일에 못지않게 자기 일에서 의미감을 도출할 수 있다는 명백한 사실을 무시하는 것이다. 사실, 무엇이 이타적인 것인가(예: 가난 물리치기 vs. 이교도 물리치기)도 관점의 문제이다. 나는 의미 있는 일의 친사회적 측면 강조를 훨씬 선호하지만(즉, 다른 사람에게 해를 끼치지 않고 도움을 주는 활동들), 의미에는 비도덕적인 측면이 있다는 것과 목적은 친사회적이건, 비사회적이건, 반사회적이건 간에 일과 관련된 목표를 만드는 인간의 능력에 제한을 받는다는 것을 인정한다. 영웅과 악당은 목표(objectives)는 상반될 수 있지만, 둘 다 목적(purpose)은 충분할 수 있다.

다음에서는 의미, 목적, 그 외의 행복한 결과들(예: 개인적 성장, 사회적 유대)에 초점을 맞춘 일 웰빙(work well-being)의 사회-인지 관점을 살펴보려고 한다. 이 틀에서 의미 있는 일(meaningful work)에 대한 나의 개념은 버그, 더튼, 브제스니예프스키(Berg, Dutton, and Wrzesniewski, 이 책 4장)의 *유의미성(meaningfulness)* -자기 일이 중요하다는 주관적 믿음- 과 매우 유사하다. 그 다음에는 사회-인지 이론의 기초와 초기의 경험적 문헌을 통해 일에서 웰빙을 증진시키는 실천적 아이디어를 도출해보고, 미래의 연구를 위한 방향을 제안하며 마무리할 것이다.

일 웰빙의 사회-인지 진로 이론

여기서 설명하는 일 만족과 적응 모델은 사회-인지 진로 이론 (Social-Cognitive Career Theory: SCCT, Lent, Brown, & Hackett, 1994)을 일 영역에서의 웰빙 이해로 확장시키려는 노력을 보여준다. SCCT는 원래 교육과 직업 흥미, 선택 및 수행 모델로 구성되어 있었다. 각 모델은 일반적 사회-인지 이론(general social-cognitive theory, Bandura, 1986, 1997)에서 도출된 변인들과 중복되는 것이 특징이다(예: 자기효능감, 성과 기대, 목표). 가령, SCCT의 흥미 모델은 사람들이 양호한 자기효능감(개인의 수행능력에 대한 믿음)과 성과 기대(획득할 수 있는 성과에 대한 믿음)를 갖고 있는 활동에서 직업 흥미를 발달시킨다고 주장한다. 최신 모델은 일 웰빙이 개인적(예: 특징, 인지), 행동적(예: 과제 참여), 환경적(예: 사회적, 문화적) 영향을 받는다고 가정한다. 이 모델의 예언변인과 종속변인들이 심리학적 탐구에서 도출되긴 했지만, 인간의 웰빙에 관한 문헌의 철학적 뿌리를 인식하는 것이 중요하다(예: Ryan & Deci, 2001).

웰빙의 쾌락 관점과 유대모니아 관점

라이언과 데시(Ryan & Deci, 2001)는 웰빙에 대한 심리학 연구들이 아주 독특한 2가지 관점에서 접근해왔다는 것을 관찰하였다. *쾌락*

관점(hedonic view)에서 웰빙은 즐거움, 행복, 또는 긍정 정서와 부정 정서간의 균형으로 정의된다. 이 관점에서는 행복하다 또는 만족하다는 느낌(그리고 부정 정서로부터 꽤 자유로운 것)이 웰빙의 중요한 기준이다. 대조적으로 *유대모니아* 관점(eudaimonic view)에서 웰빙은 자신의 잠재력을 실현하기 위한 노력, 의미를 만들고 삶에서 목적을 추구하기 위한 노력을 포함한다. 유대모니아 관점은 개인의 느낌을 강조하기보다 사람을 좋은 삶(good life)으로 이끌어갈 수 있는 사고와 행동 측면에 초점을 맞춘다. 부언하자면, 이 책의 제목과 내용은 유대모니아 전통(eudaimonic tradition)에 근거한 것으로 볼 수 있다. 이는 우리가 사실상 웰빙의 사고와 행동 측면 대 감정 측면에 관심을 갖고 있다는 것이다.

쾌락적 입장은 정서적 또는 *주관적 웰빙(subjecitve well-being*: SWB) 연구와 관련이 있다. 주관적 웰빙은 종종 3가지의 독특하지만 연관된 부분, 즉 삶의 만족도, 긍정 정서, 부정 정서로 구성되어 있다고 정의한다(Diener, Suh, Lucas, & Smith, 1999). 삶의 만족도(life satisfaction)는 개인의 삶에 대한 전반적인 평가이다(예: "나는 나의 삶에 만족한다"). 긍정 및 부정 정서는 각각, 전반적으로 긍정 및 부정 정서를 경험하는 정도를 포함한다. 유대모니아 입장에서는 리프(Ryff, 1989)가 6가지 특징(예: 개인적 성장, 삶의 목적, 긍정적 사회적 관계) 등으로 정의한 *심리적 웰빙(psychological well-being*: PWB)이 연구되었다.

쾌락/주관적 웰빙 및 유대모니아/심리적 웰빙 접근은 둘 다 웰빙을 다측면적 개념으로 본 것으로 이 다양한 측면을 평가하기 위해 많은 측정도구들이 개발되었다. 쾌락 및 유대모니아 웰빙간의 개념적 차이와 일관되게 다양한 측정도구들의 요인분석에서도 2요인 잠재 구조(two-factor latent structure)가 지지되었다. 한 요인분석 연구에서는 두 요인을 *행복과 의미*(McGregor & Little, 1998)로 명명하였는데 행복 요인(happiness factor)에는 SWB로 측정된 것들이(예: 삶의 만족도, 긍정 정서), 의미 요인(meaning factor)에는 PWB로 측정된 것들이(예: 성장, 목적) 포함되었다. 다른 연구에서는 *주관적 웰빙*과 *개인적 성장(personal growth)* 두 요인간에 중간 정도의(moderately) 상호작용이 나타났다(Compton, Smith, Cornish, & Qualls, 1996). 또 다른 연구들에서는 웰빙의 쾌락 및 유대모니아 측정간에 중간 정도에서 강한 정도까지의 관계성이(moerate to strong relations) 발견되었다(예: Ryff & Keyes, 1995; Steger et al., 2006, 2012).

이 결과들은 웰빙의 두 형태간 관계의 본질에 대해 흥미로운 질문을 야기한다. 렌트(Lent , 2004)는 최적의 적응을 성취하고 유지하는 데 쾌락 및 유대모니아 전통이 각각 가치 있고 보완적인 관점을 제공한다는 통합된 이론적 틀을 제안하였다. 특별히 유대모니아의 변인과 절차들은 쾌락적 웰빙으로 이끄는 중심 경로를 형성한다고 가정된다. 가령, 사람들은 개인의 목적을 설정하고, 몰두하고, 추구함으로써, 가치 있는 활동에 참여함으로써, 그리고 사회적 환경의 다른 사람들과 상호작용함으로써, 어느 정도 자기 삶에서 의미를 창조하고, 자신의 성장과 목적 -좋은 삶의 유대모니아 지표들- 에 기여한다. 목표 진행, 행동적 관여 및 사회적 유대는, 결국 주관적 웰빙을 증진시키는 것 같다(cf. Cantor & Sanderson, 1999).

사회-인지 모델의 웰빙 경로

렌트(Lent, 2004)의 틀은 웰빙을 전반적으로(예: 전체적인 삶의 만족도) 그리고 구체적인 삶의 영역 안에서(예: 학교, 일, 여가) 설명하는 데 도움을 주기 위한 것이었다. 직업적 영역의 의미를 구체화하기 위해 렌트와 브라운(Lent & Brown, 2006, 2008)은 일반적인 틀을 직무(또는 일)만족도를 예측하는 데 초점을 맞춘 일-구체적인 틀로 확장시켰다. 이들은 사람들이 자기 일에 대해 좋아하거나 즐겁게 느끼는 정도로 직무만족도를 정의하는 고전적인 정의를 채택하였다. 렌트와 브라운의 의도는 이 모델 확장이 일반적인 직무만족도(즉, 직무에 대한 일반적 느낌)와 직무의 측면(facet) 만족도(즉, 보상, 작업 조건, 동료와 같은 직무의 구체적인 측면에 대한 만족도) 둘 다에 적절한 것이었다.

직업 흥미 발달, 선택하기 및 수행에 대한 초기 SCCT 모델에서처럼(Lent et al., 1994), 일 만족도 모델은 자기효능감에 대한 믿음, 성과 기대 및 목표라는 핵심적 사회-인지 사람 변인들을 포함한다. 또한 만족도 성과를 예언하는 것으로 알려진 개인, 행동 및 맥락 변인들도 추가되었다. 이 모델의 변인 몇 가지는(예: 정서적 특질) 웰빙의 꽤 안정적이고 쾌락적인 측면을 가리키는 반면, 다른 것들은(예: 목표, 사회적 지지) 좀 더 의미 있고(유대모니아적인) 만족스러운(쾌락적인) 일을 만드는 방법을 제안하는 좀 더 가변적이고(malleable) 유대모니아적인 특징을 반영한다. 구체적으로 〈그림 7.1〉에서 보듯이 이 모델은 7개 변인들간의 상호작용을 검토한다. (a) 일 만족도, (b) 전반적인 삶의 만족도, (c) 성격과 정서적 특질, (d) 목표-지향적 활동, (e) 자기효능감, (f) 일의 조건과 성과, (g) 목표 및 효능(efficacy)에 적절한 환경적 지원과 장애물.

그림 7.1

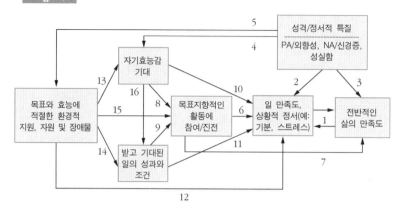

일 만족도의 사회-인지 모델. PA = 긍정 정서 NA = 부정 정서

출처: "Social Cognitive Career Theory and Subjective Well–Being in the Context of Work", by R. W. Lent & S. D. Brown, 2008, *Journal of Career Assessment, 16*, p.10.

▌ 일과 삶의 만족도

직무(job) 만족도는 종종 전반적인 삶의 만족도(주관적 웰빙의 핵심 요소 중 하나)와 관련지어 연구된다. 직무만족도가 삶의 만족도로 이끄는지 아니면 그 반대인지는 계속 의문이다. 삶의 만족도로부터 직무만족도로 가는 경로가 좀 더 가능성이 있다는 몇 가지 증거가 있긴 하지만(Judge & Watanabe, 1993), 연구는 두 방향을 다 지지하고 있다(예: Heller, Watson, & Ilies, 2004). 사회-인지 모델은 일과 삶의 만족도가 (1) 〈그림 7.1〉에서 두 변인간에 상호 경로로 그려진 것처럼, 서로서로 양방향적으로 영향을 준다는 관점을 포함시켰다(괄호 안의 숫자는 그림 7.1의 경로를 의미). 또한 원인을 나타내는 화살표의 강도와 주방향은 삶의 다른 역할과 비교한 일의 중요성 같은 중재변인(moderator variables)에 달려있다고 가정한다(cf. Rane, Lane, & Steiner, 1991).

▌성격과 정서적 특질

직무와 삶의 만족도 둘 다 긍정 및 부정 정서와(Thoresen, Kaplan, Barsky, Warren, & de Chermont, 2003) 그리고 어느 정도는 성격 5요인 특질, 특히 신경증, 외향성, 성실성에 달려있다는 것이 발견되었다(Heller et al., 2004). 사회-인지 모델에는 특질을 일과 삶의 만족도에 연결하는 인지, 정서, 행동 및 사회 경로가 있다. 가령, 긍정 정서는 일하는 사람의 효능감과 (4) 환경 자원에 (5) 영향을 줌으로써 부분적, 간접적으로 일 만족도에 영향을 줄 수 있다. 높은 긍정 정서를 자주 경험하는 사람들은 낮은 긍정 정서 또는 높은 부정 정서 수준의 사람들보다 자신의 가능성과 사회적 지지를 더 우호적으로 표현한다. 이 모델은 정서적 특질로부터 일과 (2) 삶의 만족도로 가는 (3) 좀 더 직접적인 경로를 가정한다. 왜냐하면, 정서적 소인이 삶의 만족도에 광범위하게 영향을 미칠 수 있기 때문이다.

▌목표와 목표지향적 행동

쾌락적 만족은 단순히 특질에 속하는 것이라고 주장하는 이들도 있다(McCrae & Costa, 1991). 이들은 주관적 웰빙의 변화 가능성에 대해 낙관적이지 않다. 물론, 주관적 웰빙의 가소성에 대해 좀 더 낙천적인 사람들도 있다. 가령, 헬러 등(Heller et al., 2004)은 특질은 각 개인의 성격적인 만족도 범위를 규명하지만, "이 범위 안에서 사람들의 환경, 지각, 감정 및 행동의 변화가 그들의 만족도 수준을 높이거나 낮출 수 있다"고 제안한다(p.593). 이런 관점에서 사회-인지 모델은 만족도에 미치는 영향들의 수정이 비교적 가능하다고 본다. 가령, 만족도는 부분적으로 개인에게 적합한 목표를 설정하고 추구하는 것과 같은 인지적, 행동적 과정에 의해 결정되며, 개인은 이를 통해 행위주체로서의 자신에 대해 어느 정도 주장할 수 있다고 가정한다.

목표지향적인 행동은 가치 있는 행동 참여를 촉진하고, 사회적 지지를 주고받을 기회를 제공하며, 삶의 목적과 의미감으로 이끌어간다는 점에서 웰빙으로 가는 중요한 유대모니아적인 경로를 만드는 것으로 보인다(Cantor & Sanderson, 1999). 다양한 목표는 웰빙과 관련이 있는 것으로 나타났다(예: 단지 목표가 있는 것, 가치 있는 목표가 있는 것, 목표를 향해 나아가는 것, Ryan & Deci, 2001). 이런 근거에 기반해서 사회-인지 모델은 목표와 목표지향적 행동은 일 (6)과 삶 (7)의 만족도 둘 다를 증진시킬 것이라고 주장한다. 사람들이 특히 1차적이고(proximal), 내재적이며, 도전적이지만 획득 가능한 목표를 설정하고, 깊이 관여하며, 개인적으로 가치를 둔 목표에서 진전이 있다고 지각할 때, 이 관계는 가장 강한 것 같다. 목표-만족도 관계는 일-역할 특징(salience)이 중재할 수도 있다 예를 들어, 일 목표에서의 진전은 특히 일 역할을 자기 정체성의 핵심으로 보는 사람들에게 만족을 줄 수 있다.

▌ 자기효능감과 일의 성과

자기효능감에 대한 믿음과 성과 기대는 사회-인지 모델의 또 다른, 비교적 다루기 쉬운 2가지 일 만족도의 원천이다. 자기효능감은 일 역할에서 성공하는 데 필요한 자신의 과제 수행 능력에 대한 신념(과제 자기효능감), 또는 특히 일과 관련된 목표를 달성하는 데 필요한 행동 수행에 대한 신념(목표 자기효능감)으로 정의된다. 성과 기대는 자신의 일 과제를 수행하거나 일 목표를 추구하는 것에 수반될 것으로 예상하는 결과를 의미한다(예: 가치 있는 성과를 얻는 것에 대한 신념). 사람들이 자기 일에서 예상하는 성과에 더해 이 모델은 사람들이 실제로 받았거나 현재 받고 있다고 지각하는 조건과 성과에 관심을 갖는다. 따라서, 기대된(expected) 그리고 받은(received) 일의 조건과 성과는 〈그림 7.1〉에서 함께 분류되었다.

자기효능감(Caprara, Babaranelli, Borgogni, & Steca, 2003)과 긍정적 일조건 및 성과는(기대된 것(Singer & Coffin, 1996)과 받은 것(Dawis, 2005)) 이전 연구에서 직무만족도와 신뢰할만한 관계가 있었다. 사회-인지모델에서 자기효능감 (10)과 우호적인 작업 환경 및 성과는 (11) 일 만족도에 직접적인 영향을 주는 것으로 가정한다. 자신이 좀 더 효능적이고 가치 있는 과제와 보상에 접근한다고 지각하는 사람들은 일에 만족하는 것 같다. 강한 자기효능감 신념을 가진 사람들이 가치를 두는 일의 성과를 얻는 것에 대해 좀 더 낙관적인 기대를 갖고 있는 것 같기 때문에 자기효능감은 성과 기대의 부분적인 결정요인 (16)인 것 같다. 자기효능감과 (8) 지각된 작업 조건 및 성과 (9)는 직무만족도에 직접적으로, 그리고 목표지향적인 행동을 동기화하여 간접적으로 영향을 줄 수 있다. 다시 말해, 자기효능감이 높고 작업 조건이 우호적일수록 목표 추구가 (즉, 목표를 달성하려는 노력이) 증진되고 유지되며, 일 만족도도 증진되는 것 같다.

▌목표 및 효능감 관련 환경 조건들

앞서 기술된 작업 조건 및 성과 범주는 개인이 환경을 전반적으로 반응적이거나 지지적으로 경험하는 정도를 반영하는 다양한 변인들을 포함한다(예: 지각된 조직의 지원). 사회-인지 모델은 환경적 영향의 두 번째 유형을 포함하는데 이는 구체적으로 자기효능감 발달이나 개인의 목표 추구를 지지하는 (또는 훼손하는) 환경적 특징에 초점을 맞춘 것이다. 이전의 이론과 연구는 목표-관련된 지지와 자원을(예: 개인의 핵심 목표에 대한 사회적 또는 물질적 지원) 만족도 성과와 연결지었다(Cantor & Sanderson, 1999). 사회-인지 모델에서 목표 및 효능감 관련 지원, 자원과 장애는 목표 추구를 촉진함으로써 (15), 그리고 자기효능감과 (13) 성과 기대를 (14) 증진하도록 도움으로써 직접적 (12), 간접적으로 일 만족도에 영향을 미치는 것으로 예측된다.

요약하면, 앞에서 말한 것들은 사람들이 일에서 웰빙을 성취하고 유지하는 몇 가지 변인들을 통합한 과정 모델을 구성하려는 노력으로 보여진다. 이 모델은 의미와 목적을 강조하지만, 그것들을 궁극적인 성과로 다루지는 않는다. 이 모델이 관심을 갖는 것은 사람들이 의미와 목적을 끌어내는 공통 경로이지만(예: 개인의 목표를 설정하고 나아가기, 가치 있는 활동에 참여하기, 가치 있는 성과 얻기, 그림 7.1), 더 큰 관심은 유대모니아 기제가 (의미와 목적을 증진하는 것들을 포함해서) 쾌락기제와 상호작용하여 최적의 적응을 돕는 방법에 있다.

모델 검증

미국 표집에서 만족도에 관한 사회-인지 모델을 횡단적으로 검증한 몇 가지 연구가 있다. 렌트 등(Lent et al., 2005)은 이 모델이 대학생의 학업 및 사회적 영역의 만족도를 잘 예측한다는 것을 발견하였다. 렌트, 싱리, 슈, 슈미트와 슈미트(Lent, Singley, Sheu, Schmidt, & Schmidt, 2007) 역시 대학생의 학업 만족도를 예측하는 것으로 보고하였다. 각 연구에서 몇 가지 경로들은 지지되지 않았지만(예: 성과 기대는 목표 과정이나 학업 만족도에 의미 있는 경로가 아니었다), 이 모델은 영역 만족도의 상당 부분을 설명해주었다. 교사 표집으로 모델을 검증한 결과, 더피와 렌트(Duffy & Lent, 2009)는 5개 예언변인 중 3개에서만 (지각된 조직의 지원, 긍정 정서성, 자기효능감) 일 만족도와의 유의미한 직접적 경로가 나타나긴 했지만, 이 모델이 전반적으로 적합하다는 것을 발견하였다.

이 횡단 연구들 외에 이제까지 만족도 모델을 종단적으로 검증한 연구가 3개 있다. 2개는 대학생을 대상으로, 하나는 성인 근로자를 대상으로 한 것이다. 싱리, 렌트와 슈(Singley, Lent, & Sheu, 2010)는 한 학기 동안 자료를 2번 (8주 간격으로) 수집하였다. 렌트, 타베이라, 슈와 싱리(Lent, Taveira, Sheu, & Singley, 2009)는 이 모델을 사용하여 학생들을 15주 간격으로 2번 평가하여, 학업 만족도 뿐만 아니라 지각된 대학 적응과 스트레스를 예언하는지를 평가하였다. 만족도나 적응 성과의 예언변인들이 두 연구간에 다소 차이가 있긴 했지만(예: 목표 진전과 지지는 싱리 등, 2010에서는 유의미한 예언변인이었지만, 자기효능감과 지원은 렌트 등, 2009에서 유의미한 예언변인이었다), 두 연구 모두에서 자기효능감과 환경적 지원은 목표 진전의 유의미한 예언변인이었다. 버브루겐과 셀즈(Verbruggen & Sels, 2010)는 성인 진로 상담 내담자 연구에 이 모델을 적용한 결과, 이 모델이 상담 6개월 후의 진로 및 삶의 만족도를 예언한다는 것을 발견하였다. 렌트 등과 버브루겐 및 셀즈의 연구는 각각 포르투갈과 벨기에에서 수행되었는데, 이는 일 웰빙 모델 연구에 다문화적 차원이 적용가능하다는 점에서 주목할 만하다.

일터 캐입을 위한 의미

앞서 지적한 것처럼, 사회-인지 모델은 본질적으로 쾌락적(예: 정서적 특질)이고 유대모니아적인(예: 목표 추구, 과제 몰두) 다양한 변인들이 공동으로 어떻게 일 만족도를 증진(또는 방해)하는지를 설명하고자 한다. 이 모델은 선행 이론 및 연구 결과들에 일치하는 다양한 예언변인들을 포함하기는 하지만, 전체적인 모델이나 하위 모델들에 대한 공식적인 검증이 여전히 매우 적다는 것을 여기에서는 강조해야 하겠다. 그럼에도 불구하고, 나는 이 모델이 일 (그리고 삶) 만족도를 증진시키려는 노력에 실제적인 아이디어의 원천을 제공할 수 있다고 믿는다. 여기에서 나는 이론적인 모델을 실제에 적용하는 잠정적인 제안을 몇 가지 해보려고 한다. 이는 〈표 7.1〉에 요약되어 있다. 나는 주로 상담을 위한 의미를 언급하겠지만, 많은 아이디어들이 자기주도적 노력이나 조직 개입에도 적용될 수 있을 것이다(예: 멘토링, 코칭, 또는 교육 세미나를 통해 전달하기).

사람들은 다양한 이유로 진로 상담이나 EAP(근로자 지원 프로그램)를 찾는다(예: 상사와의 갈등, 진로를 바꾸고 싶은 마음, 수행에 대한 염려). 웰빙의 쾌락적, 유대모니아적 개념에서 보면, 이러한 조력 추구의 이유들 중 많은 부분이 다음 두 개의 큰 범주로 분류될 수 있을 것 같다. (a) 직무 또는 직무의 특정 부분에 대한 불만족과 (b) 더 성장하거나, 배우거나, 자기 일에서 의미를 찾고 싶은 욕구. 첫 번째 범주는 웰빙의 쾌락적 개념과 동일하고, 두 번째는 유대모니아적 웰빙을 의미한다. 두 번째 범주에 속한 사람들은 실존적 관심을 표현하며, 일을 자기표현이나 자기실현의 잠재력으로 본다.

물론, 이 두 범주가 상호배타적인 것은 아니다. 예를 들어, 사람들은 현재의 일에서 정확히 자신이 추구하는 의미나 성장을 충분히 할 수 없다고 보기 때문에 불행해질 수 있다. 더 이상 의미를 찾지 못하기 때문에 스스로 원하는 사람이 되게 해줄만한, 즉 진짜 자기를 보여주거나 발전시킬 수 있는 다른 일을 하고 싶어 할 수 있다. 초기에 그들은 현재의 일을 외재적 이유 때문에 선택했지만(예: 급여, 위세), 지금은 일의 내재적 이유에 더 초점을 맞추고 있다(예: 다른 사람들을 돕거나 창조하는 데서 오는 자기만족감). 이 두 범주가 중복될 수는 있지만, 이를 각각 교정적 개입과 발달적 개입으로 보는 것이 유용할 수 있다. 즉, 문제를 해결하고 쾌락적 웰빙을 회복하려는 노력 對 좀 더 주도적으로 유대모니아적 웰빙과 연관된 개인의 성장과 의미라는 목적을 증진하려는 노력이다.

교정적 의미

사람들은 자기 일의 어떤 측면에 불만족하거나, 사기가 저하되어 있거나, 스트레스를 받을 때, 일 관련 상담을 찾아가는 듯하다. 다른 연구에서 기술한 것처럼(예: Lent, 2005), 사회-인지 접근은 일 불만족의 다양한 요인들을 고려한다. 가령, 일에서 기대한 내재적 또는 외재적 성과를 얻지 못함(예: 일의 요구와 강화물간의 불일치), 자신이 설정한 일 목표 수행시의 장애물, 스트레스가 많거나 가혹한 작업 환경, 직무 능력에 대한 낮은 자기효능감, 일 웰빙이나 진로 발달에 조직의 지원이 충분치 않음, 쾌락적 및 유대모니아적 웰빙 둘 다에 불리한 영향을 미치는 정서적 특질 등이다.

이론과 연구들로부터 다양한 정서-증진 개입이 도출될 수 있다. 개인의 불만족에 근거해서 SCCT 접근은 내담자로 하여금, 가치 있는 일의 성과를 얻고 자신이 설정한 일 목표를 진전시키며(또는 새로운 목표를 찾고), 일의 과제와 대처 능력에 관한 자기효능감 신념과 기술을 훈련하고, 필요한 일의 지원과 자원에 접근할 수 있도록 전략을 증진시켜 줄 것이다. 물론, 현재의 일 환경에 영향을 미치는 개인의 잠재력은 다양할 수 있기 때문에 환경, 자기, 직무 변화의 대안들이 제한적일 때(예: 경제적 또는 가정적 이유로), SCCT-기반의 상담자는 일 외에 만족을 줄 수 있는 다른 경로를 찾아볼 필요도 있다.

사회-인지 문헌은 이런 목적을 달성하기 위해 자기효능감 증진과 같은(예: Brown & Lent, 1996) 구체적인 제안들을 많이 담고 있다. 가령, 일터에서 잘 짝지어진 멘토들은 멘티에게 견고한 자기효능감 신념을 증진시키고, 또한 현 조직 안에서 성공적인 목표 달성, 환경 변화, 대처 전략에 대한 정보를 주는 대처 모델의 역할을 할 수 있다. 브라운과 렌트(Brown & Lent, 1996)는 직무 불만족 상담을 포함한 사례 2가지를 보여주었다. 두 경우 다 내담자들은 현재의 일과 비교할 때 개인적인 가치와 흥미에 더 일치하고, 그래서 의미 있는 일을 할 기회를 제공해줄 것 같은 직업을 대안으로 찾아서 추진하였다. 두 경우 모두 또한 진로 변화를 지원하는 데 필요한 발판을 만들기 위해 상담의 다양한 하위목표에 초점을 두었다(예: 자기효능감 증진하기, 사회적 지지 구축하기, 장애물 다루기).

일 만족도에 대한 사회-인지 상담은 쾌락적 및 유대모니아적 웰빙 모두에 적합한 인지, 행동, 사회적 목표에 초점을 맞출 것이다. 가령, 앞서 언급한 것처럼, 목표에 대한 문헌들은 일과 다른 생활 영역 모두에서 개인적으로 뚜렷한 목표들을 소유하고 진전시키는 웰빙의 유익한 결과를 부각시킨다(Diener et al., 1999; Locke & Latham, 2002; Ryan & Deci, 2001). 그 유대모니아적인 유익 중에서 목표-추구 과정은 삶의 구조, 목적 및 주체 의식을 증진시킨다. 목표에 초점을 맞춘 개입들은 내담자가 핵심 목표들을 확인하여 우선순위를 매기고, 목표 추진 계획을 세우고, 목표에 적절한 지원을 동원하며, 목표 추구에 방해가 되는 것들을 처리하도록 돕는다(Lent, 2004).

의미 있는 목표 추구의 기회가 일 맥락으로 제한될 때 -또는 일이, 다른 삶의 역할이나 현장처럼, 개인의 정체성에 중심은 아닐 때- , 상담은 개인적으로 의미 있는 목표들을 개발하고 추구하는 대안적인 장(alternative forums)에 초점을 맞출 수 있다(예: 자원봉사 경험 또는 여가 활동). 분명하고, 구체적이고, 도전적이며, 1차적인 하위목표들로 나뉠 수 있는 목표를 설정하는 것과 같이 목표과정을 촉진하는 여러 조건들이 확인되었다(예: Bandura, 1986).

유대모니아적 웰빙에 중요한 또 한 가지는 가치 있는 삶의 과제들에 행동으로 관여하는 것이다(Cantor & Sanderson, 1999). 어떤 사람들은 혼자서 하는 일에서 큰 의미와 즐거움을 찾기도 하지만(예: 쓰기, 그리기), 많은 사람들이 사회적인 상호작용에 의미와 만족감 둘 다를 얻을 수 있는 특별한 가치가 있음을 발견한다. 좋아하는 일 과제나 여가 활동 수행 등 가치 있는 삶의 과제에 참여할 수단이 부족할 때, 또는 이전에는 가능했던 수단이 막혀버렸을 때(예: 일, 신체적 건강, 또는 사회적 변화 때문에), 사람들은 삶의 구조와 의미 감소와 같은 주관적 웰빙과 심리적 웰빙의 감소를 경험하는 것 같다. 그런 상황에서 실존적 불안과 우울은 이상한 것이 아니다. 일 맥락에서건 아니면 다른 삶의 핵심 맥락에서건, 가치 있는 과제 참여가 방해를 받거나 혹은 미래에 그럴 가능성이 있을 때, 상담은 개인을 성장시키고 의미를 충만하게 해주는 대안 활동에 참여하도록 격려하며 도움을 줄 수 있다. 개인의 노력, 계획, 또는 몰입 활동 측정과 같이 이 목적을 위해 다양한 도구들을 채택할 수도 있다(Lent, 2004 참고). 흥미 검사는 이전에 개발되지 않은 직업 또는 여가 영역을 확인하는 데 사용될 수 있겠다.

발달적 의미

사람들은 자신의 관심이 본질적으로 유대모니아적이라 해도 일에서 원하는 것과 일 환경이 제공해주는 것 간의 부조화가(예: 성장, 의미 또는 목적의 기회 면에서) 지나쳐, 결과적으로 쾌락적 웰빙이 감소하고 잘 맞지 않는 의미 없는 일에 갇힌 느낌을 받는 경우가 아니라면, 항상 상담을 찾아오는 것은 아니다(그럴 때 조차도 경제적 또는 다른 요인들이 대안을 찾는데 제한이 될 수 있다). 많은 조직들에서 기술 훈련, 멘토링, 코칭, 승진, 경력 관리 세미나와 같은 직무 확충(job enrichment) 및 경력 재개발(career renewal) 기회를 제공함으로써 일하는 사람의 소진을 막고 가장 생산적인 근로자를 보유하려고 한다. 이 모든 것이 도움이 되겠지만, 이 방법들은 조직이 개인이 의미를 찾을 수 있는 일을 가지고 있고 그가 가치를 두는 성장이나 목표 추구의 기회를 제공한다는 가정에 근거한 것이다. 이 가정이 확보되지 않는 곳에서 개인이 자기의 행복한 목적을 성취하는 사람이 되거나 그런 활동을 수행하기 위해서는 현재의 직무나 조직 그 이상을 볼 필요가 있다.

앞서 교정적 의미에서 기술된 많은 상담적 요소들이 주도적이고 발달적인 목적에도 적용될 수 있을 것이다(예: 목표에 초점을 맞춘 개입). 의미 있는 일은 보는 사람의 시각에 달려있으며 다양한 형태를 지닐 수 있기 때문에 반드시 내담자가 자신에게 의미 있는 (또는 성장을 증진하거나 목적적인) 일을 구성하는 가치나 조건을 이야기하도록 돕는 것에서 시작해야 할 것이다. 다양한 사람들에게 가치는 자기표현을 할 수 있는 일, 가치를 두는 준거집단에 소속되는 일, 중요하다는 느낌을 주는 일, 더 높은 영적인 힘에 기여하는 일, 또는 자신의 존재를 넘어선 세상에 기여하게 하는 일들을 포함한다.

몇 가지, 아마도 아주 직관적인 질문은 의미 있는 일에 대한 내담자의 개념을 정의하는데 유용할 수 있다. 어떤 것들이 당신의 삶에 의미감을 줍니까(또는 줄 수 있습니까)? 당신이 일을 통해 이런 것들을 추구하는 것이 얼마나 중요합니까? 이런 것을 할 수 있는 기회가 현재의 일에 얼마나 있습니까? 당신에게 좀 더 의미 있게 만들기 위해 현재 직무에 변화를 줄 수 있는 방법이 있습니까? 만약 그렇다면, 어떻게 할 수 있을까요? 그렇지 않다면, 당신의 삶을 좀 더 의미 있게 만들기 위해 다른 종류의 일, 또는 일과 관련이 없는 경로를 고려해본 적이 있습니까?

상담에서 이런 질문을 개방적으로 묻고, 내담자와 상담자가 함께 내담자의 내재적 일 가치, 가치와 일치하는 목표 또는 꿈, 그리고 그것들을 표현할 수 있는 일의 형태를 확인할 수 있다. 많은 내담자들이 현재 자신이 놓치고 있는 것과 일의 삶에 더 큰 의미를 부여할 수 있는 것이 무엇인지를 알고 싶어 한다. 어떤 사람들은 실존적 공허를 자각하지만 그것을 어떻게 채울 수 있을지 모를 수도 있다. 의미에 대한 질문은 개인과 환경의 특징을 좀 더 평가하면서 더 잘 추구될 수 있다(예: 흥미, 능력, 진로 변경을 위한 사회적, 재정적 능력). 가령, 어떤 내담자는 다른 사람을 도울 기회를 더 많이 갖는데서 의미를 도출하지만, 다른 사람을 돕는 방법은 매우 다양하다. 그 중 어떤 것은 자신의 직업적 성격과 덜 또는 더 일치할 것이다(예: 기아 대책 노력, 빈곤층 학교에서 수학 가르치기, 대출의 재구조화, 교량 설계, 상담자 되기).

표준 직업 평가 활동(standard vocational assessment activities)은, 개인의 일 성격을 명료화하도록 돕고, 그에게 의미 있는 일을 하거나 다른 유대모니아적 요구(예: 자기실현)를 채울 수 있는 일 환경을 제시하는 데 아주 유용하다. 예를 들어, 내재적인 사람 또는 일 가치들을 확인하는 데 도움이 될 수 있는 다양한 가치 척도가 있다(Rounds & Armstrong, 2005). 이는 개인에게 의미 있는 일을 규명하는데 도움이 될 것이다. 또한 가치와 삶의 목표들을 명료화하는 덜 구조화된 또는 비공식적인 방법들도 많다. 예를 들어, 내담자들은 미래의 진로 판타지나 기억되고 싶은 인생을 기술하는 자신의 비문 쓰기를 연습해볼 수 있다. 이는 실존적 문제의 핵심에 도달하도록 고안된 방법이다. 핵심 가치를 충족시키는 방법은 현재의 직무를 통해서(예: 과제 생산성에서 타인의 복지를 증진하는 조직적 시민 행동으로 이동하기), 또는 직무 재구조화, 변화, 또는 여가 활동을 통해서 탐색될 수 있을 것이다.

이론, 연구, 실천의 미래 방향

이렇게 적용된 제안들이 사회-인지 모델의 실천적 유용성에 대한 단서를 주기는 하지만, 더 많은 탐구가 요구된다. 특히 고용자들에게는 이 모델을 검증하고 모델의 특정한 관계들의 중재 요인(moderators)을 검토하는 노력이 필요하다. 예를 들어, 일 만족도와 목표 진전과의 관계의 강도는 가설대로 개인이 자기 목표에 헌신하는 정도에 달려있는가? 특정 유형의 목표 추구가(예: 내재적 대 외재적, 접근 대 회피, 1차적 대 2차적, 도전적 대 관습적) 일 만족도로 이어지겠는가? 이 주제 중 어떤 것은 횡단적 검증이 더 필요하겠지만, 특히 다양한 직업과 문화적 맥락으로 이 모델 연구를 확장시킨다면, 종단적, 특히 실험설계를 사용하는 모델 검증이 가치 있을 것이다. 종단연구들은 예언변인들의 한 때의 우위가 가설과 일치하는지를 검토할 수 있다. 반면에 실험연구는 변인들간의 인과 관계를 강력하게 검증해준다. 통제된 개입 연구는 인과에 대한 질문들을 검토하고(예: 일 목표에 대한 지원을 증가하면 일 만족도도 더 커질 것인가?), 일 만족도의 유대모니아 및 쾌락 측면을 증진시키기 위해 이론에서 도출된 방법이 유용한지를 확인할 수 있다.

이 책의 더 큰 초점과 이 장 밖에서 제기된 질문들과 조화되도록 일의 의미와 목적 개념에 대한 좀 더 기본적인 연구를 하는 것도 가치 있을 것이다. 실제로, 다양한 사람들이 의미 있고 목적 있는 일을 언급할 때, 그들은 무엇을 의미하는가? 질적 및 양적 연구 둘 다 유용하다. 가령, 의미 있는 일은 사회 계층, 교육적 지위, 직업 유형, 또는 문화의 기능으로서 다르게 정의되는가? 블루칼라와 화이트칼라 구성원들이 의미 있는 일에 대해 이야기할 때 그들은 같은 것을 의미하는가? 그들은 자기 일에서 똑같이 의미를 찾을 것인가? 의미 있는 일의 개념은 특히 힘들고, 위험하고, 반복적인 과제를 수행하는 사람들에게 두드러지는가? 만약 그렇다면, 그들은 어떻게 자기 일에서 의미를 추구하는가? 일에서 의미를 찾고자 하는 욕구는 좀 더 기본적이고, 외재적인 일 요구(예: 충분한 급여)를 충족시키고자 하는 사람들에게서 더 잘 발견이 되는가?

일의 의미가 개별적인 문제라 할지라도, *의미 있는 일의 분류법*을 ―(사회경제적 지위, 문화 등 다양한 집단에 속한 사람들간에 각 범주의 빈도에 따라) 의미 있는 일이 표현되는 가장 일반적인 방식을 의미하는 범주들― 만드는 것이 유용하다. 이 분류법과 그것에서 도출된 측정 도구들은 상담, 연구 및 이론적 목적에 유용할 것이다. 가령, 이론적 수준에서 의미 있는 일이 내재적 일 가치라는 좀 더 큰 개념(즉, 급여나 명성 같은 일의 외재적 결과보다 일 자체를 수행하는 것과 연관된 가치들)과 구분되는지, 아니면 유사어인지를 명료화할 수 있을 것이다. 나아가, 이 장을 시작할 때 제시한 것처럼, 일의 의미와 목적 측정 및 구성 타당도에 관한 좀 더 기본적인 양적 연구가 도움이 될 것이다. 가령, 일의 의미와 목적을 측정하는 좀 더 순수하고(중복되지 않은 내용이라는 면에서), 좀 더 독특한 심리측정도구가 개발될 수 있을까? 이런 구성요인들은 어떤 방식으로 다른 유대모니아적 지표들(예: 플로우, 관여, 생기) 및 쾌락적 일 웰빙과 연관이 되는가?

결 론

이 장에서 나는 일 웰빙의 유대모니아적 (사고와 행동에 초점을 맞춘) 측면과 쾌락적 (감정에 초점을 맞춘) 측면의 통합을 시도한 사회-인지 모델을 제시하였다. 기본 모델을 설명하고, 간략하게 그것의 경험적 기초와 적용의 의미를 살펴보고, 모델 자체와 의미 있는 일이라는 좀 더 넓은 주제에 관한 미래의 연구를 위해 몇 가지 방향을 언급하였다. 이 장의 여러 곳에서 지적되었듯이 세상에는 일에서 의미, 목적, 또는 성장을 찾고자 하는 욕구를 방해하는 요인들이 많다. 그리고 의미를 구성하는 본질적인 맥락으로 일을 보는 정도도 개인마다 다르다. 많은 사람에게 일은 생계를 유지하는 방법일 수도 있고, 자기의 진짜 삶을 -집에서 친구와 또는 다른 삶의 맥락에서- 살기 전에 시간을 보내는 방법이기도 하다. 또한, 모든 사람이 선택적으로건(예: 가족을 부양하기 위해 집에 있는 것), 아니면 어쩔 수 없는 조건 때문이건(예: 장애, 현재의 경제에서는 직업 기회를 찾기 어려움), 급여 때문에만 일하는 것은 아니다. 이런 현실을 고려할 때, 나는 이 장에서 기술된 일 웰빙을 위한 쾌락적 및 유대모니아적 전략들이 행위주체로서의 개인을 훈련하는 데 일 보다 더 많은 기회를 주는 삶의 다른 영역들에도 적용될 수 있다고 생각한다.

표 7.1 일터에 초점 맞추기: 사회-인지 관점

제안점	현장 검증된 제안점	이론에서 추출된 제안점	연구에서 지지된 제안점
내담자가 개인적인 중요성을 가진, 도전적이지만 획득가능한, 그리고 1차적 하위목표들로 나눌 수 있는 일 목표를 확인하거나 개발하도록 돕는다. a, b	V	V	V
내담자가 이 목표를 명료화하고, 목표를 향해 나아가며, 목표 추구를 위해 환경 자원에 접근하도록(그리고 장애물을 극복하도록) 돕는다. c	V	V	V
내담자의 내재적 일 가치와 일치하거나 플로우를 경험할 기회를 주는 일 활동을 확인한다. c	V	V	V
다양한 일 활동들에 가능한 정도까지 관여하도록 격려한다. d	V	V	V
일에서 사회적 활동들을, 특히 사회적 지지를 주고받을 수 있고(예: 멘토링), 소속감 또는 중요하다는 느낌을 주는 것을 확인하고 참여하도록 격려한다. d	V	V	V
일에서 가치 있는 과제 관여, 목표 추구, 또는 사회적 지지의 기회가 제한적일 때, 그런 활동을 제공할 수 있는 다른 일이나 삶의 맥락을(예: 자원봉사) 찾는다. c	V	V	V
일과 환경 변화가 고려되어야 할 때, 내담자가 필요한 지원과 자원을 찾아 접근하도록 돕는다. e	V	V	V
목표 추구, 가치 있는 과제 관여 및 사회적 지지 추구를 도울 때, 자기효능감, 기술 및 성과 기대 증진에 초점을 맞춘다. a, e	V	V	V

a: Bandura(1986)
b: Locke & Latham(2002)
c: Lent(2004)
d: Cantor & Sanderson (1999)
e: Brown & Lent(1996)

⊙ 참고문헌 ⊙

Bandura, A. (1986). *Social foundations of thought and action: A social cognitive theory.* Englewood Cliffs, NJ: Prentice–Hall.

Bandura, A. (1997). *Self–efficacy: The exercise of control.* New York, NY: Freeman.

Brown, S. D., & Lent, R. W. (1996). A social cognitive framework for career choice counseling. *Career Development Quarterly, 44,* 354-366. doi:10.1002/j.2161–0045.1996.tb00451.x

Cantor, N., & Sanderson, C. A. (1999). Life task participation and wellbeing: The importance of taking part in daily life. In D. Kahneman, E. Diener, & N. Schwarz (Eds.), Well–being: *The foundations of hedonic psychology* (pp. 230-243). New York, NY: Russell Sage Foundation.

Caprara, G. V., Barbaranelli, C., Borgogni, L., & Steca, P. (2003). Efficacy beliefs as determinants of teachers' job satisfaction. *Journal of Educational Psychology, 95,* 821-832. doi:10.1037/0022–0663.95.4.821

Compton, W. C., Smith, M. L., Cornish, K. A., & Qualls, D. L. (1996). Factor structure of mental health measures. *Journal of Personality and Social Psychology, 71,* 406-413. doi:10.1037/0022–3514.71.2.406

Dawis, R. V. (2005). The Minnesota theory of work adjustment. In S. D. Brown & R. W. Lent (Eds.), *Career development and counseling: Putting theory and research to work* (pp. 3-23). New York, NY: Wiley.

Diener, E., Suh, E. M., Lucas, R. E., & Smith, H. L. (1999). Subjective well–being: Three decades of progress. *Psychological Bulletin, 125,* 276-302. doi:10.1037/0033–2909.125.2.276

Dik, B. J., & Duffy, R. D. (2009). Calling and vocation: Definitions and prospects for research and practice. *The Counseling Psychologist, 37*, 424-450. doi:10.1177/0011000008316430

Dik, B. J., Duffy, R. D., & Eldridge, B. M. (2009). Calling and vocation in career counseling: Recommendations for promoting meaningful work. *Professional Psychology: Research and Practice, 40*, 625-632. doi:10.1037/a0015547

Duffy, R. D., & Lent, R. W. (2009). Test of a social cognitive model of work satisfaction in teachers. *Journal of Vocational Behavior, 75*, 212-223. doi:10.1016/j.jvb.2009.06.001

Heller, D., Watson, D., & Ilies, R. (2004). The role of person versus situation in life satisfaction: A critical examination. *Psychological Bulletin, 130*, 574-600. doi:10.1037/0033 − 2909.130.4.574

Judge, T. A., & Watanabe, S. (1993). Another look at the job satisfaction -life satisfaction relationship. *Journal of Applied Psychology, 78*, 939 -948. doi:10.1037/0021 − 9010.78.6.939

Lent, R. W. (2004). Toward a unifying theoretical and practical perspective on well − being and psychosocial adjustment. *Journal of Counseling Psychology, 51*, 482-509. doi:10.1037/0022 − 0167.51.4.482

Lent, R. W. (2005). A social cognitive view of career development and counseling. In S. D. Brown & R. W. Lent (Eds.), *Career development and counseling: Putting theory and research to work* (pp. 101-127). Hoboken, NJ: Wiley.

Lent, R. W., & Brown, S. D. (2006). Integrating person and situation perspectives on work satisfaction: A social − cognitive view. *Journal of Vocational Behavior, 69*, 236-247. doi:10.1016/j.jvb.2006.02.006

Lent, R. W., & Brown, S. D. (2008). Social cognitive career theory and subjective well − being in the context of work. *Journal of Career Assessment, 16*, 6-21. doi:10.1177/1069072707305769

Lent, R. W., Brown, S. D., & Hackett, G. (1994). Toward a unifying social cognitive theory of career and academic interest, choice, and performance [Monograph]. *Journal of Vocational Behavior, 45,* 79-122. doi:10.1006/jvbe.1994.1027

Lent, R. W., Singley, D., Sheu, H., Gainor, K. A., Brenner, B. R., Treistman, D., & Ades, L. (2005). Social cognitive predictors of domain and life satisfaction: Exploring the theoretical precursors of subjective well−being. *Journal of Counseling Psychology, 52,* 429-442. doi:10.1037/0022−0167.52.3.429

Lent, R. W., Singley, D., Sheu, H., Schmidt, J. A., & Schmidt, L. C. (2007). Relation of social-cognitive factors to academic satisfaction in engineering students. *Journal of Career Assessment, 15,* 87-97. doi:10.1177/1069072706294518

Lent, R. W., Taveira, M., Sheu, H., & Singley, D. (2009). Social cognitive predictors of academic adjustment and life satisfaction in Portuguese college students: A longitudinal analysis. *Journal of Vocational Behavior, 74,* 190-198. doi:10.1016/j.jvb.2008.12.006

Locke, E. A., & Latham, G. P. (2002). Building a practically useful theory of goal setting and task motivation. *American Psychologist, 57,* 705-717. doi:10.1037/0003−066X.57.9.705

McCrae, R. R., & Costa, P. T. (1991). Adding liebe und arbeit: The full five−factor model and well−being. *Personality and Social Psychology Bulletin, 17,* 227-232. doi:10.1177/014616729101700217

McGregor, I., & Little, B. R. (1998). Personal projects, happiness, and meaning: On doing well and being yourself. *Journal of Personality and Social Psychology, 74,* 494-512. doi:10.1037/0022−3514.74.2.494

Rain, J. S., Lane, I. M., & Steiner, D. D. (1991). A current look at the job satisfaction/life satisfaction relationship: Review and future considerations. *Human Relations, 44,* 287-307.

Rounds, J. B., & Armstrong, P. I. (2005). Assessment of needs and values. In S. D. Brown & R. W. Lent (Eds.), *Career development and counseling: Putting theory and research to work* (pp. 305-329). New York, NY: Wiley.

Ryan, R. M., & Deci, E. L. (2001). On happiness and human potentials: A review of research on hedonic and eudaimonic well−being. *Annual Review of Psychology, 52*, 141-166. doi:10.1146/annurev.psych.52.1.141

Ryff, C. D. (1989). Happiness is everything, or is it? Explorations on the meaning of psychological well−being. *Journal of Personality and Social Psychology, 57*, 1069-1081. doi:10.1037/0022−3514.57.6.1069

Ryff, C. D., & Keyes, C. L. M. (1995). The structure of psychological well−being revisited. *Journal of Personality and Social Psychology, 69*, 719-727. doi:10.1037/0022−3514.69.4.719

Singer, M. S., & Coffin, T. K. (1996). Cognitive and volitional determinants of job attitudes in a voluntary organization. *Journal of Social Behavior & Personality, 11*, 313-328.

Singley, D., Lent, R. W., & Sheu, H. (2010). Longitudinal test of a social cognitive model of academic and life satisfaction. *Journal of Career Assessment, 18*, 133-146. doi:10.1177/1069072709354199

Steger, M. F., Dik, B. J., & Duffy, R. D. (2012). Measuring meaningful work: The Work and Meaning Inventory (WAMI). *Journal of Career Assessment, 20*, 322-337. doi:10.1177/1069072711436160

Steger, M. F., Frazier, P., Oishi, S., & Kaler, M. (2006). The Meaning in Life Questionnaire: Assessing the presence of and search for meaning in life. *Journal of Counseling Psychology, 53*, 80-93. doi:10.1037/0022−0167.53.1.80

Thoresen, C. J., Kaplan, S. A., Barsky, A. P., Warren, C. R., & de Chermont, K. (2003). The affective underpinnings of job perceptions and attitudes: A meta−analytic review and integration. *Psychological Bulletin, 129*, 914-945. doi:10.1037/0033−2909.129.6.914

Verbruggen, M., & Sels, L. (2010). Social-cognitive factors affecting clients' career and life satisfaction after counseling. *Journal of Career Assessment, 18*, 3-15. doi:10.1177/1069072709340516

PART 3

의미 있는 조직 만들기

Purpose and meaning in the workplace

일을 잘하는 것,
좋은 일을 하는 것,
사람들과 함께 일하는 것

마이클 프랫(Michael G. Pratt)·카밀 프래디스(Camille Pradies)·
더글라스 레피스토(Douglas A. Lepisto)

일을 잘하는 것, 좋은 일을 하는 것, 사람들과 함께 일하는 것

Doing Well, Doing Good, and Doing with

: 구성원의 의미 있는 일을 효과적으로 돕기 위한
조직적 개입 전략

> 일이란 매일 먹는 밥과 마찬가지로, 일상적으로 의미를 찾고, 돈을 버는
> 것과 병행하여 사람들의 인정을 추구하는 일이며, 무기력에 빠져 있는 것
> 이 아니라 새로운 놀라움을 찾는 것을 말한다. 즉, 일이란 월요일부터 금
> 요일까지 죽음을 향해 나아가는 지루한 여행이 아니라, 인생 그 자체인 것
> 이다.
>
> 스터즈 터클(Studs Terkel), '일(Working)'

스터즈 터클(1995)이 이야기했듯이, 일이란 우리의 삶에 대해 '일
상에서의 의미 탐색(p.xiii)'을 포함하여 다양한 기능과 기회들을 제
공해주는 것이라고 말할 수 있다. 우리가 눈을 뜨고 있는 한, 일상
의 많은 부분이 이 작업에 바쳐지고 있고, 현대 생활에서 이 작업
은 매우 중요하다는 것을 생각해보면, 우리가 일상적인 생계유지
비를 벌기 위한 것을 넘어서서 일을 의미의 원천으로 보는 것은
그다지 놀라운 일이 아닐 것이다. 그러나, 우리가 일하는 조직은
구성원이 맡은 일을 의미 있게 만들 수 있도록("월요일부터 금요일까지
죽음을 향해 나아가는 지루한 여행을 넘어선 무언가로") 도와줄 수 있는 능력
이 과연 있는가?(Terkel, 1995, p.xiii)

역사적으로, 일로부터 의미를 찾기 위한 탐색과정은 개인적인 작업에 초점을 맞추어 왔었다(Rosso, Dekas & Wrzesniewski, 2010). 종종 의미란 당사자보다는 주위 사람들의 눈에 더 많이 띈다는 것을 생각해보면, 이는 말이 되는 이야기인 것 같다. 하지만, 우리가 생각하기에, 의미란 단순히 자기스스로 찾아내는 것만을 가리키는 것이 아니다. 의미는 사회적으로 구성되는 면도 큰 것이다(Weick, 1995). 즉, 우리는 주위 사람들, 문화, 상징물, 의미 있는 것을 이해하는 작업을 선호하는 분위기로부터 사회적인 힌트를 얻게 된다. 일이란 대부분의 경우, 사회적인 맥락에서 수행되기 때문에 조직은 구성원들이 의미 있는 일을 찾고 수행하도록 도울 수 있는 독특한 역할을 맡는다. 안타깝게도, 조직과 조직의 개입전략들이 구성원들에게 자신의 일을 *의미 있게* 느끼고(Rosso et al., 2010), 일이란 목적이 있고 중요한 것이라고 느끼도록(Pratt & Ashforth, 2003) 강화하는 작업을 어떻게 하는지를 탐색하는 연구들은 그다지 많지 않다. 따라서, 8장의 목표는 조직이 유의미성을 효과적으로 강화하는 방법을 탐색하는 것으로 하려 한다. 그리고, 최적의 의미강화 방법이 무엇인지를 이해하기 위해, 먼저 사람들은 개인적으로 자신의 유의미성을 어떻게 만들어내는지에 대해 간단하게 논의해보도록 하겠다.

우리는 일에서의 유의미성을 강화하는 조직의 개입전략에 대해 초점을 맞춘 프랫과 애쉬포드(Pratt & Ashforth, 2003)의 연구로부터 논의를 시작해 보려고 한다. 이들의 연구는 조직이 일에서의 의미에 어떻게 영향을 미칠 것인지에 대해 전반적으로 다룬 소수의 연구 중 하나이다(Rosso et al., 2010). 다른 연구자들과 마찬가지로, 프랫과 애쉬포드도 구성원 개인이 유의미성을 만들어낸다는 가정에서부터 출발했다. 즉, 특정 직업이나 조직이 그 자체로 의미 있는 특성을 가지고 있는 것은 아니라는 것이다. 특히, 개인들은 자신의 정체성을 통해 어떤 것이 의미 있는 것인지를 해석해낸다고 주장하였다. 그리고, 프랫과 애쉬포드는 여기에서 한 걸음 더 나아가 구성원의 유의미성에 영향을 미치려면, 조직은 구성원이 자기 자신을 보는 시각에 반드시 영향을 주어야 한다고 주장했다. 연구결과를 보면 이와 같은 영향을 미칠 수 있는 방법으로서 2가지의 길이 있다는 것을 알 수 있다. 구성원이 하는 일(역할)과 본인을 둘러싸고 있는 사람들과의 관계(공동체나 조직문화에서의 소속감)이다. 따라서, 구성원의 유의미성에 영향을 미칠 수 있는 조직의 개입전략은 2가지 유형으로 나눠볼 수 있을 것이다. 역할과 과제를 바꾸기(*일 수행 내부에서의 유의미성: meaningfulness in work* practices), 구성원의 사회적 맥락의 특성을 변화시키기(*일 수행 외부에서의 유의미성: meaningfulness at work* practices, Pratt & Ashforth, 2003)

프랫과 애쉬포드가 주장한 조직의 개입전략과 개인 구성원의 유의미성간의 연계성을 높이는 작업은 핵심적인 첫 번째 단계이지만 다소 광범위하게 느껴진다. 왜냐하면 모든 사람들은 자기 나름대로의 정체성을 가지고 있어서 *일 수행 내부나 외부* 어디에서도 영향을 받을 수 있기 때문이다. 그러나, 구성원들은 자신만의 유의미성을 구성할 수 있다는 전제를 기반으로 생각해볼 때, 조직의 개입전략에 대한 반응으로서 다양한 사람들이 동일한 방법으로 자신의 유의미성에 영향을 받을 것 같지는 않다. 우리의 관심은 조직 개입전략의 효율성에 있기 때문에 각각의 전략이 어떤 영향을 미치는가에 대해 알아보기로 결정했다. 특히 우리가 궁금했던 문제는 "한 명의 구성원에게 의미 있는 일이 다른 구성원에게는 그렇지 않다면, 어떻게 조직이 효과적으로 유의미성을 관리할 수 있겠는가"의 이슈이다. 이 문제에 대한 해답을 찾기 위해 우리는 유사한 기본적인 문제에 대해 개인 구성원들이 스스로를 어떤 시각으로 보고 있는지(그들의 정체성)에 대한 문제로 넘어가보기로 했다. 자신의 일이 인생에서 최우선적으로 추구할만한 가치가 있는 것으로 만들어주는 것은 무엇인가? 우리는 일에 대한 지향(work orientation)은 사람들이 이 질문에 답할 수 있는 다양한 방법을 검토할 수 있게 해주는 유용한 렌즈가 될 거라고 생각하였다.

그 다음으로, 우리는 간단하게 일에 대한 시각을 검토하고 정의내려 보기로 했다. 그리고 나서, 3가지의 기본적인 일에 대한 지향(직업, 진로, 소명)을 평가해보고, 조금 더 명료하게 논의를 하기 위해 일에 대한 지향을 5가지로 정리해보았다. 8장에서는 이 새로운 일의 시각을 기준으로 하여 조직의 개입전략을 분석해보려고 한다.

일에 대한 지향

*일에 대한 지향*에 대해 설명하는 정의는 매우 다양하게 존재하지만, 여기에서 우리는 일에 대한 지향이란, 현재 자신이 맡고 있는 일을 가치있게 만드는 내적인 평가라고 정의한다. 일에 대한 지향을 위와 같이 정의내리는 아이디어는 벨라, 매드슨, 설리반, 스위들러와 팁톤(Bellah, Madsen, Sullivan, Swidler, & Tipton, 1985)의 일, 진로, 소명이라는 3가지 모델에서 시작되었다. 그러나, 그 책은 미국인들의 삶에 초점을 맞추고 있었기 때문에 벨라와 동료들은 일반적인 사람들의 지향에 대해서는 그다지 많은 관심을 가지지 않았다. 우리는 인지에 대해 문화가 미치는 영향에 대한 최근의 연구발전을 포함하여 사회적 분석을 해봄으로써 초기의 개념을 조금

더 풍부하게 만들어보려고 한다(Vaisey, 2008, 2009).

우리의 정의에 대해서는 몇 가지 논의해 볼 점들이 존재한다. 첫째, 일에 대한 지향은 평가가능한 것이다. 사람들은 일을 하면서 어떤 것이 일을 더 좋거나 나쁘게 만드는지에 대해 판단을 한다. 특히, 이러한 판단을 내릴 때에는 어떤 것이 자신의 일을 가치있게 만드는지에 대한 기준에 기반을 하게 된다. 평가를 할 때, 사람들은 왜 자신의 일이 할만한 가치가 있는 것인지에 대해 완벽하게 일관적인 설명을 하지는 않는다(Haidt, 2001). 즉, 사람들도 자신이 내면적으로 가지고 있는 기준에 대해 명확하게 자각하고 있지는 못한다는 것이다. 그보다, 사람들의 평가는 직관과 육감에 의해 시작되는 경우가 많다(Dane & Pratt, 2007). 그 결과로서, 사람들은 뭔가 좋은 것을 만들고 있다는 느낌을 경험하게 된다. 유사하게, 일에 대한 지향도 전인적으로 표현되곤 한다. 구체적이지는 않은 가치와 믿음의 패턴 같이 말이다. 사람들은 대부분의 경우, 가족이나 언론, 사회와 같은 다양한 원천들로부터 얻은 일에 대한 느낌과 이해를 내면화시키곤 한다. 이러한 느낌은 반대로, 이 판단들이 기반하는 기준을 형성하기도 한다(Lepisto, Pradies, & Pratt, 2012).

둘째, 사회문화적 배경을 가지고 있음에도 불구하고, 일에 대한 지향은 내면화되어 있다. 일을 평가하는 기준으로서 사람들의 내면에 존재하고 있는 것이다. 따라서, 일이라는 것의 사회문화적 의미가 다양한 집단적 형태로서 나타남에도 불구하고(예: 상징물, 신화, 가공품, 기관들-문화적 코드라고 알려진 것들, Swider, 2001), 일에 대한 지향은 개인적인 수준의 표현으로 나타난다. 각 개인의 내면에서 오랜 기간 동안 안정적인 형태로서 존재하는 것이다(Wrzesniewki, 1999). 그렇다고 해서, 개인의 기질처럼, 일에 대한 지향이 변화하지 않는다고 말하는 것은 아니다(Davis-Blake & Pfeffer, 1989). 물론 변화가 쉽게 일어나지는 않는다. 셋째, 일에 대한 지향은 일을 논할 때, *삶의 영역(life domain*, Berg, Grant, & Johnson, 2010)으로 개념화되거나, 결혼, 교육, 종교와 같은 다른 삶의 영역들을 포함하여 보다 넓은 *문화적 범주(cultural category*, Abbot, 1989)로서 정의되기도 한다. 따라서, 일에 대한 지향은 특정한 직업을 의미하는 것도 아니며, 특정한 과제의 단일 특성(예: 기술의 다양성, 자율성)을 가리키는 것도 아니다. 일에 대한 지향은 사람들이 결혼이나 교육이 가치있거나 좋은지를 평가하는 것과 마찬가지로, 일을 가치있고 좋은 것으로 만드는 것에 초점을 맞춘다.

지금까지 일에 대한 지향의 유형이 매우 다양하게 제시되어 왔지만(예: 내면적 vs. 외면적, Amiabile, Hill, Hennessey, & Tighe, 1994), 직업, 진로, 소명으로 나누어지는 3유형 모델은 가장 잘 알려진 모델로서 존재하고 있다(Baumeister, 1991; Wrzesniewski, McCauley, Rozin, & Schwartz, 1997). 직업, 진로, 소명의 3유형은 경영학 문헌에서 개념화되었으며, 그 해석은 전통적인 형태와는 다소 달라진 모습으로 이루어지고 있다(Bellah et al., 1985). *직업(job)* 지향을 가진 사람들에게, 일이란 도구적 활동이다. 이들은 일에 대해 재정적 안정을 가져다 주는 도구라고 생각하며, 그러한 안정을 제공해줄 수 있을만한 직업을 찾는다. 이 사람들은 살기 위해 일하지, 일하기 위해 사는 것이 아니기 때문에 일이란 일 외부의 활동(예: 가족이나 취미, Wrzesniewski et al., 1997)들을 추구할 수 있도록 해줄만한 자원을 제공하는 수준에서 의미 있다고 느낀다. 그렇지만, 벨라와 동료들이(1985) 주장했듯이직업 지향을 가진 사람들도 열심히 일하는 것, 규칙, 개인의 주도성을 중요시 여기는 경우가 있다. 진로*(career)* 지향을 가진 사람들은 "성공, 성취, 지위(status)를 위한 노력 결과"를 통해서 일에 대한 의미를 찾는다(Baumeister, 19975, p.122). 여기에서의 일은 사회적 성취(승진, 인정, 지각된 진로성공)로 가는 길을 제공하는 수준만큼 의미 있는 것이다. 마지막으로, 소명(calling) 지향에 대해서는 다양한 설명들이 존재하지만, 연구자들은 주로 벨라와 동료들의 이야기를 인용한다.

> [소명]은 자신을 체계적인 실행과 건전한 판단을 내리고, 수행의 결과로 나오는 성과나 이익을 넘어서서 그 자체로 의미와 가치가 있는 활동을 할 수 있도록 공동체에 포함시켜 준다. 또한, 소명은 동료들과의 연계망을 이어주는 것을 넘어서서 더 큰 공동체와의 연계를 해준다. 즉, 각 개인의 소명은 공동체 전체의 발전에 기여하게 되는 것을 의미한다(p.66).

이와 같은 소명의 정의는 일의 지향과 관련되어 있다는 것을 강조하고 싶다. 소명이라는 개념은 일의 지향이 소개되기 전에, 완전히 독립적인 변인으로 설명되었었지만(Dik & Duffy, 2009; Wrzesniewski, Dekas, & Rosso, 2009), 우리는 다음과 같이 소명지향에서 3가지의 독립변인들이 나타난다는 것을 보여준 벨라와 동료들(1985)의 초기 정의에 초점을 맞추려고 한다. 첫째, 소명지향은 그 자체로 의미와 가치를 가지고 있는 활동에 자기 자신을 참여시킨다. 둘째, 소명지향에는 동료들과의 연계와 공동체 구성이 포함되어 있다. 마지막으로, 소명지향은 다른 사람들을 조력하고, 모든 사람의 발전에 기여하는 행동을 포함한다. 우리는 벨라와 동료들이 소명지향(calling orientation)을 개념화한 것과 소명(calling)의 개념화간에 일부 겹치는 부분이 있는 것을 발견했다. 특히, 소명의 개념화를 보면, 소명이 3가지의 핵심 요소들 중 2가지를 포함하고 있다는 것을 알 수 있다. 소명은 내면적으로 가치화된 것(Berg et al., 2010)이라는 점과 다른 사람들을 돕는 행동을 포함하는 점이다. 대부분의 사람들은 소명에 대해 자신의 운명이라고 생각하거나, 도덕적 책무라고 생각하는 경우가 많았다(Bunderson & Thompson, 2009; Wrzesniewski et al., 1997). 우리는 2가지의 요소들에서 모호한 것을 정리하고, 내용을 더 풍요롭게 만들어서 소명에서 간과되었던 세 번째 요소를 강화하였다. 어떤 것이 좋은 일인지를 결정하는 것은 동료들과의 관계의 질이라는 것 말이다.

특히, 이 3가지 요소들이 소명지향을 구성하는 것은 맞지만, 반드시 모든 것이 갖춰져야 하는 것은 아니며, 각각의 의미를 가지고 독립적으로 기능할 수 있다고 생각된다. 예를 들어, 일을 통해 가치충족(일을 잘 했을 때 오는 기쁨)을 얻을 수 있지만, 그렇다고 해서 꼭 다른 사람들에게 자신의 일(예: 우아한 컴퓨터 프로그램 만들기)이 직접적으로 도움이 된다고 생각하지 않을 수도 있는 것이다. 따라서, 우리는 일 자체의 충족만을 기반으로 하는 일 지향은 *장인 지향* (craftsmanship orientation)으로 다른 사람을 도와주는 태도를 기반으로 하는 일 지향은 *조력 지향*(serving orientation)으로 부르고 싶다. 마지막으로, 현존하는 소명의 개념화에서는 벨라와 동료들(1985)과 같이 동료들과의 공동체 연결을 강조하지는 않고 있지만, 사례와 이론 연구에서는 우리가 *연대감 지향*(kinship orientation)이라고 부르는 관계적, 사회적 기반지향을 제시한다. 간단히 말해서, 벨라와 동료들의 의견을 기반으로 우리는 더 이상 소명만이 유일한 지향이라고 생각하지는 않지만, 소명은 3가지 일 지향의 통합이라고 생각한다. 장인 지향, 조력 지향, 연대감 지향. 이제부터는 각각의 지향들을 차례로 논의해보도록 하겠다.

▌장인 지향: "일을 잘하는 것"을 통한 유의미성

> 세부적인 사항들에 신경을 쓰고, 깔끔하고 효율적인 기술을 사용하는 것이 중요하다. 나는 불필요하게 움직이고 싶지 않기 때문에 최대한 계획한 대로 일을 하고, 신중하게 생각해서 행동하려고 한다. 어떻게 바늘을 들 것인지, 스티치의 위치가 어디인지, 어떤 종류의 바느질을 해야 하는지에 대해 꼼꼼하게 챙긴다. 이렇게 일을 하게 되면 최적의 결과가 나오며, 일을 하기 쉬워진다(Csikszentmihalyi, 1990, p.156).

장인 지향은 예술 및 수공예 작업에 연계되는 경우가 많지만, 사실 매우 광범위한 일과 직업들에 적절한 관련이 있는 개념이다 (Sennett, 2008). 장인들은 일을 하는데 필요한 기술과 전문성을 가지고 있으며, 자신의 일을 할 때, 일의 성과가 아니라, 일 그 자체에 대해 자긍심을 가지고 있다. 라이트 밀스(1956)는 이런 이야기를 했다.

> 좋은 일을 한다는 것에 대한 희망은... 성과에 대한 희망도 있지만, 그 일 자체에 대한 희망도 있다. 사람들은 성과와 과정에서 사용되는 기술의 질 (quality)에 주된 초점을 맞춘다... "자신의 일 자체"에 대해 조용한(quiet) 열정을 가지고 살 수 있을 때, 사람들은 만족감을 느끼게 된다(pp.220-221).

따라서, *장인 지향*을 가진 사람들은 일이 잘 마무리 되었을 때에만, 일의 가치를 인정하는 경향이 있다.

장인 지향에 대해서는 이론이나 경험적 연구에서도 직접, 간접적 근거자료들을 제공해주고 있다. 첫째, 최근 학자들은 장인 지향의 윤리(일을 하는데 있어서 모든 것을 다 헌신하는 것)는 시간적인 제한이 없는 것이며, "일에서 얻을 수 있는 만족감의 가장 이상적인 수준"(Mills, 1956, p.220)이라고 주장하는 고전적 이론가들과 생각을 같이 하고 있다. 현장 실무에 대한 연구에서는 전문성을 어떻게 얻게 되는지, 그리고 유사한 흥미를 가진 사람들 중에서 본인이 숙달된 전문가라고 지각하게 되는 것이 핵심적으로 중요하다는 것을 강조하는 간접적인 지지 자료들이 나오고 있다(Lave & Wenger, 1991; p.111). 비슷하게, 요리사를 대상으로 이루어진 연구에서도 심미학, 스타일, 직업적인 삶과 직업 정체성의 질이 중요함을 강조하고 있다. "기술(craft)은 모든 직업적 삶에 있어서 중요한 부분을 차지하고 있다"(Fine, 1992, p.1270).

두 번째로, 장인 지향의 정의는 *역량(competence)* 개념에 영향을 주었다. 역량이란, 로소와 동료들(Rosse et al., 2010)이 정리했듯이 유의미한 일을 경험할 수 있는 도구이다. 더 나아가서, 목표지향적 성취 욕구에 대한 메타 분석에서는(Hullman, Schrager, Bodmann, & Harackiewicz, 2010) 그 욕구의 한 부분이 *숙달(mastery)*이라고 주장했다. 숙달이란, 사람들이 과제의 요구사항을 정확하게 이해하고, 역량을 발전시키는 데에 초점을 맞추는 행동을 가리킨다. 이러한 접근방법을 활용하는 사람들은 단순히 다른 사람들보다 더 좋은 성과를 내거나, 금전적인 보상을 위해 일을 하는 것을 넘어서서 일을 하는 것 자체에서 유의미성을 찾으려고 하는 경향성이 높았다.

▌조력 지향: "좋은 일을 하는 것"을 통한 유의미성

환경보호기관에서 일하는 한 전문가는 다음과 같은 이야기를 하였다. "나는 항상 모든 사람들의 더 나은 생활을 위해 일한다는 개인적인 책임을 느끼고 있었다. 그러니까, 환경이라는 것은 그보다 더 중요한 것이 어디 있겠는가? 그렇기 때문에, 가끔씩 좌절감을 느끼더라도 일을 그만둬버리고 나에게 정말 재미있는 일(하지만, 세상에게는 그다지 도움이 안되는 일)을 찾지 못하는 것이다... 나에게는 스스로 하는 일이 사람들에게 도움이 된다는 것을 느끼고 싶은 심층적인 욕구가 있다."(Bowe, Bowe, & Streeter, 2000, pp.578-579).

장인 지향이 일 그 자체로부터 얻는 유의미성을 강조하는 반면, 조력 지향은 일을 통해 혜택을 받는 사람들을 지각하는 것에서 유의미성을 찾는 것에 초점을 맞추고 있다. 따라서, 조력 지향을 가지고 있는 사람은 자신이 일을 하는데 있어서 타인들의 삶을 더 낫게 만들어주거나, 발전시켜줄 수 있을 때 일이 가치있다고 평가한다. 조력이란 대부분의 경우, 다른 사람들에 관련된 것이지만, 더 광범위하게 보면, 동물, 식물, 자연, 이념, 종교에도 관련되어 이야기할 수 있는 것이다.

지금까지 조력 지향에 대한 연구에서는 사람들이 왜 조력을 하려고 하는지(예: 신으로부터의 소명이거나, 진실한 자기의 모습 때문에)에 대해서는 그다지 관심을 많이 두지 않았었고, 일로부터 혜택을 받는 사람들에게 더 많은 초점을 두어 왔다. 친사회적 행동과 이타주의에 대한 일에 초점을 맞춘 연구에서는 조력 지향이 소명에 포함되어 있다는 근거자료들을 제시하였다. 즉, 친사회적 행동이라는 개념에는 사람들은 다른 사람들의 행복을 촉진함으로써 그들의 삶에 긍정적인 영향을 미치는 과정에서 동기부여된다는 사실이 포함되어 있다(Grant, Dutton, & Rosso, 2008; Penner, Dovidio, Piliavin, & Schroeder, 2005). 유사하게, 강한 이타주의나 친사회적 가치를 가진 조직구성원이나(Penner et al., 2005), 친절한 성격을 가진 구성원(Huseman, Hartfield, & Miles, 1987)에 대한 연구에서는 사람들은 좋은 일을 하고, 다른 사람들을 도울 수 있는 역할을 찾는다고 주장했다(Grant, 2008a). 즉, 일 자체의 특성이 매력적인 것과는 상관없이 누군가를 돕는 것이 일이라고 생각하는 것이다.

▌ 연대감 지향: "함께 일하기"로부터 얻는 유의미성

> 우리는 3일에 한 번씩 24시간 동안 일한다. 가족사업을 하고 있기 때문이
> 다. 대부분의 사람들은 이렇게 일한다고 하면 이해하지 못한다. 그걸 이해
> 하려면, 가족과 함께 일을 해봐야만 할 것이다... 당신과 마찬가지로, 나는
> 내 가족을 사랑한다. 내가 함께 일하는 사람들이 내 가족이기 때문에 나는
> 이 일에 정말 몰두할 수 있다(Haski-Leventhal & McLeigh, 2009, pp.85-86).

조력 지향과 마찬가지로, *연대감 지향*은 일 자체보다는 다른
사람들에게 초점을 맞추고 있다. 하지만, 여기에서의 초점은, 벨라
와 동료들(1985)이 주장했듯이 한 명의 사람을 "더 큰 공동체"로 연
계하는 것을 통해, 즉 일을 통해 만들어진 관계의 질에 대한 것이
다. 연대감 지향은 베넷(Bennett, 1974)이 주장한 *사회적(social)* 일 지
향(업무현장에서의 동료에 초점을 맞춤)과 유사하다. 우리는 결속(tie)의 질
(quality)에서 오는 느낌 때문에 *사회적*이라는 광범위한 용어를 쓰
기보다는 *연대감*이라는 조금 더 구체적인 용어를 사용하기로 했
다. 연대감이란 실제 피를 나눈 친척이거나, 법적으로 연결된 관계
(예: 결혼, 동성결혼)를 뜻하는 것이 아니다. 하지만 연대감 지향을 가
진 사람들은(위에서 인용했던 사람들과 마찬가지로) 자신의 관계를 가족
용어를 사용해서 이야기하는 것을 종종 볼 수 있었다. 이러한 관
계는 양쪽 상대방이 있어서 자신의 상사를 부모로 생각하거나, 형
제애나 자매애와 같이 소통을 중요시하기도 한다(예: 프리메이슨, 수도
원 거주자, 경찰관, 소방관). 모든 경우, 연대감 지향을 가진 사람들은
친밀한(가족과 같은) 관계를 가질 수 있을 때, 자신의 일이 가치가 있
다고 생각한다.

이론과 경험적 연구에서는 연대감 지향의 존재에 대해 지지할 수 있는 자료들을 제공해주었다. 위에서 이야기했듯이, 베넷(1974) 은 연대감 지향을 사회적 지향으로 설명했었다. 하지만, 그의 개념화는 더 이상 구체적으로 정교화되지 못했다. 프랫과 애쉬포드(Pratt & Ashforth, 2003)는 일과 그 외의 부분(예: 가족, 종교)간의 경계를 모호하게 만드는 조직문화와 실무에 대한 연구에 관심을 가지고, 업무현장에서 유의미성을 만들기 위한 도구로서 공동체를 구축하는 일의 중요성을 주장하였다. 유사하게, 로소와 동료들(Rosso et al., 2010)은 유의미성을 만들어내는 메카니즘은 소속감(belongingness)이라고 주장했다(cf. 관계에 대한 욕구, Nohria, Groysberg & Lee, 2008). 조직 내 동료들과의 좋은 관계가 가지는 중요성에 대해 실시된 최근의 연구에 기반하여 더턴과 헤피(Dutton & Heaphy, 2003)는 일로부터 목적과 중요성을 이끌어낼 수 있는 핵심적인 도구는 대인관계라고 주장하였다. 유의미성을 찾을 수 있는 길을 제공해주는 것에 더하여, 이러한 관계는 일을 해야 하는 핵심적인 배경으로 존재한다는 것이다. 설문조사에 따르면, 군인들은 자신의 조국이나 다른 목적을 위해서가 아니라, 동료들을 보호하기 위해 싸운다는 사실에서 더 많은 동기부여가 된다는 결과도 있었다. 이라크 해방작전(Operation Iraqi Freedom)에 참가한 군인들을 동기부여한 요인에 대해 최근 연구한 결과에 따르면, 윙과 동료들은 "내 동료를 위해 싸운다"라는 대답이 가장 많았다고 한다. "미국 군인들은 동료들간의 신뢰 관계 때문에 지속적으로 전투에 참가하고 있었다"(L. Wong, Kolditz, Millen, & Potter, 2003, p.23).

조직행동(organizational practices)을
일 지향에 연결시키기

핵심적인 일 지향의 유형을 5가지로 증가시킨 작업은 실무자들에게는 좋은 소식이기도 하고, 동시에 나쁜 소식이기도 하다. 더 많은 일 지향에 대해 알게 되었다는 것은 한 가지 접근법을 가지고 모든 경우에 다 맞추는 것이 제한적일 수밖에 없는 상황을 해결해주지만, 의미 있는 일을 촉진하고, 그 결과로 보다 더 효과적인 성과를 낳도록 하기 위한 조직행동의 수는 더 늘어나게 된다는 것을 의미한다. 이 책의 분량제한상, 5가지의 일 지향에 관련된 모든 조직행동들에 대해 논의할 수는 없을 듯하다. 그래서, 이 장에서는 지금까지 직업과 진로(예: 어떻게 보상 시스템을 설계할 것인가, Martocchio, 2010), 진로 경로(career path, 3장)에 대해 충분한 연구가 이루어진 3가지의 일 지향에 대해 초점을 맞춰 보려고 한다. 장인 지향, 조력 지향, 연대감 지향을 가진 사람들의 유의미성을 강화하는데 효과적일 수 있는 몇 가지 조직행동들의 실례에 대해 이야기해보기로 하겠다.

이 조직행동들은 〈그림 8.1〉과 〈표 8.1〉에 정리되어 있다. 이 그림은 프랫과 애쉬포드(2003)가 일반적인 조직행동(예: 선발), 일에서의 의미와 좀 더 밀접하게 관련되어 있는 조직행동(예: 직무설계), 직접적으로 일에서의 의미를 찾는 조직행동(예: 문화 관리)을 구분했던 작업에 기반하고 있다. 우리는 이들의 논리를 확장시켜서 더 정교한 조직행동(한 가지의 일 지향에 적절한 *맞춤형*)을 논의해보려고 한다. 다른 조직 문헌들과 마찬가지로, 이 논의에 기반하고 있는 논리는 적합도(fit)나 한 방향 정렬(alignment)이다(Chatman, 1989). 즉, 각 개인의 일 지향에 적절하게 맞는 조직행동은 구성원이 일을 통해 유의미성을 경험할 가능성을 높여줄 것이다. 따라서, 구성원이 〈그림

8.1〉의 중심으로부터 벗어날수록 조직의 행동은 특정 일 지향과의 적합도가 높아지게 될 것이고, 구성원이 일로부터 의미를 찾을 가능성 또한 높아질 것이다.

우리가 제시한 조직행동들은 모두 이론적 근거를 가지고 있기 때문에 일의 유의미성 강화를 위한 제도와 경험적 근거간의 연계성이 높다. 지금까지는 특정한 조직의 행동과 유의미성 창조 사이를 직접적으로 연계해주는 경험적/이론적 근거가 별로 없었지만, 우리는 지속적으로 노력하여 조직행동들과 관련 학문분야의 연구들(예: 작업동기)뿐 아니라, 우리 분야의 연구 및 현장실무에서 근거를 찾아냈다.

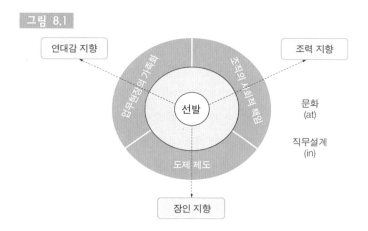

그림 8.1

다양한 일 지향 유형에 맞는 조직행동 설계. 일반적인 조직행동 선택으로부터 좀 더 구성원 맞춤형의 조직행동으로 옮겨간다는 것은 특정 일 지향(조력 지향, 장인 지향, 연대감 지향)을 가진 구성원이 일을 통해 의미를 더 잘 찾도록 도와줄 수 있는 작업이다. 조직행동과 일 지향의 적합도가 높아질수록 구성원의 위치는 모델의 중심으로부터 멀어지게 된다.

▌ 유의미성 강화를 위한 일반적 조직행동

프랫과 애쉬포드(2003)는 구성원의 유의미성을 강화할 수 있는 3가지 핵심 조직행동을 제안하였다. 채용, 선발, 사회화. 어떤 일 지향에서는 채용과 선발이 기본적인 조직행동으로 기능한다. 왜냐하면, 특정 일 지향을 가진 사람들이 특정한 일에 관심을 가지게 되고, 조직은 그 사람들을 선발할 수 있기 때문이다. 그러나, 일 지향을 채용의 도구로 사용하기 전에 일 지향의 적합도와 업무성과 간의 상관관계에 대해 연구하고 증명해서 발생 가능할 부작용을 막을 필요가 있다.

더 나아가서, 사회화나 교육은 특정 일 지향을 가지고 있는 사람들의 관심을 끌만한 가치를 강화하고, 조직행동을 설계하는데 활용될 수 있다(예: 입사 초기에 조력 지향을 가진 사람들에게 현 조직에서 다양한 공익 사업을 어떻게 하고 있는지를 강조하기). 그리고, 어떤 조직행동들은 구성원의 일 지향을 만들어낼 수도 있고 변화시킬 수도 있다. 하지만, 채용 및 선발과 마찬가지로, 이 주제에 대해서는 아직 이루어진 연구가 별로 없다. 그래서 우리는 이 조직행동을 〈표 8.1〉에 포함시키지는 않았다. 그렇지만, 8장 후반에서는 사회화 조직행동(도제제도)의 특정 유형에 대해 논의해볼 것이다.

▌ '일 수행 내부에서의 유의미성'과 '일 수행 외부에서의 유의미성'

장인 지향, 조력 지향, 연대감 지향을 가진 구성원들에게 영향을 미칠 수 있는 다양한 조직행동들이 존재하지만, 우리는 2가지 핵심적인 분야에 초점을 맞추고 있다. 직무설계(일 수행 *내부*에서의 유의미성)와 조직문화 관리(일 수행 *외부*에서의 유의미성). 2가지 모두 광범위한 내용을 가지고 있기 때문에 특정한 일 지향에 대한 적합도를 높이기 위해서는 맞춤화 작업이 필요하다.

▶ 직무설계

직무설계란, 일(work)에 대한 동기부여를 좀 더 높게 하기 위해 직무(job)의 내용과 구조를 어떻게 바꿀 것인가의 문제를 포함한다 (Hackman & Oldham, 1980). 이 분야의 문헌연구가 광범위하고 다양하기 때문에(Morgeson & Campion, 2003), 우리는 각 일 지향 유형이 가지는 유의미성에 가장 적합하다고 생각되는 2가지의 연구 흐름에 우선 적으로 초점을 맞춰보기로 했다. (a) 직무특성모형(job characteristics model: JCM, Hackman & Oldham, 1980)과 (b) 관계적 직무설계(Grant, 2007, 2008a).

직무특성모형은 일에 대한 재설계(redesign)를 할 때에는 다음과 같은 핵심적인 직무 차원 5가지를 고려하는 것이 좋다고 제안한다. 기술 다양성(일을 하는데 있어서 다양한 활동들의 수행을 요구하는 정도), 과업정체성(처음부터 끝까지 업무 전체에 대한 완성을 할 수 있는 정도), 과업 중요성(직무가 다른 사람들의 인생에 영향을 미치는 정도), 자율성과 피드백 (Hackman & Oldham, 1976). 우리가 일의 특정한 차원(예: 과업중요성)이 높은 일로부터 얻을 수 있는 심리적 상태들의 하나는, 바로 유의 미성의 경험이다(Fried, 1991; Hackman & Oldham, 1976).

우리는 보다 광범위하게 정의한 일에 맞도록 설계한 직무는 보다 유의미하게 느껴질 것이라고 생각한다. 장인 지향성을 강화하기 위해서는 적어도 3가지의 직무차원이 충족되어야 한다. 과제 정체성, 피드백, 자율성. 장인 지향을 가진 사람들은 일이 잘 수행되었을 때 일에 대한 가치를 인정한다. 일을 하는 것 자체에서 이득을 얻기보다는 전체적으로 일을 완료할 수 있는 기회를 만들려고 한다. 장인 지향에서 중요한 것은 숙달(mastery)이기 때문에 피드백은 장인 지향을 가진 사람들에게 현재 하고 있는 일을 품질기준에 비교하여 평가해볼 수 있는 정보를 제공해준다. 이 작업은 특히 도제제도를 운영할 때 특히 중요하다. 전문적인 장인의 핵심은 다른 사람의 조력 없이 자신만의 힘으로 성과나 서비스를 만들어낼 수 있는 능력이기 때문이다. 그래서 자율성 또한 중요한 요소인 것이다.

반대로, 관계적 직무설계는 조력 지향을 가진 사람들에게 매력적으로 느껴질 것이다. 왜냐하면, 다른 사람들을 돕고 보살피고자 하는 친사회적 가치를 활용하는 것이기 때문이다. 관계적 직무설계는 *관계의 구조(relational architecture*: 구성원이 다른 사람들과 관계를 맺고 상호작용을 하는 기회를 만들어주는 일의 구조적 특성, Grant, 2007, p.396)를 고려하기 위해 전통적인 직무설계의 초점을 확장한다. 특히, 관계적 직무설계는 구성원들이 일을 할 때, 그 일이 다른 사람(수혜자)에게 미치는 영향력을 인식할 수 있는 방법으로 직무를 설계하는데 초점을 맞춘다. 조력 지향을 가진 구성원들은 수혜자들과의 접촉을 증가시키기 위해 관계의 구조를 변화시키면서 친사회적 차별성과 더 큰 유의미성을 경험하기 위해 보다 높은 동기를 가질 필요가 있다(Grant, 2007).

조력 지향을 가진 사람들에게 모두 해당되는 것은 아니지만, 관계적 직무설계의 요소들과 유의미성의 경험을 연계시키는 이론적, 경험적 근거자료들이 존재한다(Grant, 2007, 2008a, 2008b). 관계적 직무설계는 유의미성을 경험하는데 선행조건이지만, 간접적인 관계를 가진다. 예를 들어, 수영하다가 물에 빠진 사람을 동료가 구했다는 이야기를 읽은 인명 구조원은 일에 대한 헌신과 조력 행동이 증가하였다(Grant, 2008b). 마찬가지로, 수혜자들에게 영향을 미치고 접촉을 할 수 있는 기회를 더 많이 가진 공공서비스 종사자나 텔레마케팅 담당자들은 수혜자들에게 더 높은 정서적인 몰입을 하며, 더 높은 친사회적 동기수준을 가지고 있었다(Grant, 2008a). 연구 결과들은 구성원의 애착과 동기수준이 유의미성에 영향을 미치는 정도 내에서 조력 지향을 가진 사람들을 위해 관계적 직무설계를 하는 것은 목적이 있고 중요한 일을 경험할 가능성을 높여줄 거라고 제시한다.

연대감 지향을 가진 사람들 또한 직무설계를 통해 유의미성을 경험할 기회를 더 많이 만나게 된다. 과제간의 연계성, 즉 *과제의 상호의존성(task interdependence)*이 일의 동기적 가치를 어떻게 증가시키는지에 대해 초점을 맞추는 연구들이 많지는 않지만 몇 가지 이루어졌다(e.g. C. Wong & Campion, 1991). 직무들간의 연계성이 높아짐에 따라, 조직구성원들은 조직 내에서 다른 사람들과 상호작용을 하고, 조력하는 일을 할 기회를 더 많이 갖게 되었다. 이러한 과정에서 동료들과의 연계를 통해 의미를 얻는 사람들은 유의미성을 찾을 수 있는 기회를 더 많이 갖게 된다. 즉, 팀단위의 직무설계를 더 많이 하게 되면, 연대감 지향을 가진 사람들은 응집력, 동지애, 멤버십을 느낄 수 있게 되고, 궁극적으로는 유의미성을 찾을 수 있게 된다는 것이다(Hackman, 1987).

▶ 조직문화 관리

조직문화를 구성하는 조직행동 또한 구성원의 유의미성을 증가할 수 있는 도구이다(Pratt & Ashforth, 2003). 특히, 우리는 현장전문가들이 3가지의 일 지향에 맞추어 다양한 방법으로 조직문화를 개발할 수 있는 기회들을 제시하려고 한다.

지금까지 존재했던 조직문화에 대한 정의는 매우 다양했지만(Trice & Beyer, 1993), 기능적인 시각에서 보았을 때, 조직문화란 일상적으로 조직에서 일이 이루어지는 방법에 대한 가정, 의미, 가치의 공유된 패턴이라고 정의될 수 있다(Schein, 2010). 우리는 이 문화적 의미, 가치, 가정은 반드시 모든 구성원에게 공유될 필요는 없으며 (Martin, 1992), 조직은 다양한 하위문화를 가지고 있다는 점(Trice & Beyer, 1993)을 강조하고 싶다. 즉, 하나의 조직 내에 다양한 하위문화들이 존재하게 되면, 다양한 일 지향을 가진 사람들도 함께 화합할 수 있게 되기 때문이다. 또한, 여기에서 우리의 주장은 조직문화란 관리가능한 대상이며, 변화까지 가능하다는 전제에 기반하고 있다는 것을 강조하는 것이 중요하겠다. 샤인(Schein, 1995)이 주장했듯이 "리더의 일 중에서 유일하게 중요한 것(only real thing)은 문화를 창조하고 관리하는 것이다"(p.273).

장인 지향에서 중요한 것은 기준(standard)과 품질(quality)의 평가 (appreciation)이다. 따라서, 이러한 점을 강조하는 조직행동을 구성하는 문화는 장인 지향의 구성원이 의미를 발전시키기 쉬운 환경을 조성해줄 가능성이 높다. 이 문화에서는 완벽 추구를 요구하는 형태의 제도를 선택하는 경향이 많다. 인텔리젠시아 커피(Intelligentsia Coffee)와 렉서스(Lexus)와 같은 조직이 이와 같은 경우에 해당할 것이다. 인텔리젠시아는 커피에 대해서는 탁월함의 수준을 갖춤으로써 장인 지향을 가진 사람들에게 매력적인 회사가 되었다. "검은 고양이 프로젝트"를 통해 바리스타의 상품 선택과 높은 기술 적용이 통합되면서, 높은 품질기준에 대한 지속적인 수요가 늘어갔다. "그 어떤 경우에도 완벽한 에스프레소를 추구한다"(Intelligentsia Coffee, 2011). 이와 같은 이상에 도달하기 위해 인텔리젠시아는 바리스타에게 집중적인 훈련 프로그램을 제공하였고, 전문화된 기기들을 활용하였으며, 최고 품질의 커피콩만을 사용하여서 장인 지향에 적절한 조직문화를 구축하였다.

유사하게, 렉서스도 상품과 과정의 지속적인 개선(kaizen)을 통해 장인 지향에 관련된 가치를 개발하였다. 이 고급 자동차 제조업체는 일이 이루어지는 과정에서의 핵심적인 가치로서 "완벽에 대한 열정적인 추구"를 꼽았다(Lexus, n.d.). 적절한 변화를 만들어내기 위해 조직의 전반적인 문화를 염두에 두고서 품질기준을 강조하는 제도, 슬로건, 원칙을 소개하는 과정은 장인 지향을 가진 사람들의 유의미성을 강화할 수 있게 된 것이다. 그러나, 여기에서 꼭 강조해야 할 것은 문화의 변화를 가져오려면 기본적인 변화(리더십 행동 또는 리더의 내면의 변화, 보상체계 등) 또한 함께 이루어져야 한다는 점이다.

조력 지향을 가진 사람들은 일의 수혜자와의 연계로부터, 그리고 그들에 대해 미치는 영향력으로부터 유의미성을 발전시킨다. 따라서, 다양한 수혜자들을 인정하고 축하할 수 있는 의식과 절차를 가지고 있는 조직이라면, 조력 지향을 가진 사람들에게 매력적으로 보일 것이다. 대부분의 비영리단체들은 인정받지 못하고, 대표자를 갖지 못한 사람들을 지원하고 조력하기 위한 미션을 가지고 있는 경우가 많다. 예를 들어, 일리노이, 샴페인 지역에 위치한 공정무역단체 텐싸우전드 빌리지(Ten Thousand Village)는 직원에게 감사하기 위한 저녁식사 자리에서 상품판매를 통해 혜택을 받는 장인들의 인생 이야기에 대해 논의하는 시간을 가진다.

영리단체에서도 유사한 노력을 할 수 있다. 예를 들어보면, 의료기기 전문업체인 메드트로닉(Medtronic)은 구성원과 환자를 연계해주는 일의 중요성을 강조한다. 연례 파티에서 구성원들은 메드트로닉의 상품 덕분에 자신의 삶이 개선되었다는 환자들을 만나게 된다(Grant, 2007). 대표이사는 "구성원이 환자를 직접 만나서 상대방의 이야기로부터 깊은 감동을 받는 순간"을 경험해볼 것을 강력하게 권하기까지 한다(George, 2003, p.88). 이러한 연례 행사와 그 결과로 생긴 구성원과 환자간의 연계는 환자에 대해 관심을 가지고 보살피는 행동이 중요하다는 조직문화를 강화시키게 된다. 조력 지향을 가진 사람들에게, 이와 같은 문화 제도는 유의미성을 발전시킬 수 있는 가능성을 매우 크게 높여줄 수 있을 것이다.

마지막으로, 조직은 팀웍, 동지애, 공동체를 강조하는 조직 제도를 설계함으로써 연대감 지향을 가진 사람들이나, 관계를 중시하는 사람들에게 적절한 문화를 개발할 수 있다(Nohria et al., 2008, p.279). 공동체를 만드는 문화를 관리할 수 있는 방법은 매우 다양하다. 예를 들어, 유명한 보스턴 제과업체인 Iggy's Bread of the World는 동지애를 만들어내기 위해 구성원들간의 축구 게임을 기획해서 진행한다. "구성원들은 다양한 문화를 가지고 있고, 다양한 언어를 사용하지만, 축구에 대한 공통적인 열정은 우리를 하나로 만들어준다"(Valley & Gendron, 2001, p.6).

이와 같이 공동작업을 할 수 있는 기회를 만들어주는 조직행동은 강력한 결속력을 가진 공동체를 창조하고, 그 결과 연대감 지향을 가진 구성원들이 의미를 찾을 수 있는 커다란 기회를 제공해준다. 조직이 커뮤니티 형성을 강화할 수 있는 또 다른 방법은 구성원들이 서로를 지원해줄 수 있는 기회를 제공하는 조직행동을 설계하는 것이다. 그랜트와 동료들(Grant et al., 2008)은 커다란 소매체인점이 보유하고 있는 구성원 지원 프로그램에 대해 연구해보았다. 그 결과, 동료직원들을 위해 금전적 조력을 한 구성원은 조직에 대한 정서적인 몰입도가 높아졌다는 것을 알 수 있었다. 그 효과는 조력을 받은 수혜자에게도 동일하게 나타났다. 연대감 지향을 가진 사람들에게 구성원 지원 프로그램은 조력자와 수혜자간의 관계를 돈독하게 만들고, 전체적인 조직에서의 연대감 또한 강화한 것이다.

▌ 유의미성을 강화하기 위한 맞춤형 조직행동

지금까지 3가지 일 지향을 가진 사람들의 유의미성을 강화하기 위한 조직행동들을 검토해보았고, 이제부터는 조금 더 구체적으로, 각 일 지향에 맞춤한 행동들을 살펴보려고 한다(표 8.1). 물론 다양한 선택이 가능하겠지만, 각 일 지향에 적절하게 맞는 조직행동을 한 가지씩 예를 들어보도록 하겠다.

▶ 장인 지향을 위한 조직행동: 도제제도(apprenticeship)

역사적으로, 장인들은 대가가 되기 위해 전문가 밑에서 견습생으로서 생활했었다. 우리는 이 유서깊은 제도와 유사한 특성을 가진 공식적인 멘토링 프로그램을 지속할 수 있을 것으로 생각한다. 특히, 장인 지향을 가진 구성원들은 일을 하는데 있어서 본인이 도달하기를 원하는 수준의 역량을 갖춘 사람들과의 관계에서 도움을 얻게 될 것이다. 관찰, 모방, 시도, 실수의 상호작용을 하면서 대가는 암묵적 지식(tacit knowledge)의 전달을 통해 견습생의 기술을 세심하게 갈고 닦도록 촉진한다. 따라서, 이 관계는 얼마나 빨리, 얼마나 효과적으로 일이 완료되는가 보다는 견습생이 해야 할 일과 어떻게 일을 할 것인가에 더 많은 초점을 맞춘다(Gamble, 2001). 학자가 되기 위해 공부하는 박사과정 학생들(Kanigel, 1993)과 무역실무 매뉴얼을 배우는 사람들(Crawford, 2009)을 대상으로 한 연구들을 보면, 이 과정이 어떻게 이루어지는지에 대한 모델을 찾아볼 수 있다. 점점 더 많은 조직들이 멘토링 프로그램의 중요성을 알아가고 있지만, 도제제도의 일환으로서 멘토링 프로그램을 보게 되면, 장인 지향에 맞는 고급 기술과 전문성을 발전시키는 데에 초점을 맞출 수 있도록 프로그램을 재구성할 수 있게 될 것이다.

▶ 조력 지향을 위한 조직행동: 기업 시민의식(corporate citizenship)

기업의 사회적 책임이나 기업 시민의식을 촉진하는 제도를 구축한다는 것은 조력 지향을 가진 구성원들의 유의미성을 강화하는 데에 적절한 행동이다. 기업 시민의식을 촉진하는 조직행동은 "적극적, 참여적, 조직화된 개입을 통해 공동체의 질을 높이기 위해 이익창출이라는 전통적 개념을 넘어서는 행동이다"(Tichy, McGill & Clair, 1997, pp.2-3). 기업 시민의식은 매우 다양한 활동들을 포함하지만, 여기에서는 조력 지향에 적절한 2가지 실례를 설명해보려고 한다. 직접적인 구성원 참여에 초점을 맞춘 활동과 조직수준의 주도성을 촉진하는 활동이다.

예를 들어, 스위스 은행 UBS는 입사 유예 프로그램(Graduate Deferral Program)을 만들었다. 입사시험에 합격한 신입사원이 입사를 1년 미루고, 기본급의 절반과 건강보험수당을 받으면서 공동체 서비스를 하도록 설계된 프로그램이다(Hewlett, Sherbin & Sumberg, 2009). 이와 같은 프로그램은 조직의 지원하에 조력 지향을 가진 구성원들이 직접적으로 다른 사람들을 도울 수 있게 해준다. 머크(Merck)社의 멕티잔 기부 프로그램에서는 기업 시민의식이 직접적으로 타인을 돕는 사람 외의 사람들에게도 영향을 미칠 수 있다는 것을 보여준다. 사상충증(river blindness: 빈곤국가들을 파괴한 질환, 역자주: 강에 사는 일부 파리의 기생충을 통해 감염되는 열대 피부병으로 사람의 눈을 멀게 할 수도 있음)의 치료제인 멕티잔을 구입할 여유가 있는 고객을 찾지 못하게 된 후, 머크사에서는 치료제를 필요한 사람들에게 무제한 및 무료로 기부하기로 결정했다. 이러한 기부 결정은 머크사의 구성원들에게 놀라울만한 영향을 미치게 되었다. 한 구성원은 이런 이야기를 하였다. "그 결정은 내 경력 전반에 걸쳐서 가장 대단한 순간 중 하나였다"(Dutton & Pratt, 1997, p.161). 유사한 기업 제도에 대해 이루어졌던 기존의 연구에서도 머크사의 결정과 같은 행동은 구성원들에게 자신의 회사가 사람들을 보살피는 데에 관심을 가지고 있다고 생각하게 해주기 때문에(Grant et al., 2008), 조력 지향을 가진 사람들에게 특히 매력적으로 느껴지게 된다.

▶ 연대감 지향을 위한 조직행동: 일과 가족의 통합

조직은 실제로 가족과 같은 역동을 만들어내고, 연대감 지향을 가진 사람들에게 직접적으로 어필하기 위해 강력한 공동체 관계를 창조하는 것 이상의 행동을 할 수 있다. 프랫과 로사(Pratt & Rosa, 2003)는 네트워크 마케팅 조직에 대한 연구를 진행하면서 일과 가족을 통합시키는 조직행동 2가지를 발견했다. 첫 번째는 *일을 가족의 세계로 들여보내기*로서 "조직의 구조와 관리를 하는데 있어서 가족의 긍정적인 점을 닮은 역동을 만드는 것이 있다. 즉, 조직 내에서 멘토-멘티를 부모-자녀와 유사한 관계를 구성하는 것이다"(Pratt & Rosa, 2003, p.404). 여기에서, 멘토, 동료, 부하직원은 각각 부모, 형제, 자녀와 같은 가족용어로 정의할 수 있다. 이와 같은 관계는 조직구성원들이 일반적인 가족생활에서 볼 수 있는 활동을 하면서 만들어진다. 예를 들어, 퀴큰 론(Quicken Loans)社에서는 "구성원의 결혼기념일과 구성원 자녀의 생일에 직접 손으로 쓴 카드와 선물 상품권을 보낸다"(Coombes, 2008, para.14). 사우스웨스트 항공사에서는 팀웍, 공동체와 가족을 강조한다(Godsey, 1996). 이와 같은 가족정신은 다양한 방법으로 실천되는데, 그 중에는 어려움을 겪고 있는 동료들을 위해 자발적으로 기금을 모으는 행동도 포함된다(O'Reilly & Pfeffer, 1995). 유사하게, 프랫(2000a)은 한 암웨이 디스트리뷰터(distibuter)가 강도에 의해 총상을 입은 사건 이후, 가족같이 지내왔던 동료들은 병원에 몇 백갤론의 혈액을 기부하였고, 집을 청소하였으며 새롭게 내장공사를 해주었다고 전한다. 어떤 조직행동들은 우리가 앞에서 언급했던 내용들(예: 멘토-멘티 관계 구축, 동료구성원들에 대한 지원)과 겹칠 수도 있지만, 이러한 조직행동들은 가족과 같은 조직 응집력을 강화시키는 것을 목표로 하여 설계되었다는 것을 다시 한 번 강조할 필요가 있겠다.

두 번째 조직행동은 *가족을 일의 세계로 들여보내기*로서 가족구성원들을 업무현장에 초대하는 것이다. 이 분야의 조직행동들은 보다 단순한 형태를 취한다. 스칸디나비아 항공사에서는 "가족들이 함께 점심식사를 할 수 있도록" 식당에 아기의자와 어린이의자를 설치하였다(Fishman, 1998, para.12). 다른 조직에서는 자원에 더 큰 투자를 하기도 한다. 화학회사 바스프(BASF)의 글로벌 가족 프로그램이 그 좋은 예가 될 것이다. 이 프로그램에서는 전 세계의 바스프 구성원 자녀들이 다른 나라에 있는 바스프 구성원의 집에 머무를 수 있는 해외 교환학생 기회를 제공한다(BASF SE, 2008). 이 프로그램에서 바스프의 구성원들은 동료 자녀에게 부모 역할을 해줄 수 있게 된다.

결론과 미래 방향

우리가 하고 있는 일이 가치있는 이유는 무엇인지를 탐색할 때, 그리고 어떻게 하면 일의 유의미성을 관리할 수 있을까를 논의할 때에는 반드시 일을 구성하고 있는 세부 과제들과 보상체계에서 한 발짝 물러서서 바라볼 필요가 있다고 생각한다. 우리는 대부분의 사람들이 자신의 일에 대해 어떤 시각을 가지고 있는지(예: 인생의 한 분야)를 파악하는 것이 중요하다고 느꼈다. 왜냐하면, 그 시각에 따라, 자신의 일에 접근하는 방법과 일에 대한 반응(예: 직무만족도와 직무몰입도, Lepisto et al., 2012)이 달라질 것이기 때문이다. 특히, 우리는 기존에 존재하던 5가지 정도의 일 지향에 대해 논의해보았고, 그 중에서 다음과 같이 3가지의 일 지향을 정리하였다. 장인 지향, 조력 지향, 연대감 지향. 이 일 지향들은 위에서 설명했었던 "일을 잘하는 것", "좋은 일을 하는 것", "함께 일하는 것"에 각각 일치한다. 그리고 나서, 우리는 일반적인 조직행동(예: 선발)부터 특별한 조직행동(예: 도제제도)까지 구성원들에게 매력적으로 보일 수 있는 다양한 조직행동들에 대해 논의해보았다. 이러한 작업을 통해 결론을 내리고 싶은 것은 조직행동이 구성원의 일 지향에 적합한 만큼 구성원의 유의미성이 강화될 가능성은 더 높아진다는 것이다.

아직까지는 이러한 결론에 대해 경험적인 근거보다는 이론적인 근거가 더 많기 때문에 다소 조심스럽게 이야기를 정리해보았다. 앞으로는 경험적 근거자료를 더 많이 얻기 위해 연구자들은 더 명확하게 일 지향을 측정할 수 있는 도구를 개발하는 것이 필요할 것이다. 연역적인 연구나 귀납적인 연구도 이루어져야 할 것이고, 물론 연구자와 현장전문가간의 파트너십도 요구된다. 또한, 일 지향이 일의 내부와 외부에서의 유의미성 경험에 대해 미치는 효과성을 직접적으로 측정할 수 있는 연구도 필요하다. 효과성에 대해 생각해보면, 연구자들은 조직행동 자체에 대해서도 평가를 해봐야 하겠지만, 동시에 조직에서 구성원에게 제공하는 유의미성에 다양한 일 지향이 고려되어 있는지도 보아야 한다. 예컨대, 좀 더 자기 중심적인 직업 및 진로 지향을 가진 경우, 결국에는 자기를 넘어서는 지향만큼 유의미성을 경험하게 될 것인가?

우리의 주장을 타당화하고 경험적인 근거자료를 더 많이 모으기 위해 노력하는 과정에서 몇 가지 핵심적인 질문과 미래 연구를 위한 분야가 도출되었다. 첫 번째 질문은, 일 지향의 개념을 더 심층적으로 탐색하는 일이다. 예를 들어, 이 일 지향이 시작된 원천은 어디일까? 일 지향은 개인적인 특성으로 개념화될 때가 많다. 하지만, 어떤 연구에서는, 일 지향이란 보다 거시적인 사회문화적 신념과 이해에서 비롯된다고 주장하기도 한다(Bellah et al., 1985; Lepisto, et al., 2012). 그렇다면, 사회문화에 대해 사회문화적 신념과 이해란 것이 무엇인지에 대해 연구가 이루어져야 할 것이며, 그러한 생각들이 어떻게 구성원들에게 전달되는지에 대해서도 파악이 되어야 할 것이다. 조직구성원들이 어떻게 유의미성을 얻게 되는지 이해할 수 있게 된다면, 현장전문가들은 구성원들에게 유의미성을 강화시키도록 조력하는 방법에 대해 배울 수 있을 것이다.

더 나아가서, 우리는 일 지향이 관련개념 및 용어들과 어떤 점이 유사하고, 어떤 점이 다른지에 대해 좀 더 세밀하게 탐색해볼 필요가 있다. 예를 들어, 우리는 일 지향이란 가치관과 사회문화적 신념의 패턴이라고 주장했었다. 일 지향은 일에 대한 가치와는 다르다. 왜냐하면, 일 지향은 일의 중요성보다는 인생의 한 영역으로서의 일에 더 초점을 맞추고 있기 때문이다. 즉, 일 지향이란 내가 일하는 목적이 아니라, 내가 일하는 이유에 대한 것이다. 조력 지향과 장인 지향을 가지고 있는 사람들은 각각 다른 이유로 돈에 대한 가치를 가진다(예: 다른 사람을 돕기 위해 vs. 자신이 사랑하는 일을 계속해서 하기 위해). 다시 말해, 일 지향은 가치에 대해 다양한 논리를 묘사한 최근 연구들과 유사한 개념인 것이다(Boltanski & Thevenot, 2006).

또한, 연구자들은 우리가 진정한 일 지향의 개념을 정확하게 이해하고 있는지, 그리고 각각의 일 지향 유형이 통합될 가능성은 있는지에 대해서도 파악할 필요가 있다. 예를 들어, 최근의 연구자들은 소명이란 조력 지향, 연대감 지향, 장인 지향이 포함된 개념이라고 생각한다는 이야기를 했었다. 유사하게, 어떤 사람이 한 가지 이상의 일 지향을 가지고 있을 경우라면, 어떤 일 지향의 통합이 더 적절할 것인지를 알아보아야 한다(조력 지향-연대감 지향 유형인가, 아니면 조력 지향-장인 지향 유형인가). 이 이슈는 현장에서 매우 중요한 의미를 가진다. 조직구성원이 하나 이상의 일 지향을 가질 경우, 어떤 조직행동을 매력적으로 보게 될 것인가? 완전히 새로운 조직행동이 필요할까, 아니면 다른 일 지향에게 매력적인 조직행동들을 통합하면 될까? 조직들이 〈그림 8.1〉의 중심 쪽으로 이동하려면, 다양한 일 지향에게 어필하기 위해 더 많은 조직행동을 설계해야 할까? 이러한 접근법들은(더 광범위한 접근 vs. 통합적 접근) 하나의 강한 일 지향을 가지고 있는 사람들과 복합된 일 지향을 가지고 있는 사람들 모두에게 긍정적인 효과를 거둘 수 있을 것인가? 프랫과 애쉬포드(2003)는 서로 다른 논리(일자체에서의 유의미성 vs. 업무행동에서의 유의미성)를 기반으로 한 조직행동들을 다양하게 만들어내는 것은 매우 어렵다고 주장했다. 조력 지향을 가진 구성원의 유의미성을 강화하기 위한 조직행동(예: 공동체 행사에 참석하기 위해 잠시 과제를 미루어두는 것을 허락하기)은 일에 초점 맞추기를 선호하는 장인 지향 구성원의 유의미성을 강화하기 위한 조직행동과 부딪힐 수 있기 때문이다.

마지막으로, 앞으로 이루어질 연구에서는 장기간에 걸쳐 일 지향이 어떻게 개발되는지, 그리고 어떻게 변화할 수 있는지에 대해서도 더 잘 파악해볼 필요가 있다. 일 지향이라는 것이 비교적 안정적인 특성을 가지고 있기는 하지만, 연구자들은 일 지향의 변화 가능성에 대해 보다 정확히 알기 위해 다양한 시도를 해보는 것이 좋을 것이다. 예를 들어, 개인적인 위기나 환경의 변화가 생겼을 경우, 일 지향은 변화할 것인가? 또 사회문화적 의미에서 많은 영향을 받고 있는 사람이라면, 사회문화적 의미의 변화가 생겼을 경우, 기존의 일 지향에서 변화할 것인가? 물론, 자기이익을 넘어선 일 지향(예: 비도구적, 비물질적)이 최근 몇 십년간 많아지고 있다(Joas, 2000). 이러한 현상은 더 많은 사람들이 조력 지향(아니면 연대감 지향이나 장인 지향)을 가질 것임을 의미하는 것일까? 더 나아가서, 일 지향은 시간이 지나감에 따라 발전할까? 그렇다면, 일 지향이 변화하는데 있어서는 공통적인 궤도가 있는 것일까? 사람들은 일 지향들 사이에서 움직이고 있을까? 일 지향이 어느 정도까지는 변화가능성이 있다면, 구성원들의 삶에서 일 지향이 확립되지 않은 시기가 있을까? 학자들은 최근 인생과 일을 풍요롭게 만들기 위한 기준이 명확하지 않을 경우, 사람들이 혼란과 모호성을 경험하게 된다는 점에 대해 이야기하고 있다(Bellah et al., 1985; Sennett, 2008). 미래의 연구에서는 이와 같은 주장들을 타당화하고, 이러한 딜레마를 해결하는데 있어서 조직이 해야 할 역할에 대해 통찰을 줄 필요가 있다.

미래의 최종적인 연구결과가 어떤 것이 되든 간에 우리는 유의미성을 강화하기 위한 조직행동을 구성하는데 있어서 중요한 것은 진실(integrity)과 정직임을 강조하고 싶다. 물론, 어떤 조직에서는 구성원의 행복에 대해 별 생각이 없을 수도 있다. 그보다는, 외부의 주주들에게 어필할 수 있는 조직행동을 선택하는 경우도 있을 것이다(예: 좋은 평판을 높이기 위해, 조직의 사회적 책임을 강조하기). 하지만, 이와 같은 전략은 단기적으로 매상을 올려줄 수는 있을지 몰라도 구성원들에게는 결국 환멸을 가져다줄 수밖에 없다(Pratt & Ashforth, 2003). 프랫과 애쉬포드(2003)가 이야기했듯이 "유의미성을 창조한다는 것은 생산성을 높이기 위한 도구만을 의미하는 것이 아니다. 그러한 작업은 그 자체로 목적이 되는 것이다"(p.326).

표 8.1 일터의 초점: 조직행동의 개관

제안점	현장에서 검증된 제안점	이론에서 추출된 제안점	연구에서 지지된 제안점
직무설계 a, b, c		v	v
문화 d		v	v
장인 지향의 구성원을 위한 도제제도 e		v	v
조력 지향의 구성원을 위한 기업 시민의식 프로그램 f, g		v	v
연대감 지향의 구성원을 위한 일과 가족 통합 프로그램 h, j		v	v

a: Hackman & Oldham(1980)
b: Grant(2008a, 2008b)
c: C. Wong & Campion(1991). 학자들(e.g. Hackman & Oldham, 1980)은 기술의 다양성, 과제의 정체성, 과제의 중요성이 유의미성의 필수요소라고 주장했었다. 우리는 직무특성 모델에 기반하여 기술다양성과 과제중요성을 자율성과 피드백으로 바꾸게 되면, 장인 지향을 가진 사람들에게는 더 큰 유의미성을 제공할 수 있다고 제안하고 싶다. 관계 직무설계(Grant, 2008a, 2008b)에서는 수혜자와 관계를 맺는 사람들은 더 높은 수준의 동기와 끈기를 가진다고 주장했다. 우리는 이러한 주장을 참고하여 다른 사람들에게 도움을 주고자 하는 조직구성원들은(일의 관계적 설계를 변화시킴으로써) 일을 통해 더 많은 의미를 경험하게 될 거라고 생각한다. 적합성의 논리가 여기에서도 적용될 것이다. 유사하게, 연대감 지향을 가진 사람들에게 의미 있는 일을 만들어주려면(역시 적합성의 논리를 활용해서), 직무 재설계를 통해 상호의존성을 증가시킬 수 있을 것이다(C. Wong & Campion, 1991).
d: Schein(2010). 조직문화에 대한 이론적 문헌이나 현장전문가들의 자료가 많이 존재하고 있지만, 우리가 알기에는 이와 같은 이론과 개입전략들은 일의 유의미성에 대한 영향력을 직접적으로 탐색하지는 않았었다. 그러나, 조직구성원들이 일터에서 의미를 찾을 수 있도록 조력하는 조직문화 또한, 적합성의 논리를 기반으로 하여 사람들이 유의미성을 경험할 가능성은 높아질 거라고 생각한다.
e: Kanigel(1993). 우리가 알고 있기로는 도제제도의 효과성에 대해 경험적 근거자료를 수집한 연구는 그다지 많지 않다. 하지만, 그 제한적인 연구에서는 대가를 모방하면서 얻게 되는 기술과 지식을 서서히 축적해나가면서 일의 과정 자체가 의미 있어 진다고 제시한다.

f: Tichy, McGill & Clair(1997).

g: Thompson & Bunderson(2003). 이론적 자료에서는 조직의 미션과 철학을 기반으로 하여 구성원은 조직과의 일치성을 개발해나간다고 제시한다(Thompson & Bunderson, 2003). 특히, 구성원 개인의 가치와 조직의 가치가 유사할 경우, 이와 같은 일치성은 높아지게 된다. 우리는 이 연구를 기반으로 하여 조력 지향을 가진 사람들에게 있어서 이러한 일치성은 유의미성을 높여줄 거라고 생각한다.

h: Pratt & Rosa(2003).

j: Pratt(2000a, 2000b). 우리가 알고 있기로는 지금까지 Pratt & Rosa(2003)가 일을 통해 유의미성을 찾을 수 있을 거라고 제안한 조직행동에 대해 연구한 학술적 연구나 현장 연구는 없는 듯 하다. 그러나, 암웨이 디스트리뷰터에 대해 연구한 프랫의 민족지학(ethnography)적 연구에서는 그와 같은 조직행동들은 일을 구성원에게 의미 있는 무엇으로 바꾸는 작업을 촉진해준다고 주장한다. 이는 특히 조력 지향을 가진 사람들에게 적합할 것이다(Pratt, 2000a, 2000b).

◉ 참고문헌 ◉

Abbott, A. (1989). The new occupational structure: What are the questions? *Work and Occupations, 16*, 273-291. doi:10.1177/07308 88489016003002

Amabile, T. M., Hill, K., Hennessey, B., & Tighe, E. (1994). The Work Preference Inventory: Assessing intrinsic and extrinsic motivational orientations. *Journal of Personality and Social Psychology, 66*, 950-967. doi:10.1037/0022−3514.66.5.950

BASF SE. (2008). *Combining career and family* (BASF SE Human Resources Publication 1−6). Ludwigshafen, Germany: Author. Retrieved from http://www.docstoc.com/docs/23654074/Combining−career−and−family

Baumeister, R. F. (1991). *Meanings of life*. New York, NY: Guilford Press.

Bellah, R. N., Madsen, R., Sullivan, W. M., Swidler, A., & Tipton, S. M. (1985). *Habits of the heart*. Berkeley: University of California Press.

Bennett, R. (1974). Orientation to work and some implications for management. *Journal of Management Studies, 11*, 149-162. doi:10. 1111/j.1467−6486.1974.tb00881.x

Berg, J. M., Grant, A. M., & Johnson, V. (2010). When callings are calling: Crafting work and leisure in pursuit of unanswered occupational callings. *Organization Science, 21*, 973-994. doi:10.1287/orsc.1090.0497

Boltanski, L., & Thevenot, L. (2006). *On justification: Economies of worth*. Princeton, NJ: Princeton University Press.

Bowe, J., Bowe, M., & Streeter, S. (2000). *Gig: Americans talk about their jobs*. New York, NY: Three Rivers Press.

Bunderson, J. S., & Thompson, J. A. (2009). The call of the wild:

Zookeepers, callings, and the double−edged sword of deeply meaningful work. *Administrative Science Quarterly, 54*, 32-57. doi: 10.2189/asqu.2009.54.1.32

Chatman, J. A. (1989). Improving interactional organizational research: A model of person−organization fit. *Academy of Management Review, 14*, 333-349.

Coombes, A. (2008). Ports in a storm: Job security may play a part in Fortune's "100 best places to work" this year. *Market Watch.* Retrieved from http://www.marketwatch.com/story/job−securitycamaraderie−key −factors−at−100−best−places−to−work

Crawford, M. B. (2009). *Shop class as soulcraft: An inquiry into the value of work.* New York, NY: Penguin.

Csikszentmihalyi, M. (1990). *Flow: The psychology of optimal experience.* New York, NY: Harper & Row.

Dane, E., & Pratt, M. G. (2007). Exploring intuition and its role in managerial decision making. *Academy of Management Review, 32*, 33-54. doi:10.5465/AMR.2007.23463682

Davis−Blake, A., & Pfeffer, J. (1989). Just a mirage: The search for dispositional effects in organizational research. *Academy of Management Review, 14*, 385-400.

Dik, B. J., & Duffy, R. D. (2009). Calling and vocation at work. *The Counseling Psychologist, 37*, 424-450. doi:10.1177/0011000008316430

Dutton, J., & Heaphy, E. (2003). The power of high−quality connections. In J. E. Cameron, J. E. Dutton, & R. E. Quinn (Eds.), *Positive organizational scholarship* (pp. 263-278). San Francisco, CA: Berrett−Koehler.

Dutton, J., & Pratt, M. G. (1997). Merck & Company: From core competence to global community involvement. In N. M. Tichy, A. R. McGill, & L. St. Clair (Eds.), *Corporate global citizenship: Doing business in the public eye* (pp. 150-168). San Francisco, CA: New

Lexington.

Fine, G. A. (1992). The culture of production: Aesthetic choices and constraints in culinary work. *American Journal of Sociology, 97,* 1268-1294.

Fishman, C. (1998). *Sanity Inc. Fast Company.* Retrieved from http://www.fastcompany.com/36173/sanity－inc

Fried, Y. (1991). Meta－analytic comparison of the Job Diagnostic Survey and Job Characteristics Inventory as correlates of work satisfaction and performance. *Journal of Applied Psychology, 76,* 690-697. doi:10.1037/0021－9010.76.5.690

Gamble, J. (2001). Modelling the invisible: The pedagogy of craft apprenticeship. *Studies in Continuing Education, 23,* 185-200. doi:10.1080/01580370120101957

George, B. (2003). *Authentic leadership: Rediscovering the secrets to creating lasting value.* San Francisco, CA: Jossey－Bass.

Godsey, K. (1996). Flying lessons: 10 Southwest strategies to apply to your business. *Success, 43,* 24-25.

Grant, A. M. (2007). Relational job design and the motivation to make a prosocial difference. *Academy of Management Review, 32,* 393-417. doi:10.5465/AMR.2007.24351328

Grant, A. M. (2008a). Designing jobs to do good: Dimensions and psychological consequences of prosocial job characteristics. *Journal of Positive Psychology, 3,* 19-39. doi:10.1080/17439760701751012

Grant, A. M. (2008b). The significance of task significance: Job performance effects, relational mechanisms, and boundary conditions. *Journal of Applied Psychology, 93,* 108-124. doi:10.1037/0021－9010.93.1.108

Grant, A. M., Dutton, J. E., & Rosso, B. (2008). Giving commitment: Employee support programs and the prosocial sensemaking process. *Academy of Management Journal, 51,* 898-918. doi:10.5465

/AMJ.2008.34789652

Hackman, J. R. (1987). The design of work teams. In J. Lorsch (Ed.), *Handbook of organizational behavior* (pp. 315-342). Englewood Cliffs, NJ: Prentice—Hall.

Hackman, J. R., & Oldham, G. R. (1976). Motivation through the design of work: Test of a theory. *Organizational Behavior and Human Performance, 16,* 250-279. doi:10.1016/0030—5073(76)90016—7

Hackman, J. R., & Oldham, G. R. (1980). *Work redesign.* Englewood Cliffs, NJ: Prentice Hall.

Haidt, J. (2001). The emotional dog and its rational tail: A social intuitionist approach to moral judgment. *Psychological Review, 108,* 814- 834. doi:10.1037/0033—295X.108.4.814

Haski—Leventhal, D., & McLeigh, J. D. (2009). Firefighters volunteering beyond their duty: An essential asset in rural communities. *Journal of Rural Community Development, 4,* 80-92.

Hewlett, S. A., Sherbin, L., & Sumberg, K. (2009, July). How Gen Y & Boomers will reshape your agenda. *Harvard Business Review, 87*(7), 71-76.

Hulleman, C. S., Schrager, S. M., Bodmann, S. M., & Harackiewicz, J. M. (2010). A meta—analytic review of achievement goal measures: Different labels for the same constructs or different constructs with similar labels? *Psychological Bulletin, 136,* 422-449. doi:10.1037/a0018947

Huseman, R. C., Hatfield, J. D., & Miles, E. W. (1987). A new perspective on equity theory: The equity sensitivity construct. *Academy of Management Review, 12,* 222-234.

Intelligentsia Coffee. (2011). *Black Cat Project.* Retrieved from http://www.intelligentsiacoffee.com/content/black—cat—project

Joas, H. (2000). *The genesis of values.* Chicago, IL: University of Chicago Press.

Kanigel, R. (1993). *Apprentice to genius: The making of a scientific dynasty*. Baltimore, MD: Johns Hopkins University Press.

Lave, J., & Wenger, E. (1991). *Situated learning: Legitimate peripheral participation*. New York, NY: Cambridge University Press.

Lepisto, D. A., Pradies, C., & Pratt, M. G. (2012). *The worth of work: Toward a reorientation of the meaning of work*. Manuscript in preparation.

Lexus. (n.d.). *The passionate pursuit of perfection: 30 years of Lexus*. Retrieved from http://www.lexus−global.com/about_lexus/index.html#30YearsLexus

Martin, J. (1992). *Cultures in organizations*. New York, NY: Oxford University Press.

Martocchio, J. (2010). *Strategic compensation* (6th ed.). Upper Saddle River, NJ: Prentice Hall.

Mills, C. W. (1956). *White collar: The American middle classes*. New York, NY: Oxford University Press.

Morgeson, F. P., & Campion, M. A. (2003). Work design. In W. Borman, D. Ilgen, & R. Klimoski (Eds.), *Handbook of psychology: Vol. 12. Industrial and organizational psychology* (pp. 423-452). Hoboken, NJ: Wiley.

Nohria, N., Groysberg, B., & Lee, L.−E. (2008, July). Employee motivation: A powerful new model. *Harvard Business Review, 86*(7), 78-84.

O'Connor, E. (2005). Embodied knowledge: The experience of meaning and the struggle towards proficiency in glassblowing. *Ethnography, 6*, 183-204. doi:10.1177/1466138105057551

O'Reilly, C., & Pfeffer, J. (1995). *Southwest Airlines: Using human resources for competitive advantage*. Boston, MA: Harvard Business School Publishing.

Penner, L. A., Dovidio, J. F., Piliavin, J. A., & Schroeder, D. A. (2005). Prosocial behavior: Multilevel perspectives. *Annual Review of*

Psychology, 56, 365-392. doi:10.1146/annurev.psych.56.091103.070141

Pratt, M. G. (2000a). Building an ideological fortress: The role of spirituality, encapsulation and sensemaking. Studies in Cultures, *Organizations and Societies, 6,* 35-69.

Pratt, M. G. (2000b). The good, the bad, and the ambivalent: Managing identification among Amway distributors. *Administrative Science Quarterly, 45,* 456-493. doi:10.2307/2667106

Pratt, M. G., & Ashforth, B. E. (2003). Fostering meaningfulness in working and at work. In K. S. Cameron, J. E. Dutton, & R. E. Quinn (Eds.), P*ositive organizational scholarship* (pp. 309-327). San Francisco, CA: Berrett—Koehler.

Pratt, M. G., & Rosa, J. A. (2003). Transforming work-family conflict into commitment in network marketing organizations. *Academy of Management Journal, 46,* 395-418. doi:10.2307/30040635

Rosso, B. D., Dekas, K. H., & Wrzesniewski, A. (2010). On the meaning of work: A theoretical integration and review. *Research in Organizational Behavior, 30,* 91-127. doi:10.1016/j.riob.2010.09.001

Schein, E. H. (1995). Defining organizational culture. In J. T. Wren (Ed.), *The leader's companion: Insights on leadership through the ages* (pp. 271-281). New York, NY: Free Press.

Schein, E. H. (2010). *Organizational culture and leadership* (4th ed.). San Francisco, CA: Jossey—Bass.

Sennett, R. (2008). *The craftsman.* New Haven, CT: Yale University Press.

Swidler, A. (2001). T*alk of love: How culture matters.* Chicago, IL: University of Chicago Press.

Terkel, S. (1995). *Working.* New York, NY: Ballantine Books.

Thompson, J. A., & Bunderson, J. S. (2003). Violations of principle: Ideological currency in the psychological contract. *Academy of Management Review, 28,* 571-586. doi:10.2307/30040748

Tichy, N. M., McGill, A. R., & Clair, L. S. (1997). *Corporate global citizenship: Doing business in the public eye.* San Francisco, CA: Lexington Books.

Trice, H. M., & Beyer, J. M. (Eds.). (1993). *The cultures of work organizations.* Englewood Cliffs, NJ: Prentice Hall.

Vaisey, S. (2008). Socrates, Skinner, and Aristotle: Three ways of thinking about culture in action. *Sociological Forum, 23,* 604-622. doi:10.1111/j.1573−7861.2008.00079.x

Vaisey, S. (2009). Motivation and justification: A dual−process model of culture in action. *American Journal of Sociology, 114,* 1675-1715. doi:10.1086/597179

Valley, K., & Gendron, A. (2001). *Iggy's Bread of the World* (Harvard Business School Case 9−801−282). Boston, MA: Harvard Business School.

Weick, K. E. (1995). *Sensemaking in organizations.* Thousand Oaks, CA: Sage.

Wong, C., & Campion, M. (1991). Development and test of a task level model of motivational job design. *Journal of Applied Psychology, 76,* 825-837. doi:10.1037/0021−9010.76.6.825

Wong, L., Kolditz, T. A., Millen, R. A., & Potter, T. M. (2003). *Why they fight: Combat motivation in the Iraq war.* Carlisle, PA: Strategic Studies Institute, U.S. Army War College.

Wrzesniewski, A. (1999). *Jobs, careers, and callings: Work orientation and job transitions* (Unpublished doctoral dissertation). University of Michigan, Ann Arbor, MI.

Wrzesniewski, A., Dekas, K., & Rosso, B. (2009). Calling. In S. J. Lopez & A. Beauchamp (Eds.), *The encyclopedia of positive psychology* (pp. 115-118). Malden, MA: Wiley−Blackwell.

Wrzesniewski, A., McCauley, C., Rozin, P., & Schwartz, B. (1997). Jobs, careers, and callings: People's relations to their work.

Journal of Research in Personality, 31, 21-33. doi:10.1006/jrpe. 1997.2162

Purpose and meaning in the workplace

변혁적 리더십과
의미 있는 일

프레드 왈룸브와(Fred O. Walumbwa)·아만다 크리스텐슨(Amanda L. Christensen)
·마이클 무키리(Micheal K. Muchiri)

변혁적 리더십과 의미 있는 일
Transformational Leadership and Meaningful Work

지난 30년 동안 *일의 의미(work meaningfulness)*, -즉 조직구성원이 자신의 이상 또는 기준과 비교하여 판단한 결과, 일이 본질적으로 만족스럽고 보상적이라고 경험하는 정도- 에 대한 관심이 많아졌다(Hackman & Oldham, 1980). 의미는 더 큰 선에 기여하는 자기초월(self-transcendence)을 통해서(Steger & Dick, 2010), 또는 일에서 중요하고 가치 있는 관계를 형성함으로써(Pratt & Ashforth, 2003) 등 여러 방법으로 경험될 수 있다. 경험적인 증거들은 직장인들이 일의 의미를 경험하는 정도에 따라, 직무에 더 많이 관여하게 되고, 그 결과 효능성과 업무성과(job performance)가 증진된다는 것을 보여준다(Arnold, Turner, Barling, Kelloway, & McKee, 2007; May, Gilson, & Harter, 2004; Sparks & Schenk, 2001). 따라서 무엇이 더 의미 있는 일을 예측하거나 만드는지를 이해하는 것이 중요하다. 리더십의 지배적인 역할을 고려할 때(Avolio, Reichard, Hannah, Walumbwa, & Chan, 2009; Avolio, Walumbwa, & Weber, 2009; Yukl, 2010), 리더십은 일터에서 의미 있는 일에 중요한 영향을 미칠 수 있는 핵심적인 상황적 요인이 된다.

리더십 이론 가운데 변혁적 리더십(예: Bass, 1985)이 아마도 의미 있는 일과 가장 직관적인 관련이 있을 것이다. 변혁적 리더십은 광범위하게 그리고 집중적으로 연구되어 왔는데(Avolio, Walumbwa, & Weber, 2009) 다양한 문화 현장에서(Judge & Piccolo, 2004; Kirkman, Chen, Farh, Chen, & Lowe, 2009; Lowe, Kroeck, & Sivasubramaniam, 1996; Walumbwa, Lawler, & Avolio, 2007) 의미 있는 일을 포함한 조직구성원들의 태도 및 행동과 관련이 있었다(Arnold et al., 2007; Bono & Judge, 2003; Piccolo & Colquitt, 2006). *변혁적 리더십(transformational leadership)*은 부하직원의 포부, 목표 및 가치를 확장시키고, 암묵적 또는 명시적으로 이루어진 업무 계약 이상의 성과를 낼 수 있다는 확신을 주는 데 초점을 두는 리더의 행동을 말한다(Bass, 1985; Dvir, Eden, Avolio, & Shamir, 2002). 변혁적 리더십은 또 부하가 자기 일에 진정으로 전념하고 관여하도록 부하들의 자기가치감을 강조한다. 그러므로, 개인과 팀이 예외적인 성과를 내도록 이끄는 것은 리더십의 정서적이고 가치-기반적인 면이다(예: Bono & Judge, 2003; Dvir et al., 2002; Piccolo & Colquitt, 2006; Schaubroeck, Lam, & Cha, 2007; Walumbwa, Avolio, & Zhu, 2008; Walumbwa & Hartnell, 2011). 변혁적 리더십의 영감적 동기부여(inspirational motivation)와 같은 차원들은 은연중에 리더가 어떻게 부하가 일터에서 가지는 의미와 목적을 관리하여 더 높은 이유를 위해 자신의 이기적인 관심을 기꺼이 희생하도록 영감을 줄 수 있는지를 고려한다(Yukl, 2010).

이 장의 목적은 변혁적 리더십과 의미 있는 일의 관계에 내재하는 과정을 조명하는 통합적 틀을 제공하는 것이다. 우리는 이 목적을 달성하기 위해 변혁적 리더십-의미 있는 일간의 관계를 매개하고 중재하는(mediate and moderate) 중요한 요인들을 확인할 것이다(그림 9.1). 먼저 변혁적 리더십 행동의 4가지 차원을 간단히 정리해보도록 하자.

변혁적 리더십 행동

*변혁적 리더*는 동료, 부하, 고객으로 하여금 개인적인 관심 (individual self-interests)을 넘어서서 집단, 조직, 또는 사회를 위해 움 직이도록 동기를 부여하는 리더를 말한다(Bass, 1985; Bass & Bass, 2008). 그들은 이상화된 영향력(부하들이 리더와 동일시하고 닮으려고 하는 부하의 역할모델로 기능하는 것), 영감적 동기부여(미래에 대한 설득력 있는 비전을 표현함으로써 부하를 격려하는 것), 지적인 자극(부하에게 가정과 현상 (assumptions and status quo)에 대해 질문하고, 새롭고 창조적으로 문제를 재개 념화하도록 도전하는 것), 그리고 개별화된 배려(부하의 개인적인 포부와 요 구에 관심을 기울이는 한편, 지지, 멘토링, 코칭도 제공하는 것)와 같은 4가지 차원 중 한 가지 이상을 강조함으로써 이를 성취한다. 이 4가지 차원은 각각 다요인 리더십 질문지(Multifactor Leadership Questionnaire) 로 평가할 수 있다(Bass & Avolio, 2004).

이상화된 영향력을 갖고 있는(idealized influence) 리더십은 부하의 역할모델이 되는 방식으로 행동하는 리더이다. 이러한 리더는 부 하의 요구를 자신의 개인적인 요구보다 우위에 놓고, 위험을 부하 와 공유하며, 임의대로가 아니라 일관성 있게 행동하며, 옳은 일을 하고 있다는 믿음을 주며, 높은 윤리도덕적 행동 기준을 보여준다. 이러한 리더는 필요할 때를 제외하고는 자신의 권력을 사용하지 않는다. 리더가 옳은 일을 함으로써 부하의 신뢰와 존경을 얻을 때, 이상화된 영향력이 나타나는 것이다.

영감적 동기부여를 하는(inspirationally motivating) 리더는 부하의 일 에 의미와 도전을 제공함으로써 주변 사람에게 동기를 부여하고 영감을 주는 행동을 한다. 이를 위해 팀 정신을 각성시키고, 열정 과 낙관성을 보이며, 부하에게 매력적인 미래를 상상하게 한다. 리

더는 부하들이 달성하기를 원하는 기대에 대해 분명하게 소통하고, 목표와 공유된 비전에 전념한다. 영감적 동기부여를 하는 리더들은 높은 기대를 가지고, 부하로 하여금 그들이 할 수 있다고 생각하는 것 이상을 성취하도록 격려한다.

지적으로 자극을 주는(intellectually stimulating) 리더는 부하가 혁신적이고 창의적이 되도록 격려하여 가정에 대해 질문하고, 문제를 재구조화하며, 오래된 상황을 새로운 방식으로 접근하게 한다. 이런 리더는 부하가 부족하거나 실수할 때 공개적으로 비난하지 않고, 문제를 야기한 원인에 대한 부하의 관점을 알아보며, 그의 관점에서 해결책을 찾도록 협력한다.

마지막으로, *개별화된 배려를 하는*(individually considerate) 리더는 성취와 성장에 대한 각 개인의 요구에 특별한 관심을 기울여 코치나 멘토의 역할을 한다. 부하와 개인적으로 상호작용하고, 효과적으로 경청하며, 부하의 발달을 조력하는 수단으로 과제를 위임한다. 이런 리더는 요구 및 요구의 개인차를 인정하고, 개인차를 수용한다는 것을 행동으로 보여준다(예: 어떤 구성원은 더 많은 격려를, 어떤 사람은 더 많은 자율성을, 그리고 또 다른 사람은 더 많이 구조화된 과제를 받는다).

변혁적 리더십과 의미 있는 일 모델

변혁적 리더는 일에 도덕적 목적과 헌신하는 자세를 포함시킴으로써, 부하의 도덕성 수준을 높이고 더 높은 수준의 요구를 활성화한다(Arnold et al., 2007; Shamir, House, & Arthur, 1993). 그러므로, 우리는 변혁적 리더의 부하는 외적인 성과보다 더 큰 목적을 찾아 일을 의미 있게 만들 것으로 기대한다. 변혁적 리더는 가치의 관점에서 비전과 미션을 표현함으로써 부하에게 동기를 부여한다 (Shamir et al., 1993). 비전과 영감을 주는 메시지는 일을 의미 있게 만드는 도구가 된다. 왜냐하면 그 메시지들은 관심을 체계화하여 "구성원들이 그렇게 창조된 의미를 자신의 행동 및 상황을 이해하는 평가기준(a point of reference)으로 사용할 수 있도록 행동 맥락을 형성해주기 때문이다"(Smircich & Morgan, 1982, p.261).

변혁적 리더십은 부하에게 일의 중요성과 목적에 대한 긍정적 언어 단서를 주기도 한다(Bass, 1985). 이와 같은 리더의 행동은 그들이 구성원의 노력을 가치 있다고 인정한다는 의미이므로 일의 의미를 증진시킬 것으로 기대된다. 최근의 연구들에서는 변혁적 리더십과 의미 있는 일에 대한 직장인의 지각간에 정적인 관계가 있는 것으로 나타났다(Arnold et al., 2007; Piccolo & Colquitt, 2006; van Dierendonck, Haynes, Borril, & Stride, 2004). 구체적으로, 스팍스와 센크 (Sparks & Schenk, 2001)는 다단계 판매 조직들에서 변혁적 리더십이 단지 돈을 버는 것보다는 더 큰 이유가 있다는 구성원의 믿음, 즉 일에서의 더 높은 목적과 정적인 관계가 있다는 것을 발견하였다. 저자들은 "변혁적 리더십은 부하가 자기 일에서 더 높은 목적을 보도록 격려함으로써 정말로 부하를 '변혁시킨다'"는 결론을 내렸다(Sparks & Schenk, 2001, p.849).

이렇게 이론과 경험적 근거 모두 변혁적 리더십과 구성원이 경험하는 일의 의미간에 정적 관계가 있음을 시사한다. 하지만, 몇 가지 질문이 여전히 남아있다. 예를 들면, 변혁적 리더십이 구성원의 일의 의미를 증진시키는 과정은 무엇인가? 변혁적 리더십이 일의 의미를 증진시키는 데 좀 더 (또는 좀 덜) 효과적인 조건은 무엇인가? 이러한 질문에 대한 답은 조직과 관리자들이 효과적인 변혁적 리더십을 실천하여 일의 의미를 증진시키는 데 지침이 되어줄 것이다.

다음에서는 변혁적 리더십이 부하의 의미 있는 일에 대한 지각을 증진시키는 이론적, 경험적으로 도출된 개념들, 즉 자기효능감, 핵심직무특성, 리더와의 관계적 동일시, 자기-일치적 목표에 대해 살펴볼 것이다. 또한, 변혁적 리더십과 의미 있는 일간의 관계를 좀 더 (또는 좀 덜) 효과적이게 하는 두 개념, 즉 부하의 타인중심성 (allocentrism) 및 자기중심성(idiocentrism) 가치와 리더의 의미 관리에 대해 탐색해 보려고 한다. 〈그림 9.1〉은 우리의 전체적인 모델을 요약한 것이다. 먼저 매개변인들에 초점을 맞춰 논의를 시작해 보자.

그림 9.1

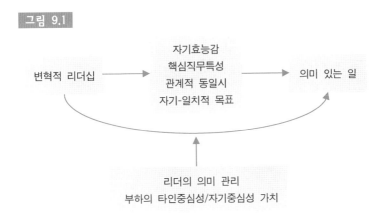

변혁적 리더십과 의미 있는 일을 연결하는 것.
변혁적 리더십이 의미 있는 일에 영향을 주게 되는 경계 조건과 기저과정

잠재적 매개변인

▌자기효능감

*자기효능감(self-efficacy)*은 "성과를 얻는데 필요한 행동 절차를 조직하고 수행하는 자신의 능력에 대한 믿음"이다(Bandura, 1997, p.3). 이는 성공적으로 과제를 수행할 수 있는 내적 자원을 가지고 있다는 개인의 확신에 관한 것이기 때문에 개인에게 강한 동기부여요인이 된다(Bandura, 1997; Shamir et al., 1993). 변혁적 리더는 부하의 포부, 목표 및 가치를 확장시킴으로써 부하가 최상의 잠재력에 도달하도록 도와(Bass & Avolio, 1990) 그에게 명시적 또는 암묵적인 업무계약 이상의 성과를 낼 수 있다는 확신을 준다(Bass, 1985; Dvir et al., 2002). 샤미르 등(Shamir et al., 1993)은 변혁적 리더가 긍정적인 비전을 강조하고, 높은 수준의 업무성과를 기대하고 있다고 알리며, 부하의 능력에 대한 확신을 표현하여 부하의 자기효능감 지각을 향상시킴으로써 부하의 자기개념에 긍정적으로 관여할 수 있다고 주장하였다.

또한, 샤미르 등(1993)은 부하의 자기효능감 지각을 증진시키면, 부하의 자기존중감과 자기가치감이 유지되고 증진되며, 이는 리더와 미션에 대한 부하의 자기희생적인 행동과 개인적 전념에 영향을 미칠 뿐만 아니라 과제의 의미에 대한 그들의 지각에도 영향을 주어 좀 더 깊이 동기화될 것이라고 제안하기도 하였다. 그러므로, 변혁적 리더가 비전과 미션을 명확하게 표현하고, 비전과 미션이 상징하는 가치로 목표를 제시하여 부하들의 자기개념을 일깨워줄 때, 부하들에게는 목표의 성취가 의미 있게 되는 것이다(Shamir et al., 1993). 또한 변혁적 리더는 부하가 자신을 어떻게 보는지 이해하고, 부하의 자기개념을 개선시켜 자신이 좀 더 도전적인 과제에서 성공할 수 있고(Walumbwa et al., 2008), 일의 의미를 증진시킬 수 있다고 믿게 할 수 있다.

변혁적 리더는 부하가 다양한 학습에 관여하도록 이상적인 평가기준을 제공하여 부하의 자기효능감에 더 큰 영향을 줄 수 있다(Bass, 1985). 자기효능감의 2가지 주요 결정요인인 역할모델과 언어적 설득을 통해 리더는 개인의 자기효능감을 증진시킬 수 있다(Walumbwa et al., 2008). 왈룸브와 등(2008)은 변혁적 리더십과 부하의 자기효능감간의 관계를 경험적으로 보여주었고, 나아가 자기효능감이 개인의 업무성과와 정적인 관계가 있다는 것을 보여주었다. 또 다른 연구자들은(예: Dvir et al., 2002; Walumbwa & Hartnell, 2011) 변혁적 리더십은 부하의 발전을 통해 그의 자기효능감에 영향을 주고, 부하의 동기, 도덕성, 동일시(identification), 권한 위임에도 영향을 준다고 제안하였다.

▍핵심직무특성

해크맨과 올드햄(Hackman & Oldham, 1980)은 조직이 긍정적인 업무 태도와 증진된 업무의 질을 장려할 수 있는 5가지의 핵심직무특성, 즉 기술다양성, 과업정체성, 과업중요성, 자율성, 피드백을 제안하였다. *기술다양성(variety)*은 과업에 다양한 기술과 재능 사용이 필요한 정도를 가리키고, *과업정체성(identity)*은 업무가 일 전체의 완성을 요구하는 정도 또는 개인에게 가시적인 성과가 나올 때까지 처음부터 끝까지 과업을 지켜보기를 요구하는 정도를 의미한다. *과업중요성(significance)*은 업무가 다른 사람의 삶에 영향을 미치는 정도이며, *자율성(autonomy)*은 자유를 제공하는 정도, 그리고 *피드백*은 개인의 수행에 대해 분명한 정보를 제공하는 정도를 말한다. 조직과 리더는 이러한 직무 특성을 증진하여 구성원의 태도와 행동에 영향을 줄 수 있을 것이다.

피콜로와 콜킷(Piccolo & Colquitt, 2006)은 변혁적 리더는 부하의 일의 의미를 관리함으로써(Smircich & Morgan, 1982) 5가지 핵심직무특성에서 부하의 직무에 대한 지각에 영향을 주고, 부하의 내재적 동기와 목표 전념에 영향을 줌으로써 과업 수행과 구성원의 자기 업무 외의 행동에도 영향을 미칠 수 있다고 주장했다. 변혁적 리더는 "행동 맥락 안의 구성원들이 자기 행위와 상황을 이해하기 위한 평가기준으로 의미를 사용할 수 있도록 그 맥락을 구성하고 형성할 수 있다"(Smircich & Morgan, 1982, p.261). 그러므로, 변혁적 리더는 언어적 설득과 단서를 사용하여 부하가 핵심직무특성을 지각하는 데 영향을 줄 수 있는 것이다. 나아가, 스미르씨츠와 모건(Smircich & Morgan, 1982)에 의하면, 리더는 "의미를 동원하고, 이전에 암묵적으로 또는 말하지 않고 남겨졌던 것을 표현하고 정의함으로써 새롭게 초점을 맞춘 이미지와 의미를 창조함으로써, 그리고 일반적인 지혜를 강화하거나, 직면하거나, 변화시킴으로써" 부하에게 영향을 줄 수 있다(p.258).

변혁적 리더는 언어로 설득하고, 이념적인 설명을 하고, 조직 미션의 가치를 알림으로써 부하들이 그들의 업무 환경을 지각하는 방법에 영향을 주어(Shamir et al., 1993) 내재적인 동기를 주고, 관여하게 하며, 의미 있는 일을 하게 할 수 있다. 보노와 저지(Bono & Judge, 2003)는 변혁적 리더들은 부하들이 조직의 목표와 자기의 가치를 일치시키도록 도울 수 있다는 것을 보여주었다. 나아가 피콜로와 콜킷(2006)은 변혁적 리더십과 핵심직무특성에 대한 부하의 지각을 연결하는 경험적 증거를 발견하였다. 핵심직무특성에 대한 지각은 부하의 내재적 동기 및 목표 전념과 정적으로 의미 있는 관계가 있었다.

스토(Staw, 1977)는 내재적으로 동기화된 개인들은 일의 성취에 더 크게 만족하고, 더 잘 하기 위해 더 열심히 일한다고 했다. 이와 유사하게, 샤미르 등(1993)은 개인의 자기개념이 관련될 때, 자기 일에 더 내재적으로 동기화되고, 여러 이익 중에서도 자기 과업을 더 의미 있는 것으로 보는 것 같다고 했다. 따라서 변혁적 리더는 기술다양성, 과업정체성, 과업중요성, 자율성 및 피드백이라는 면에서 부하의 내재적 동기와 일의 의미에 대한 지각에 영향을 주는 핵심직무특성에 대한 지각에 영향을 줄 수 있는 것이다 (Piccoli & Colquitt, 2006). 이를 위해 변혁적 리더는 부하의 잠재력 수준을 높이고, 기술을 개발시키며, 기대 이상의 성과를 낼 수 있는 부하의 능력에 대한 확신을 표현한다(Bass, 1985). 결과적으로, 부하들은 일의 목적을 달성하여 일의 의미를 증진시키는 방향으로 더 큰 열정과 집중력, 탄력성을 발휘할 수 있게 된다.

▌ 부하의 리더와의 관계적 동일시

슬러스와 애시포드(Sluss & Ashforth, 2007)는 *관계적 동일시(relational identification)*를 "자기 자신을 역할 관계라는 관점에서 규명하는 정도"(p.11)라고 정의했다. 관계적 동일시는 상사-부하(supervisor-direct report) 관계에서처럼, 역할-관련하여 연결된 대인관계의 동일시 수준을 반영한다(Sluss & Ashforth, 2007). 따라서, 리더와의 관계적 동일시는 변혁적 리더가 부하의 일의 의미에 영향을 줄 수 있는 중요한 기제이다.

부하의 자기개념 및 변혁적 리더십 이론을 기반으로 하여, 칼과 샤미르(Kark & Shamir, 2002)는 부하들에게 미치는 변혁적 리더들의 예외적이고 다양한 영향을 이해하는 틀을 제안하였다. 이들은 변혁적 리더십이 부하의 관계적 측면의 자기개념을 자극하여(priming)

리더와의 동일시를 이끌어낼 수 있다고 주장하였다. 자기개념 이론의 기본 가정은 리더의 행동이 자기의 목표와 일치한다고 보는 부하들이 더 많이 동기화되고, 자기 일을 더 의미 있게 볼 것이라는 것이다. 샤미르 등(1993)은 변혁적 리더의 영향은 부하의 자기개념을 조직의 미션과 성공적으로 연결하여 부하들이 자기를 표현하게 하는 것, 또는 바스(Bass, 1998)가 말하는 "리더와의 절대적인 정서적, 인지적 동일시"(p.50)가 되게 하는 것에 달려있다고 주장했다. 변혁적 리더는 부하의 정체성 개념을 변화시킴으로써 인지적, 동기적, 사회적 과정과(Lent & Brown, 2004) 궁극적으로 성취가능하다고 믿는 것, 즉 일의 의미를 구성하는 데 도움이 되는 일하는 자기-개념(working self-concept)을 활성화하여 영향을 미친다.

그러므로 우리는 변혁적 리더들이 자기 확신을 드러내고, 과제에 깊이 관여하며, 자기희생적으로 미션에 전념하여 사회적, 신체적 용기를 보이고, 몸소 실천하는 모범을 보임으로써 부하의 리더와의 관계적 동일시를 증진시킨다고 본다(Bass, 1985; Kark & Shamir, 2002; Walumbwa & Hartnell, 2011). 확신, 용기, 자기희생, 모범을 보임과 같은 리더의 행동은 종합적으로 부하의 긍정적인 지각에 기여하기 때문에 중요한 것이다(Hogg, 2001). 이러한 리더십 행동은 리더와 부하를 정서적으로 더욱 긴밀하게 연결시켜 부하들이 옳다고 여기는 것을 더 잘 하고, 자기 이익보다 조직의 집단 이익을 앞세우게 한다(Bass, 1985; Kark & Shamir, 2002). 변혁적 리더는 또 결과와 성과의 내재적 가치를 증진시킴으로써 더 큰 수준의 관계적 동일시를 성취할 수 있다(Walumbwa & Hartnell, 2011).

이 논점을 지지하는 몇 가지 증거가 있다. 칼, 샤미르, 첸(Kark, Shamir, & Chen, 2003)은 부하의 자기확신, 과업 관여, 조직의 미션을 지지하기 위한 자기희생, 용기와 모범을 보이는 것을 근거로 변혁적 리더십이 부하의 리더와의 동일시를 증진시킨다는 것을 확인했다. 드비르 등(Dvir et al., 2002)은 이스라엘 방위군에 대한 현장실험에서 소대장의 변혁적 리더십을 개발시키면 부하의 동일시와 동기가 증진된다고 보고하였다. 이 주장을 지지하는 것으로 왈룸브와 등(예: Walumbwa et al., 2008; Walumbwa & Hartnell, 2011)은 변혁적 리더십이 부하의 상사와의 관계적 동일시 및 업무 동일시와 정적인 관계가 있다는 근거를 제시하였다.

점점 더 많은 연구들이 동일시가 개인의 태도 및 행동과 관련이 있다는 것을 보여주고 있다(예: Lam, Schaubroeck, & Brown, 2004; Van Dick, Wagner, Stellmacher, & Christ, 2004; Van Knippenberg & Van Schie, 2000; Walumbwa, Cropanzano, & Hartnell, 2009; Walumbwa & Hartnell, 2011; Walumbwa et al., 2011). 이러한 유의미한 결과들의 이유는 정체성과 동일시가 직장인의 태도와 행동에서 유연성을 창조하는 수단이 되기 때문이다(Albert, Ashforth, & Dutton, 2000). 다시 말하면, 험한 바다를 항해할 때의 키와 같은 기능을 하는 것으로 이것이 변혁적 리더십 틀의 핵심 주제라고 말할 수 있다(Bass, 1985). 반 니펜버그(Van Knippenberg, 2000)는 동일시는 개인으로 하여금 그 대상의 조망을 취하고, 대상의 목표와 관심사를 자기 자신의 것으로 경험하게 하기 때문에 목표를 달성하게 하는 동기와 관련이 있다고 주장했다(Dukerich, Golden, & Shortell, 2002).

이 연구들을 기반으로 볼 때, 우리는 리더와의 관계적 동일시는 부하의 높은 수준의 일 의미와 정적 관계가 있을 것으로 생각한다. 우리는 변혁적 리더들이 부하로 하여금 그 대상 및 일의 중요성을 동일시하도록 동기를 부여하고, 원하는 성과의 중요성과 가치를 부하에게 좀 더 이해하기 쉽게 강조하고, 동시에 높은 수행 기준을 설정하는 정도에 따라(Bass, 1985; Shamir et al., 1993; Walumbwa et al., 2011), 리더와 관련된 결과인 관계적 동일시는 일의 의미에 대한 부하의 지각에 긍정적인 영향을 미칠 것이라고 본다. 특히 상사와의 관계적 동일시가 높은 직장인들은 내재적으로 동기화되어 상사를 위해 기여하게 되고, 그럼으로써 자신의 일에 대한 의미도 증가하는 것 같다. 더 중요한 것은 동일시는 어떤 것의 일부가 된다는 느낌을 주기 때문에, 관계적 동일시는 일의 의미를 자극하여 구성원들이 일을 개인의 발달 또는 개인의 변화의 수단으로 삼아 자신을 일에 더 잘 맞추게 된다는 것이다(Walumbwa et al., 2008, 2009).

▌ 자기-일치적 목표

변혁적 리더십 이론의 가장 기본적인 개념 중의 하나는 변혁적 리더의 부하들은 자기 일을 더 의미 있게 본다는 것이다(Bass, 1985; Bono & Judge, 2003). 변혁적 리더십과 의미 있는 일을 연결하는 기저의 동기 과정을 이해하기 위해 보노와 저지(Bono & Judge, 2003)는 변혁적 리더십과 부하가 일에서 자기-일치적 목표(self-concordant goals)를 설정하는 것 간의 관계를 검토하였다. *자기-일치(self-concordance)*는 직무관련 일이나 목표와 같이 추구하는 바가 개인의 관심과 핵심 가치에 맞거나 일치하는 정도이다(Sheldon & Elliot, 1999). 개인이 자기의 목표나 일을 자율적이라고 보거나 목표와 활동을 의지적으로 선택할 때, 개인은 좀 더 내재적으로 동기화 되고, 그래서 그런 목표를 달성하기 위해 지속적으로 노력하게 될 것이다. "업무 활동(work activities)은 직무 뿐 아니라 그 직무를 하는 사람도 상징하는 것이다"(Bono & Judge, 2003, p.555). 이러한 개념과 비슷하게 자기-일치적 목표는 구성원이 자기 일을 좀 더 중요하고 자기와 일치하는(self-congruent) 것으로 보는 것과 유의미한 관계가 있었다(Bono &

Judge, 2003).

변혁적 리더가 다른 사람들로 하여금 자기 일을 이념적인 측면에서 보고 더 높은 순위의 가치를 강조하도록 도울 때, 부하는 자기 일을 개인의 가치와 일치하는 것으로, 좀 더 의미 있는 것으로 보게 된다(Bono & Judge, 2003). 샤미르 등(1993)도 비슷하게 개인이 가치를 내재화하면, 그 일이 자기개념과 일치하기 때문에 그 일을 좀 더 의미 있게 보는 것 같다고 하였다. 나아가, 스팍스와 센크(Sparks & Schenk, 2001)는 변혁적 리더는 더 높은 순위의 요구를 활성화하고 이념적 가치에 호소함으로써, 자기 일의 더 높은 목적에 대한 부하의 신념에 영향을 미칠 수 있다고 하였다. 따라서, 변혁적 리더가 일을 이념적인 측면에서 설명하고, 더 높은 순위의 가치를 강조할 때, 부하는 목표와 가치를 자기 자신의 것으로 내재화하고, 자기 일을 자기의 개인적 가치와 일치하는 것으로 보며, 그래서 자기 일을 더 의미 있게 보게 되는 것 같다.

잠재적 중재변인

▌부하의 타인중심성과 자기중심성 가치

부하의 개인차 중 *타인중심성(allocentrism*, 자기를 자신이 속한 집단의 관점에서 규명하여 내집단(ingroup)의 목표를 자기 개인의 목표보다 우위에 두는 경향)과 *자기중심성(idiocentrism*, 사회적 지각에서 자기를 가장 기본적인 단위로 간주하여 개인의 목표를 내집단 목표보다 우위에 두는 경향)은 변혁적 리더십과 부하의 일 관련 태도 및 행동간의 관계를 유의미하게 중재하는 것으로 나타났다(Walumbwa et al., 2007). 개인의 가치는 외부의 영향 및 상황에 따라 적절한 태도와 행동, 리더의 스타일과 개인이 적절한 사회적 구조와 역할을 규정하는 방식을 구체화하기 때문에 (Triandis, 1995; Walumbwa & Lawler, 2003), 우리는 타인중심성 및 자기중심성 같은 가치가 일의 의미에 미치는 변혁적 리더십의 영향을 중재하는 데 중요한 역할을 한다고 주장한다.

트리안디스(Triandis, 1995)는 가치는 표준이 되는 행동에 영향을 주고, 사회 구조 안에서 개인의 수용가능한 역할을 규정한다고 주장했다. *타인중심적인 사람들*은 내집단을 중요하게 생각하고, 공동체, 평등 및 공동의 목표를 위해 노력한다는 특징이 있다. 타인중심적인 사람들은 변혁적 리더가 공동의 비전에 전념하고 집단의 목표를 개인의 목표보다 우위에 둘 것을 강조하기 때문에(Walumbwa & Lawler, 2003) 변혁적 리더십을 더 쉽게 받아들이고, 그들에게 기준이 되는 기대와 가치가 변혁적 리더십이 신봉하는 것들과 일치하는 것으로 보이기 때문에 일의 의미에 미치는 변혁적 리더의 영향력이 촉진되는 것 같다.

하지만 *자기중심적인 사람들은*(idiocentrics) 개인적인 목표를 추구하는 경향이 있다. 즉, 그들은 개인의 성취와 자율성에 가치를 두고, 자신을 다른 사람과 독립적으로 본다(Markus & Kitayama, 1991). 그래서, 자기중심적인 사람들은 변혁적 리더들에게 덜 긍정적으로 반응할 것이다. 왜냐하면 그런 리더들은 팀 또는 집단 기반의 분위기를 육성하려고 노력하기 때문에 팀 기반의 공동 분위기에 별로 가치를 두지 않는 사람들에게는 일의 의미가 강요되기 때문이다. 다른 말로 하면, 변혁적 리더들은 자기중심적인 개인의 가치와는 일치할 수 없는 환경을 만드는 것이다. 따라서, 우리는 좀 더 타인중심적인 사람들이 자기중심적인 사람들보다 일의 의미를 더 크게 경험할 것이라고 생각한다. 왈룸브와 등(2007)은 이 주장과 일치하게 타인중심적인 사람들이 자기중심적인 사람들보다 리더가 변혁적 행동을 한다고 생각할 때, 그의 행동에 더 긍정적으로 반응한다는 것을 발견하였다.

▌리더의 의미 관리

스미르씨츠와 모건(Smircich & Morgan, 1982)은 리더십 상황은 종종 리더의 입장에서 부하의 현실을 규정하는 의무나 지각된 권리를 고려하게 된다고 했다. 리더십에는 조직과 방향감을 창조하고, 부하들이 자기의 상황과 경험을 이해하는데 사용하는 평가 기준을 만드는 것이 포함된다. 변혁적 리더십의 정수는 문제를 재구조화하고 부하의 일에 의미를 제공하는 것이다(Bass, 1985).

리더의 행동은 "맥락을 명확하게 하여 의미 창조를 위한 초점을 제공하는 것이다"(Smirich & Morgan, 1982, p.261). 왈룸브와 등(2008)은 리더는 역할모델과 언어적 설득을 통해 부하에게 영향을 미친다고 하였다. 리더의 행동은 부하에게 공동의 개념과 이해로 해석되고, 부하는 이를 이후의 경험에 적용하게 된다. 언어, 이미지, 상징적 행동, 몸짓을 통해 리더는 부하가 경험한 것의 의미를 구체화해줄 수 있다. 그러므로, 변혁적 리더들이 자기의 언어, 몸짓, 행동의 영향을 인식하고, 일관성 있고 긍정적인 메시지를 보내어 전체적인 미션을 지지해줄 때, 그들은 좀 더 효과적으로 일의 의미에 대한 부하의 지각에 영향을 줄 수 있다.

스미르씨츠와 모건(Smircich & Morgan, 1982)은 제 때 직무를 완수하지 못하는 사람에게 화를 내는 리더 역할을 하는 사람의 예를 소개했다. 그 리더는 여러 가지 사안에 대한 불만을 표현하였다(예: 그 직무가 중요하다, 직무 수행이 늦다). 다른 구성원들은 그 상황의 증인이 되어 비슷하게 그 사안을 해석하거나(예: 그 직무는 정말 중요하다) 또는 그 상황에 대해 전혀 다른 이유를 댔다(예: 리더가 기분이 나쁜 날이었다, 전적으로 그 구성원이 나쁘다). 이 예는 부하들이 (리더의 관점에서는) 보기에 작은 행동까지도 미래의 상황에 적용하기 위해 어떻게 해석하는 지를 보여준다. "사람들은 리더가 그들의 현실을 구조화하고 구체화하기를 기대하지만, 그들도 규정된 현실에 저항하거나, 거부하거나 변화시킬 수 있다"는 점을 깨닫는다면, 요점은 훨씬 더 분명해진다(Smircich & Morgan, 1982, p.259). 요약하면, 리더들이 그들의 언어, 행동, 몸짓을 통해 부하들의 의미를 일관성 있게 효과적으로 관리하는 것이 중요하다는 것이다.

일터의 적용과 미래 방향

이 장에서는 변혁적 리더들이 의미 있는 일에 대한 개인의 지각에 어떻게 영향을 미치는 지에 초점을 맞추었다. 변혁적 리더는 부하의 일에 도덕적 목적과 전념하는 태도를 포함시키면서, 더 높은 순위의 요구를 활성화한다(Arnold et al., 2007; Shamir et al., 1993). 변혁적 리더들은 이상화된 영향, 영감적 동기부여, 지적인 자극, 개별화된 배려와 같은 행동을 강조하여 부하의 자기효능감, 핵심직무특성, 자기일치적 목표에 영향을 주고, 의미 있는 일에 대한 개인의 지각에 영향을 미칠 수 있다. 변혁적 리더십과 의미 있는 일의 관계는 부하의 타인중심성 및 자기중심성 가치와 리더의 의미관리를 통해 강화되거나 약화될 수 있다.

현장전문가들은 이 아이디어들을 일터에 적용할 수 있다. 변혁적 리더는 부하들이 자기 자신을 보는 방법을 이해하고, 잠재력을 모두 발휘할 수 있다는 확신을 줌으로써 부하들이 자기 능력에 대한 더 강한 믿음, 자존감과 자기효능감을 갖도록 도울 수 있으며

(Shamir et al., 1993; Walumbwa et al., 2008), 이를 통해 의미 있는 일에 대한 부하들의 지각에 영향을 줄 수 있을 것이다. 둘째, 한 연구에서는 변혁적 리더가 기술다양성, 과업정체성, 과업중요성, 자율성 및 피드백 등 개인의 직무 특성을 향상시킴으로써 부하들의 내재적 동기와 목표 전념을 증가시킨 것으로 나타났는데(Piccolo & Colquitt, 2006), 이는 일의 의미에 대한 지각 역시 증가할 것임을 시사한다.

셋째, 일을 이념적인 측면에서 설명하고, 높은 성취와 같은 더 높은 순위의 가치를 강조함으로써 변혁적 리더들은 부하들이 자기 일을 자기의 가치와 일치하는 것으로 보도록 도울 수 있고(Bono & Judge, 2003), 일의 의미를 증진시킬 수 있다. 변혁적 리더들은 일터에서의 사건에 대한 부하의 의미를 관리함으로써 의미 있는 일에 더 영향을 줄 수 있다. 역할모델과 언어적 설득을 통해(Walumbwa et al., 2008) 변혁적 리더들은 사안과 문제에 대한 부하의 해석 및 구조화에 영향을 줄 수 있다. 나아가, 일관성 있는 언어표현, 행동 및 몸짓을 통해(Smircich & Morgan, 1982) 부하들에게 그들의 일의 의미에 관해 분명한 메시지를 전달할 수 있다. 마지막으로, 사람들이 모두 변혁적 리더십의 행동에 똑같이 반응하는 것은 아니다. 타인 중심적인 사람들, 즉 자기 자신보다 집단의 목표에 더 가치를 두는 사람들은 자기중심적인 사람들, 즉 집단보다 자기 자신의 목표에 더 가치를 두는 사람들과 비교했을 때, 변혁적 리더에게 더 긍정적으로 반응하는 것으로 나타났다. 변혁적 리더들은 부하들의 개인차에 관심을 기울이고, 어떤 사람은 집단의 목표보다 개인의 목표를 위해 더 노력하는 데서 동기가 높아진다는 것을 인식하여 리더십 스타일을 조절할 필요가 있는 것이다. 이러한 아이디어들이 〈표 9.1〉에 요약되어 있다.

구성원이 자기 일을 의미 있게 볼 때, 일터에서의 효능성과 업무 수행이 증진된다는 경험적 증거가 있다(Arnold et al., 2007; May et al., 2004; Sparks & Schenk, 2001). 특히 광범위한 경제적 위기 중에는 일터에서의 리더십과 이기적인 목표를 뒤로 밀어두고 공동의 이익을 향해 일하도록 타인에게 영감을 주는 것이 강조되어 왔다. 그래서, 변혁적 리더십과 의미 있는 일간의 관계는 중요하며 연구의 관심사가 될 만한 것이다. 이 장에서는 변혁적 리더십과 의미 있는 일간의 관계 기저의 조건과 과정에 대해 좀 더 잘 이해할 수 있었지만, 아직 초기 단계이기 때문에 현재의 논쟁을 지지하는 데는 더 많은 경험적 근거가 필요하다. 구체적으로, 연구자와 현장전문가들은 변혁적 리더십과 의미 있는 일간의 관계를 조명하도록 돕는 기제들(즉, 자기효능감, 핵심직무특성, 자기일치적 목표)과 경계 조건(즉, 리더의 의미 관리 및 부하의 가치)을 검토해 보는 것이 바람직하겠다. 예를 들면, 샤미르 등(1993)은 부하의 자기일치성, 자존감 및 자기-표현(부하의 자기개념과 관련된 요소들) 관여는 이를 통해 리더의 행동이 개인의 과업 의미에 영향을 주게 되는 핵심 속성이라는 이론을 세웠다. 하지만, 리더의 행동을 과업의 의미와 관련지은 샤미르 등의 이론에서처럼, 이런 개념들이 이론화가 되기는 했지만 경험적으로 검증된 것은 아무 것도 없다.

결론적으로, 의미 있는 일의 이점은 분명하다. 그리고 우리는 일에 대해 좀 더 긍정적으로 조망함으로써 이익을 얻을 수 있다. 여기서 논의된 몇 가지 제안들이 현장에서 검증되거나, 이론에서 도출되거나, 경험적 연구로 지지되기는 했지만, 우리는 모든 사람이 우리 이론과 모델에 딱 맞는다고 생각하지는 않는다. 그러므로, 진정한 변혁적 리더는 개인차를 고려하고 이해하는 것이 중요하다는 것을 인정할 수 있어야 한다. 우리는 당신과 다른 사람들의 삶이 지금보다 더욱 개선될 수 있기를 기대한다. 그리고 그러한 긍정적 변화는 신중한 실천과 숙고로부터 오는 것임을 기억하며 다음과 같은 제안을 남긴다.

표 9.1	일터에 초점 맞추기: 변혁적 리더십 관점

제안점	현장 검증된 제안점	이론에서 도출된 제안점	연구에서 지지된 제안점
리더의 기대에 부응하고 조직의 사명과 목표에 기여할 수 있는 부하의 능력에 대한 확신을 보여준다. a	v	v	v
개인의 기술다양성, 과업정체성, 과업중요성, 자율성 및 피드백에 대해 의미를 제공한다. 가능하면, 이 차원들에서 구성원의 직무를 강화한다. b	v	v	v
이념적인 측면에서 일을 설명하고, 높은 성취 같이 더 높은 순위의 가치를 강조한다. c	v	v	v
부하들의 개인차에 관심을 갖고 적절하게 리더십 스타일을 조절한다. d	v	v	v
말, 행동 및 몸짓을 일관성 있게 사용하여 부하들이 상황을 이해하기 위해 이를 해석하고 사용할 수 있도록 한다. e	v	v	v

a: Bono & Judge(2003)
b: Piccolo & Colquitt(2006)
c: Sparks & Schenk(2001)
d: Walumbwa, Lawler, & Avolio(2007)
e: Smircich & Morgan(1982)

◉ 참고문헌 ◉

Albert, S., Ashforth, B. E., & Dutton, J. E. (2000). Organizational identity and identification: Charting new waters and building new bridges. *Academy of Management Review, 25*, 13-17. doi: 10.5465/AMR.2000.2791600

Arnold, K. A., Turner, N., Barling, J., Kelloway, E. K., & McKee, M. C. (2007). Transformational leadership and psychological well−being: The mediating role of meaningful work. *Journal of Occupational Health Psychology, 12*, 193-203. doi:10.1037/1076−8998.12.3.193

Avolio, B. J., Reichard, R. J., Hannah, S. T., Walumbwa, F. O., & Chan, A. (2009). A meta−analytic review of leadership impact research: Experimental and quasi−experimental studies. *Leadership Quarterly, 20*, 764-784. doi:10.1016/j.leaqua.2009.06.006

Avolio, B. J., Walumbwa, F. O., & Weber, T. (2009). Leadership: Current theories, research, and future directions. *Annual Review of Psychology, 60*, 421-449. doi:10.1146/annurev.psych.60.110707.163621

Bandura, A. (1997). *Self−efficacy: The exercise of control*. New York, NY: Freeman.

Bass, B. M. (1985). *Leadership and performance beyond expectations*. New York, NY: Academic Press.

Bass, B. M. (1988). Evolving perspectives on charismatic leadership. In J. A. Conger & R. N. Kanungo (Eds.), *Charismatic leadership* (pp. 41-77). San Francisco, CA: Jossey−Bass.

Bass, B. M., & Avolio, B. J. (1990). The implications of transactional and transformational leadership for individual, team, and organizational development. In R. W. Woodman & W. A. Pasmore (Eds.), *Research in organizational change and development* (Vol. 4, pp. 231-272).

Greenwich, CT: JAI Press.

Bass, B. M., & Avolio, B. J. (2004). *Multifactor Leadership Questionnaire: Manual leader form, rater, and scoring key for MLQ (Form 5x -Short)*. Redwood City, CA: Mind Garden.

Bass, B. M., & Bass, R. (2008). *The Bass handbook of leadership: Theory, research, and managerial applications*. New York, NY: Free Press.

Bono, J. E., & Judge, T. A. (2003). Self—concordance at work: Toward understanding the motivational effects of transformational leaders. *Academy of Management Journal, 46*, 554-571. doi:10.2307/30040649

Dukerich, J. M., Golden, B. R., & Shortell, S. M. (2002). Beauty is in the eye of the beholder: The impact of organizational identification, identity, and image on the cooperative behaviors of physicians. *Administrative Science Quarterly, 47*, 507-533. doi:10.2307/3094849

Dvir, T., Eden, D., Avolio, B. J., & Shamir, B. (2002). Impact of transformational leadership on follower development and performance: A field experiment. *Academy of Management Journal, 45*, 735-744. doi:10.2307/3069307

Hackman, J. R., & Oldham, G. R. (1980). *Work redesign*. Reading, MA: Addison—Wesley.

Hogg, M. A. (2001). A social identity theory of leadership. *Personality and Social Psychology Review, 5*, 184-200. doi:10.1207/S15327957 PSPR0503_1

Judge, T. A., & Piccolo, R. F. (2004). Transformational and transactional leadership: A meta—analytic test of their relative validity. *Journal of Applied Psychology, 89*, 755-768. doi:10.1037/0021—9010.89.5.755

Kark, R., & Shamir, B. (2002). The dual effect of transformational leadership: Priming relational and collective selves and further effects on followers. In B. J. Avolio & F. J. Yammarino (Eds.), *Transformational and charismatic leadership: The road ahead* (pp.

67-91). Oxford, England: Elsevier Science.

Kark, R., Shamir, B., & Chen, G. (2003). The two faces of transformational leadership: Empowerment and dependency. *Journal of Applied Psychology, 88*, 246-255. doi:10.1037/0021−9010.88.2.246

Kirkman, B. L., Chen, G., Farh, J. L., Chen, Z. X., & Lowe, K. B. (2009). Individual power distance orientation and follower reactions to transformational leaders: A cross−level, cross−cultural examination. *Academy of Management Journal, 52*, 744-764. doi:10.5465/AMJ.2009.43669971

Lam, S. S. K., Schaubroeck, J., & Brown, A. D. (2004). Esteem maintenance among groups: Laboratory and field studies of group performance cognitions. *Organizational Behavior and Human Decision Processes, 94*, 86-101. doi:10.1016/j.obhdp.2004.03.004

Lord, R. G., & Brown, D. J. (2004). *Leadership processes and follower selfidentity.* Mahwah, NJ: Erlbaum.

Lowe, K. B., Kroeck, K. G., & Sivasubramaniam, N. (1996). Effectiveness correlates of transformational and transactional leadership: A meta−analytical review of the literature. *Leadership Quarterly, 7*, 385-425. doi:10.1016/S1048−9843(96)90027−2

Markus, H. R., & Kitayama, S. (1991). Culture and self: Implications for cognition, emotion and motivation. *Psychological Review, 98*, 224-253. doi:10.1037/0033−295X.98.2.224

May, D. R., Gilson, R. L., & Harter, L. M. (2004). The psychological conditions of meaningfulness, safety and availability and the engagement of the human spirit at work. *Journal of Occupational and Organizational Psychology, 77*, 11-37. doi:10.1348/096317904322915892

Piccolo, R. F., & Colquitt, J. A. (2006). Transformational leadership and job behaviors: The mediating role of core job characteristics. *Academy of Management Journal, 49*, 327-340. doi:10.5465/AMJ.2006.20786079

Pratt, M. G., & Ashforth, B. E. (2003). Fostering meaningfulness in working and at work. In K. Cameron, J. Dutton, & R. Quinn (Eds.), *Positive organizational scholarship* (pp. 309-327). San Francisco, CA: Berrett—Koehler.

Schaubroeck, J., Lam, S. S. K., & Cha, S. E. (2007). Embracing transformational leadership: Team values and the relationship between leader behavior and team performance. *Journal of Applied Psychology, 92*, 1020-1030. doi:10.1037/0021—9010.92.4.1020

Shamir, B., House, R. J., & Arthur, M. B. (1993). The motivational effect of charismatic leadership: A self—concept based theory. *Organization Science, 4*, 577-594. doi:10.1287/orsc.4.4.577

Sheldon, K. M., & Elliot, A. J. (1999). Goal striving, need satisfaction, and longitudinal well—being: The self—concordance model. *Journal of Personality and Social Psychology, 76*, 482-497. doi:10.1037/0022—3514.76.3.482

Sluss, D. M., & Ashforth, B. E. (2007). Relational identity and identification: Defining ourselves through work relationships. *Academy of Management Review, 32*, 9-32. doi:10.5465/AMR.2007.23463672

Smircich, L., & Morgan, G. (1982). Leadership: The management of meaning. *Journal of Applied Behavioral Science, 18*, 257-273. doi:10.1177/ 002188638201800303

Sparks, J. R., & Schenk, J. A. (2001). Explaining the effects of transformational leadership: An investigation of the effects of higher—order motives in multilevel marketing organizations. *Journal of Organizational Behavior, 22*, 849-869. doi:10.1002/job.116

Staw, B. (1977). Motivation in organizations: Synthesis and redirection. In B. Staw & G. Salancik (Eds.), *New directions in organizational behavior* (pp. 55-95). Chicago, IL: St. Clair.

Steger, M. F., & Dik, B. J. (2010). Work as meaning: Individual and organizational benefits of engaging in meaningful work. In P. A. L inley, S. Harrington, & N. Page (Eds.), *Handbook of positive psychology and work* (pp. 131-142). Oxford, England: Oxford University Press.

Triandis, H. C. (1995). *Individualism and collectivism.* Boulder, CO: Westview Press.

Van Dick, R., Wagner, U., Stellmacher, J., & Christ, O. (2004). The utility of a broader conceptualization of organizational identification: Which aspects really matter? *Journal of Occupational and Organizational Psychology, 77,* 171-191. doi:10.1348/096317904774202135

van Dierendonck, D., Haynes, C., Borril, C., & Stride, C. (2004). Leadership behaviour and subordinate well−being. *Journal of Occupational Health Psychology, 9,* 165-175. doi:10.1037/1076−8998.9.2.165

Van Knippenberg, D. (2000). Work motivation and performance: A social identity perspective. *Applied Psychology, 49,* 357-371. doi:10.1111/1464−0597.00020

Van Knippenberg, D., & Van Schie, E. C. M. (2000). Foci and correlates of organizational identification. *Journal of Occupational and Organizational Psychology, 73,* 137-147. doi:10.1348/096317900166949

Walumbwa, F. O., Avolio, B. J., & Zhu, W. (2008). How transformational leadership weaves its influence on individual job performance. *Personnel Psychology, 61,* 793-825. doi:10.1111/j.1744−6570.2008.00131.x

Walumbwa, F. O., Cropanzano, R., & Hartnell, C. A. (2009). Organizational justice, voluntary learning behavior, and job performance: A test of the mediating effects of identification and leader−member exchange. *Journal of Organizational Behavior, 30,* 1103-1126. doi:10.1002/job.611

Walumbwa, F. O., & Hartnell, C. A. (2011). Understanding transformational leadership-employee performance links: The role of relational identification and self−efficacy. *Journal of Occupational and Organizational Psychology, 84,* 153-172. doi:10.1348/096317910

X485818

Walumbwa, F. O., & Lawler, J. J. (2003). Building effective organizations: Transformational leadership, collectivist orientation, work─related attitudes, and withdrawal behaviors in three emerging economies. *The International Journal of Human Resource Management, 14*, 1083-1101. doi:10.1080/0958519032000114219

Walumbwa, F. O., Lawler, J. J., & Avolio, B. J. (2007). Leadership, individual differences and work attitudes: A cross─culture investigation. *Applied Psychology, 56*, 212-230. doi:10.1111/j.1464─0597.2006.00241.x

Walumbwa, F. O., Mayer, D. M., Wang, P., Wang, H., Workman, K., & Christensen, A. L. (2011). Linking ethical leadership to employee performance: The rules of leader-member exchange, self─efficacy, and organizational identification. *Organizational Behavior and Human Decision Processes, 115*, 204-213. doi:10.1016/j.obhdp.2010.11.002

Yukl, G. A. (2010). *Leadership in organizations* (7th ed.). Upper Saddle River, NJ: Pearson Prentice Hall.

Purpose and meaning in the workplace

통합: 리더 코칭

다이안 스토버(Dianne R. Stober) · 스테파니 퍼터(Stefanie Putter) ·
로렌 개리슨(Lauren Garrison)

•• Chapter 10

통합: 리더 코칭
Connecting the dots:
Coaching leaders to turn values into meaningful work

> "제발 말해주세요. 저는 여기에서 어느 쪽 길로 가야 하는 거죠?"
> "네가 어디로 가고 싶어하는지에 따라 매우 많이 다르겠지."
> 고양이는 말했다.
> "어딜 가게 되든 상관없어요."
> 앨리스가 말했다.
> "그렇다면, 어느 길로 가든 상관없겠지."
> 고양이가 말했다.
>
> — 루이스 캐롤(Lewis Carroll), *이상한 나라의 앨리스*

이때 체셔 고양이는 앨리스를 위해 코치의 역할을 해주었던 것 같다. 대화들을 명료화하고, 논리적인 결론을 도출하는 것은 모든 코칭 도구의 기능에 포함된다. 물론, 앨리스가 자신의 가치나 도덕적 잣대에 대해 이야기한 것은 아니지만, 그녀가 현재 처한 상황의 의미를 해석해주는 작업은 리더가 일터에서의 의미를 강화하기 위해 고려해야 하는 요소들과 그다지 다르지 않다. 스테거와 딕(Steger & Dik, 2010)의 주장에 따르면, 사람들은 일을 하면서 목적의식을 경험할 때, 그리고 자신의 능력 및 흥미, 부서 및 조직의 욕구간의 적합성을 경험할 때, 일로부터 의미를 찾아낼 수 있다고 한다. 즉, 의미 있는 일이란, 개인 구성원이 조직의 어느 부분에 적합한지를 느끼는 것과 조직에서의 역할로부터 도출되는 목적의식을 모두 포함한다는 것을 가리킨다. 이제는 의미 있는 일이 좋은 것이라는 점이나, 구성원과 조직은 사람들이 의미 있는 일을 경험할 수 있도록 촉진하는 것에 관심을 가져야 한다는 점에 대해서는 의심의 여지가 없을 것이다. 이제 10장의 이야기를 펼쳐 나가기 전에 우리 앞에 놓여있는 질문은 "구성원의 의미 있는 일 경험을 촉진하기 위해 리더십 코칭은 어떻게 활용될 수 있을까?"이다. 10장에서의 우리의 목표는 사람들의 의미 있는 일 경험에 영향을 미치는 것으로 알려져 있는 특정한 영역에 코칭을 적용하는 방법에 대한 지침을 제공하는 것이다. 리더십 코칭과 의미 있는 일간의 관계는 직접적이지는 않기 때문에 우리는 지금까지 많은 의문점들이 도출되어 연구와 적용이 이루어지면 좋을 분야들을 정리해보려고 한다. 이 과정을 통해 우리는 의미 있는 일 경험을 증가시키기 위해 리더를 육성하고, 조직을 지원하는 과정에 코칭을 어떻게 적용할지에 대해 제시할 것이다.

우리는 일 그 자체를 통해 유의미성이 촉진될 수 있는 다양한 분야에 대해 초점을 맞추어 보면서 코칭이 리더들과 함께 의미 있는 일을 만들어내는 과정이 될 수 있겠다고 생각했다. 리더를 코칭하는 이야기를 하는데 있어서 우리는 관리자 및 조직 코칭에 대한 정의를 먼저 인용해보려고 한다. "코칭이란, 전문가로서의 목표 및 조직의 목표를 달성하기 위한 리더의 역량을 육성하는 개발 프로세스이며, 코치와 피코치간의 상호적인 신뢰와 존중을 기반으로 한다"(Graduate School Alliance for Executive Coaching, 2011, para.1). 일반적으로 코칭 프로세스는 평가를 기반으로 하여 충분한 대화를 나누고, 목표 설정을 하며 행동 계획을 세우는 단계로 진행된다. 또한,

코칭 프로세스는 자기성찰과 피드백을 위한 장을 제공하기도 한다.

리더를 코칭하는 것은 의미 있는 일을 촉진할 수 있는 가능성이 높은 방법이다. 왜냐하면, 왈룸브와, 크리스텐슨, 무키리(Walumbwa, Christensen, & Muchiri, 9장)가 주장했듯이, 리더십이란 본래 특성 자체가 일터에서의 의미를 촉진하는 것과 연결되어 있기 때문이다. 우리는 리더십과 일터에서의 의미는 리더와 조직 모두의 가치 영역 안에서 매우 밀접하게 연결되어 있다고 생각한다. 그래서, 우리는 짜임새있게 구성되어 있는 리더십 이론인 진정성 리더십(Authentic Leadership, Luthans & Avolio, 2003) 이론의 맥락 안에서 가치에 대해 논의해 보려고 한다. 일의 맥락 안에서 자신의 가치관에 따라 살고 있는 리더에게는 자신의 가치를 인식하고, 그 가치에 따라 행동하며, 조직의 더 거시적인 가치에 비교해보았을 때, 자신의 가치와 어느 정도 일치하는가를 파악하는 것이 중요한 일이다. 그래서 우리는 리더가 자신의 가치 안에서 살 수 있도록 돕는 코칭을 통해, 리더는 일터에서의 목적과 의미를 어떻게 강화할 수 있는지에 대해 보여주는 실용적인 접근법을 활용해보려고 한다. 〈그림 10.1〉을 보면, 의미 있는 일을 촉진하기 위한 코칭의 개념적 틀을 볼 수 있다.

그림 10.1

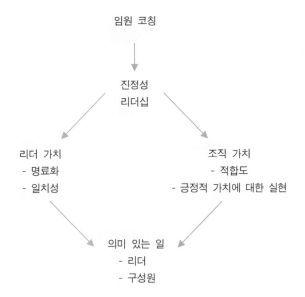

임원 코칭

진정성
리더십

리더 가치
- 명료화
- 일치성

조직 가치
- 적합도
- 긍정적 가치에 대한 실현

의미 있는 일
- 리더
- 구성원

의미 있는 일을 위한 코칭의 개념적 모델. 리더는 개인적 가치와 조직적 가치를 통합할 수 있도록, 진정성 리더십을 활용하는 방법을 배우면서, 일터에서의 목적과 의미를 강화하기 위한 코칭을 받는다.

사례 연구: 스탠과 젠코

스탠(Sten)은 조직에서 떠오르는 스타로 인정받고 있는 구성원으로서 최근 몇 년간 고전해왔던 사업 부서의 리더 역할을 맡게 되었다. 그의 미션은 리더들을 육성하고, 유지시키는 것이었다.[1] 능력있는 리더가 없었기 때문에 그 사업은 빠른 변화를 보이는 시장

---

[1] 사례의 모든 이름들은 비밀보장을 위해 가명으로 표기되었다.

에서 버텨내고, 기존의 명성을 유지할 수 있는 수준의 서비스를 제공하는 데 있어서 매우 큰 어려움을 겪고 있었다. 스탠은 구성원의 역량을 개발하는 것이 자신의 앞에 놓여있는 최우선 과제라는 것을 인식하고, 임원코치 클레어(Claire)와 함께 작업을 시작하였다. 스탠과 클레어가 초점을 맞춘 부분들 중 하나는 연대감, 협동심, 즐거움을 느낄 수 있는 분위기를 만들어 조직의 잠재력을 증가시키고, 리더들이 스스로의 모습에서 의미와 진실성을 찾을 수 있는 능력을 높이는 것이었다.

비슷한 사례는 젠코(GenCo, 실제 회사명이 아님)라는 글로벌 기업에서도 찾아볼 수 있다. 젠코의 리더들은 자신들이 근무하고 있는 조직이 어떤 가치를 기반으로 운영되고 있는지에 대해 명확하게 알고 싶어했다. 그래서 젠코는 선임 임원들과 코치들이 팀을 이루어 모든 조직행동이 명시된 가치를 반영할 수 있도록 하는 작업을 진행하였다. 이와 같은 2가지 사례들을 보면, 리더십과 가치, 의미 있는 일 사이를 연결시키기 위해 코치가 리더와 함께 작업을 할 수 있다는 것을 알게 될 것이다.

진정성 리더십을 위한 코칭

최근, 윤리와 가치를 기반으로 한 리더십이 재조명을 받고 있다 (Avolio & Walumbwa, 2006; Brown, Trevino & Harrison, 2005; George, 2003). 아볼리오, 루선스, 왈룸브와(Avolio, Luthans, & Walumbwa, 2004)가 주장했듯이, "현대 사회의 조직들이 마주하고 있는 독특한 스트레스 자극들은 기본적인 신뢰와 희망, 낙관주의, 탄력성, 유의미성을 회복시킬 수 있는 새로운 리더십 접근을 요구하게 되었다"(p.3). 진정성 리더십 이론은 새로운 시각에서 이와 같은 욕구를 충족시키기 위해 개발되었다.

진정성 리더는 투명하고 솔직한 태도, 그리고 자기 자신이 가치에 대해 명확하게 숙지하는 모습을 기반으로 구성원들을 이끌고 조직문화를 강화하는 작업을 촉진하는 사람을 가리킨다(Gardner, Avolio, Luthans, May & Walumbwa, 2005). 왈룸브와, 아볼리오, 가드너, 베른싱, 피터슨(Walumbwa, Avolio, Gardner, Wernsing, & Peterson, 2008)이 기술했듯이 *진정성 리더십 개발 이론*은 4가지 요소로 구성된다. 자기-자각, 관계적 투명성, 균형 잡힌 과정, 체화된 도덕적 시각이다. 자기-자각 역량 개발을 위해 코치는 리더가 스스로의 강점, 약점, 가치, 욕구, 신념에 대해 통찰과 깊은 이해를 하도록 도우면서 리더가 더 높은 수준의 진정성을 획득하도록 촉진할 수 있다. 코치는 사람들이 깨달은 바를 행동으로 옮기는 과정을 돕는 사람이다(D. B. Peterson, 1996). 따라서, 이 과정에서 코치는 리더가 체화된 도덕적 시각을 개발하도록 조력할 수 있다. 그 결과, 리더는 "말한 대로 실천하게 되고", 내적 가치와 외적 행동이 일치된 모습으로 성장할 수 있게 되는 것이다(Walumbwa et al., 2008). 진정성을 보이는 리더는 구성원이 일터에서의 의미와 목적을 찾을 수 있게 촉진해 줄 가능성이 높아진다.

▌ 자기-자각: 가치 명료화

리더가 자신의 핵심적인 신념과 가치에 대해 자각하는 것은 진정성 리더십 개발 이론의 핵심적인 요소이다(Avolio & Gardner, 2005; Ilies, Morgeson, & Nahrgang, 2005; Shamir & Eilam, 2005). 자기결정이론 (Deci & Ryan, 2000)의 연구결과에서 나타나듯이 사람들은 사회적 기대나 보상과 같은 외부 자극보다는 가치와 신념과 같은 내적 자극을 받을 때 진정성을 가질 가능성이 더 높아진다. 그리고, 내적으로 구성된 가치와 외부 자극에 의해 만들어진 가치들은 궁극적으로 진정한 자기(self)의 한 부분으로서 통합되게 되는 것이다(Gardner et al., 2005).

리더가 개인적인 신념과 이상에 대해 명확히 자각하게 되면, 자신의 사고, 태도, 일터에서 보여지는 행동에 대해 스스로 큰 영향을 미칠 수 있다(Chatman, 1991). 가치는 긴 시간 동안의 경험과 사회적 모델링 과정을 통해 학습되고 강화되는 것이기 때문에 코치는 리더가 자기성찰을 통해 그 경험 안에서 의미를 끌어내도록 도울 수 있다(D. B. Peterson, 1996). 리더가 코칭을 통해 자신의 신념과 이상이 어떤 것인지를 더 명확하게 파악하게 되면, 자기 자신과 구성원에게 옳고 공정한 행동을 선택하려는 가치관에 따라 행동할 가능성이 더 높아지게 될 것이다(Luthans & Avolio, 2003). 종종 코치는 *가치평가*를 통해 리더가 자신의 사고와 행동을 촉진하는 가치가 무엇인지를 파악하도록 조력한다. 이와 같은 평가 과정은 진정성 리더십 개발 이론을 기반으로 하고 있으며, 카리스마 리더십, 변혁적 리더십, 서번트 리더십, 영성 리더십 이론들에게서도 핵심적인 기능을 하고 있다(Avolio & Gardner, 2005). 즉, 리더의 진정성 개발을 위한 코칭에서는 가치에 대한 평가가 매우 중요한 것을 알 수 있다.

▌체화된 도덕적 시각: 가치의 일치성과 한 방향 정렬

가치에 대한 자각과 명료화에 더하여, 진정성 리더십 개발에 있어서 또 하나의 핵심적인 요소는 가치의 일치성 혹은 한 방향 정렬이다. *일치성(congruence)*이란, 2가지 요소 사이의 한 방향 정렬성(alignment)과 일관성(consistency)을 가리킨다(Nadler & Tushman, 1980).

진정성 리더가 가치의 일치성을 보일 수 있는 방법은 말한 대로 실천하기, 또는 말과 행동간의 일관성을 보여주는 것이다. 이와 같은 일치성이나 한 방향 정렬성은 대부분 자기-조절 과정을 통해 나타난다. 코치는 다음의 3가지 핵심 단계를 안내하면서 리더가 가치 일치성을 강화하도록 도울 수 있다. (a) 자신의 내적 기준에 대한 사정(assessing) (b) 내적 기준과 이상적인 결과간의 차이 평가(evaluating) (c) 기대하는 목표에 도달하기 위해 차이를 최소화하는 데 필요한 행동 파악(Stajkovic & Luthans, 1998). 이러한 접근은 일반적인 코칭 과정과 일치되는 점이 매우 많으며, 리더들은 이러한 단계들을 밟아가면서 자신의 내적 가치와 조직행동간의 일치성을 높일 수 있다(코칭 가이드, Hernez-Broome & Boyce, 2011; Stoner & Grant, 2006). 한 가지 실례로서 메이, 챈, 호지스, 아볼리오(May, Chan, Hodges, & Avolio, 2003)는 리더가 자신의 도덕적 신념과 일치하는 방향으로 행동하게 되면, 일터에서의 윤리적 이슈에 대해서도 잘 처리할 수 있다고 주장했다. 그러면서 그들은 진정성 리더십의 도덕적 측면을 어떻게 개발할 것인지에 대한 모델을 제시하였고(May et al., 2003, p.250), 그 중에서도 도덕적 능력, 도덕적 용기, 도덕적 탄력성은 리더가 진정성 도덕 행동에 몰입하도록 촉진한다고 강조하였다. 즉, 진정성 리더란 자신의 도덕적 가치와 행동간의 일관성을 지킬 수 있는 사람인 것이다. 물론, 진정성 리더십과 가치 일치성간의 관계에 대해서는 좀 더 연구가 되어져야 하지만(Jung & Avolio, 2000; Meglino, Ravlin, & Adkins, 1991; Schwartz, 1999), 지금까지 나타난 근거자료들을 보면, 말과 행동간의 일관성을 지키며, 이야기한 대로 행동하려고 하는 리더는 신뢰와 신임, 존경을 얻을 가능성이 높은 것으로 나타났다(Avolio, Gardnet, Walumbwa, Luthans, & May, 2004).

의미 있는 일을 위해 진정성 리더십을 코칭해야 하는 이유는 무엇인가?

진정성 리더십은 긍정적인 조직 성과(예: 높은 수준의 역량 성취, 우수한 영업 성과 달성)를 창출할 수 있는 체제(mechanism)라는 근거자료들이 갈수록 많이 나오고 있다(George, 2003; George, Slims, McLean, & Mayer, 2007). 또, 리더의 자존감과 심리적 행복 수준이 높아지고, 일터에서의 성과가 좋아지면(Grandey, Fiske, Mattila, Jansen & Sideman, 2005; Kersnis, 2003), 일에서의 의미를 찾고, 일에 대한 적합도도 높아지게 된다는 연구결과도 있다. 진정성 리더십에 초점을 맞춘 코칭을 받은 리더들은 개인과 조직 모두에 있어서 긍정적인 성과를 보였다.

더 나아가서, 리더가 진정성 리더십을 개발하기 위한 코칭을 받을 때, 그 혜택은 부하직원에게도 돌아가게 된다. 진정성 리더의 부하직원들은 일에 더 몰입하게 되었고, 행복수준이 높아졌으며, 성과수준도 높아졌다는 연구결과가 있고(Gardner et al., 2005), 개인가치와 행동간의 일치성이 높아졌다는 연구결과도 있다(Walumbwa et al., 2008). 아볼리오, 가드너와 동료들은(Avolio, Gardner et al., 2004) 진정성 리더십에 의해 영향을 받은 부하직원들은 일에 대한 헌신, 만족도, 유의미성, 몰입도가 높아질 수 있다고 주장하였다. 진정성 리더십이 이와 같이 부하직원의 일에 대한 유의미성을 높일 수 있는 이유는 가치를 한 방향으로 정렬시켜주기 때문이라고 설명할 수 있을 것이다. 우리는 한 사람의 가치를 조직의 가치와 같은 방향으로 정렬하게 해주는 것이 적합도를 높이는 하나의 방법이 될 수 있을 거라고 기대한다. 일반적으로 사람들은 자신의 정체성이나 진정한 자기 자신과 일치하는 의미 있는 일에 몰입하고 싶어하기 때문이다(Steger & Dik, 2010). 따라서, 개인적 가치와 일을 잘하기 위해 필요한 가치간에 일치성이 높은 구성원이라면, 개인-일 적합도가 높을 것이며, 궁극적으로는 일터에서 더 큰 의미를 찾아낼 수 있을 거라고 기대할 수 있는 것이다. 정리해보면, 이제 진정성 리더십과 일터에서의 의미간의 관계를 이해하고, 진정성 리더십에 대해 리더 코칭을 하는 것이 리더와 부하직원의 일에 대한 의미를 증가시키는지에 대해 파악할 수 있는 시기가 왔다고 생각된다. 그래서 다음 부분에서는 가치기반의 리더 코칭을 하는 것이 진정성 리더십 개발과 일터에서의 의미 촉진을 위한 길을 어떻게 열어줄 수 있는지에 대해 탐색해보려고 한다.

코칭의 적용: 진정성 리더십과 의미 있는 일을 증진하기 위해 가치에 초점 맞추기

그렇다면, 리더와 부하직원이 의미 있는 일을 하도록 조력하는 데 있어서 코칭을 어떻게 활용하면 좋을까? 대부분의 조직과 코치들은 리더의 효율성을 높여서 조직에게도 긍정적인 영향을 미치겠다는 목표를 가지고, 코칭을 도구나 과정으로 활용하고 있다. 자기-자각, 특히 가치명료화를 증진시키고, 리더의 개인적인 가치와 행동간의 일치도를 평가하면서, 진정성 리더십을 개발하는 작업은임원 코칭 관계에서의 핵심적인 초점이 될 수 있다.

앞에서 이야기했던 사례로 되돌아가보자. 떠오르는 스타임원이었던 스탠은 임원 코치 클레어와 함께 작업을 했었다. 스탠과 클레어는 스탠의 리더십 역량과 조직구성원의 몰입도에 영향을 미칠 수 있는 능력에 초점을 맞추었다. 진정성 리더의 핵심적인 역량을 고려하면서 클레어는 스탠에게 다음과 같은 질문을 하였다. (a) 당신의 역할과 일에서 가치있다고 생각하는 것은 무엇인가? (b) 당신의 가치를 구현하기 위해서는 어떤 행동이 필요한가?

▎ 가치에 대한 코칭

스탠은 역할을 수행하고, 일을 하는데 있어서 자신이 가치있게 생각하는 몇 가지를 찾아낼 수 있었다. 구성원을 위한 큰 그림 그리기, 성공을 위해 적절한 인력과 과제를 매칭시키기, 사업의 목표를 달성하기 위한 새로운 방법 찾기. 클레어와 스탠 모두 이 목록에 스탠의 가치가 모두 포함되어 있지는 않다는 것을 알았지만, 스탠의 역할에 있어서 그에게 특별히 중요하고, 그를 만족시키는 것이 무엇인지를 파악하게 되면, 스탠이 자신의 리더 모습에 대해 더 잘 자각하게 될 것이라고 생각했다. 코치로서 클레어는 스탠이 리더로서의 자신에 대해 성찰을 하고 심층적으로 이해할 수 있도록 가치명료화 과정을 활용하였다. 이를 통해, 스탠은 일에서의 유의미성을 경험할 수 있었고, 역할에 대한 만족도도 높일 수 있게 되었다.

▎ 가치-행동 일치성에 대한 코칭

클레어는 스탠이 자각한 내용을 특정한 행동에 연결시킬 수 있도록 돕기 위해 코칭을 사용하였다. 즉, 스탠에게 역할에서 가치있게 생각하는 것이 무엇인지를 자각하도록 질문하고, 그 가치에 맞춰 살기 위해서는 어떤 행동이 필요한지에 대해 결정하기를 요청하면서 클레어는 스탠이 의식적으로 자신의 가치와 행동간의 일치성을 향해 나아가도록 도왔다. 바로 이 과정이 우리가 알고 있는 진정성 리더십 역량 개발인 것이다. 코칭 대화를 이러한 방법으로 진행하게 되면, *일 내부에서의 유의미성(meaningfulness in work)*, 업무행동을 하는데 있어서 의미와 목적성을 증진시킬 수 있을 것이다(Pratt & Ashforth, 2003; Steger & Dik, 2010). 스탠이 찾아낸 행동들은 다음과 같았다. 다양한 프로젝트의 비전과 미션에 대한 메시지를 준비할 시간을 정기적으로 만들기, 효과적인 커뮤니케이션을 위한 장을 만들기(예: 팀 미팅, 대규모의 프레젠테이션, 1대 1 면담, 문서를 통한 소통 등). 큰 그림을 그리는 과정에서 리더십 가치와 이와 같은 행동들을 연결시키면서 스탠은 리더십 역할에서의 유의미성을 증가시키고, 부하직원에게 긍정적인 영향을 미치며 그들의 몰입도를 증진할 수 있게 되었다.

이에 더하여, 코칭 과정에서는 스탠이 조직에 대해 어느 정도 적합한 사람인지의 관계적인 측면을 고려하는 대화를 촉진하면서 *일 외부에서의 유의미성(meaningfulness at work)*을 강화하기도 하였다(Pratt & Ashforth, 2003; Steger & Dik, 2010). 스탠은 자신의 가치에 대해 알아보면서 다음과 같은 일을 할 때 가장 적합하다는 것을 인식하였다. 주도적으로 프로젝트나 과제를 이끌 때, 구성원들이 강점을 살려서 일을 할 수 있도록 적재적소에 배치해줄 때. 스탠은 이와 같은 가치가 구성원들의 역량을 개발하는 데에도 연결되어 있다는 것을 파악하였다. 사람들의 역량을 개발하는 것에 대해 스스로 높은 가치를 두고 있다는 것을 알게 된 후, 스탠은 직속 부하직원의 기술, 흥미, 경험을 파악하고, 그에 맞는 과제에 매칭해주는 일을 하는데 더 많은 시간을 사용하기 시작했다. 자신의 가치를 인식하고, 그 가치와 일치하는 행동을 하게 되면서 스탠은 자신의 리더십이 부하직원과의 관계를 어떻게 강화시켜주는지를 알게 되었고, 조직의 요구와 목표를 더 잘 충족시킬 수도 있게 되었다. 따라서, 코칭 과정에서는 스탠이 진정성 리더십을 개발할 수 있도록 다양한 환경과 대화 주제를 제공하였다.

리더가 의미 있는 일을 할 수 있도록 돕기 위해 코칭을 활용하는 또 하나의 방법으로는 VIA 강점 척도(Values in Action Inventory of Strengths)와 같은 척도를 이용하는 것이다(C. Peterson & Seligman, 2004). 코치는 척도 결과를 활용하여 고객이 자신의 강점과 행동으로 나타나는 가치를 파악하고, 강점에 일치하는 행동계획을 설계할 수 있도록 조력할 수 있다. 자신의 특성을 인식하고, 그러한 특성이 리더십 행동과 업무에 어떻게 적용되는지를 파악하게 되면, 의미 있는 일을 강화할 수 있게 되며, 이는 진정성 리더십을 통해 구성원에게도 영향을 미치게 된다.

코칭은 리더의 가치를 탐색할 수 있는 맥락을 제공하고, 그 가치와 리더십 행동간의 일치성을 파악하게 해줌으로써 리더의 유의미한 일에 긍정적인 영향을 미칠 수 있다. 리더가 자신의 역할에서 가치 있다고 생각하는 것이 무엇인지를 파악하고, 그 가치와 행동을 어떻게 한 방향으로 정렬시킬 것인지를 이해하도록 돕게 되면, 리더는 일의 유의미성과 조직의 더 큰 목표 내에서 자신이 맡고 있는 역할의 유의미성을 숙지하게 될 것이다.

개인-조직 가치의 한방향 정렬과 적합도

의미와 목적을 창출하는 일의 또 다른 면은 조직에 대해 개인 구성원이 느끼는 소속감과 적합도의 정도에 기반하고 있다. *적합도(fit)*란, 개인과 조직간의 일치성을 의미한다. 예를 들어, 일치성은 조직과 개인의 가치, 개인의 욕구와 조직의 자원, 업무에 대한 요구와 업무 기술간에서 일어날 수 있는 것이다(Chatman, 1989). 적합도에는 다양한 유형이 있지만(예: 개인-일 적합도, 개인-상사 적합도, 개인-집단 적합도, 개인-조직 적합도, Kristof-Brown, Zimmerman, & Johnson, 2005), 개인-조직(Person-organization: P-O) 적합도는 특히 가치와 의미 있는 일에 대한 논의에서 관심을 받고 있는 유형이다. 케이블과 저지 (Cable & Judge, 1997)는 개인-조직 적합도나, 개인과 조직의 가치간의 한방향 정렬성을 기반으로 한 일치성에 대해 기술하였다. 다양한 조직 요소들간의 일치성은 성과의 증가를 가져올 수 있다는 연구결과를 기반으로(Nadler & Tushman, 1988) 우리는 일터에서의 가치 일치성은 의미 있는 일에 대한 촉진 작업을 강화할 수 있다고 생각한다.

포스너, 코즈스, 슈미트(Posner, Kouzes, Schmidt, 1985)는 관리자와 조직간의 가치 일치성은 개인적인 성과(예: 개인적 성공, 조직에 남아있고자 하는 의도, 조직의 가치에 대한 이해도)에 대한 예측변인이 될 수 있다고 주장하였다. 유사하게, 케이블과 저지(1996)는 가치에 관련된 개인-조직 적합도가 구성원이 일에 대해 가지는 태도에 대해 긍정적인 영향을 미친다는 것을 발견하였다. 개인-조직 가치의 한 방향 정렬(개인-조직 적합도)은 개인 구성원들이 조직의 목적과 가치를 이해하고, 능동적으로 지원할 수 있는 기회를 가질 수 있게 해준다 (Branson, 2005, 2008).

리더의 모든 구조적, 운영적 선택은 어떤 것이 중요한 가치인지, 그리고 그 가치를 지지하기 위해 어떤 행동을 해야 하는지에 대한 메시지를 조직구성원들에게 전달해준다(Argandoña, 2003). 리더는 개인 구성원들이 자신의 가치에 대해 적극적으로 토론하고, 조직의 가치에 몰입할 수 있는 의미 있는 상황을 제공할 수 있는 사람이다. 코칭은 리더가 이러한 기회를 계획하고, 실행할 수 있도록 조력하는 도구가 될 수 있다. 예를 들어, 한 조직의 가치가 공동체 관계를 강화하는 데에 있다면, 코치는 리더와 함께 작업하면서 구성원들에게 지역 사업가, 공동체 자원봉사자들과 관계를 맺고, 지역 자선가들을 지원하는 기회를 만들어줄 수 있는 것이다. 이와 같은 작업을 기획하고 실행하는 과정에 조직이 어떻게 참여하기를 기대하는지에 대해 리더와 논의하는 것은 리더가 조직의 가치와 목적성을 강화할 수 있는 조직의 체계, 정책과 운영과정을 구축할 수 있도록 코치가 조력하는 방법들 중 하나이다(Argandoña, 2003; Ostroff, Kinicki & Tamkins, 2003). 개인 구성원들이 자신의 가치와 조직의 가치를 일치시킬 수 있는 기회를 제공함으로써 리더는 자신의 일에서 더 큰 의미를 찾을 수 있고, 다른 사람들이 더 의미 있는 일을 경험하도록 도울 수 있을 것이다.

조직의 가치와 덕목에 맞춰 생활하기

조직에서 의미는 존재에서도 느껴질 수 있고, 행동에서도 찾아볼 수 있다(Pratt & Ashforth, 2003). 사람들이 조직의 이미지나 문화에 대해 매력을 느끼게 되면, 그 조직 내에 존재하고, 그 조직구성원이 되는 일이 의미 있게 다가오기 때문이다. 조직의 구성원이 되면, 사람들은 그 조직이 이미지와 문화를 통해 명확하게 드러낸 가치에 맞춰 생활하는 모습을 보인다(Adkins, Russell & Werbel, 1994; Schneider, Smith & Goldstein, 2000). 즉, 조직의 가치는 "우리가 이러한 행동을 하는 이유는 무엇인가?"라는 질문의 해답을 찾는 것을 도와줄 수 있으며(Argandoña, 2003), 조직의 가치가 진정성이 있는지를 보려면, 개인 구성원이 자신의 행동에 대해 더 큰 가치에 대한 살아있는 증거라고 생각할 수 있는지를 보면 되는 것이다. 이는 한 개인이 조직에 적합한가를 넘어서서 조직의 가치가 개인 내면에서 살아 숨쉬고 있는 것을 보여주는 거라고 할 수 있겠다.

조직의 가치가 구성원에 의해 수용되고, 그 가치에 기반한 행동으로 나타나게 되는 형태로서 역동성을 얻을 때, 우리는 이를 *조직의 덕목(organizational virtue)*이라고 부른다(Argandoña, 2003). 조직의 덕목, 또는 의미의 행동 측면(the doing aspect of meaning)이라고 프랫과 애쉬포드(Pratt & Ashforth, 2003)가 언급한 것은 개인 구성원의 특성 요소라기보다는 전체 조직의 도덕적인 특성을 의미한다. 도덕적인 특성은 전통적인 업무성과표를 넘어서서 조직이 가지고 있는 도덕적인 목표로부터 나온다. 예를 들어, 어떤 조직에서는 지속가능성에 가치를 두고 있는 사람을 채용하는데 구성원이 그 가치를 실현하거나 유지시키는데 도움이 될 수 있는 업무체계를 가지고 있지 않다면, 이는 지속가능성에 대해 조직수준의 덕목이나 도덕적 특성을 가지고 있지 않은 것이라고 말할 수 있겠다. 조직의 도덕적 특성은 구성원들의 심리적인 행복에 영향을 미치며, 정체성과 자긍심의 원천으로서 기능할 수 있다(Pratt & Ashforth, 2003). 예를 들어, 젠(Jen)의 회사가 창의성과 혁신에 대해 가치를 두고 있다고 알려져 있고, 젠은 일상업무에서 그 덕목을 나타낼 수 있는 능력을 가지고 있다고 하자. 그러한 경우, 젠은 스스로를 조직에서 혁신을 실천하고 있는 사람으로 생각할 것이다. 따라서, 조직의 많은 사람들이 가치의 내용에 대해 공유하고 있으며, 조직에서 가치롭게 생각하는 행동을 할 수 있는 능력이 있다면, 의미와 덕목에 대한 집단적인 생각이 만들어지게 될 것이다(Ostroff et al., 2003). 그렇다면, 이제는 리더를 코칭할 때, 이러한 과정을 어떻게 적용할지에 대해 생각해보도록 하겠다.

코칭의 적용: 의미 있는 일을 증진하기 위해 조직의 가치를 활용하기

　지금까지 개인 리더의 진정성 리더십 개발을 지원하기 위해 코치가 어떻게 지원할 것인지에 대해 이야기했고, 그러한 과정이 리더와 구성원 모두의 유의미성을 어떻게 강화하게 되는지에 대해 논의했다. 또한, 조직의 가치와 덕목이 구성원의 유의미한 일 경험에 어떻게 연결되어 있는지에 대해서도 짚어보았다. 코칭은 리더가 자신의 개인 가치와 조직의 가치를 통합시킬 수 있도록 도와주는 과정이다. 이러한 통합과정을 경험하면서 리더는 구성원들과 함께 조직의 목표에서 조직의 가치가 어떻게 나타나고 있는지를 설명하는 상호작용을 하여 그들의 의미와 목적성을 이끌어내는 작업을 하게 된다. 앞에서 이야기했듯이 리더는 구성원들이 조직의 가치와 덕목을 일상생활에서 표현해내는 작업을 할 기회를 제공할 수 있으며, 이때 코칭은 리더가 자신이 가지고 있는 의도를 실행에 옮길 수 있도록 조력한다. 이러한 과정에 대한 사례를 한 가지 살펴보도록 하자.

　젠코(GenCo)는 최근, 코치를 통해 조직의 가치를 구성원의 삶으로 들여보내어 의미 있는 일을 경험하도록 하는 전략을 설계하였다. 젠코의 고위 임원진은 조직의 덕목으로 명시하고 있는 몇 가지 영역을 포함하여 명확한 조직의 가치 모델을 개발하였다. 이 가치 모델에는 다음과 같은 요소들이 포함되었다. 리더십, 혁신, 진실성, 우수함, 효과적인 성과행동과 커뮤니케이션, 사람에 초점을 맞추기 등. 조직의 리더들이 정기적으로 조직의 가치에 대해 언급을 하기는 하였지만, 고위 임원진은 가치에 대해 이야기를 한다고 해서 구성원이 그 가치를 내면화하는 것은 아니라는 것을 깨달았다. 지속적으로 대화를 하면서 코치는 몇 명의 선임 임원들과 함께 조직의 가치가 리더의 행동으로 나타날 수 있게 하는 과정을 설계하였다. 특히, 코치는 선임 임원들에게 이러한 목표가 가치 모델에서 보다 명확하게 드러날 수 있도록 해줄 것을 요청하였다. 선임 임원들은 그 가치 모델을 활용하게 되면, 모든 의사결정을 내릴 때 참고할 수 있는 지침이 될 수 있을 거라고 이야기했다. 구성원의 채용과 승진 문제부터 고객의 충성도를 높이는 문제나 업무가 진행되어야 하는 방법까지. 임원들은 이상적으로 생각하는 가치모델과 실제 행동으로 나타나는 현실간의 차이가 있다는 것을 깨닫고, 구성원들에게 가치 모델에 대해 자주 설명해주는 것이 필요하다는 생각을 하였다. (a) 가치 모델 자체는 다소 추상적인 개념을 담고 있으며, (b) 실제로 가치 모델에 따라 행동을 하였을 때, 어떤 모습으로 나타나게 될 것인지에 대해 사람들의 이해수준을 높일 필요가 있다는 것을 깨달은 것이다.

코칭을 받는 과정을 통해 리더들은 새로운 *가치 점검 과정(values touch point)*을 설계하였다. 정기적으로 개인 구성원들이 자신의 역할과 직급에 맞는 행동을 하면서 조직의 가치를 구현하는 수준을 높이기 위해 활용할 수 있는 과정이었다. 가치 점검 과정은 정기적으로 가치에 대해 토론하는 시간을 만들어서 구성원들이 그날 자신이 수행한 행동들이 하나 이상의 가치를 구현하는 것인지를 점검해보는 활동들로 구성되었다. 예를 들어, 사업 개발 관리자인 릭(Rick)은 오늘 고객과의 미팅을 하였다. 릭은 조직의 서비스와 특정 프로젝트에 대해 고객이 가지고 있는 욕구를 명확하게 이해해야 하는 오늘의 과제를 효과적인 커뮤니케이션이라는 조직의 가치에 연결시킬 수 있을 것이다. 그리고, 사업 개발 관리자로서 해야 할 역할들 중에는 다음과 같은 활동을 통해 고객과의 생산적인 관계를 구축해야 하는 것이 포함되어 있다. (a) 고객의 시각에 대해 개방적인 태도를 가지기 (b) 고객의 욕구에 대해 호기심을 가지기. 이러한 행동들은 고객에 대해 배려하고, 최상의 서비스를 제공하고자 하는 조직의 가치와 직접적인 연관성이 있는 것이다.

임원 팀은 코칭 대화를 활용하여 리더들이 자신의 행동, 과제, 역할을 직접적으로 조직의 가치 모델과 연결시키는 작업을 정기적으로 명확하게 지원할 수 있는 프로그램을 설계하였다. 이러한 조력 작업을 통해 구성원들은 조직의 가치에 대한 문구를 벽에 걸어 놓는 수준을 넘어서서 그 가치 자체를 자신의 일상생활로 가져올 수 있게 되었다. 이와 같이 가치를 직접 행동으로 구현하게 되면, 사람들이 의미 있는 일을 경험할 가능성 또한 강화된다. 그들 자신의 행동이 조직 전체의 거시적인 이야기 안에 명확하게 포함되어 있기 때문이다.

미래 방향

〈표 10.1〉에서 볼 수 있듯이 이제 연구자와 현장전문가들이 코칭과 개발 과정, 리더십, 가치, 의미 있는 일에 대한 강화간의 관계를 더 탐색할 수 있는 기회가 매우 많아졌다. 제안점들은 지금까지 발견된 내용들 중에서 가장 효과적인 것들로 구성되었지만, 의미 있는 일을 강화하기 위한 개입전략으로서 아직은 경험적 검증이 충분히 이루어지지 못하였다. 가치기반의 리더십과 유의미한 일을 촉진하기 위한 도구로서 코칭을 활용하게 된 것이 이론과 연구에 의해 간접적으로 증명된 현장 사례들 때문이기는 하지만, 그 효과성에 대한 연구는 아직 더 많이 필요한 상황이다. 의미 있는

일을 강화하기 위해 코칭을 활용하는 것에 대한 연구가 적은 것은 코칭에 대한 연구의 역사가 그다지 오래되지 않았기 때문이기도 하다. 코칭 연구에 대한 관심이 매우 많이 증가되기는 했지만 (Stober & Grant, 2006의 주석 참고), 아직 더 이루어져야 할 연구들이 많다. 게다가 최근에는, 연구 진행을 어렵게 만드는 장애물도 많아졌다. 개인정보 비밀보장, 적절한 사례수, 응용현장에서의 실험 설계에 대한 어려움(통제 집단이나, 무선배정), 결과를 내기까지 걸리는 시간(특히 조직 수준에서). 그러나, 코칭이라는 것이 널리 알려지고, 이론과 실무에 대한 기여 가능성이 높아지면서 이 분야는 앞으로 더 많은 탐색을 해볼 수 있는 곳이 되었다.

결 론

코칭과 의미 있는 일간의 직접적인 관계에 대해서는 그다지 많은 연구가 이루어지지 않았지만, 리더와 구성원의 유의미한 일 경험을 촉진하는 데에 코칭을 활용할 수 있는 방법은 다양하게 존재한다. 가치에 대해 논의하는 것은 코칭 과정에 자주 포함되며 (Berger, 2006; Hernez-Broome & Boyce, 2011; D. B. Peterson, 1996), 리더들이 "이야기한 대로 실천하는 것"을 가능하게 해준다. 우리는 리더의 업무행동에 기반되어 있는 내적 가치를 명료화하게 되면, 리더가 자신의 가치와 일치하는 행동을 하는 것을 도울 수 있다고 이야기했다. 또한, 코칭은 조직의 가치가 개인 구성원의 가치와 업무 행동에 어떻게 일치하는지에 대해 초점을 맞추면서 의미 있는 일을 강화할 수 있는 개입전략으로 활용될 수도 있다. 코칭은 현장전문가와 연구자들을 통해 리더와 조직이 가치와 유의미한 일을 연결할 수 있도록 조력할 수 있는 유망한 분야라고 말할 수 있겠다.

표 10.1 일터의 초점: 임원 코칭 관점

제안점	현장에서 검증된 제안점	이론에서 추출된 제안점	연구에서 지지된 제안점
리더가 자신의 가치를 파악하고, 자기자각을 하며, 가치명료화를 할 수 있도록 스스로를 돌아볼 수 있는 질문을 하고, 숨겨진 가치와 가치의 우선순위를 밝혀낼 수 있도록 돕는 활동들을 하면서 리더 코칭하기 a, b, c, d	v	v	
실제 행동에서 나타나고 있는 가치는 어떤 것인지에 대해 이야기해보고, 본인이 가지고 있는 가치의 우선순위와 현재 행동을 비교해 보면서 가치의 일치성, 이야기한 것을 실천하는 것에 대해 리더 코칭하기 e, f, g	v	v	
가치에 기반한 행동을 하는 것을 어렵게 만드는 장애물과 가치기반 행동을 가능하게 하는 자원에 대해 이야기하고, 가치에 따른 행동을 할 수 있는 기회를 찾아내면서 개인-조직 가치를 한 방향으로 정렬시키는 리더 코칭하기 h, I, j, k, l, m	v	v	
구성원들이 조직 가치를 적극적으로 구현할 수 있는 기회(가치에 대한 공통 언어 만들기, 고객들이 서로 가치에 대해 이야기하고, 가치를 구현할 수 있는 기회 만들기, 고객들이 가치 구현에 대해 인식할 수 있는 체계 만들기)를 제공해주기 위해 리더 코칭하기 n	v	v	

참고: 이 제안점들은 저자들이 실무에서 검증하였고, 긍정적인 결과를 얻은 것들이다. 물론, 코칭과 의미 있는 일간의 관계를 지지하기 위한 경험적 연구는 아직 더 필요한 상황이다.
a: Avolio & Gardner(2005)
b: Gardner, Avolio, Luthans, May & Walumbwa(2005)
c: Shamir & Eilam(2005)
d: D. B. Peterson(1996)
e: Avolio, Gardner, Walubwa, Luthans, & May(2004)

f: May, Chan, Hodges, & Avolio(2003)
g: Stajkovic & Luthans(1998)
h: Argandoña(2003)
I: Branson(2005)
j: Branson(2008)
k: Cable & Judge(1996)
l: Kristof-Brown, Zimmerman, & Johnson(2005)
m: Enz(1988)
n: Pratt & Ashforth(2003)

◉ 참고문헌 ◉

Adkins, C. L., Russell, C. J., & Werbel, J. D. (1994). Judgments of fit in the selection process: The role of work value congruence. *Personnel Psychology, 47,* 605-623. doi:10.1111/j.1744−6570.1994.tb01740.x

Argandoña, A. (2003). Fostering values in organizations. *Journal of Business Ethics, 45,* 15-28. doi:10.1023/A:1024164210743

Avolio, B., Luthans, F., & Walumbwa, F. O. (2004). *Authentic leadership: Theory−building for veritable sustained performance* [Working paper]. Lincoln: University of Nebraska, Gallup Leadership Institute.

Avolio, B. J., & Gardner, W. L. (2005). Authentic leadership development: Getting to the root of positive forms of leadership. *Leadership Quarterly, 16,* 315-338. doi:10.1016/j.leaqua.2005.03.001

Avolio, B. J., Gardner, W. L., Walumbwa, F. O., Luthans, F., & May, D. R. (2004). Unlocking the mask: A look at the process by which authentic leaders impact follower attitudes and behaviors. *Leadership Quarterly, 15,* 801-823. doi:10.1016/j.leaqua.2004.09.003

Avolio, B. J., & Walumbwa, F. O. (2006). Authentic leadership: Moving HR leaders to a higher level. In J. J. Martocchio (Ed.), *Research in personnel and human resources management* (pp. 273-304). Oxford, England: Elsevier/JAI Press. doi:10.1016/S0742−7301(06)25007−2

Berger, J. G. (2006). Adult development theory and executive coaching practice. In D. R. Stober & A. M. Grant (Eds.), *Evidence−based coaching handbook: Putting best practices to work for your clients* (pp. 77-102). New York, NY: Wiley.

Branson, C. M. (2005, October). *Personal values and principalship behaviour: Illustrating the relationship.* Paper presented at the 10th annual Values and Leadership Conference, Penn State University,

University Park, PA.

Branson, C. M. (2008). Achieving organizational change through values alignment. *Journal of Educational Administration, 46*, 376-395. doi:10.1108/09578230810869293

Brown, M. E., Trevino, L. K., & Harrison, D. A. (2005). Ethical leadership: A social learning perspective for construct development and testing. *Organizational Behavior and Human Decision Processes, 97*, 117-134. doi:10.1016/j.obhdp.2005.03.002

Cable, D. M., & Judge, T. A. (1996). Person-organization fit, job choice decisions, and organizational entry. *Organizational Behavior and Human Decision Processes, 67*, 294-311. doi:10.1006/obhd.1996.0081

Cable, D. M., & Judge, T. A. (1997). Interviewers' perceptions of person -organization fit and organizational selection decisions. *Journal of Applied Psychology, 82*, 546-561. doi:10.1037/0021-9010.82.4.546

Chatman, J. A. (1989). Improving interactional organizational research: A model of person-organization fit. *Academy of Management Review, 14*, 333-349.

Chatman, J. A. (1991). Matching people and organizations: Selection and socialization in public accounting firms. *Administrative Science Quarterly, 36*, 459-484. doi:10.2307/2393204

Deci, E. L., & Ryan, R. M. (2000). "What" and "why" of goal pursuits: Human needs and the self-determination of behavior. *Psychological Inquiry, 11*, 227-268. doi:10.1207/S15327965PLI1104_01

Enz, C. A. (1988). The role of value congruity in intraorganizational power. *Administrative Science Quarterly, 33*, 284-304. doi:10.2307/2393060

Gardner, W. L., Avolio, B. J., Luthans, F., May, D. R., & Walumbwa, F. (2005). "Can you see the real me?" A self-based model of authentic leader and follower development. *Leadership Quarterly, 16*, 343-372. doi:10.1016/j.leaqua.2005.03.003

George, B. (2003). *Authentic leadership: Rediscovering the secrets to creating lasting value.* San Francisco, CA: Jossey — Bass.

George, B., Sims, P., McLean, A. N., & Mayer, D. (2007, February). Discovering your authentic leadership. *Harvard Business Review, 85(2),* 129-130.

Graduate School Alliance for Executive Coaching. (2011). *What is executive coaching?* Retrieved from http://www.gsaec.org

Grandey, A. A., Fiske, G. M., Mattila, A. S., Jansen, K. J., & Sideman, L. A. (2005). Is "service with a smile" enough? Authenticity of positive displays during service encounters. *Organizational Behavior and Human Decision Processes, 96,* 38-55. doi:10.1016/j.obhdp.2004.08.002

Hernez — Broome, G., & Boyce, L. A. (Eds.). (2011). *Advancing executive coaching: Setting the course for successful leadership coaching.* San Francisco, CA: Jossey — Bass.

Ilies, R., Morgeson, F. P., & Nahrgang, J. D. (2005). Authentic leadership and eudaemonic well — being: Understanding leader-follower outcomes. *Leadership Quarterly, 16,* 373-394. doi:10.1016/j.leaqua.2005.03.002

Jung, D. I., & Avolio, B. J. (2000). Opening the black box: An experimental investigation of the mediating effects of trust and value congruence on transformational and transactional leadership. *Journal of Organizational Behavior, 21,* 949-964. doi:10.1002/1099 — 1379 (200012)21:8<949::AID — JOB64>3.0.CO;2 — F

Kernis, M. H. (2003). Toward a conceptualization of optimal self — esteem. *Psychological Inquiry, 14,* 1-26. doi:10.1207/S15327965PLI1401_01

Kristof — Brown, A. L., Zimmerman, R. D., & Johnson, E. C. (2005). Consequences of individuals' fit at work: A meta — analysis of person-job, person-organization, person-group, and person-supervisor fit. *Personnel Psychology, 58,* 281-342. doi:10.1111/j.1744 — 6570.2005.00672.x

Luthans, F., & Avolio, B. J. (2003). Authentic leadership development. In K. S. Cameron, J. E. Dutton, & R. E. Quinn (Eds.), *Positive organizational scholarship* (pp. 241-258). San Francisco, CA: Berrett

−Koehler.

May, D. R., Chan, A., Hodges, T., & Avolio, B. J. (2003). Developing the moral component of authentic leadership. *Organizational Dynamics, 32*, 247-260. doi:10.1016/S0090−2616(03)00032−9

Meglino, B. M., Ravlin, E. C., & Adkins, C. L. (1991). Value congruence and satisfaction with a leader: An examination of the role of interaction. *Human Relations, 44*, 481-495. doi:10.1177/001872679104400504

Nadler, D. A., & Tushman, M. L. (1980). A model for diagnosing organizational behavior. *Organizational Dynamics, 9*, 35-51. doi:10.1016/0090−2616(80)90039−X

Nadler, D. A., & Tushman, M. L. (1988). *Strategic organization design: Concepts, tools, & processes.* Glenview, IL: Scott, Foresman.

Ostroff, C., Kinicki, A. J., & Tamkins, M. M. (2003). Organizational culture and climate. In W. C. Borman, D. R. Ilgen, & R. J. Klimoski (Eds.), *Handbook of psychology* (Vol. 12, pp. 565-593). Hoboken, NJ: Wiley. doi:10.1002/0471264385.wei1222

Peterson, C., & Seligman, M. E. P. (2004). *Character strengths and virtues: A handbook and classification.* Washington, DC: American Psychological Association.

Peterson, D. B. (1996). Executive coaching at work: The art of one on−one change. *Consulting Psychology Journal: Practice and Research, 48*, 78-86. doi:10.1037/1061−4087.48.2.78

Posner, B. Z., Kouzes, J. M., & Schmidt, W. H. (1985). Shared values make a difference: An empirical test of corporate culture. *Human Resource Management, 24*, 293-309. doi:10.1002/hrm.3930240305

Pratt, M. G., & Ashforth, B. E. (2003). Fostering meaningfulness in working and at work. In K. S. Cameron, J. E. Dutton, & R. E. Quinn (Eds.), *Positive organizational scholarship: Foundations for a new discipline* (pp. 309-327). San Francisco, CA: Berrett−Koehler.

Schneider, B., Smith, D. B., & Goldstein, H. W. (2000). Attraction-selection-attrition: Toward a person-environment psychology of organizations. In W. B. Walsh, K. H. Craik, & R. H. Price (Eds.), *Person-environment psychology: New directions and perspectives* (2nd ed., pp. 61-85). Mahwah, NJ: Erlbaum.

Schwartz, S. H. (1999). A theory of cultural values and some implications for work. *Applied Psychology, 48,* 23-47. doi:10.1111/ j.1464−0597.1999. tb00047.x

Shamir, B., & Eilam, G. (2005). "What's your story?" A life−stories approach to authentic leadership development. *Leadership Quarterly, 16,* 395-417. doi:10.1016/j.leaqua.2005.03.005

Stajkovic, A. D., & Luthans, F. (1998). Social cognitive theory and self−efficacy: Going beyond traditional motivational and behavioral approaches. *Organizational Dynamics, 26,* 62-74. doi:10.1016/S0090 −2616(98)90006−7

Steger, M. F., & Dik, B. J. (2010). Work as meaning. In P. A. Linley, S. Harrington, & N. Page (Eds.), *Oxford handbook of positive psychology and work* (pp. 131-142). Oxford, England: Oxford University Press.

Stober, D. R., & Grant, A. M. (Eds.). (2006). *Evidence based coaching handbook: Putting best practices to work for your clients.* New York, NY: Wiley.

Walumbwa, F. O., Avolio, B. J., Gardner, W. L., Wernsing, T. S., & Peterson, S. J. (2008). Authentic leadership: Development and validation of a theory−based measure. *Journal of Management, 34,* 89-126. doi:10.1177/0149206307308913

브라이언 딕 박사(Bryan J. Dik)는 콜로라도 주립 대학교 심리학과의 부교수이며, 커리어 분석 네트워크(Career Analytics Network/jobZology)의 공동창립자이고, 최고연구책임자(chief science officer: CSO)이다. 딕 박사는 캘빈 대학에서 심리학 학사 학위를 받았으며, 미네소타 대학에서 상담심리학 박사 학위를 받았다. 주 연구 분야는 경력개발이며, 세부 연구 분야는 다음과 같다. 소명으로서의 일에 대한 지각/경력 의사 결정과 계획에 있어서의 의미, 목적, 종교, 영성/직업적 흥미 측정/경력개발을 위한 개입. 딕 박사는 여섯 개의 연구저널의 편집위원회에 소속되어 있다. *상담심리학 저널(Journal of Counseling Psychology)*, *직업행동 저널(Journal of Vocational Behavior)*, *커리어 측정 저널(Journal of Career Assessment)* 등. 그는 *종교와 일터영성 심리학(Psychology of Religion and Workplace Spirituality)*의 공동 편집자이며, 도서 *당신의 일을 소명으로 만들자: 직업 심리학이 일터에서의 당신의 삶을 어떻게 변화 시킬 수 있는가(Make your job a calling: How the psychology of vocation can change your life at work)*의 공동 저자이다. 딕 박사는 2010년, 직업심리학 학회에서 초기 커리어 전문가 상(Early Career Professional Award)을 수상하였다.

진타 번 박사(Zinta S. Byrne)는 산업 및 조직심리학자로서 다음과 같은 분야에 관심을 가지고 있다. 구성원 몰입과 유지, 조직의 (불)공정성과 정치, 일터에서의 스트레스, 컴퓨터를 매개로 한 커뮤니케이션, 기타 구성원−조직간 관계에 관련된 주제들. 그녀의 연구에 대한 흥미는 산업 및 조직심리학자가 되기 이전에, 컴퓨터 소프트웨어 설계 및 개발 엔지니어와 연구/개발 프로젝트 매니저로서 휴렛 패커드사에서 10년 동안 근무했던 경험으로부터 비롯되었다. 심리학 박사 학위를 받은 직후에, PDI(Personnel Decisions International)에서 글로벌 상품부서의 서부지역 매니저로서 일했던 경험도 그녀의 연구 주제에 영향을 미쳤다. 번 박사는 현재 콜로라도 주립 대학교 심리학과 부교수이며, 아트니즈 컨설팅(Atniz Consulting)社의 대표로 활동하고 있다(구성원-조직 관계, 생산성, 리더십 코칭에 대한 컨설팅 서비스를 제공함). 그녀는 심리학과 경영에 관련된 논문과 도서를 집필하였고, 심리학과 경영 컨퍼런스에서 많은 발표를 하였으며, 다수의 학회지에서 편집위원으로 활동하고 있다. 또한, 지금은 다음과 같은 도서들의 출판을 준비하고 있다. *조직심리학과 행동: 일터를 이해하기 위한 통합적 접근, 조직구성원의 몰입과 몰입이 아닌 것을 구별하기: 이론, 연구, 실제를 위한 시사점.*

마이클 스테거 박사(Michael F. Steger)는 콜로라도 주립 대학교의 상담심리학과 응용사회심리학 전공 담당 부교수이다. 스테거 박사는 매캘러스터 대학에서 학사 학위를 받았으며, 오레곤 대학에서 석사 학위를, 미네소타 대학에서 상담심리학과 성격심리학으로 박사 학위를 받았다. 그는 인간적 성숙을 강화하고, 심리적인 불편감을 감소시키는 요소들에 대해 더욱 잘 이해하고 싶다는 생각을 가지고, 관련 분야에 대한 연구를 한다. 특히, 사람들은 자신의 삶이 의미 있다는 생각을 어떻게 하게 되는지, 그리고 의미 있는 삶을 살게 되면 어떤 긍정적 혜택이 있는지에 대해 연구 초점을 맞추고 있다. 또한, '의미'라는 개념은 일터를 어떻게 더 건강하고, 더 행복하고, 더 생산성 있게 만들 수 있는지에 대해 매우 많은 관심을 가지고 있다. 스테거 박사가 현재 진행하고 있는 연구는 일에서의 의미, 인생/건강에서의 의미, 건강에 해를 미치거나 건강에 도움이 되는 행동들에 관한 주제이다. 그는 *성격심리학 저널(Journal of Personality)*의 부편집자이며, 다양한 저널의 편집위원회에서 활동하고 있다. 스테거 박사가 집필한 도서로는 *긍정심리학 디자인하기: 잠시 멈춰 스스로를 점검하고 앞으로 나아가자*가 있다.

지 승 희
이화여자대학교 대학원 심리학과에서 상담심리학 전공으로 박사학
위를 받았다. 한국청소년상담복지개발원 상담교수를 역임했으며 현
재 고려사이버대학교 상담심리학과 교수이자 한국상담심리학회 이
사이다.

[역서]
스트레스 없는 풍요로운 삶(공역, 시그마프레스, 2013)
예방상담학(공역, 시그마프레스, 2010)
괴롭힘 없는 교실 만들기(공역, 시그마프레스. 2008)
상담인턴십: 이론에서 실제로(공역, Cengage Learning, 2007)

박 정 민
이화여자대학교 심리학과에서 상담심리학 전공으로 석사 및 박사 학
위를 받았다. 한국청소년상담원 선임상담원, 이화여자대학교 학생상
담센터 연구원, (주)다산 E&E의 EAP 팀장, (주)피플인싸이트 그룹의
EAP 팀장, (주)리더스인싸이트 그룹의 Development 담당 상무를 역
임하였고, 현재 COZY SUDA라는 1인 기업 대표로 재직 중이다. 다
양한 조직의 CEO, 임원 및 팀장, 구성원을 대상으로 건강한 마음관
리를 하는 상담심리전문가 및, Smart Leadership & Followership을
관리하는 전문코치로 활발히 활동하고 있다.
[Homepage] www.cozysuda.com [Email] monica@cozysuda.com

[저서]
오해하지 말아주세요(박영스토리, 2014)
남자의 공간(21세기북스, 2013)
멘붕 탈출! 스트레스 관리(학지사, 2013)

[역서]
스트레스 없는 풍요로운 삶(시그마프레스, 2013)
상사를 관리하라(랜덤하우스, 2011)
Y세대의 코칭 전략(시그마북스, 2010)
중간관리자의 성과코칭전략(이너북스, 2009)
심리치료의 거장(학지사, 2008)

일터에서 의미찾기

초판인쇄	2015년 3월 6일
초판발행	2015년 3월 16일
편집자	Bryan J. Dik, Zinta S. Byrne, and Michael F. Steger
옮긴이	지승희 · 박정민
펴낸이	안상준
편 집	김선민 · 김효선
기획/마케팅	노 현
표지디자인	최은정
제 작	우인도 · 고철민
펴낸곳	㈜박영story
	서울특별시 금천구 가산디지털2로 53
	등록 2014. 2. 12. 제2014-000009호
전 화	02)733-6771
f a x	02)736-4818
e-mail	pys@pybook.co.kr
homepage	www.pybook.co.kr
ISBN	979-11-85754-32-1 93180

* 잘못된 책은 바꿔드립니다. 본서의 무단복제행위를 금합니다.
* 역자와 협의하여 인지첩부를 생략합니다.

정 가   20,000원